梅花

München
2. Auflage 2013
ISBN 978-3-89883-366-0

Grafische Gestaltung	Georg Feigl, Irene Schulz
Foodfotografie	Eising Studio I Food Photo & Video (Susie Eising, Martina Görlach, Katrin Oswald)
Foodstyling	Michael Koch
Coverfoto	Stefan Braun
Reportagefotografie	Jakob von Lenthe (andere siehe Bildnachweis S. 344)
Städtereportagen	Jakob Strobel y Serra
Rezeptküche	Monika Reiter, Gerlinde Hans, André Schellenberg
Redaktion	Ines Alms, Sarah Fischer, Eva-Maria Hege
Redaktionelle Mitarbeit	Regina Carstensen, Dr. Claudia Teibler
Herstellung	Karin Kotzur, Peter Karg-Cordes
Lithografie	Jan Russok
Druck & Bindung	Mohn Media Mohndruck GmbH, Gütersloh

Beim Druck dieses Buchs wurde durch den innovativen Einsatz der Kraft-Wärme-Kopplung im Vergleich zum herkömmlichen Energieeinsatz bis zu 52% weniger CO2 emittiert.

Besuchen Sie uns auch im Internet unter www.zsverlag.de

ALFONS SCHUHBECK

Meine Gewürzküche *aus* Indien, Thailand, Vietnam & China

unter Mitarbeit von
Jakob Strobel y Serra

ZABERT SANDMANN

Inhalt

Länderzuordnung:

Indien Thailand Vietnam China

Die Wiege der Gewürze

Die wunderbare Welt der Gewürze ist unerschöpflich. Das habe ich bei meinem neuen Buch auf die eindrücklichste und faszinierendste Weise erleben dürfen. Vier Reisen in die Ferne habe ich unternommen, um die besten Küchen Asiens kennenzulernen. Und viermal habe ich großartige Erfahrungen gemacht, Freunde fürs Leben gewonnen, unfassbar schöne Dinge gesehen und so viel über Gewürze gelernt, dass ich jedes Mal voller Inspiration und Tatendrang zurückgekommen bin.

Mein erstes Eintauchen ins Universum der Gewürze führte mich vor zwei Jahren in die Länder des Mittelmeeres, die seit Jahrtausenden mit Pfeffer und Zimt, Muskatnuss und Gewürznelken handeln. Dieses Buch nun hat mich weiter in den Fernen Osten schweifen lassen: zur Wiege der Gewürze, zu jenen Sehnsuchtsorten, nach denen wir Europäer uns seit dem Anfang aller Zeiten so sehr verzehren. Denn unsere Vorfahren vermuteten dort nichts weniger als den Paradiesgarten. Und manchmal hatte ich unterwegs tatsächlich den Eindruck, dass er dort liegen muss.

Mit der ersten meiner vier Reisen habe ich mir einen Lebenstraum erfüllt: Endlich bin ich in Indien gewesen, dem Land, in dem nicht nur sprichwörtlich der Pfeffer wächst und das bis heute einer der wichtigsten Gewürzproduzenten der Erde ist. In Delhi durfte ich erleben, dass keine andere Küche Asiens so sehr von Gewürzen bestimmt wird wie die indische – und dass wahrscheinlich kein anderes Volk so viel von Kardamom, Kurkuma und Koriander versteht wie die Inder.

Die zweite Reise brachte mich nach Bangkok und damit in die golden schimmernde, verführerisch duftende Exotik Thailands. Hier habe ich staunend erfahren, dass die Thailänder wahre Meister der Harmonie sind, nicht nur im Leben, sondern genauso am Herd. Ihre fantastische Fähigkeit, die einzelnen Geschmäcke und Aromen virtuos miteinander ins Gleichgewicht zu bringen, fesselt mich noch immer.

Danach ging es in ein Land, das mir seitdem besonders ans Herz gewachsen ist: Vietnam. Und das liegt nicht nur an seiner Küche, sondern auch an seinen Menschen. Eine solch überwältigende Herzlichkeit, wie sie mir in Hanoi entgegengebracht wurde, hatte ich bis dahin noch nie erlebt. Auch hier habe ich unglaublich viel lernen dürfen – allem voran den meisterhaften Umgang der Vietnamesen mit Kräutern und ihre Kunstfertigkeit, aus den einfachsten Zutaten die raffiniertesten Gerichte zu kreieren.

Meine vierte Reise führte mich schließlich nach China und damit zu den Ursprüngen aller kulinarischen Dinge. Denn kein anderes Volk beschäftigt sich seit so vielen Jahrtausenden so tiefgründig und geradezu fanatisch mit gutem Essen wie die Chinesen. In Shanghai habe ich erkannt, welche Perfektion die chinesische Küche in 5000 Jahren Geschichte erreicht hat – und wieder wertvolle Erkenntnisse für mein Buch gewonnen.

Auf meinen vier Reisen habe ich so viel Wunderbares gesehen, Tempel und Mausoleen, schwimmende Märkte und quirlige Altstädte, grandiose Skylines aus glitzernden Wolkenkratzern und stille Gärten aus uralten Kaiserzeiten. Ich habe auf der Straße gegessen wie die Einheimischen und in den besten Restaurants von Delhi bis Shanghai. Und ich habe hochinteressante Menschen getroffen – vor allem leidenschaftliche Köche, meine Brüder und Schwestern im Geiste, die mir die Geheimnisse der besten Küchen Asiens verraten haben. Die vielen anregenden Stunden, die ich mit diesen Köchen am Herd stand, haben das Fundament zu meinem neuen Buch gelegt. Und als ich wieder in München war, fing die Arbeit erst richtig an.

Es war eine große Aufgabe, die unglaublich viel Spaß gemacht und meine Fantasie so sehr beflügelt hat wie nie zuvor: Ich habe versucht, all meine Erfahrungen und Inspirationen aus Indien, Thailand, Vietnam und China mit meiner bayerischen Küche zu vermählen und so etwas völlig Neues zu schaffen – eine Weltküche, die keine Grenzen mehr kennt und dennoch nicht austauschbar, sondern unverkennbar ist. Eine Küche, die das Vertraute und Exotische miteinander in Einklang bringt. Eine Küche, die raffiniert ist und die man dennoch mühelos nachkochen kann.

Mir liegt es aber auch sehr am Herzen, meinen Lesern mit diesem Buch eine Einführung in die vier großen Küchen Asiens zu geben: eine Kochschule, die alle Grundlagen, die wichtigsten Zutaten, gängigsten Gewürzmischungen und klassischen Rezepte in kompakter Form erklärt. So kann sich jeder das Basiswissen ganz einfach aneignen. Und danach folgt das, was mir am meisten Freude macht: die Kür, die hohe Kunst der Kreation von Rezepten. Ich habe berauschende, manchmal aber schwierige Stunden in meiner Probeküche verbracht, um 150 neue Gerichte zu komponieren und die Brücke zwischen meiner bayerischen Küche und der Kochkunst in Indien und Thailand, Vietnam und China zu schlagen. Dass dabei die Gewürze immer die Hauptrolle spielen, versteht sich von selbst. Und ich glaube, sagen zu dürfen, dass mir diese Vermählung von Europa und Asien, von Vertrautem und Fremdem gelungen ist. Ob ich tatsächlich recht habe, müssen Sie, liebe Leser, entscheiden. Ich bin sehr gespannt auf Ihr Urteil.

Mir hat die Arbeit an meinem neuen Buch riesiges Vergnügen bereitet. Vielleicht ist es sogar das wichtigste Kochbuch, das ich je geschrieben habe. Es hat meinen Horizont erweitert, meine Sinne geschärft und meine Lust beflügelt, die Geheimnisse des Exotischen zu lüften und in meiner eigenen Küche heimisch werden zu lassen. Und sollten Sie, liebe Leser, etwas von dieser Freude spüren, würde mich das überglücklich machen. Ich lade Sie ein, mich auf meiner wunderbaren Reise nach Indien, Thailand, Vietnam, China und wieder zurück nach Deutschland zu begleiten. Kommen Sie mit! Es lohnt sich. Das verspreche ich Ihnen!

Herzlichst

Ihr Alfons Schuhbeck

A. Schuhbeck

Moskau
MÜNCHEN
Rom
Donau
SCHWARZES MEER
Istanbul
Athen
MITTELMEER
KASPISCHES MEER
Teheran
Damaskus
Bagdad
Jerusalem
Kairo
Tigris
Euphrat
Kuwait
Kabul
Almaty
Karachi
Indus
Dubai
Riad
Mekka
ROTES MEER
Sana
ARABISCHES MEER
Addis Abeba
Nil
Blauer Nil
Weißer Nil
Webi Shebeli
Djuba
Ubangi
Kongo
Lomami
Lualaba
Kasai
Kuango
Tana
Sansibar
Rufiji
Rovuma
Sambesi
Kafue
Shire
aus Lissabon
N
Dnepr
Don
Oka
Wolga
Ural
Syrdarja
Amudarja
Turgai
Irtysch
Ischim
Ili
Hilmend
Chenab
Historische Städte
Moderne Städte
Historische Routen
Reiseroute von Alfons Schuhbeck

Peking
JAPANISCHES MEER
Seoul
Tokio
SHANGHAI
Sichuanpfeffer
Jangtse Jiang
Sternanis
OSTCHINESISCHES MEER
NEU-DELHI
Ingwer
Kassia-Zimt
Brahmaputra
Ganges
Quanzhou
Zaitoun
Kalkutta
HANOI
Hongkong
PAZIFISCHER OZEAN
Kurkuma
GOLF VON BENGALEN
Godavari
Irawadi
Mekong
BANGKOK
Calicut
Cochin
Kochi
Ceylon-Zimt
Colombo
Zitronengras
SÜDCHINESISCHES MEER
Kuala Lumpur
Malakka
Singapur
CELEBES SEE
Muskatnuss
Gewürznelke
Molukken
BANDA SEE
INDISCHER OZEAN
Jakarta

Meine Reise nach Delhi, Indien

Lachen steckt an: meine Leibgarde aus fröhlichen Schulkindern im Mausoleum des Mogulherrschers.

Willkommen in der Welt der Wunder

Indien! Endlich bin ich in Indien, dem Land, von dem ich schon immer geträumt habe, dem Land, in dem der Pfeffer wächst. Hier steht die Wiege der Gewürze, hier ist die Heimat der meisten jener Schätze, die ich seit so vielen Jahren in meiner Gewürzküche verwende. Und nun werde ich lernen, was die Inder in ihrer fünftausendjährigen Geschichte über den richtigen Umgang mit Kardamom und Kurkuma gelernt haben. Und wer weiß, vielleicht finde ich hier sogar den Schlüssel, der mir das Tor zu einem neuen Reich der Genüsse aufschließt. Kann es etwas Aufregenderes geben für einen Koch wie mich, der die Gewürze über alle Maßen liebt?

Schon ein paar Minuten nach der Landung weiß ich, dass es eine unvergessliche Reise werden wird. Denn kaum verlasse ich den Flughafen, tauche ich in eine Welt ein, die vollkommen anders ist als alles, was ich jemals erlebt habe. Ich werde mitgerissen von Indiens tosendem, niemals versiegendem Menschenstrom und komme mir vor wie ein Stückchen Treibholz in einem gigantischen Fluss. 1 500 000 000 Menschen sollen in Indien leben, fünfzehn, vielleicht zwanzig Millionen davon in Delhi. Keiner weiß es so genau, doch eines weiß ich sofort: Ich glaube jede Zahl, so ungeheuerlich hoch sie mir auch erscheinen mag.

Saris in Safrangelb und Koriandergrün

Auf den Straßen vom Flughafen ins Zentrum ist die Hölle los. Um mich herum brodelt eine aberwitzige Mischung aus schwarz-gelben Ambassador-Taxis, die wie vergessene Relikte aus den Fünfzigerjahren des 20. Jahrhunderts aussehen, und grün-gelben Tuk-Tuks, Indiens typischen Motordreirädern; aus verspiegelten Mercedes-Limousinen und Seelenverkäufern auf vier Rädern, aus turmhoch beladenen Fahrrädern und Rikschas mit ganzen Großfamilien an Bord. Alles um mich herum scheint nichts als Chaos, Anarchie und ein einziger, riesenhafter Stau zu sein. Und trotzdem habe ich nicht den Eindruck, dass die Menschen an diesem Durcheinander verzweifeln. Stattdessen ertragen sie es mit größter Duldsamkeit. Indien ist wirklich ein rätselhaftes Land.

Während der Fahrt in die Altstadt prasseln so viele Widersprüche auf mich ein, dass ich meinen Jetlag sofort vergesse. Wer will hier schon müde sein? Viel lieber berausche ich mich hellwach an Delhis Kontrasten. Ich sehe Shopping-Center mit Werbetafeln für Armani und Dior direkt neben Slums mit Wellblechhütten und Kloaken, reiche Inder mit monumentalen Wohlstandsbäuchen neben klapperdürren Lastenschleppern mit Augenhöhlen tief wie Krater, kreischende Krähen über Müllhaufen neben knatternden Millionärshubschraubern am Himmel, Propaganda für Konsumgüter aller Art neben Selbstanpreisungen hinduistischer Gurus für ihre Seelendienste. Ich lasse die Scheibe des Wagens herunter und rieche Schweiß und Not und den Duft von Zimt und Nelken. Die ganze Stadt versinkt vor meinen Augen im Abgasgrau, doch die Saris der Frauen strahlen im schönsten Safrangelb und Koriandergrün. Es ist brüllend laut, und auf dem Bürgersteig meditieren heilige Männer in einer Aura vollkommener Stille. Was für eine Stadt!

Scherenschleifer, Wahrsager, Ohrenputzer

Nach zwei Stunden komme ich in der Altstadt an und gehe zu Fuß weiter, weil sich mein Wagen im Verkehr hoffnungslos verkeilt hat. Wieder stürmen so viele Eindrücke auf mich ein, dass es mir fast die Sprache verschlägt. Mir begegnen Schuhputzer und Ohrenputzer, die für ein paar Rupien mit primitiven Haken Schmalz aus den Gehörgängen holen. Ich komme an Zuckerrohrpressern vorbei und an Fladenbrotbäckern, an Wahrsagern und Chai-Boys mit ihren Teetabletts, an Tagelöhnern, die mitten auf der Straße mit ihren Karren hocken und stoisch auf Arbeit warten; an Messerwetzern, Münzwechslern, Regenschirmreparateuren, Rattengiftmischern, Zukunftsdeutern, Zauberkünstlern und immer wieder an den dreißig Millionen Göttern des Hinduismus, die ihre Altäre in Astgabeln oder Fensterhöhlen haben, weil der Glaube hier keine Kathedralen braucht. Ich spüre das Leben so intensiv, wie ich es nirgendwo sonst jemals gespürt habe. Was gibt es Schöneres, wenn man zu einer Reise aufbricht? Und ganz langsam wird mir die Bedeutung jenes Sinnspruchs bewusst, den ich einmal über Indiens Molochmetropolen gelesen habe: Zweimal weint man um dieser Monsterstädte willen – wenn man hinmuss, und wenn man wieder fortmuss.

Ich gönne mir eine Atempause im Mausoleum des Nasiruddin.

Die Pracht der Mogularchitektur ist einfach überwältigend.

Dann gönne ich mir eine Atempause, einen Moment der Ruhe in dieser Lebenssturmflut, und gehe zum Mausoleum des Nasiruddin Muhammad Humayun am Rand der Altstadt. Er war der zweite Herrscher des indischen Großmogulreichs und ließ sich im 16. Jahrhundert seine Grabstätte im persisch-indischen Stil errichten. Bis heute ist sie eine Oase inmitten der tosenden Stadt, idyllisch am Ufer des Flusses Yamuna gelegen: ein grandioses Monument aus rosafarbenem Sandstein inmitten eines Gartens mit majestätischen Palmen und leise gurgelnden Wasserspielen, die eine Vorahnung vom Paradies geben sollen. Die Tore haben Hufeisenbögen und sind mit kunstvollen Intarsien aus weißem Marmor und blauen Kacheln geschmückt, während der Hauptbau von einer schneeweißen Kuppel gekrönt wird, bewacht von gertenschlanken Türmen, die wie Gotteszepter gen Himmel streben, umgeben von Balustraden, die von den kaiserlichen Steinmetzen so filigran behauen wurden, dass sie wie Brüsseler Spitzen aussehen.

Lärmende Lebensfreude im Totenpalast

Ich stehe vor dem Mausoleum und komme ins Grübeln. Es ist ein grandioser Totenpalast, erbaut zur ewigen Erinnerung an den Mogulkaiser, und gleichzeitig ein verzweifelter Versuch, den aussichtslosen Kampf gegen die Unausweichlichkeit des Todes zu gewinnen. Selbst der mächtigste Weltenherrscher, der sich das monumentalste Mausoleum errichten kann, endet als Staub und Asche. Doch gleichzeitig ist die Grabstätte des Nasiruddin ein Ort der Leichtigkeit. Denn plötzlich werde ich von Hunderten Schulkindern fast überrannt, allesamt in Uniform, die Mädchen mit wehenden Röcken, die Jungen mit sorgfältig geknoteten Krawatten. Sie schnattern und kichern, flitzen und hüpfen, wollen sich unbedingt mit mir fotografieren lassen und vertreiben mit ihrem Lachen jeden Todesgedanken aus diesem Totentempel.

Den Hunger aber, den ich allmählich spüre, können mir diese Kinderscharen nicht vertreiben. Und so wandere ich weiter ins Herz von Delhi, in das Basarviertel, um mich in den Garküchen satt zu essen. Es ist die billigste und gewiss nicht schlechteste Art, sich in Delhi zu ernähren. Manchmal bestehen diese Straßenimbisse nur aus einem Karren mit feist glänzenden Käselaibern oder gefüllten Brotfladen. Dann wieder sind es veritable Restaurants mit einem Dutzend dampfender Töpfe auf Gasflammen, in denen regenbogenbunte Dals und Currys und all die anderen Klassiker der indischen Küche schmurgeln – immer streng vegetarisch, weil sich nur die reichen Inder Fleisch leisten können, und immer exzellent gewürzt. Und schlagartig erinnere ich mich wieder daran, warum ich eigentlich in Indien bin, in jenem Land, in dem nicht nur sprichwörtlich der Pfeffer wächst und unsere Vorfahren einst den Paradiesgarten vermuteten: wegen der Gewürze.

Der Herr der Gewürze und sein goldenes Pferd

Mitten im Gewürzbasar von Alt-Delhi, zwischen lauter Händlern, die Walnüsse, Haselnüsse, Cashewnüsse, Erdnüsse, Macadamias, Mandeln, Lotussamen, getrocknete Aprikosen, Mangos, Feigen und Datteln zu kunstvollen Pyramiden aufgetürmt haben, inmitten dieses Tohuwabohus aus Lärm und geschäftig herumwuselnden Menschenmassen, stoße ich auf einen vollkommen unscheinbaren Laden, der aussieht wie jede Klitsche links und rechts auch. Ein verwittertes Schild über dem Eingang weist ihn als »Golden Horse – Spice Trader« aus. Es ist ein schmaler Schlauch mit altertümlichen Holzschränken, abblätterndem Putz, nackten Glühbirnen, dem obligatorischen, knallbunten Poster einer hinduistischen Schutzgottheit und Unmengen von Gewürzen, in Säcken gestapelt oder als Mischungen abgefüllt in Plastiktütchen. Kein Europäer würde hier etwas Besonderes erwarten, nichts anderes als einen gewöhnlichen Gewürzladen eben, was sonst. Was für eine Täuschung! Was für eine Unterschätzung der Mysterien Indiens!

Dann werde ich dem Juniorchef vorgestellt: Anjhu Kumar, einem hochgewachsenen Mann mit pechschwarzem Haar und pechschwarzen Augen, die sofort zu glühen beginnen, wenn er anfängt, über Gewürze zu reden. Er trägt einen abgewetzten Pullover, ist sehr lässig, wenn nicht gar ein bisschen nachlässig gekleidet, hat aber die besten Schulen und Universitäten Indiens besucht und gehört zur Kaste der Marwari, jener schwerreichen Händlerfamilien aus der Region Shekhawati in Rajasthan. Und ganz nebenbei, ohne jede Spur von Arroganz, macht mir Anjhu Kumar klar, dass man sich in Indien niemals auf den ersten Eindruck verlassen sollte. Denn das »Golden Horse« mag zwar unscheinbar aussehen, doch es ist ein Traditionsbetrieb seit 1917 und eine der größten Gewürzhandlungen in Delhi. Kumar exportiert seine Ware in alle Welt, versorgt die besten Köche des Landes mit Spitzenqualitäten. Und heute morgen, meint er lapidar, habe er übrigens schon zehn Tonnen weißen Pfeffer verkauft.

Eine Gewürzdose als Mitgift für jede Braut

Kumar weiß alles über Gewürze. Er erzählt mir, dass Indien noch immer der größte Gewürzproduzent der Welt ist. Zweieinhalb Millionen Tonnen werden pro Jahr geerntet, 500 000 Tonnen ins Ausland verkauft. Das entspricht fast der Hälfte des weltweiten Exports. In keinem anderen Land der Erde wachsen so viele verschiedene Gewürze in derartigem Überfluss, sodass sich Indien nicht nur selbst, sondern auch noch den halben Globus mit ihnen versorgen kann. »Deswegen sind Gewürze in Indien nie ein Privileg der Oberschicht gewesen, ganz anders als bei euch«, sagt Kumar. »Bei uns hat sich seit Menschenge-

Die Altstadt: ein Gewirr aus Menschen, Rikschas und Kabeln.

denken auch der einfachste Bauer seinen Pfeffer leisten können.« Ich erinnere mich daran, wie ein indischer Freund einmal die »Masaladani« erwähnt hat, die klassische indische Gewürzdose, die in einzelne Fächer für die wichtigsten Gewürze unterteilt ist. Jede Braut bekommt sie als Mitgift, und je nach dem sozialen Status der Frischvermählten ist sie aus grobem Holz geschnitzt oder aus purem Gold gegossen und mit Edelsteinen besetzt.

Es duftet nach Safran, Vanille und Teufelsdreck

Wahrscheinlich sind Gewürze in keinem anderen Land auf Erden seit Jahrtausenden ein derart fester Bestandteil der Kultur wie in Indien – und das nicht nur in der Kochkunst. »Gewürze sind immer noch die Grundlage der indischen Medizin, aller medizinische Fortschritt hat sie nicht ersetzt«, sagt Anjhu Kumar. Die ayurvedischen Doktoren arbeiten bis heute so viel mit Gewürzen wie einst die griechischen und römischen Ärzte in der Antike. Pfeffer zum Beispiel gilt immer noch als probates Mittel gegen Phlegma und zur Stärkung der Manneskraft. Gekochter Frosch mit Gelbwurz wiederum heilt angeblich Verrückte.

Anjhu Kumars Reich ist eine Ali-Baba-Höhle, zwar nicht mit Gold und Juwelen gefüllt, dafür aber mit viel schöneren Dingen. Alles, was mein Herz begehrt, gibt es hier: Kreuzkümmel, Koriander und Kardamom, das drittteuerste Gewürz der Welt nach Safran und Vanille; Muskatnuss und Nelken, die in Indien als Aphrodisiaka gelten; Bockshornklee, der in vielen Chutneys und Pickles für eine pikante Note sorgt, und den geheimnisvollen Asant, der von den Soldaten Alexanders des Großen nach Europa gebracht und bei uns im Mittelalter wegen seines strengen Geruchs »Teufelsdreck« genannt wurde; und natürlich die fantastische Kurkuma, eine der Säulen der indischen Küche seit 4000 Jahren. Der Subkontinent produziert fast die gesamte Welternte und verbraucht vier Fünftel selbst. Denn sie passt perfekt zu allen Gemüsesorten, vor allem zu Linsen, und gilt als heilig, weil ihre gelbe Farbe die Sonne symbolisiert. Deswegen ist Kurkuma das Gewürz des Glücks und des Glücks verheißenden Elefantengotts Ganesha. Deswegen wird es von der Braut nach der Trauung ins Haus der

Der Herr der Gewürze: Anjhu Kumar zeigt mir seine Schätze.

Schwiegermutter mitgebracht und jenen Toten, die ein sittsames Leben geführt haben und auf eine gute Reinkarnation hoffen können, auf die Augenlider getupft.

Und selbstverständlich gibt es bei Anjhu Kumar ganze Berge meines geliebten Pfeffers, dieses Menschheitsgewürzes schlechthin, das seit den Anfängen aller Zivilisationen hochbegehrt ist und den Gang der Geschichte wie kaum ein zweites Handelsgut beeinflusst hat. Der Pfeffer hat Imperien begründet und Imperien zu Fall gebracht, Kriege ausgelöst und für die Entdeckung neuer Weltregionen gesorgt. Und bis zum heutigen Tag kommt der beste Pfeffer von der Malabarküste in Südwestindien, denn sie bietet der Pflanze ideale Bedingungen: Nur hier gibt es eine Kombination aus heftigen Niederschlägen während zweier Monsunphasen und langen Trockenzeiten dazwischen, nur hier hat der Boden so viel Eisen und Mineralien, wie es der Pfeffer liebt. Und nur aufgrund dieser gesegneten Küste darf sich Indien mit vollem Recht »das Land, in dem der Pfeffer wächst« nennen.

Für diese Chili braucht man einen Waffenschein

Im »Golden Horse« wird mir klar, dass kein anderes Land der Erde so leidenschaftlich Gewürze liebt und ihnen gegenüber so aufgeschlossen ist wie Indien. Denn ursprünglich waren nur Pfeffer, Kardamom und Kurkuma auf dem Subkontinent heimisch. Senf und Ingwer lernten die Inder erst durch die Babylonier und die alten Chinesen kennen, bauten die Pflanzen erfolgreich an und integrierten sie in ihre Küche. Durch den Handelskontakt mit dem antiken Griechenland kamen Kreuzkümmel, Schwarzkümmel, Koriander und Bockshornklee nach Indien. Auch Gewürznelken und Muskat von den Gewürzinseln im heutigen Indonesien sind kulinarische Einwanderer. Und der längst über alle Maßen populäre Chili ist ein Geschenk der Portugiesen, die ihn aus Amerika an den Ganges brachten. Die Inder haben all diese Gewürze aus der Fremde in ihre Arme geschlossen, als seien es verlorene Kinder.

Stunden könnte ich in diesem Geschäft verbringen, das auch hochkonzentrierte Essenzen und Gewürzöle von Rosmarin, Zimt, Nelken oder Zitronengras im Angebot hat, dazu Raritäten wie den schärfsten Chili der Welt: Bhut Jolokia heißt er und hat einen Schärfegrad von mehr als einer Million Scoville – damit könnte man Menschen töten, also verzichte ich lieber auf eine Kostprobe. All seine Kostbarkeiten zeigt mir Anjhu Kumar mit einer fast kindlichen Begeisterung, bis hin zu den Gewürzmischungen aus geröstetem Anis, Minze, Hibiskus und Safran, mit denen man nach dem Essen Mund und Atem erfrischt. Ich kaufe von jedem Gewürz und jeder Gewürzmischung eine Packung zum Experimentieren in meiner Münchner Küche, lasse mir in zwei großen Tüten die Seele von Indiens Geschmack einpacken und fühle mich ein bisschen wie ein verspäteter Vasco da Gama, der in das Pfefferland gekommen ist, um den Schatz der Gewürze zu finden.

Zu Gast bei den besten Köchen der Stadt

Ich bin nach Indien gereist, um zu lernen. Bisher habe ich vor allem gestaunt über dieses herrlich verwirrende Land. Jetzt aber will ich das Wesen der indischen Küche begreifen und die Geheimnisse der besten Köche ergründen. Ich frage meine Gewährsleute in Delhi, die mir Freunde in München vermittelt haben. Da gebe es nur einen Ort für mich, raunen sie mir zu und nennen, ehrfürchtig flüsternd, den Namen eines Restaurants, das als bestes indisches Lokal des Subkontinents, wenn nicht der ganzen Welt gilt: das Bukhara im Hotel Maurya in Neu-Delhi. Also nichts wie hin!

Das Bukhara ist im zentralasiatischen Stil eingerichtet, niedrige Tische mit Hockern, Becher aus geschlagenem Kupfer, gemauerte Wände wie in einer Räuberhöhle, grobe

Die Farben des Glücks und der Duft der Freude: Nichts weniger sind Indiens wunderbare Gewürze.

So fährt man in Delhi: Auch ich werde hier zum Rikscha-Fan.

Holzbalken an der Decke, Kellner in Folklorekostümen – alles sehr rustikal und kein Hauch von Haute Cuisine weit und breit. Gegessen wird mit den Fingern, was wiederum nichts mit Folklore zu tun hat, sondern ein kluger, sinnvoller Umgang mit dem Essen ist. Denn man isst sein Gericht immer mit der genau richtigen Temperatur, nie zu heiß, sonst verbrennt man sich ja die Finger; und man isst immer die genau richtigen Portionen, nie zu viel, weil man große Mengen ja gar nicht zwischen die Finger bekommt. »Maßvolles Essen ist fundamental. Man soll den Bauch stets nur halb voll machen, so wie bei einem Glas Wein«, sagt mit feierlicher Stimme Manjit S. Gill, der Chef des Hauses, der zu meiner Begrüßung die Bühne seines Restaurants so würdevoll und staatstragend betreten hat, als sei er ein leibhaftiger Maharaja.

Ein Patriarch und kulinarischer Patriot

Chef Manjit ist eine imposante Erscheinung: ein Sikh mit kolossalem Bauch, kantigem Schädel, funkelnden Augen, grauem Rauschebart und einem gewaltigen Turban so rot wie eine Chilischote. Er ist einer der bekanntesten Köche Indiens, ein Superstar, eine Instanz und Autorität. Und er findet genau die richtige Balance aus Selbstbewusstsein und Demut, Stolz und Bescheidenheit, die mir an wirklich großen Menschen so gefällt. Sein Personal beherrscht er wie ein Dirigent sein Orchester. Winzige Gesten genügen, ein kurzer Wink hier, eine unmerkliche Handbewegung dort, und schon wird dieses oder jenes aufgetragen oder weggetragen. Er wirkt dabei aber niemals wie ein Tyrann, sondern immer wie ein gütiger Patriarch.

Mein berühmter Kollege kennt die Küchen der Welt und ist doch ein glühender kulinarischer Patriot, der vollkommen überzeugt ist von der Kraft und Qualität der indischen Küche. Ihr Kanon ist sein Glaubensbekenntnis, wobei er sich nicht streng an bestimmte Rezepte hält. Das ist in Indien auch nicht üblich. Stattdessen gibt es nur klare Grundregeln, die jeder nach Belieben variieren kann. »Jeder Koch, jede Hausfrau schwört zum Beispiel auf ein eigenes Masala. So heißen bei uns die Gewürzmischungen. Ich variiere sie je nach Wetter und Temperatur, je nach Jahreszeit und Laune. So lässt uns die indische Küche einen enormen Spielraum für Kreativität. Kochen wird hier nie langweilig«, sagt Chef Manjit und lächelt dabei so wissend, dass ich unbedingt mehr von ihm, am besten alles von ihm erfahren will. Und Gill gibt sein phänomenales Wissen gerne preis.

Nur gutes Essen ist gut für Leib und Seele

»Die Philosophie der indischen Küche ist uralt, sie lässt sich bis zu den Veden, unseren heiligen Schriften, 5000 Jahre weit zurückverfolgen«, sagt Chef Manjit, und ich merke ihm an, wie stolz er ist, in dieser Tradition stehen zu dürfen. »In den Veden gibt es ein tiefes Verständnis dafür, dass Essen und Gesundheit niemals getrennt, sondern immer gemeinsam betrachtet werden müssen. Wer nicht beides kennt, weiß und versteht nichts, weder vom Kochen noch vom Leben, denn das eine und das andere bedingen sich. Es gibt dabei eine ganz einfache Regel: Gutes Essen schmeckt nicht nur gut, sondern ist auch gut für die Gesundheit. Schlechtes Essen schmeckt nicht nur schlecht, sondern schadet auch dem Körper.« Sofort begreife ich, dass ich hier einen Bruder im Geiste gefunden habe, einen Mann, der genauso wie ich im Essen viel mehr als bloße Nahrungsaufnahme sieht und weiß, dass Gewürze die beste Medizin sind. Genau dieses Lebensprinzip hatte auch schon der Gewürzhändler Anjhu Kumar angedeutet. Für mich ist das eine überwältigende Erfahrung und ein Riesenglück dazu: dass es hier in Indien noch eine so vernünftige Vorstellung von Ernährung gibt, wie sie auch die Gelehrten in der Antike hatten – und wir Europäer leider heute viel zu sehr verloren haben.

Chef Manjit erzählt mir, dass schon in der »Rig Veda«, dem ältesten Teil der Veden, mehr als 1000 Heilpflanzen beschrieben werden, darunter viele Gewürze und Kräuter, dass der sagenumwobene Kaiser Ashoka im 3. Jahrhundert vor Christus ein buddhistisches Großreich errichtete und damit den Vegetarismus in weiten Teilen des Landes als vorherrschenden Ernährungsstil etablierte, dass mit Kaiser Akbar im 16. Jahrhundert die persisch-arabische Küche Einzug in Indien hielt und nicht nur die Herrscher, sondern das ganze Volk zu Gourmets werden ließ, dass die Gewürze einer der Gründe für den märchenhaften Reichtum Indiens waren, besonders unter Mogulkaisern wie Shah Jahan, dem reichsten aller indischen Imperatoren und verschwenderischsten aller Feinschmecker. Ungeheure dreißig Millionen Rupien gab er jedes Jahr allein für seine privaten Vergnügungen aus, am liebsten für orgiastische Bankette, bei denen das Essen in Schüsseln aus massivem Gold von Eunuchen in seidenen Pluderhosen serviert wurde und Tänzerinnen das Gelage mit erotischen Darbietungen begleiteten.

Die sechs Geschmäcke der indischen Küche

Und dann erklärt mir Chef Manjit noch etwas Hochinteressantes: dass die Liebe der Inder zu den Gewürzen einen »evolutionsgeschichtlichen« Hintergrund hat. Gewürze wirken antibakteriell, töten Pilze ab, machen Essen haltbar und sind deswegen in heißen Ländern wie Indien besonders wichtig. Menschen, die viele Gewürze essen, leben also länger und geben ihre Vorlieben an ihre Nachfahren weiter. Diese eifern ihnen nach, leben wiederum besser und länger als Menschen mit geringem Gewürzkonsum. Und diese natürliche Selektion ist so lange praktiziert worden, bis irgendwann alle Inder zu fanatischen Gewürzliebhabern geworden sind.

Schärfe entfacht das Magenfeuer

Ich lerne hier Dinge, von denen ich bisher nicht einmal ahnte, dass es sie geben könnte, obwohl ich jetzt schon so lange in der Spitzengastronomie arbeite. So kennt Indien sechs Grundgeschmäcke, während fast allen anderen Küchen der Welt nur die vier Varianten süß, sauer, salzig und bitter vertraut sind. In Indien gibt es noch adstringent, also beißend, und »punjent«, also scharf, aber nicht im Sinne von brennend scharf. Vielmehr bezeichnet es die Aromen der Schärfe von Gewürzen, weil jede Schärfe hier auch einen bestimmten Geschmack besitzt. Chili oder Pfeffer ist für die Inder nicht nur einfach scharf, sondern auf ganz besondere, unverwechselbare Art scharf.

Doch warum, frage ich Chef Manjit, sind Gewürzmischungen in Indien so populär? »Das ist ganz einfach: Weil

Der Großmeister der indischen Küche und mein Bruder im Geiste: Manjit S. Gill, Koch aus Leidenschaft.

die Komplexität der Würze erwünscht ist. Einzelne Gewürze sollen nicht ein Gericht beherrschen wie ein Despot, sondern in Harmonie mit anderen Gewürzen leben und sich mit ihnen ausgleichen.« Das Harmoniebedürfnis der Inder, denke ich im Stillen, besteht also nicht nur in der Lebensphilosophie dieser jahrtausendealten Kultur, sondern auch auf dem Teller.

Natürlich hat auch die Schärfe der indischen Küche eine sinnvolle medizinische Funktion. »Sie ist schon aus hygienischen Gründen unerlässlich. Wir könnten es uns gar nicht leisten, uns ohne Schärfe zu ernähren, weil wir sonst die extremen Lebensbedingungen in unserem Land gar nicht aushalten würden«, meint mein Kollege. Außerdem entfalte Schärfe Feuer im Magen und rege die Verdauung an. Chef Manjit gibt mir ein Beispiel und serviert zum Naschen vor dem Essen rohe Zwiebeln, die mit einem Pulver aus getrockneten Mangos, Kreuzkümmel und Pfeffer zur Anregung des Magenfeuers bestreut sind. Und tatsächlich merke ich sofort, dass sich in meinem Bauch etwas in Gang setzt, und zwar auf die angenehmste Weise.

Das Donnergrollen des Küchengottes

Gill merkt das. Erst lächelt er milde, doch dann steigt ein Donnergrollen in ihm auf, und seine Augen beginnen zu funkeln, als wolle er Feuerblitze aus ihnen schleudern: »Ich ertrage diese schlechte indische Küche im Ausland nicht, die viel zu primitiv ist, weil dort widersinnig scharf gewürzt und Unmengen von Chili verwendet wird. Das halten die Menschen dann für die wahre Kochkunst meines Landes. Was für eine Schande! Und dann noch dieses unausrottbare Missverständnis mit dem Curry, unseren scharf gewürzten Eintöpfen: Britische Kolonialbeamte haben sie in Europa populär gemacht und den Begriff ›Curry‹ dabei als Synonym für Gewürzmischungen etabliert. So ein Blödsinn! Eine Gewürzmischung ist ein Masala, kein Curry!« Und schon springt er auf wie ein Derwisch und zieht mich ungestüm in seine Küche, um mir die wahre indische Kochkunst zu zeigen.

Ein Brot so spektakulär wie eine Skulptur

Die Küche liegt hinter großen Glasscheiben an der Stirnseite des Restaurants und wird von vier mächtigen Tandoori-Öfen beherrscht, weil alle Gerichte in diesen Tonöfen zubereitet werden. Sie haben verschiedene Temperaturen, werden bis zu 450 Grad heiß und ausschließlich mit glühenden Kohlen geheizt. Doch das eigentliche Geheimnis ist ihre Form: Die kleine Öffnung und der kugelförmige Korpus garantieren eine perfekte Luftzirkulation und damit eine absolut gleichmäßige Garung.

Ich lasse mir von Chef Manjit alles genau erklären: Er steckt Fisch und Fleisch, Meeresfrüchte und Gemüse auf lange Spieße und senkt sie dann in den Tandoor – aber nicht einmal, sondern zweimal. Erst gart er vor, dann hängt er die Spieße dekorativ in der Küche auf, und im letzten Moment kommt es kurz vor dem Servieren zur zweiten Garung. Dadurch wird nichts trocken, weil die

Unser großartiger Gastgeber in Delhi, Verleger Pramod Kapoor (rechts).

Ich breche mit meinen Reisegefährten das Riesenbrot bei Chef Gill.

Haute Cuisine auf Indisch: Kleine Kunstwerke schmücken den Tisch.

Einfach wunderbar, dieser Duft der frisch gegarten Tandoori-Spieße in Manjit S. Gills Restaurant.

Spieße zwischen den beiden Gargängen ruhen und sich die Flüssigkeit wieder gleichmäßig verteilen kann. Es ist im Grunde dieselbe Methode, wie ich sie in der französischen Haute Cuisine gelernt habe, nur dass sie hier viel konsequenter angewendet wird.

Geduld ist das größte Geheimnis

Aber das kann doch nicht alles sein? »Natürlich nicht«, sagt Gill und lächelt verschwörerisch. »Jedes Gericht erhält eine eigene, ganz spezielle Marinade. Ich ertränke aber nichts vierundzwanzig Stunden lang in Flüssigkeit, sondern mariniere nur für wenige Minuten, unmittelbar bevor die Spieße in den Ofen kommen. Nur mein Lamm braucht ein bisschen länger, so fünf bis sechs Stunden.« Auch alle Brotsorten werden im Tandoor gebacken, wobei die rohen Fladen an die Innenseite geklebt werden. Das spektakulärste Brot ist ein wagenradgroßer Fladen, der in einer speziellen Schüssel auf den Tisch gestellt wird wie eine Skulptur. Und dann brechen wir gemeinsam das Brot, weil das Glück und Gesundheit garantiert.

Die Kunst von Manjit S. Gills Küche besteht darin, mit einfachsten Zutaten so virtuos umzugehen, dass am Ende kunstvolle Gerichte herauskommen. Das beste Beispiel dafür sind seine schwarzen Linsen, ein Klassiker in der indischen Küche. Gill weicht die Linsen die ganze Nacht über in einem Topf mit viel Wasser ein, den er in den noch warmen Tandoor stellt. Dadurch geben die Linsen Stärke an das Wasser ab und bekommen so eine schöne Cremigkeit. Dann werden sie mit rotem Chili, Salz, passierten Tomaten und einer Knoblauch-Ingwer-Paste ganz langsam zubereitet, wobei das Verhältnis immer zwei Drittel Knoblauch und ein Drittel Ingwer beträgt, die perfekte Balance zwischen diesen beiden Gewürzen – und schon ist ein großartiges Gericht fertig, das genau Manjit S. Gills Philosophie gehorcht: »Das einzige Geheimnis ist Geduld. Geduld ist das Wichtigste in der guten Küche.« Ich klopfe dem Meister freundschaftlich auf die Schulter und muss schmerzhaft daran denken, wie fahrlässig wir uns durch unsere Ungeduld und Hektik, durch all die Fertig- und Schnellgerichte die Lust am guten Geschmack verderben. Von Indien sollten wir lernen.

Und jetzt lässt Gill groß auffahren, serviert mir sensationell zarte Garnelen und die besten Hühnerspieße meines Lebens, ein himmlisch wolkenweiches Lamm und eine

Gala-Diner zu unseren Ehren: Wie Staatsgäste werden mein Verleger und ich von Chef Manjit S. Gill empfangen.

Rinderlende, die auf der Zunge zerschmilzt wie Schnee in der Frühlingssonne, klassische indische Küche in höchster Perfektion, besser geht es wirklich nicht. Ich bringe meinem Kollegen einen Toast dar, danke ihm für diese fabelhafte Erfahrung – und bin insgeheim ein bisschen beunruhigt. Denn ich frage mich, wie dieses kulinarische Hochamt noch übertroffen werden kann und welche Lehre ich aus ihm ziehen soll. Schließlich kann und will ich ja kein zweiter Chef Manjit werden, sondern suche den Brückenschlag zwischen meiner und der indischen Küche.

Drei Kontinente und 5000 Jahre Tradition

Zum Glück bekomme ich einen Tipp: Ich solle in die French Colony gehen, ein streng bewachtes Viertel der oberen Zehntausend voller Stadtvillen mit üppigen Gärten. Dort gebe es ein Restaurant namens Indian Accent, eingerichtet im minimalistischen Design des postmodernen Chic, wie man es auch in London, München oder New York finden könnte. Hier zelebriere ein junger Chef eine Küche, wie sie in Indien kein zweites Mal zu finden sei.

Manish Mehrotra heißt dieser Wunderknabe, ein Mann in den frühen Dreißigern, mit einer barocken Figur und einer Leidenschaft für gutes Essen, die schon bis an den Rand des Fanatismus reicht, wie ich bald erfahren soll. Er stellt sich mir vor, sehr bescheiden, fast schüchtern, obwohl er kein Provinzkoch ist, sondern viel im Ausland gearbeitet hat, die Küchen der Welt kennt und sich mit allem Recht als kulinarischer Kosmopolit bezeichnen kann. »Pan-asiatisch« nennt er seinen Stil, der Elemente aus allen Teilen der Erde vereint, auch aus Lateinamerika und Europa. Mehrotra kocht also eine globale Küche auf dem 5000 Jahre alten Fundament der indischen Kochkunst. Das klingt sehr viel versprechend, und tatsächlich wird am Herd aus dem schüchternen Herrn Mehrotra ein großer Zauberkünstler.

Krönender Abschluss in Delhi: mein Abendessen bei Manish Mehrotra.

Ein wahrer Künstler ist dieser Koch mit unglaublicher Liebe zum Detail.

Geglückter Brückenschlag: indische Küche im avantgardistischen Gewand.

Eine sensationelle Champignonsuppe

Als Amuse-Bouche serviert er mir eine Champignonsuppe in einer kleinen, zylindrischen Tasse. Auf den ersten Blick sieht sie aus, wie Champignonsuppen auch bei uns eben so aussehen. Doch Mehrotra hat sie mit einem Garam Masala aus siebzehn verschiedenen, selbst zusammengestellten Gewürzen verfeinert. Das ergibt eine verblüffende Kombination aus Vertrautem und Exotischem, aus Ost und West, aus Europa und Asien. Die Suppe verflüchtigt sich nicht in süßlicher Langeweile. Stattdessen habe ich eine angenehme Schärfe im Gaumen, die unglaublich lange nachklingt – und auf einmal begreife ich, was Manjit S. Gill mit »punjent« gemeint hat, das muss es sein: dieses himmlische Aroma der Schärfe, einer Schärfe, die nicht provokativ, nicht aggressiv ist, eher schmeichelnd und trotzdem einen grandios selbstbewussten Auftritt hat.

Danach geht es Schlag auf Schlag: Ein Thunfisch-Tartar mit Puffreis wird ganz klassisch als Türmchen auf dem Teller serviert und vereint wieder einen vertrauten Geschmack mit einer fremden, dunkel lockenden Note: mit einem Chat Masala aus schwarzem Salz, Ajowan und Kreuzkümmel. Dann kommt ein Taco wie in Mexiko auf den Tisch, der aber ganz anders ist als das Original. Denn das Schweinefleisch wird in Kokosmilch gekocht, mit einem raffinierten Masala fertig gegart und schließlich mit Parmesan bestreut. Hier findet man gleich drei Kontinente auf dem Teller. Und die Balance zwischen der Schärfe des Masala und der Süße des Schweinefleisches ist vermutlich so vollkommen wie die innere Ausgeglichenheit, die Indiens heilige Männer, die Sadhus, in ihrer Seele tragen.

Es war großartig: Ich habe unglaublich viel in Indien gelernt. Und jetzt freue ich mich auf meine nächste Entdeckung.

Die wunderbare Lehre aus meiner Indienreise

Es ist ein grandioses Feuerwerk, das Manish Mehrotra für mich zündet. Kashmir-Morcheln so groß wie Pflaumen tischt er auf, Chile-Spareribs mit pulverisierter Mango, Fenchelsamen und Schwarzkümmel, ein Lammkebab mit Foie gras, Erdbeeren und Chili, wobei das Lamm unfassbar weich gekocht ist und fast die Konsistenz eines Pürees hat. Diese Kreation geht auf ein berühmtes indisches Gericht zurück, das sich der Maharaja von Lucknow zubereiten ließ. Dieser Herrscher war zeitlebens ein großer Fleischliebhaber und wollte auch im hohen Alter, als ihm die Zähne ausfielen, nicht darauf verzichten. Also kreierte sein Leibkoch ein Lamm von einer solchen Zartheit, dass man es selbst ohne Gebiss essen konnte.

Ich bin noch lange nicht so alt wie der greise Maharaja von Lucknow, bekomme mein Lamm auch weit virtuoser mit einem Chutney aus Erdbeeren und grünem Chili serviert, und bin verblüfft über diese großartige Idee: Die Erdbeeren harmonieren himmlisch mit der Foie gras, die grüne Chili ist ein ebenso scharfsinniger wie galanter Begleiter des Lamms. Einen eleganteren kulinarischen Brückenschlag zwischen Indien und dem Rest der Welt kann ich mir kaum vorstellen. Jetzt weiß ich, welche Wunder möglich sind, wenn man die indische mit unserer Küche vermählt. Jetzt weiß ich, dass ich bei meiner Weltreise der Gewürze auf dem richtigen Weg bin.

Meine Reise nach Bangkok, Thailand

Norbert Kostner, der ehemalige Chefkoch des Mandarin Oriental, zeigt mir die Geheimnisse von Thailands Küche.

Auf der Suche nach vollkommener Harmonie

Reisen ist immer auch ein Glücksspiel. Man kann die falschen Menschen treffen oder zur falschen Zeit am falschen Ort sein. Man kann aber auch das große Los ziehen – so wie ich in Bangkok. Denn dort bin ich dank glücklicher Umstände Norbert Kostner begegnet, einem Südtiroler aus dem Grödnertal, der seit zweiundvierzig Jahren in Thailand lebt und eine lebende Legende ist. Dieser kleine, kräftige Mann, der mit seinem rasierten Schädel, den pechschwarzen Augen und dem dunklen Teint fast wie ein buddhistischer Mönch aussieht, war jahrzehntelang Chefkoch im Mandarin Oriental in Bangkok, ist bis heute kulinarischer Chefberater dieser Luxushotelkette, gilt als unantastbare Koryphäe der thailändischen Kochkunst und kennt sie so gut wie kaum ein anderer Europäer. Und für mich hat sich Norbert Kostner alle Zeit der Welt genommen. Glück muss man haben.

Ich treffe ihn im Mandarin Oriental, einem der berühmtesten und besten Hotels der Welt, in dem sich einst Großschriftsteller wie Joseph Conrad, William Somerset Maugham oder Noël Coward die Klinke in die Hand gaben. Heute kann man in der »Author's Lounge« beim Five O'Clock Tea in schneeweißen Korbsesseln herrlich in jenen alten Zeiten schwelgen, als allein das Wort »Bangkok« noch einen magischen Klang nach einer fremden, fast unerreichbar fernen Welt hatte und die Sehnsucht unstillbar war nach diesem Ort mit einem Namen wie ein Epos: »Stadt der Engel, Residenz des Smaragd-Buddhas, die uneinnehmbare Stadt des Gottes Indra, die prachtvolle, mit den Neun Kostbaren Edelsteinen ausgestattete Hauptstadt der Welt« – so lautet der offizielle Name Bangkoks, und er ist damit noch längst nicht vollständig.

Rot wie Rubine, grün wie Smaragde

Bangkoks Lockruf erlag auch Norbert Kostner, der als junger Mann eigentlich nach Amerika wollte, dann aber in der Hauptstadt Thailands landete, sich sofort in sie verliebte, eine Landestochter heiratete und für immer blieb. An dieser stürmischen Zuneigung hat das Essen einen wesentlichen Anteil. »Ich habe höchsten Respekt vor der Thai-Küche«, sagt Kostner, »denn sie ist die frischeste, harmonischste und farbenfrohste in ganz Asien.« Davon könne ich mich gleich selbst überzeugen – und schon schickt mich mein thailändisch-südtirolerischer Kollege in die Kochschule seines Hotels. Das Mandarin Oriental liegt direkt an Bangkoks Pulsader, dem Fluss Chao Phraya, auf dem eine niemals endende Prozession von Langbooten, Lastkähnen, Ausflugsdampfern und Fährschiffen vorüberzieht und an dem die Türme der Luxushotels Spalier stehen wie eine glitzernde Ehrengarde.

Die Kochschule befindet sich am anderen Ufer des Chao Phraya, zu dem mich ein blattgoldverziertes Holzboot des Hotels bringt, und ist in einem verwunschenen, eierschalenweißen Holzhäuschen im Kolonialstil inmitten eines tropischen Gartens untergebracht. Hier weist Chef Nairin seine Eleven in die Grundzüge der thailändischen Küche ein. Er ist ein freundlicher, bescheidener, immerfort lächelnder Mann um die fünfzig, der mit ansteckender Begeisterung bei der Sache ist und mir gleich die erste Lektion verrät: Das Auge isst immer mit. Thailänder lieben aufwendige Präsentationen der Gerichte, schnitzen Obst und Gemüse gerne zu barocken Skulpturen und färben mit großer Leidenschaft ihre Speisen. Grün werden sie mithilfe von Pandan-Blättern, rosa mit Rote-Bete-Saft, blau mit einer Art Stiefmütterchen. Und da Thailands Köche auch große Poeten sind, geben sie den Farben klingende Namen wie Rubin, Amethyst oder Smaragd.

Umrühren strengstens verboten

Chef Nairin ist in seinem Enthusiasmus kaum zu bremsen. Er zeigt mir, wie er Knoblauch mit Korianderwurzeln aromatisiert, das ergibt eine schöne Kombination aus Frische und Schärfe. Er beklagt die unausrottbaren Irrtümer über die Thai-Küche – niemals verwende sie Ingwer für eine Curry-Paste, sondern immer Galgant, auch wenn in allen Kochbüchern etwas anderes stehe; denn Galgant ist aromatischer als Ingwer. Und er zeigt mir mit geübter Hand, wie man ein Massaman Curry zubereitet. Zunächst stellt er eine komplizierte Gewürzpaste aus Schalotten, Knoblauch, Galgant, Gewürznelken, Muskatnuss, Muskatblüte, Kreuzkümmel, Korianderkörnern, Zimt, Chilischoten und Zitronengras her. Es ist verblüffend, wie natürlich sie schmeckt, gar nicht nach Salz, Zucker oder Essig wie die Fertigpasten, die es bei uns zu kaufen gibt.

Dann bin ich an der Reihe. Ich lerne, wie man Kokosmilch im Wok mithilfe von vier verschiedenen Techniken richtig reduziert, füge unter Anleitung von Chef Nairin die Gewürzpaste, Fischsauce, Tamarindensaft und Palmzucker hinzu, anschließend Rindfleisch, Zwiebeln, Süßkartoffeln und Erdnüsse, und vollende das Ganze mit Kardamom und Kreuzkümmel. Umrühren ist jetzt strengstens verboten, denn die Zutaten sollen sich in aller Ruhe gegenseitig aromatisieren. Ich bin beeindruckt von der Gelassenheit des Kochens und der Zeit, die man den Gewürzen gönnt, um ihre Aromen zu entfalten. Und ich ahne, dass die authentische thailändische Küche kaum etwas mit dem zu tun hat, das wir in Deutschland unter diesem Namen vorgesetzt bekommen. Das ist das Schöne am Reisen, gerade für mich als Koch: Ich gelange zu den Wurzeln der Dinge und lerne sie unverfälscht kennen.

So wird's gemacht: Chef Nairin gibt mir Nachhilfestunden am Wok.

Mit diesen Grundzutaten wird jedes Gericht zu einem Wunderwerk der Aromen.

Die große Leidenschaft von Thailands Köchen: kunstvoll geschnitzte Früchte.

Schön, bunt, köstlich: So farbenfroh sind thailändische Eintöpfe.

Wehe dem Kreuzkümmel in der Kokosmilch!

Einen fundamentalen Unterschied zu meinen früheren Reisen kann ich schon jetzt feststellen: Die orientalische Küche ist verschlossen, entfaltet sich im Verborgenen und verschleiert sich oft, so wie viele Frauen im Orient. Die Gerichte schmoren stundenlang unter Deckeln wie bei den Taijinen vor sich hin und geben ihre Ursprünge danach kaum noch preis.

Die thailändische Küche hingegen ist offen und fröhlich. Hier gibt es keine Deckel und keine Geheimnisse, hier muss ich keine Rätsel lösen, sondern werde mit offenen Armen empfangen. Und man legt bei ihr allergrößten Wert auf präzises Arbeiten am Herd. Wehe, wenn die Gasflamme auch nur einen Hauch zu stark ist oder wenn in der Kokosmilch aus Versehen ein Kreuzkümmelchen schwimmt – das lässt Chef Nairin keine Ruhe, der sofort die Temperatur justiert und den Kreuzkümmel aus der Kokosmilch fischt. Diese Sorgfalt ist einfach großartig. Ich glaube, in Thailand werde ich viel Freude haben. Als ich das Norbert Kostner erzähle, der mich nach der Kochschule zum Besuch eines typisch thailändischen Marktes abholt, lächelt er still und weise. »Präzision ist absolut notwendig«, sagt er dann, »weil thailändische Gerichte aromatisch sehr komplex sind und aus bis zu zwei Dutzend Zutaten bestehen.« Das oberste Ziel ist es immer, die Geschmäcke zu harmonisieren und auszubalancieren. Dominante Elemente wie Garnelenpaste, Knoblauch oder Chilischoten müssen sich in ein ausgewogenes Ganzes fügen. Süße Aromen zum Beispiel können einerseits saure und salzige Geschmäcke untereinander ausgleichen, andererseits kann Süße allzu salzige Aromen und Salz allzu süße Aromen austarieren. Denn das Mantra der Küche in Thailand lautet: »rot chart«, was so viel wie »richtiger«, also »ausgeglichener Geschmack« bedeutet.

Gleichgewicht garantiert Gesundheit

Dieses Harmoniestreben hat natürlich nicht nur einen kulinarischen Hintergrund. Denn ganz ähnlich wie die Medizin im Altertum des Abendlands gibt es auch im Fernen Osten die Lehre der verschiedenen Körperelemente wie Schärfe, Süße, Wärme oder Kälte, die sich immer im Gleichgewicht befinden müssen, um eine gute Gesundheit zu garantieren. Und der beste Weg dorthin ist ein ausgewogenes, in sich harmonisches Essen.

Doch die hohe Kunst der Harmonie ist selbst für einen Meisterkoch wie Norbert Kostner kaum zu beherrschen. »Ich werde wohl nie vollkommen mit der Thai-Küche verschmelzen«, gibt er freimütig zu. »Wenn ich für Europäer koche, halten sie meine Küche für das authentischste Thai-Essen, das es gibt. Wenn ich aber für Thailänder koche, merken sie sofort, dass ich Ausländer bin. Selbst nach zweiundvierzig Jahren besitze ich nicht ihre unglaubliche Intuition, die Harmonie der Aromen herzustellen.«

Ein Markt wie eine Schmuckkiste

Als wir den Markt betreten, wird mir schlagartig klar, was Norbert Kostner meint: Die Thailänder müssen eine ganz besondere, nicht nur von Intuition, sondern auch von tiefer Leidenschaft und Liebe geprägte Beziehung zum Essen haben. Denn einen solchen Markt habe ich in meinem ganzen Leben noch nicht gesehen. Er residiert in einer hohen, lichten, kathedralartigen Halle und ist wahrscheinlich der ordentlichste Markt des Erdballs. Es könnte auch eine Fabrikhalle zur Chip-Produktion sein, so penibel sauber geht es hier zu. Nirgendwo ist auch nur die geringste Spur von Achtlosigkeit oder Verwahrlosung zu sehen. Stattdessen gibt es überall die schönsten Beweise für den tiefen Respekt, den die Thailänder dem Essen entgegenbringen.

Wie Kostbarkeiten werden die Lebensmittel präsentiert: Das Obst ist mit größter Sorgfalt zu kunstvollen Pyramiden, Türmen und Kegeln gestapelt, ebenso das Gemüse. Die Kräuterseitlinge sind mit engelsgleicher Geduld in die perfekte Pilzform geschnitzt worden. Die Garnelenschwänze haben die Marktfrauen millimetergenau parallel ausgerichtet, die Entenmuscheln wie Schmuckstücke in Schatzkästchen aus Styropor drapiert, und die Kräuterbouquets sind so liebevoll gebunden, als seien es Hochzeitssträuße. Mangos und Mangostanen, Papayas und Pomelos wiederum hat man so akkurat hergerichtet wie Pralinen in der Confiserie. Und das Schwein wurde mit chirurgischer Präzision in seine Einzelteile zerlegt, in Zunge, Ohren, Pansen, Schwarte. Jetzt liegen sie so penibel nebeneinander, als könne man das gute Tier jederzeit wieder zusammensetzen.

Tomaten sind keine vergifteten Äpfel

Der Markt ist ein Abbild der geradezu paradiesischen Fruchtbarkeit Thailands. Als bayerischer Koch werde ich ganz blass vor Neid. »Hier steckt man den Finger in die Erde, und sofort wächst etwas«, sagt Kostner, als wir an den Ständen mit Dutzenden verschiedener Sambal-Würzsaucen aus getrockneten Krevetten, Snappers oder Shrimps und Bassins voller frischer Krebse, King Prawns und Blue River Lobster vorbeikommen. Kostner prüft intuitiv die Frische dieser Süßwasserlangusten und erkennt sofort den Unterschied zwischen Zuchttieren und Wildtieren: Wilde Langusten, erklärt er mir, haben lange Fangarme, weil sie ihr Futter selbst in freier Wildbahn suchen müssen.

Ganz besonders beeindrucken mich die Stände mit den Gewürzen, die in Thailand fast nur frisch verwendet wer-

Vorsicht, scharf! Ich probiere trotzdem tapfer von allem.

In Bangkok wird Tag und Nacht leidenschaftlich gern gegessen.

den. Allein die Auswahl an Chilischoten ist fantastisch, vom extrem scharfen Vogelaugenchili über den leicht säuerlichen Drachenaugenchili bis zum milden Bananenchili. Die Schote wurde erst 1511 von portugiesischen Seefahrern nach Thailand gebracht und sofort begeistert aufgenommen. Denn ihr Geschmack erinnerte die Menschen stark an die typisch thailändische, aber viel teurere Gewürzmischung aus frischem grünem Pfeffer, weißem Pfeffer, Salz und Galgant. So sind die Thailänder eben: Hier isst der Bauer auch das, was er nicht kennt. In Europa hingegen hat es zum Beispiel 200 Jahre lang gedauert, bis die Tomate nicht mehr als giftiger Apfel betrachtet wurde, sondern als Delikatesse und Gottesgeschenk aus Amerika.

Und dann der Reis! Dutzende von Sorten in allen farblichen Abstufungen von Blütenweiß bis Pechschwarz gibt es hier, geschält, geschliffen, poliert, parfümiert. Es sind Sorten, von deren Vielfalt und Köstlichkeit wir nicht die geringste Ahnung haben. »Der Reis ist die Seele und das Fundament der gesamten thailändischen Küche. Ohne Reis ist Thailand undenkbar«, sagt Norbert Kostner. So lautet der traditionelle thailändische Gruß »Gin kao ruu yang?« Wörtlich übersetzt bedeutet er nichts anderes als die Frage: »Haben Sie schon Reis gegessen?« Und ganz absurd mutet mir jetzt die Vorstellung an, dass Reis in Europa lange als giftig angesehen und dann nur als Medizin betrachtet wurde. Mit Zimt und Zucker vermischt und in Milch gekocht, verordnete man ihn als Arznei gegen Bauchschmerzen. Selbst der große Gastrosoph Jean Anthèlme Brillat-Savarin, Autor der epochalen »Physiologie des Geschmacks«, glaubte noch, dass Reis »einen Mann seines Mutes beraubt«.

Die Legende vom wütenden Reisgeist

In Thailand hingegen wird Reis verehrt. Die Göttin des Reises, Pra Mae Posop, ist eine der wichtigsten Gottheiten des thailändischen Pantheons. Reis ist unersetzlich bei allen Ritualen von der Geburt bis zum Tod. Neugeborenen wird ein gekochtes Ei als Symbol für das neue Leben und Reis als Symbol für lebenslanges Essen im Überfluss überreicht. Verstorbenen wird Reis vor den Leichenzug geworfen, in manchen Gegenden steckt man den Toten auch Reiskörner in den Mund. Und die Bettelmönche müssen während der Regenzeit im Kloster bleiben, sonst könnten sie die empfindlichen Reissetzlinge zertreten.

Reis ist sogar ein Paradiessymbol. So erzählt man sich im Süden Thailands die Legende, dass die Menschen im Garten Eden Reis weder anbauen noch ernten mussten. Jeden Tag wanderte ein einzelnes Reiskorn von alleine in einen riesigen Kochtopf, der dann abends prall gefüllt war mit gekochtem Reis. Doch die Menschen – das war die Bedingung der Götter – durften niemals den Deckel heben. Einmal machte es ein Kind dennoch und sah den Reisgeist im Topf, der sich darüber dermaßen ärgerte, dass er für immer verschwand. Seitdem und wahrscheinlich für alle Zeiten müssen die Menschen im Reisfeld schuften.

Freiheit hat einen hohen Preis

»Reis wird vermutlich seit 8000 Jahren in Thailand angebaut«, erklärt mir Norbert Kostner, als wir die verschiedenen Körner auf dem Markt durch unsere Finger gleiten lassen. Er ist schon immer ein Garant für den Reichtum Thailands gewesen, dessen Pracht und Prunk auf einem florierenden Reishandel mit den Nachbarländern gründete. In den Zwanzigerjahren des 20. Jahrhunderts machte Reis achtzig Prozent aller Exporte aus. Heute werden zwanzig Millionen Tonnen pro Jahr geerntet, damit zählt Thailand zu den fünf wichtigsten Exporteuren weltweit.

Wir schlendern weiter zu den Garküchen, und ich frage Norbert Kostner, was das Einzigartige an der thailändischen Küche sei und ob sie so etwas wie eine Ahnherrin oder eine Patin habe. »Sie ist ein Monolith, der kaum etwas mit den Nachbarküchen zu tun hat«, sagt Kostner. »Und das hat mit der Geschichte des Landes zu tun. Als einziges in der gesamten Region war es nie eine Kolonie, sondern immer ein freier Staat. Die Übersetzung von Thai bedeutet ja auch ›freier Mensch‹. Und genauso fühlen sich die Thais tatsächlich.« Den Köchen allerdings mache diese Freiheit das Leben alles andere als leicht. »Die wahre, kanonische, in Stein gemeißelte Thai-Küche gibt es nicht, anders als etwa in Japan. In Thailand existiert immer mehr als eine Wahrheit, man findet 1000 Variationen von jedem Gericht«, sagt Norbert Kostner.

Würze, wie es dein Herz begehrt

Jede Hausfrau und jeder Koch interpretiere und variiere ständig die Rezepte. Das sei genauso wie in Südtirol, da backe auch jede Bäuerin ihre eigenen Ausgezogenen. »Diese Interpretationsmöglichkeiten machen die thailändische Küche einfach und schwierig zugleich: Man hat immer freie Hand und verzweifelt doch manchmal an der fehlenden Verbindlichkeit. Man kann das Beste aus der Freiheit machen oder aber an ihr scheitern.« Die Erfahrung habe ich selbst auch schon gemacht. Immer wenn ich einen thailändischen Koch nach Gewürzen fragte oder ein Kochbuch konsultierte, stieß ich unweigerlich auf den Standardsatz: »Würze, wie es dein Herz begehrt.« Oder es

Land des Lächelns: Die Herzlichkeit ist überwältigend.

hieß immer wieder: »Gib so viel von diesem Gewürz dazu, bis es duftet.«

Ich schreibe für mein Leben gern Kochbücher. Wäre ich Koch in Thailand, hätte ich gut zu tun. Denn Kochbücher gibt es hier überhaupt erst seit 130 Jahren. Rezepte wurden und werden traditionell mündlich überliefert, eine Generation lernt von der anderen. Als dann aber die Hauptfrau von König Rama V. im Jahr 1881 eingeäschert wurde, führte man die Sitte der Gedenkbücher ein: Sie erzählten vom Leben des Verstorbenen, wurden an die Trauergäste verteilt und enthielten auch viele Kochrezepte. Besonders bei königlichen Hoheiten waren solche Gedenkbücher aufschlussreich, denn ihre Bestattungsriten waren so kompliziert, wie ihr Appetit unermesslich war. Den toten König etwa wickelte man in 500 Lagen weißen Tuchs, überhäufte ihn mit Juwelen und legte ihn in einen goldenen Sarg. Die Verbrennung durfte erst an dem Datum stattfinden, das vom Hofastrologen festgelegt wurde. Manchmal lag es Jahre in der Zukunft. Und während dieser Zeit wurden dem König jeden Tag seine Lieblingsspeisen serviert, wie sie im Gedenkbuch aufgelistet waren.

Der wahre Reichtum ist Bescheidenheit

Über das Angebot auf unserem Markt kann sich selbst ein König nicht beklagen. Denn was hier in den Garküchen zwischen den Lebensmittelständen vor sich hin köchelt, duftet so verführerisch, dass es Tote zum Leben erwecken könnte. Allein an einem einzigen Stand brodeln ein Dutzend Töpfe voller Curry in allen erdenklichen Farben, als seien sie die überdimensionierte Farbpalette eines Malers: Mönchskuttenorange, Hummerrot, Smaragdgrün, Butterblumengelb, Milchkaffeebraun, Eierschalenweiß, es ist unglaublich.

Wir kosten hier und da, und sehr schnell wird mir klar, wie sensationell gut die Garküchenkultur in Thailand ist. Eigentlich muss man gar nicht ins Restaurant gehen, sondern kann sich allein auf der Straße satt und glücklich essen. Das kann ich Norbert Kostner natürlich nicht sagen, doch er ahnt, was ich denke. »Die Garküchenköche sind Meister ihres Faches. Meist haben sie sich auf ein, zwei Gerichte spezialisiert und beherrschen sie nach Jahr-

Eine Marktfrau bereitet hochkonzentriert ihr Gericht zu.

zehnten der Übung bis zur Perfektion. Es gibt Köche, die haben sich auf der Straße ein Vermögen erkocht. Denn wer gut ist, bleibt in Bangkok nicht lange unentdeckt. Und wenn jemand eine grandiose Nudelsuppe macht, dann fahren die Leute zwei Stunden quer durch die Stadt, um sie zu essen.« Er kenne auch Nudelköche, die nur einen großen Topf pro Tag aufsetzen und in aller Gemütsruhe nach Hause gehen, wenn er leer ist, obwohl sie den Inhalt von drei, wenn nicht vier Töpfen verkaufen könnten. »Doch diese Köche fahren lieber heim und freuen sich des Lebens, anstatt Geld anzuhäufen. Und sie haben recht. In Wahrheit sind sie die reichsten Menschen der Welt.«

Der Markt schwimmt, der König schlemmt

Von Bangkoks Märkten kann ich gar nicht genug bekommen. Und ich will mir einen Wunschtraum erfüllen: Seit ich die berühmte Verfolgungsjagd im James-Bond-Film »Der Mann mit dem goldenen Colt« gesehen habe, will ich einen schwimmenden Markt besuchen, am besten denselben, den auch 007 unsicher machte. Doch ich werde von Norbert Kostner gewarnt. Die meisten »Floating Markets« seien zu Touristenattraktionen voller Nepp verkommen, Jungen würden sich dort Pythons um die Schultern legen und sich für Geld fotografieren lassen. Doch gebe es in einem Vorort von Bangkok noch einen Markt, der das komplette Gegenteil von Touristenaufruhr sei. Also nichts wie hin. Und tatsächlich: Hier bin ich fast der einzige Ausländer zwischen Heerscharen von Thais, die fröhlich einkaufen und essen und essen und einkaufen.

Der Markt zieht sich an einem Kanal entlang, an dem die Boote der Händler festmachen und sich die Stände und Garküchen wie Hühner auf der Stange aneinanderreihen. Und wieder finde ich ein so großartiges Essen auf der Straße, dass ich gar keine Lust mehr habe, in Restaurants zu gehen. Ich nasche eine gestockte Fischfarce mit Kokosmilch, Chili und Zitronengras, die in ein kleines, rundes Bananenblatt gehüllt ist. Dann probiere ich Venusmuscheln, die in Ei ausgebacken werden, koste Entenzungen, Wachteleier, Saté-Spieße und natürlich den berühmten Salat aus der unreifen grünen Papaya, Thailands Nationalgericht. Eine Marktfrau bereitet ihn auf ihrem Boot mit unglaublich viel Sorgfalt und Liebe zu und achtet dabei so

Der schwimmende Markt ist für mich ein Schlaraffenland.

pedantisch auf die Sauberkeit, als sei sie in Wahrheit eine Anästhesistin.

Finger weg von diesem Teufelszeug

Auch bei der gepökelten Schweinshaxe werde ich schwach, die in einem wagenradgroßen Topf zubereitet, vor dem Servieren klein gehackt, mit Fischsauce, Weißkohl und Spinat serviert und schließlich mit Koriander dekoriert wird. Unter den neugierigen Blicken der Einheimischen esse ich sie an einem niedrigen Plastiktischchen, auf dem Schalen mit rohen Knoblauchzehen und Chilischoten zum Knabbern stehen. Meine Mitesser ermuntern mich lachend zum Zugreifen, doch ich weiß, dass diese Chilischoten meinen Gaumen in Brand setzen und mich aus lauter Verzweiflung in den Kanal springen lassen würden.

Besser ist es also, die Finger von diesem Teufelszeug zu lassen. Stattdessen bewundere ich lieber den phänomenalen Umgang mit dem Essen, der auch auf diesem Markt praktiziert wird. Er ist immer liebevoll und respektvoll, immer geschickt und gekonnt, nie nachlässig oder desinteressiert – so wie es diese junge Frau vormacht, die an einem Stand Fischküchlein auf Holzkohle grillt: Bevor sie ihre Delikatessen den Kunden überreicht, schneidet sie mit einer Nagelschere noch die winzigsten schwarzen Stellen von den Küchlein ab. Und wenn man hier sieht, mit welcher Begeisterung und Ernsthaftigkeit selbst Kleinkinder schon ihr Essen schätzen, könnten einem fast Tränen der Rührung kommen.

Land des Goldes, Land des Glaubens

Gutes Essen macht tatsächlich glücklich. Diese Lebensweisheit wird auf dem schwimmenden Markt aufs Schönste bestätigt. Die Menschen sind unfassbar freundlich, alle lassen mich probieren, jeder lächelt mich an und versucht mit seinem bruchstückhaften Englisch, mit mir ins Gespräch zu kommen. Und alle lehnen Geld für ihre Kostproben kategorisch ab – sie zu bezahlen wäre eine schlimme Beleidigung. In einer solch entspannten Atmosphäre fällt es leicht, jedem seinen Platz einzuräumen. Die Lotterieverkäufer mit ihren Holzbeinen auf den motorisierten Dreirädern gehören so selbstverständlich zur großen Marktfamilie wie der blinde Sänger mit seiner Mundharmonika und seinen melancholischen Liedern oder der buddhistische Bettelmönch mit seinem Spendenstand. Er hockt, flankiert von feist grinsenden Plastik-Buddhas mit Riesenköpfen, zwischen den Marktbuden, schwenkt enthusiastisch seinen Weihwasserstab und bespritzt damit die Passanten, während eine Frau mit Megafon und Spendenkiste an die Mildtätigkeit der Gläubigen appelliert. Und jeder gibt gern.

Der Glaube ist in Thailand keine Pflichtübung, sondern durchdringt jede Faser der Gesellschaft. Das merkt sogar ein Kurzreisender wie ich sofort. Es wimmelt in Bangkok von buddhistischen Tempeln jeder Größe und jeden Alters, es gibt sie in jedem Grad von Prachtentfaltung und gottgefälliger Opulenz. Wie Stelenwälder, wie göttliche Lanzen ragen ihre golden glänzenden Pagoden in den Himmel und erinnern mich daran, dass Siam – die alte Bezeichnung für Thailand – in der uralten Sprache Sanskrit »Land des Goldes« bedeutet. Lauter stille Gottesbeweise sind diese Tempel, lauter Fluchtburgen der Besinnung inmitten einer vibrierenden, fortschrittsversessenen Millionenmetropole, die von tollkühnen Hochstraßen umgeben, von majestätischen Hochhäusern umringt, vom pulsierenden Leben umzingelt sind.

Hibiskus für Huren und Verbrecher

Thailands Tempel sind mit ihren geschwungenen Dächern und geschnitzten Dachreitern nicht nur Touristenattraktionen, sondern vor allem Orte tiefen Glaubens. Menschen habe ich dort vor Buddha-Statuen stehen sehen, die in ihr Gebet versunken waren und das laute Treiben um sich herum völlig vergessen hatten, als seien sie nicht von dieser Welt. Ich habe beobachtet, wie die Gläubigen Buddha-Statuen aus Granit mit kleinen Blattgoldplättchen be-

Kochende Kunsthandwerker: Bananenblätter werden sorgfältig gesäubert.

Dann legt man die Zutaten darauf, zu denen in Thailand fast immer Reis gehört.

Und schließlich schnürt man das Päckchen zu, um es im Dampf zu garen.

klebten und der Erleuchtete dadurch allmählich sein steinernes Gewand ablegte, um unter einer zweiten Haut aus Gold zu verschwinden.

Und ich habe mir sagen lassen, dass der Aberglaube der Thailänder mindestens genauso groß ist wie ihr Glaube. In jedem Haus findet man ein Geisterhäuschen mit Opfergaben zur Besänftigung der Dämonen. Beim Betreten des Hauses darf man nie auf die Türschwelle treten, sonst gibt es Ärger mit dem Geist, der dort wohnt. Kein Mensch pflanzt Hibiskus im Garten, weil er Unglück bringt. Die roten Blüten sind das Symbol für Huren und mussten von verurteilten Verbrecherinnen beim Gang zum Schafott hinter dem Ohr getragen werden. Das Schneiden von Fingernägeln am Montag und Mittwoch ist ein wirksamer Schutz vor Katastrophen. Neugeborenen gibt man hässliche Namen wie »Schwein« oder »Ratte«, damit sich die bösen Geister nicht für sie interessieren. Und beim Essen muss man für ein zufriedenes Leben nach Osten schauen, für einen großen Freundeskreis nach Süden, für Glück und Gesundheit nach Westen – doch niemals nach Norden, weil das Unheil bringt. Die Küche im Haus hingegen muss zwingend immer nach Norden ausgerichtet sein, warum auch immer.

Ein tief religiöses Land: In Bangkok wimmelt es von Tempeln.

Eine der gesündesten Küchen der Welt

Manchmal glaube ich, die Thailänder haben wirklich nichts anderes im Kopf als essen und kochen. Die Straßen von Bangkok scheinen ein einziger riesiger Speisesaal zu sein – und müssten eigentlich vor lauter dicken Menschen wimmeln. Doch das Gegenteil ist der Fall, und das aus gutem Grund, wie ich im Laufe meiner Reise gelernt habe: Die Thai-Küche ist ideal für jeden, der abnehmen oder zumindest nicht zunehmen will. Denn sie besteht fast ausschließlich aus frisch zubereitetem Essen, das einen höheren Nährwert als Fertignahrung besitzt und keine versteckten Dickmacher hat.

Die Basis der Küche wiederum ist Reis, der kaum Kalorien enthält, dafür aber aus sehr viel Wasser besteht und damit den Menschen früher das Gefühl der Sattheit gibt als andere Gerichte. Milch, Butter und Sahne werden – mit Ausnahme von ein bisschen Kokosmilch – so gut wie nie verwendet. Fett wird zum Kochen oder als Geschmacksträger kaum benutzt, denn diese Aufgabe übernehmen Gewürze und Kräuter. Auch Zucker spielt fast keine Rolle, selbst Desserts haben oft einen salzigen Geschmack. Und schließlich: Das Essen wird geteilt und kommt in vielen Schalen auf den Tisch; dadurch überisst man sich nie, weil kein Zwang besteht, seinen Teller leerzuessen – lauter Gründe also, guten Gewissens in Thailand zu schlemmen.

Meine einzige Enttäuschung in Bangkok

So grandios die Garküchenkultur in Bangkok auch ist: Jetzt will ich doch einmal die Haute Cuisine kosten. Die erste Adresse dafür ist das Restaurant Nahm des Australiers David Thompson, der seit vielen Jahren in Thailand lebt, mehrere fabelhafte, sehr inspirierende Bestseller geschrieben hat und in London das einzige Thai-Restaurant der Welt mit Michelin-Stern betrieb. Er gilt als einer der fähigsten Thai-Köche überhaupt, und das Nahm steht auf der Liste der hundert besten Restaurants der Welt aktuell auf Platz zweiunddreißig.

Es ist schlicht, fast unspektakulär eingerichtet, verzichtet nahezu vollständig auf thailändische Folklore und versucht eine Fusion aus thailändischer und westlicher Küche. Das klingt großartig, denn nichts anderes habe auch ich vor. Doch so schwer mir Kollegenschelte fällt – jetzt muss sie leider sein. Denn das Nahm hat mich enttäuscht. Statt eines überzeugenden Brückenschlags, statt neuer Erkenntnisse oder gar Offenbarungen habe ich dort nur Beliebigkeit und ein allerdings virtuoses Spielen mit der thailändischen Küche erlebt. Wenn man eine Handvoll Haute-Cuisine-Elemente einfach in den Wok wirft, kommen dabei noch lange keine überzeugenden Kreationen heraus. Mich hat das alles eher an kulinarische Alchemie erinnert. Und ich ahne, wie schwierig die Aufgabe ist, die mir in München bevorsteht: die Frische und Geradlinigkeit der thailändischen Küche kunstvoll mit der Raffinesse unserer Küche zu verbinden.

Dann kehre ich reumütig zu Norbert Kostner zurück, der seine Köche im Spitzenrestaurant des Mandarin Oriental eine klassische thailändische Palastküche zelebrieren lässt. Dieses Restaurant, das als bestes traditionelles Thai-Lokal der Stadt gilt, sieht mit seinen Seidentapeten und Unmengen von Blattgold, mit den Heerscharen von geschnitzten Drachen und Elefanten genau so aus, wie ich mir einen siamesischen Königspalast vorstelle. Und das Buffet am Mittag ist so verschwenderisch, als erwarte man den Herrscher über das Land des Goldes heute höchstpersönlich zum Essen. Hier lebt und blüht der kulinarische Geist der Königsküche, die aus jedem Gericht ein kulinarisches Kunstwerk macht und selbst die winzigste Erbse so liebevoll drapiert, als sei sie ein Smaragd.

Meine Neugier ist noch lange nicht erschöpft. 1000 Fragen über Thailands Küche habe ich an Norbert Kostner.

Ein Geschmack wie süßer Schmerz

Der Aufwand, der einst am Hof der Könige getrieben wurde, war ebenso irrwitzig wie außergewöhnlich. Ein normales Bankett umfasste fünfunddreißig Hauptspeisen und dreißig Desserts, und die Präsentation war dabei genauso wichtig wie der Geschmack. Man schnitzte Gurken zu Mangos, gab Auberginen die Form von Blumen, verzierte Desserts mit goldenen Fäden aus Enteneigelb und parfümierte sie mit Jasminblüten, Kaffirlimetten, Hibiskus, Aloe, Sandelholz, Kampfer oder Moschus. Rosenblätter wurden in dicken Rosenwassersirup getaucht, dann ließ man sie abkühlen und setzte sie als essbaren Blumenstrauß wieder zusammen. Und die größten Feinschmecker waren die Könige selbst, die sich sogar als kulinarische Poeten versuchten und Gedichte auf besonders gelungene Speisen schrieben. Rama II. zum Beispiel fand für marinierte Garnelen mit geraspeltem Ingwer und Limettensaft diese Worte: »Der Geschmack dieses Gerichts erinnert mich an den süßen und endlosen Schmerz, wenn du gehst.«

Die Tragödie der Königin Sunanda

Ich habe leider keine sehr ausgeprägte poetische Ader, aber ein bisschen wie ein König fühle ich mich in diesem Restaurant trotzdem. Hoffentlich ist das jetzt keine Ketzerei, denn die thailändischen Herrscher betrachten sich als gottgleiche Wesen, als Reinkarnation hinduistischer Götter wie Vishnu und Shiva und werden von ihren Untertanen als »Herren über unsere Köpfe« und »Herren des Lebens« verehrt. Die Würde des Königs zu missachten ist bis

Ein letzter Abend in Bangkok, und ein bisschen Wehmut beim Abschied: Auf der Terrasse des Mandarin Oriental, eines der berühmtesten Hotels Asiens, lasse ich noch einmal meine Reise Revue passieren.

heute ein Kapitalverbrechen. Früher war es für einen Normalsterblichen sogar strengstens verboten, ein Mitglied der königlichen Familie zu berühren. Das führte immer wieder zu Tragödien, so wie 1880, als Königin Sunanda, die Hauptfrau von Rama V., elend ertrank – ihr Boot kenterte auf dem Fluss Chao Phraya, die Königin konnte nicht schwimmen, und niemand durfte ihr helfen. Dann will ich doch lieber kein König sein, sondern Koch.

Abschied von einem großartigen Koch

Und am liebsten gehe ich mit Norbert Kostner in die Küche. Stolz zeigt er mir das Reich, das immer noch seines ist, und den richtigen Umgang mit dem Wok, um mir dann das gesamte Repertoire seiner Kochkunst zu servieren: gedämpfte Dumplings, also Teigtaschen, mit Minze-Huhn und Erdnüssen, würziger Mangosalat mit frittiertem Seewolf, Salat aus grüner Papaya mit getrockneten Shrimps, Karpfen-Curry mit Galgant, Weichschalenkrebse mit roten Chilischoten und knusprigem Knoblauch, Honighuhn in Pandanus-Blättern oder eine kalte Suppe aus geeistem Jasminwasser mit Jasminreis, die nur im heißesten Monat des Jahres serviert wird – das ist hohe Kunst, Chapeau! »Dabei ist die Thai-Küche eine ganz einfache Küche«, sagt Norbert Kostner. »Sie verzichtet auf aufwendige Kochtechniken und Küchenutensilien, braucht keinen Maschinenpark wie die europäische Haute Cuisine. Ihr reicht ein Wok, diese Jahrtausenderfindung, dieser zivilisatorische Geniestreich, den wir den Chinesen verdanken und den sich selbst die ärmste Familie leisten kann. Man kann alles im Wok machen, vom Spiegelei bis zum Speckknödel, vom Dämpfen und Frittieren bis zum Braten und Dünsten. Der Wok ist einfach zu reinigen, hält jede Temperatur aus und verfälscht nie die Aromen der Zutaten.« Die Einfachheit der Küche sei aber auch tückisch und mache sie gerade kompliziert. »Denn der Koch kann sich nicht hinter seinen Techniken verstecken. In Thailand muss man also ein guter Koch sein, sonst wird man sofort entlarvt«, sagt der großartige Koch Norbert Kostner und lächelt zum Abschied ganz bescheiden. Es ist für mich ein schwerer Abschied – nicht nur seinetwegen, sondern auch, weil ich nicht weiß, ob ich jemals wieder in meinem Leben ein Land kennenlernen werde, das sein Essen so sehr liebt wie Thailand.

Meine Reise nach Hanoi, Vietnam

Wieder eine andere Welt: Vietnams Exotik begeistert mich sofort – und das gilt nicht nur für seine stillen Tempel.

Die wunderbare Melancholie von Indochina

»Wer das beste Essen sucht, findet es auf der Straße.« Diese Lebensweisheit haben mir meine vietnamesischen Freunde in München mit auf den Weg gegeben, und dank meiner Reisen nach Asien weiß ich inzwischen: Sehr wahrscheinlich ist das keine leere Versprechung, sondern eine wunderbare Verheißung. Deswegen hocke ich jetzt im Morgengrauen auf einem Plastikschemelchen an einer Straßenkreuzung mitten in der vietnamesischen Hauptstadt Hanoi und warte ungeduldig auf die Muschelsuppe, die man mir gleich servieren wird. Um mich herum haben es sich lauter schmatzende, schlürfende, schlemmende Menschen bequem gemacht, auch sie ausnahmslos auf Schemeln, die nicht größer sind als die Modelle im Kindergarten. Es ist eine klassenlose Gesellschaft aus Männern in Anzug und Krawatte, Frauen in Kostüm und Pumps und einfachem Volk mit Reisstrohhüten, aus Alten und Jungen, Reichen und Armen, Zahnlosen und Goldbezahnten. Der Verkehr rauscht um uns herum, die Vögel krakeelen in den Baumkronen, doch das stört weder uns noch die beiden ambulanten Händlerinnen mit ihren Tragewiegen, die sich neben der Garküche niedergelassen haben: Die eine schält, schneidet und schnitzt Zuckerrohr zum Knabbern für die Passanten, die andere hat frische Mirabellen im Angebot als Dessert nach der morgendlichen Muschelsuppe.

Dann kommt sie endlich, herausgeschöpft aus einem tassgroßen, dampfenden Topf, serviert mit einem ganzen Wald aus Kräutern und Bergen von leuchtendem Chili – und sie ist ein duftendes Wunder an Frische, Intensität und ozeanischen Aromen. Ich schließe die Augen und glaube für einen Moment, nicht mehr inmitten des steinernen Dschungels von Hanoi, sondern am Ufer des Südchinesischen Meeres zu sein. Hier ist der Beweis: Das Sprichwort, dass das beste Essen auf der Straße angeboten wird, ist vollkommen richtig. Am liebsten würde ich das dem Garküchenkoch zurufen, der mit seinem Spitzbart und dem schütteren Haar aussieht wie der leibhaftige Neffe von Revolutionsführer Ho Chi Minh – aber leider spricht er kein Wort Englisch. Das Glück des guten Essens ist indes eine universelle Sprache, die Genießer überall auf der Welt verstehen. Und so lacht Onkel Ho übers ganze Gesicht, um mir dann den Preis für seine Suppe zu nennen: Umgerechnet zwei Euro will er für eine große Schale haben. Da staune ich aber doch.

Eine Nation geborener Feinschmecker

Doch mein Staunen weicht schnell der Wut. Denn mir wird schlagartig bewusst, wie unfassbar billig »Streetfood« bei uns ist. Ein Döner für 2,50 Euro, eine Currywurst für 1,90 Euro, das ist pervers, ja fast kriminell. Wir sind reich, knausern aber allzu oft beim Essen und ernähren uns freiwillig wie Bettler. Die Vietnamesen sind im Vergleich zu uns arm wie Kirchenmäuse, essen aber so frisch und gut wie Könige auf dem Bürgersteig. Und ich frage mich: Was würde wohl ein Vietnamese sagen, wenn er nach Deutschland käme und im Supermarkt Formschinken kaufen müsste, in dem kein Fetzen Fleisch ist, Käsepizza aus der Tiefkühltruhe, auf der so viel Käse liegt wie auf einem Marmeladenbrot, oder Krebsfleisch, das aus Fischabfällen gepresst ist und rein gar nichts mit Krebsen zu tun hat? Der Vietnamese würde sich wahrscheinlich sehr über die deutsche Kulturnation wundern.

Eine einzige Muschelsuppe hat gereicht, um mir zu zeigen, dass alle kulinarischen Klischees über die Vietnamesen stimmen: Dieses Volk ist tatsächlich verrückt nach hervorragendem Essen. Es ist eine Nation geborener Feinschmecker, die lieber hungert, als sich mittelmäßig zu ernähren. »Das Leben ist zu kurz, um eine schlechte Suppe zu essen«, sagt man hier – diesen Sinnspruch werde ich mir zu Hause in Stein meißeln lassen. Fast noch besser gefällt mir ein anderes vietnamesisches Sprichwort: »Selbst Gott traut sich nicht, die Menschen während des Essens zu stören« – denn Essen ist eine geradezu heilige Angelegenheit zwischen Mekong und Rotem Fluss. Mit ihrer Leidenschaft für gutes Essen können es die Vietnamesen wahrlich mit den Thailändern aufnehmen.

Lebensfreude ist stärker als Rachsucht

Wie kann es sein, frage ich mich auf meinem Garküchenschemelchen, dass ein Land so viel Leid ertragen, so viele Tragödien überstehen, so viel Schmerz erdulden konnte, ohne zu verbittern und die Lust an den schönen Seiten des Lebens wie dem guten Essen zu verlieren? Immer wieder wurde Vietnam besetzt, zerstört, unterdrückt, von den Chinesen, den Khmer, den Franzosen, immer wieder wurde es

Delikatessen von der Straße: Wir genießen unsere Morgensuppe.

Sanftmut in Person: Ich plaudere mit buddhistischen Mönchen.

von grausamen Konflikten heimgesucht, am schlimmsten während des zweiten Vietnamkriegs, als die Amerikaner einen infernalischen Feuerteppich aus Napalm über das Land legten. Und trotzdem sehe ich hier lauter Menschen, die ihr Lächeln nicht verloren haben, ganz im Gegenteil. Die Vietnamesen schauen nicht hasserfüllt zurück, sondern hoffnungsfroh nach vorne, obwohl bis heute jedes Jahr Hunderte Bauern von Minen-Blindgängern verstümmelt werden. Sie hegen keinen Ingrimm, weder gegen die einstigen amerikanischen Invasoren noch gegen die früheren französischen Kolonisatoren, sondern pflegen deren Erbe sogar mit liebevoller Zärtlichkeit.

Nach dem Bezahlen wandere ich durch das Viertel, in dem die Muschelsuppenküche liegt, streife durch Alleen im Stil des Gründerzeitklassizismus, sehe Villen in Mangogelb mit französischen Balkonen, schmiedeeisernen Vordächern und Lamellenjalousien, mit Erkern und Gauben, Dächern aus Schieferziegeln und Spielereien im Stil des Art déco. Ich sitze in Bistros an Marmortischchen unter Mahagoni-Ventilatoren, trinke Café au lait, werde dabei dezent von Charles Aznavour und Edith Piaf begleitet und wähne mich einen Moment lang in Paris. Es gibt hier sogar ein schlossartiges Opernhaus, eine kleine Kusine der Pariser Opéra Garnier, in der bis heute die französischen Klassiker gespielt werden. Und als Krönung thront das Grandhotel Métropole aus dem Jahr 1901 über dem kolonialen Hanoi, ein klassizistisches, kirschblütenweißes Juwel, das zwei Vietnamkriege überlebt hat und heute ein Palast der wehmütigen Erinnerung an die Kolonialzeit ist. Wie einen kostbaren Flaschengeist bewahrt es diese ewige Sehnsucht in seinen Mauern auf.

Europas Eleganz und Asiens Anmut

Das alles macht Hanoi einzigartig. Es ist ganz anders als die Städte, die ich bisher in Asien erlebt habe, es ist genau so, wie ich es einmal in einem Reisebericht gelesen habe. Hanoi ist der letzte Zeuge einer Epoche, der letzte Hüter eines Geistes, der überall sonst in Asien verschwunden ist, fortgerissen vom Fortschritt und von Menschenmassen. In der tausendjährigen Stadt Hanoi mit ihren Hunderttausenden Bäumen aber hat sich dieser Geist wie in einer Glaskugel bewahrt. Es ist eine Mischung aus Exotik und Vertrautem, die Schriftsteller wie Graham Greene und Marguerite Duras so eindringlich beschworen haben und den Catherine Deneuve im Film »Indochine« so melancholisch verkörperte. Es ist Frankreichs Flair, parfümiert mit dem Duft von Tamarinden, eine Welt aus Wehmut und Widerspruch, verschmolzen aus Europas Eleganz und Asiens Anmut. Nirgendwo kann man das noch erleben, außer hier, in Hanoi, der Hauptstadt der Sozialistischen Republik Vietnam, die gleichermaßen Kommunismus, Kapitalismus und Kolonialismus in sich vereint.

Wie schon in Delhi berauschen auch in dieser Stadt lauter Gleichzeitigkeiten meine Sinne, die eigentlich überhaupt nicht zusammenpassen und hier trotzdem friedlich nebeneinander existieren. Hanoi ist ein pausenloses Summen und Surren, ein Brausen und Tosen, doch gibt es überall Orte der Ruhe und Gelassenheit. Menschen machen akrobatisch Nickerchen auf den Satteln ihrer Rikschas oder lassen sich in aller Gemütsruhe Haare direkt neben brüllenden Lastwagen schneiden. Zwischen Rolls-Royce- und Bentley-Limousinen suchen sich voll bepackte Fahrräder mit klapperdürren Männchen darauf ihren Weg, und glitzernde Luxus-Shopping-Malls haben genauso selbstverständlich ihren Platz in der Stadt wie kommunistische Parolen zur Verherrlichung der klassenlosen Gesellschaft. Immer wieder entdecke ich Monumente für die

Helden der Arbeit in sozialistischem Pathos-Schwulst, als sei der Ostblock nie untergegangen, und gleich nebenan sehe ich die wahren, wuselnden, wahnsinnig fleißigen Alltagshelden der Arbeit. Überall begegnet mir der Personenkult um den Staatsgründer Onkel Ho, gleich daneben der Kopf des netten Onkels von der Fast-Food-Kette Kentucky Fried Chicken – und beide sehen aus wie Zwillingsbrüder.

Das heilige Gesetz des gegenseitigen Respekts

Ich vergesse Zeit und Ziel, lasse mich einfach durch Hanoi treiben wie ein Blatt im Wind und tauche ein in die unglaubliche Intensität des Lebens hier. Hanoi platzt fast vor unternehmerischer Energie, jeder kauft und verkauft andauernd irgendetwas, jeder ist ständig mit irgendetwas beschäftigt, meist natürlich mit Essen in einer der 100 000 Garküchen. Wo aber leben all diese Menschen? Neugierig betrete ich zwischen verwitternden Fassaden einen Hauseingang, der so eng und finster wie ein Bergwerksstollen ist und nach zwanzig Metern in einem Wohnverlies endet: zehn modrige Quadratmeter mit einer Deckenfunzel für zehn Personen. Und das ist nicht etwa ein Elendsquartier, sondern eine ganz normale Wohnung mit alles andere als todunglücklichen Bewohnern.

Wegen dieser Enge gibt es keine andere Chance: Das Leben muss auf der Straße stattfinden. Es wird dort gehandelt, gelesen, gestillt und gezockt. Es werden Reifen gewechselt, Schuhe geputzt, Schweinefüße entborstet, Hühner gerupft, Lämmer entbeint. Schulklassen machen auf dem Bürgersteig Hausaufgaben, während Greise in ihre Lektüre versunken sind, als säßen sie in einer Bibliothek und nicht mitten im Gewimmel Hanois. Nur ganz selten begegnen mir Bettler, weil das Betteln in Vietnam immer der letzte Ausweg ist. Meist sind es Minenopfer mit primitiven Prothesen, die sie aussehen lassen, als seien sie halb Mensch, halb Menschenpuppe. Die größte Intimität herrscht also auf der Straße, und trotzdem habe ich niemals ein schamvolles Gefühl, die Menschen bei der Verrichtung ihrer persönlichsten Dinge zu begaffen, weil hier alle dem heiligen Gesetz des gegenseitigen Respekts gehorchen.

Hanoi ist ein einziges Gewimmel – und jeder bleibt gelassen.

Die anmutigsten Mopedfahrerinnen der Welt

Was mich aber am allermeisten beeindruckt, sind die Mopeds. Vier, fünf, sechs Millionen von ihnen machen aus dieser Stadt einen summenden Bienenkorb. Ganze Flutwellen von Mopeds ergießen sich über die Straßen, ihre Fahrer drängeln sich an den Ampeln nach vorne, drehen ungeduldig am Gas und schwirren dann los wie ein gigantischer Insektenschwarm. Manche Mopeds sind Schwertransporter, turmhoch beladen mit Obst und Gemüse, Schweineleibern und Hühnerkörben, Fernsehapparaten und Kühlschränken. Andere sind als Familienkutschen im Einsatz – für vier Personen: vorne und hinten Papa und Mama, dazwischen zwei Kinder. Und immer sitzen vor allem die Frauen mit einer unfassbaren Eleganz auf dem Sattel: Sie thronen in ihrer Nationaltracht Ao dai, einem einteiligen, knöchellangen, den Körper eng wie eine zweite Haut umschließenden, kein Gramm Fett zu viel verzeihenden Kostüm, derart aufrecht auf den Mopeds wie Dressurreiterinnen auf ihrem Wallach. Wie stellen sie das um Himmels willen nur an?

Laufen macht hungrig und müde außerdem. Gegen einen richtigen Stuhl statt eines Schemels hätte ich jetzt nichts einzuwenden. Und so lande ich in einem traditionellen Restaurant, das in einem Kolonialhaus mit herrlich nostalgischer Patina mitten in Hanoi untergebracht ist. Laut und lustig geht es hier zu, es wird geplappert und geschlemmt und an offenen Kochzeilen – wie ich bald feststellen kann – eine fabelhafte Küche zubereitet, keine Haute Cuisine, sondern vietnamesische Hausmannskost aus allen Regionen des Landes. Was ich in diesem Lokal erlebe, ist die wahre Kunst des Kochens, vor der gerade ich als Sternekoch höchsten Respekt habe: aus einfachen Zutaten exzellente Gerichte zu zaubern. Und die Vietnamesen beweisen mir, dass sie die unübertroffenen Meister in der Verfeinerung der Alltagsküche sind.

Der Tintenfisch, der die Sonne gesehen hat

Viele Gerichte werden direkt an meinem Tisch zubereitet, weil die vietnamesische Küche – genauso wie die thailändische – nichts verbergen will. Im Gegenteil: Sie zeigt gerne alles, was sie ist und was sie kann. Zum Auftakt gibt es frittierte Frühlingsrollen, die mit Krebsfleisch und Nudeln gefüllt sind und zusammen mit einem halben Urwald aus Kräutern gegessen werden, sodass die Frische des Grüns die Schwere des Frittierten leichthändig ausgleicht. Danach soll ich mir eine Frühlingsrolle aus Reisnudelpapier mit Schweinebauch, Nudeln, Erdnüssen, Sternfrucht und verschiedenen Kräutern am Tisch selbst rollen, was viel unkomplizierter geht, als zunächst gedacht. Schließlich lasse ich mir ein Bonbon aus Tapioka-Teig – Tapioka ist die Stärke aus der Maniokwurzel – mit Krabben, Schweinefleisch, Pilzen und einem Erdnuss-Dip schmecken, bevor in einer kleinen Pfanne eine Art Wels gebraten und gemeinsam mit Frühlingszwiebeln, Dill und gehackten Erdnüssen serviert wird. Und schließlich ist der »Tintenfisch, der einen Tag lang die Sonne gesehen hat« an der

Liebenswürdigeren Menschen als in Vietnam bin ich kaum irgendwo je begegnet.

Und jeder hat immer etwas zu tun. Bettler sieht man hier so gut wie gar nicht.

Wie wichtig den Vietnamesen das Essen ist, sieht man auf Schritt und Tritt.

Reihe: ein Tintenfisch, der wenige Stunden lang in der Sonne getrocknet und dann frittiert wurde.

Das alles mundet so großartig und duftet so köstlich, dass ich leise Zweifel bekomme, ob das Sprichwort vom besten Essen auf der Straße wirklich stimmt. Aber das kann mir in diesem Moment ziemlich egal sein. Glücklich und zufrieden lehne ich mich zurück, nicht nur wegen des großartigen Essens, sondern auch, weil ich langsam anfange, die vietnamesische Küche zu begreifen. Sie folgt immer logischen Gesetzen: Die verschwenderische Verwendung von Kräutern statt Gewürzen geschieht aus Kostengründen, Vietnam ist ein armes Land, und Kräuter wuchern in jedem Garten, während Gewürze aufwendig angebaut oder sogar importiert werden müssen. Frühlingsrollen wiederum sind nicht nur nahrhaft, sondern auch leicht zu essen und zu transportieren, können also problemlos zur Feldarbeit mitgenommen werden. Und Techniken wie das Fermentieren, Marinieren oder Frittieren dienen der Haltbarmachung, die existenziell wichtig ist bei den tropischen und subtropischen Temperaturen in Vietnam.

Tee aus den Tautropfen der Morgendämmerung

Doch das allein erklärt nicht, warum die vietnamesische Küche so ausgezeichnet ist. Ich glaube, es gibt einen anderen, entscheidenden Faktor: Es ist die Fähigkeit der Menschen, sich fremde kulinarische Einflüsse zu eigen zu machen und sie dabei auch noch entscheidend zu verfeinern. Die Vietnamesen lagen ständig im Fadenkreuz der Geschichte, kamen dadurch mit vielen verschiedenen Küchen in Kontakt, analysierten sie sorgfältig und übernahmen nur deren beste Bestandteile und Kochtechniken. 1000 Jahre lang war das Land von China besetzt, was wenigstens für die Kochkunst ein Segen war. Denn so hielt der Wok Einzug in Vietnam, das übrigens als einziges Land in Südostasien die chinesische Tradition des Essens mit Stäbchen übernommen hat. Auch Garmethoden wie das langsame Schmoren im Tontopf oder das Dämpfen sind ein Erbe des großen Nachbarn aus dem Norden, ebenso Gewürze wie Kassia-Zimt, Kardamom und Sternanis.

Im Mittelalter dehnten dann die Khmer aus Kambodscha ihr Reich bis nach Vietnam aus. Und da sie stark von

Stille Schönheit: der Tempel mitten im Hoan-Kiem-See.

Indien beeinflusst waren, gelangten indische Gewürze und Gerichte wie die bis heute populären Currys nach Vietnam. Im 19. Jahrhundert übernahmen die vietnamesischen Kaiser der Nguyen-Dynastie die Macht, ließen sich von den Küchen all ihrer asiatischen Nachbarn inspirieren und trieben die Kochkunst an ihrem Hof in aberwitzige Höhen. 1000 Köche, die Besten der Besten, rekrutiert im ganzen Land, bereiteten die Lieblingsspeisen der Herrscher zu, etwa gehackte Krabben mit Zuckerrohr oder Rindfleischrollen in Betelnussblättern. Zwölf Gänge zum Frühstück, je sechsundsechzig Gänge am Mittag und Abend waren die Regel. Extravagante Raritäten wie Schwalbennester, Bärentatzen, Haifischflossen, Nashornhaut und Hirschsehnen gehörten selbstverständlich zum Menüplan der Regenten, die ausschließlich Reis von den kaiserlichen Reisfeldern aßen, ihr Geschirr nur ein einziges Mal benutzten und ihr Essen erst von den Eunuchen, dann von ihren Ehefrauen vorkosten ließen. Und frühmorgens sandten diese verrückten Feinschmeckerkaiser Hunderte von Dienern aus, um die Tautropfen von den Lotosblättern in den kaiserlichen Gärten einzusammeln und sich daraus einen Tee zubereiten zu lassen.

Essen in Hanoi macht nicht nur mir Spaß – wie man bei unserer fröhlichen Runde in einem traditionellen Restaurant sieht.

Das Baguette wird vietnamesisch

Im Jahr 1887 wurde Vietnam französische Kolonie, was der vietnamesischen Küche ein letztes, ein entscheidendes Raffinement bescherte. Die Franzosen hatten kulinarisches Heimweh, bauten bis dahin in Indochina unbekannte Pflanzen wie Artischocken, Kohlrabi, Blumenkohl, Spargel, Erdbeeren, Zwiebeln, Kartoffeln oder Estragon an, unterwiesen die Vietnamesen in den Kochtechniken der Haute Cuisine und führten unter anderem das Baguette ein. Man nannte es »Banh Mi«, fremder Kuchen, und konnte zunächst nicht viel damit anfangen. Dann aber mischten Vietnams findige Bäcker ein wenig Reismehl ins Baguette, machten es so außen fester und innen flockiger – und schon war es ein Teil der vietnamesischen Küche. Heute sind die Baguettes am Mekong und Roten Fluss so präsent wie an Seine und Loire.

Viele französische Köche stehen noch immer an vietnamesischen Herden, so wie Didier Corlou, der seit zweiundzwanzig Jahren in Hanoi lebt, lange Chef im Hotel Métropole war, sich mittlerweile ein kleines Restaurant-Imperium aufgebaut hat, als einer der besten Köche des Landes gilt und den Brückenschlag zwischen traditioneller vietnamesischer Küche und klassischer Haute Cuisine probt – mein Mann in Hanoi, keine Frage. Als ich sein Restaurant La Verticale im Herzen der Stadt betrete, wird dieser Eindruck noch verstärkt. Denn gleich am Eingang stehen Batterien von Gläsern und Dosen voller Gewürze und Kräuter: Pfeffer aus Nordvietnam und Südkambodscha, Vanille aus Madagaskar und Indochina, die berühmte Mischung »Hanoi Five Spices« aus Anis, Zimt, Pfeffer, Ingwer und schwarzem Kardamom. Wir fangen sofort an zu fachsimpeln, und ich freue mich von Minute zu Minute mehr auf die Küche meines Kollegen Didier.

Kein Brückenschlag, nur brotlose Kunst

Auch auf die Gefahr hin, dass man mich einen Grantler und Querulanten nennt: Es hat mir wieder nicht geschmeckt, genauso wie beim Australier David Thompson in Bangkok, der die thailändische mit der westlichen Küche vermählen wollte. Wieder endet der Brückenschlag im Nichts der Beliebigkeit, wieder gibt es keine plausiblen Lösungen für die Verschmelzung von Ost und West; stattdessen werden beide Küchen bis zur Unkenntlichkeit verwässert. Mein Kollege serviert mir eine Reissuppe mit frittierten Minishrimps, eine Makrelen-Rhabarber-Tarte mit grünem Pfeffer-Sorbet, eine Erbsensuppe mit Erbseneis, Tomaten-Shrimps-Küchlein, pochiertem Ei und Tomatengelee-Streifen – und alles wirkt wie brotlose Kunst.

Doch ich bin weit davon entfernt, den Stab über Didier Corlou zu brechen, Gott bewahre, dafür respektiere ich meinen Kollegen viel zu sehr. Lieber übe ich mich in Demut und gestehe mir ein, dass mein Plan, die bayerische Küche mit der asiatischen Kochkunst zu vereinen, alles andere als ein Kinderspiel ist. Es warten viel Arbeit und viel Nachdenken auf mich.

Eine gute Fee mit turmhoher Kochmütze

In Hanoi habe ich bisher eine himmlische Muschelsuppe gegessen und göttliche Tintenfische, die einen Tag lang die Sonne gesehen haben. Zum innersten Kern der vietnamesischen Küche bin ich aber noch nicht vorgedrungen. Was ich jetzt brauche, ist eine gute Fee, die mir ihre Geheimnisse lüftet und Rätsel löst – und sie erscheint mir im Hotel Métropole in Gestalt von Chef Binh, einer wunderbaren Köchin, deren sanftmütiges, mütterliches Lächeln mich sofort verzaubert. Allerdings merke ich auch sehr schnell, dass hinter ihrem Sanftmut eine Kraft und Konzentriertheit, eine Zähigkeit und Willensstärke stecken, die mich noch viel mehr beeindrucken. Wenn man Frauen wie Binh begegnet, versteht man, warum die Vietnamesen das einzige Volk auf Erden sind, gegen das Amerika jemals einen richtigen Krieg verloren hat.

Als könne Chef Binh meine Gedanken lesen, eskortiert sie mich zuerst einmal auf einen Markt. Denn nur dort – und natürlich am Herd – erkennt man die kulinarische Wahrheit eines Landes. Unser Markt ist kein pittoreskes Idyll, sondern ein Labyrinth aus dunklen, engen Gängen, die mit sozialistischen Betonscheußlichkeiten überbaut sind und durch die sich pausenlos Mopeds quetschen. Diese Wahnsinnigen kommen nie zwischen den Menschenmassen durch, ist meine erste Überlegung, doch wundersamerweise klappt es. In jedem anderen Land würden sich die frechen Mopedfahrer wüste Beschimpfungen der Passanten und Händler, wenn nicht gleich

Ich muss alles ganz genau wissen. Chef Binh erklärt es mir.

Handgreiflichkeiten einhandeln. Hier aber nimmt man es mit größter, mit konfuzianischer Gelassenheit.

Lackierte Wachteln, leuchtende Drachenfrüchte

Der Markt mag nicht schön sein, doch es duftet hier verführerisch nach Minze und Meer, und es wird der ganze Reichtum der vietnamesischen Küche präsentiert. Lebende Frösche und Schildkröten harren hier ihres Schicksals, lackierte Wachteln und feiste Hühner haben es schon hinter sich. Frische Kräuter sind zu dicken Büscheln gebunden, Drachenfrüchte, Durians und Mangostanen leuchten um die Wette, Pilze jeder Art von Shiitake und Enoki bis zu Austernpilzen und Kräuterseitlingen bilden wahre Gebirge auf den Ständen. Kolossale Graskarpfen sind in Stücke zerhackt, wobei die Einzelteile noch lange zucken, als wollten sie ihr trauriges Schicksal ungeschehen machen und sich wieder zusammenfügen. Berge von lebenden Krebsen und Garnelen werden in großen Mörsern von Frauen mit Piratenkopftüchern zur Grundlage für fermentierte Krebspasten zerstampft – kein Anblick für den deutschen Tierschutz. Und dazwischen hantieren viele Marktweiber mit iPhones und iPads, als hätten sie in ihrem Leben nie etwas anderes getan.

Schön und gesund: Frühlingsrollen auf Vietnamesisch.

Chef Binh zeigt mir diese Schätze und erklärt mir mit einer Engelsgeduld alles, was ich wissen will. Ich erfahre, dass Kräuter in Vietnam der wichtigste Aromenlieferant sind, anstelle von Saucen wie in den europäischen Küchen, dass kein Koch ohne vietnamesische Minze, vietnamesisches Basilikum, Knoblauch, Piment, Ingwer, Frühlingszwiebeln, Zitronengras und Koriander leben könnte, dass getrocknete Gewürze eher selten verwendet werden und dass tendenziell weniger scharf gewürzt wird als etwa in Thailand.

Sojabohnenesser gegen Wasserspinatesser

Dann kommt das Allerwichtigste, das Allerheiligste, und die Augen von Chef Binh beginnen wie die Abendsonne am Horizont zu glühen: die Fischsauce Nuoc Nam. Sie ist das Weihwasser der vietnamesischen Küche und wird als »essbares Parfum« verklärt. Man stellt sie hauptsächlich aus vergorenen Fischen und Meeresfrüchten her, ähnlich wie das »garum« der alten Römer, wobei die besten Nuoc Nams fünfzehn Jahre lang im Fass lagern. Und offen gesagt: Für einen Nicht-Vietnamesen stinkt sie im ersten Moment ganz fürchterlich nach Komposthaufen im Hochsommer. Doch wenn man sie exakt dosiert, ist sie tatsächlich ein göttlicher Nektar. Mit einer derben Brühe hat man es ja ohnehin nicht zu tun, sondern mit einer Sauce, die ein raffiniertes Gleichgewicht aus den vier Grundgeschmacksrichtungen besitzt: Sie ist salzig wegen des fermentierten Fischs, süß wegen des Zuckers, sauer wegen der Limetten und scharf wegen des Chilis und Pfeffers.

An einem Gemüsestand prüft meine Begleiterin mit einem schnellen Handgriff die Qualität der Sojabohnen und des Spinats und verrät mir lächelnd, dass die Nordvietnamesen ihre Landsleute im Süden scherzhaft »Sojabohnenesser« nennen, weil dort die Sprossen gerne roh als

Ich bin beeindruckt: Chef Binh ist nicht nur bei den Suppen eine wahre Meisterin ihres Fachs.

Beilage gereicht werden. Umgekehrt heißen aus neckischer Rachsucht die Nordvietnamesen »Wasserspinatesser«. Ich solle mir aber keine Sorgen machen, die Teilung des Landes in Nord und Süd an der Demarkationslinie des 17. Breitengrads sei ebenso Geschichte wie der Vietnamkrieg. Es gebe viel Verbindendes in ihrem Land, zum Beispiel die abgöttische Verehrung des Nationalgerichts Pho. Diese Nudelsuppe, die mit Rind, Huhn, Ente oder Shrimps in 1000 Variationen zubereitet wird, gelte ausnahmslos allen Vietnamesen als die beste Suppe der Welt. So, sagt Chef Binh energisch, jetzt sei es aber genug des Trödelns und Plauderns, jetzt gehe es an die Arbeit.

Die Legende der drei Küchengötter

Und schon stehen wir in ihrer Küche im Hotel Métropole, die Meisterköchin mit einer Kochmütze so hoch wie bei Monsieur Bocuse, und ich mit offenem Mund vor lauter Staunen – so beeindruckt bin ich von ihrer Schneidetechnik. Sie arbeitet ausschließlich mit dem Choppy, dem groben chinesischen Hackebeilchen, und fabriziert damit feinste Gemüse-Julienne im Akkord. Niemals verliert sie die Ruhe, niemals den Überblick, immer ist sie bis auf den Millimeter präzise. Dabei hantiert sie mit einer Geschwindigkeit, dass mir Hören und Sehen vergehen. Wenn ich könnte, wenn ich nur dürfte, würde ich sie vom Fleck weg für die »Südtiroler Stuben«, mein Münchner Gourmet-Restaurant, engagieren.

Beim Anblick der unfassbar flinken, feinmotorischen Frau Binh fällt mir eine alte Legende aus dem vietnamesischen Volksglauben ein, die ich einmal gelesen habe: In jeder Küche, so heißt es, leben die Tao Quan, die drei Küchengötter. Sie sind immer da, sehen alles, riechen alles und kosten wahrscheinlich auch heimlich von allem. Am Ende jedes Mondjahrs, also am 23. Tag des zwölften Monats, fahren sie in den Himmel auf, um Ngoc Hoang, den großen Jadekaiser und höchsten Gott des taoistischen Pantheons, über die Kochkünste ihrer Schutzbefohlenen zu unterrichten. Die drei Götter werden an diesem Tag mit dem besten Essen und den kostbarsten Gewürzen ausgestattet, um sie milde zu stimmen. Am 30. Tag des Monats kommen sie dann zurück auf die Erde und haben hoffentlich die Absolution des Jadekaisers für die irdischen Köche im Gepäck. Bei Chef Binh muss man sich da gewiss keine Sorgen machen.

Die Kunst, aus der Not das Beste zu machen

Ihr erstes Gericht für mich ist ein Bananenblütensalat. Die Bananenblüte wird mit Schweinefilet, Hähnchenbrust, Sternfrucht, Bambussprossen, Koriander, Erdnüssen, Sesamsamen, Limetten, Salz, Pfeffer, Chili und der fermentierten Fischsauce Nuoc Nam kombiniert. Alle Zutaten sind mit dem Wunder-Choppy zu einer derart feinen Julienne zugeschnitten, dass man den Salat leicht mit Stäbchen essen kann. Er schmeckt ungemein frisch und gesund, weil er völlig ohne Fett oder Öl zubereitet wird und ein paar Tropfen Limettensaft mit Nuoc Nam als Sauce völlig ausreichen. Und wieder zeigt sich hier die Kunst der Vietnamesen, aus der Not das Beste zu machen: Trotz seiner Fruchtbarkeit ist Vietnam ein armes Land, in dem immer das gegessen werden muss, was gerade reif ist. Daraus leitet sich das Dogma der Frische ab. Und da Öl relativ teuer ist, dämpft oder dünstet man Gemüse und Fleisch. Das wiederum führt dazu, dass die vietnamesische Küche zu den gesündesten der Welt gehört.

Das zweite Gericht ist die traditionelle Suppe Bun Thang Hanoi, in der für jeden Geschmack etwas dabei ist. Sie wird aus frischen Nudeln, getrockneten und gehäuteten Shrimps, Huhn, Pilzen, Eiern, Wurst, Koriander, Nuoc Nam, Frühlingszwiebeln, Ingwer, Schalotten, frischen roten Chilis, Limonen, Salz, Zucker und Kohlrabi gemacht. Es ist nichts anderes als eine Spielart des »Surf and Turf«, der Mischung von Fleisch und Fisch oder Meeresfrüchten, das keineswegs in Amerika erfunden wurde, sondern seit Jahrhunderten in Asien gang und gäbe ist. Hier kombiniert man am liebsten Garnelen und Krebse mit Hähnchen und Schwein.

Das Geheimnis der süßsauren Sauce

Wieder werden alle Zutaten zu einer Julienne verarbeitet, das Hühnerfleisch wird sogar gezupft, damit keine Fasern das Geschmackserlebnis trüben, und selbst das Omelett wird in hauchdünne Streifen geschnitten. Den Ingwer röstet Chef Binh auf offener Gasflamme an, um seinen Geschmack zu verstärken. Und für ihre Brühe mischt sie Fisch und Huhn, genauso wie ich es bei meiner Bouillabaisse mache: Ich gebe in München Fischkarkassen in den Hühnerfond, um ihn ganz dezent zu aromatisieren. Dann vollendet Chef Binh ihre Suppe mit Limetten und Chili und reicht sie mir zum Kosten – was für ein grandioser Geschmack, da wird sogar die Muschelsuppe von der Straße blass vor Neid. Dabei ist diese Suppe im Grunde ein Resteessen, bei dem alles Übriggebliebene einfach zusammengeworfen wird. Jetzt bin ich mir absolut sicher: Raffinierter als in Vietnam essen Leute mit wenig Geld nirgendwo auf der Erde.

Zum Abschluss zeigt mir meine Kollegin noch das Geheimnis ihrer süßsauren Sauce: Sie nimmt zehn Esslöffel Wasser, vier Esslöffel Zucker, fünf Esslöffel Fischsauce, fünf Esslöffel milden Essig, fünf gehackte Knoblauchzehen, jeweils eine milde rote und eine grüne Chilischote, ein bisschen Karotte, grüne Papaya, Kohlrabi und zur Vollen-

Universalwerkzeug: Ohne Hackebeil geht in Vietnams Küche gar nichts.

Vietnamesen sind leidenschaftliche Suppenliebhaber. Und ich werde es hier auch.

Grundlage des guten Kochens: das präzise Zuschneiden der Zutaten.

dung etwas Zucker, Essig, Salz und Koriander – ganz simpel, ganz frisch, und es schmeckt tausendmal besser als alles, was man in Deutschland unter dieser Bezeichnung kaufen kann. Hiermit ist es beschlossene Sache: Ich will dafür sorgen, dass alle deutschen Hobbyköche künftig ihre süßsaure Sauce selbst zusammenrühren.

Yin und Yang suchen die Harmonie

Süß und sauer sind wie Yin und Yang: zwei gegensätzliche Pole, die sich doch perfekt ergänzen und ohne den jeweils anderen nicht vollständig wären. Yin und Yang ist das philosophische Fundament der vietnamesischen Küche, das lerne ich während meines Aufenthalts in Hanoi. Das gesamte Universum, also auch der Mensch und das Essen, besteht aus Yin und Yang. Sind diese Pole im Gleichgewicht, ist alles gut. Ist das nicht der Fall, muss man nachhelfen, am besten mit der richtigen Ernährung. Das ist nicht schwer, denn sämtliche Lebensmittel werden in Vietnam Yin und Yang zugeordnet. Dominiert Yin im Körper, ist also der Kreislauf schwach oder die Verdauung schleppend, muss man mehr Yang ins Essen geben. Bei dominierendem Yang, zum Beispiel Herzrasen oder hohen Blutdruck, ist es umgekehrt. Bauchschmerzen zum Beispiel sind eine typische Yin-Krankheit, die mit viel Ingwer und Galgant kuriert werden kann, weil diese Gewürze einen hohen Yang-Anteil haben.

Nach diesen überwältigenden Erlebnissen in Hanoi fühle ich mich geistig und körperlich vollkommen ausgeglichen. Das Einzige, was mich betrübt, ist die Tatsache, dass meine Reise fast schon zu Ende ist. Bevor ich Vietnam verlasse, muss ich aber natürlich noch Onkel Ho einen Besuch abstatten. Er liegt in einem Mausoleum, das wie ein proletarisches Pantheon aus Marmor und Granit das Regierungsviertel beherrscht, rechts und links flankiert von roten Flaggen, sieben mit Hammer und Sichel für die Partei, sieben mit dem Pentagon der Revolution für den Staat. Eine kilometerlange Schlange windet sich wie ein Lindwurm um sein Grabmal. Viel Geduld braucht man hier, denn Ho Chi Minh ist ja schon ein älterer Herr von 122 Jahren und hält deswegen nur drei Stunden am Tag Audienz. Dann muss er sich wieder ausruhen und von den Konservatoren in Form gebracht werden.

Jetzt bin ich dran: Auch ich kann Chef Binh etwas beibringen.

Lieber Koch als Revolutionär

Ich verzichte darauf, mich in die Warteschlange einzureihen, in der sich ein buntes Volk versammelt hat: Schulkinder in Sonntagskleidern, Parteikader in Paradeuniform, Veteranen mit Ordenslametta, Landbevölkerung mit schiefen Zähnen und Touristen in Badelatschen, die von den strengen Wärtern sofort herausgewunken werden. Schließlich ist ein Mausoleum kein Strandclub, und ein bisschen Respekt vor Onkel Ho sollte schon sein. Jetzt liegt er einbalsamiert in seinem Schneewittchensarg und muss die Rolle des ewigen Untoten geben, die er nie spielen wollte. Ich blicke auf sein Mausoleum und muss daran denken, dass Ho Chi Minh einst als junger Konditorgeselle auf einem Schiff anheuerte, nach London fuhr und dort im Carlton Hotel unter dem berühmtesten Koch seiner Zeit Pasteten buk, dem legendären Auguste Escoffier. Onkel Ho entschied sich dann aber gegen eine kulinarische Karriere, wurde ein asketischer Revolutionär, und die Geschichte nahm einen anderen Lauf. Ich bin Koch geworden und werde nie in einem monströsen Mausoleum ausgestellt. Da muss ich lächeln und sage zu mir selbst: Eigentlich habe ich es mit meinem Leben ganz gut getroffen.

Meine Reise nach Shanghai, China

Prachtboulevard mit den Erbstücken der wilden Kolonialzeit: Der Bund ist Shanghais schönste Seite.

Die Hauptstadt des 21. Jahrhunderts

Ich stehe an der berühmtesten Uferpromenade Asiens – und ich kann nicht glauben, was ich sehe. Denn ich sehe Unglaubliches, Ungeheuerliches, Unfassbares: ein ganzes Gebirge aus Wolkenkratzern, die sich in Pudong, am anderen Ufer des Flusses Huangpu, in den Himmel bohren wie 1000 babylonische Türme, ein chinesisches Manhattan aus glitzernden Hochhäusern, die in die Höhe schießen wie Feuerwerksraketen aus Glas und Stahl. Ich erkenne den Jin Mao Tower, einen der schönsten Wolkenkratzer der Welt, der sich ein Netz aus feinen Stahlrohren über seinen 420 Meter hoch aufragenden Körper geworfen hat wie einen Schleier und dadurch fast fortgeweht zu werden scheint; den 492 Meter hohen Koloss des World Financial Center, des höchsten Gebäudes Chinas, das mit seiner Öffnung an der Spitze aussieht wie ein gigantischer Flaschenöffner; den Rohbau des Shanghai Tower, der sich demnächst 632 Meter hoch auftürmen und damit das zweithöchste Gebäude der Erde sein wird. Und das wahrhaft Unfassbare ist: Hätte ich genau an dieser Stelle, am berühmten Bund von Shanghai, vor dreiundzwanzig Jahren gestanden, hätte ich nichts anderes vor Augen gehabt als Reisfelder, Gemüseäcker, grunzende Wasserbüffel und Bauern mit Strohhüten. Vor dreiundzwanzig Jahren!

Vor ein paar Jahren bin ich zum ersten Mal in Shanghai gewesen, und was seither hier geschehen ist, verschlägt mir die Sprache, raubt mir den Atem, lässt mich fast an meinem Verstand zweifeln. Seit die chinesische Regierung 1990 beschloss, die Stadt am Huangpu zum Herzstück ihrer turbokapitalistischen Liberalisierung und zur Speerspitze ihres Fortschrittsglaubens zu machen, ist aus dem trostlos grauen, sozialistisch heruntergewirtschafteten Shanghai das Sinnbild der entfesselten Moderne geworden: das rasende Herz des 21. Jahrhunderts, das in den Himmel gereckte Haupt des chinesischen Drachens, ein glitzernder, urbaner Irrsinn mit vierundzwanzig Millionen Einwohnern und 10000 Hochhäusern, mehr als in New York, mehr als in Chicago, mehr als irgendwo sonst auf Erden – eine Megalopolis, die sich jeden Tag wie eine Zwiebel häutet, um nur noch Höheres, Prachtvolleres, Prunksüchtigeres zum Vorschein zu bringen. Wer hier noch daran zweifelt, dass China die Zukunft gehört, dass das nächste Jahrhundert ein chinesisches wird, ist ein hoffnungsloser Nostalgiker. Ich bin es nicht.

Ein guter Herrscher regiert wie ein guter Koch

Shanghai ist die letzte Station auf meiner Reise zu den Küchen Asiens. Ich verspreche mir viel von ihr. Schließlich sind die Chinesen völlig zu Recht mit einem überragenden kulinarischen Selbstbewusstsein gesegnet. Und sie verstehen mehr vom guten Essen als fast alle anderen Nationen der Erde, weil sie sich so lange mit diesem Thema beschäftigen wie kein anderes Kulturvolk der Welt. Schon 5000 vor Christus erfanden sie einen dreifüßigen Kochtopf, der die Zubereitung von Essen über dem Feuer revolutionierte und prompt zum Staatssymbol erhoben wurde. Schon vor 3500 Jahren schrieben sie ihre ersten Rezepte auf, früher als jede andere Hochkultur der Erde. Seit dem Anfang aller Zeiten gilt das Kochen als höchst ehrenwerte Beschäftigung, nicht als Sklaventätigkeit wie in der europäischen Antike. Und seit jeher werden Zivilisation und Kochkunst gleichgesetzt. Jetzt fällt mir das schöne Zitat des berühmten Reisenden Zhang Li wieder ein, der einst ins Land der mongolischen Barbaren fuhr und erschüttert notierte: »Ich bin Chinese, und unsere Speisen, Getränke, Gewänder unterscheiden sich in jeder Hinsicht von dem, was ich hier im Norden sehe. So leben zu müssen ist schlimmer, als tot zu sein.«

Es ist kein Zufall, dass im 2. Jahrtausend vor Christus der Koch Yi Yin zum ersten Obersten Minister in der Geschichte des Reiches der Mitte ernannt wurde. Denn die gute Staatsführung wird in China traditionell mit der Zubereitung eines guten Menüs verglichen. So wie ein Koch alle Geschmacksnuancen kennen muss, um sie kombinieren und harmonisieren zu können, so muss auch ein Herrscher über alle Wünsche und Nöte seines Volkes Bescheid wissen, um zum klugen Regieren fähig zu sein. Yi Yin hat die heiligen, bis heute gültigen Grundsätze der chinesischen Küche so formuliert: Das perfekte Gericht muss »gekocht, ohne zerkocht, süß ohne übersüß, sauer ohne ätzend, salzig ohne versalzen, scharf ohne brennend, fade ohne geschmacklos und fett ohne fettig sein«. Das unterschreibe ich sofort.

Von einer solchen Ausgewogenheit kann an Shanghais Uferpromenade allerdings keine Rede sein. Hier prallen

Ganz entspannt lasse ich mich durch die Altstadt treiben.

Glitzerndes Fanal des Fortschrittsglaubens: Shanghais Skyline.

die Gegensätze ungebremst aufeinander. Ich wende meinen Blick von den Hochhäusern ab, drehe mich um und schaue nicht mehr in die Zukunft, sondern blicke der Vergangenheit mitten ins Gesicht.

Eine Prunkparade voller Prachtbauten

Denn am Bund stehen die Prachtbauten aus Shanghais Glücksritterzeit stolz Spalier, als Briten, Franzosen und Amerikaner die Stadt unter sich aufteilten, zu ihrem Tor nach China und gleichzeitig zu einem der gefährlichsten, ruchlosesten und verführerischsten Orte der Erde machten. Sie errichteten Anfang des 20. Jahrhunderts monumentale Banken, Börsen und Handelshäuser, die sich gegenseitig an Glanz zu übertrumpfen versuchten. Schließlich übergaben sie die Krone des grandiosesten Geldpalasts an die Hongkong and Shanghai Banking Corporation, damals das mächtigste Bankhaus östlich von Suez und westlich von New York. Das gesamte Material für den Bau wurde aus Europa herangeschafft, und es musste natürlich das Beste vom Besten sein – einschließlich zwölf Meter hoher Marmorsäulen, die aus einem einzigen Stück Stein gefertigt sind. Solche Ungetüme gibt es nur noch im Louvre. Doch die Könige Frankreichs konnten sich nur halb so viele Zwölf-Meter-Säulen leisten wie die Bankiers aus Shanghai.

»Betreten für Hunde und Chinesen verboten«

Hier stehe ich also am Ufer des Huangpu, genau an der Nahtstelle zwischen dem Glanz des Gestern und dem Prunk des Morgen, und werde fast fortgerissen von der Dynamik, die diese wahnwitzige Stadt heute antreibt. Wer indes in Shanghai das Kommando führt, wer der Dompteur des chinesischen Staatskapitalismus ist, wird mir und allen anderen unübersehbar klar gemacht. Denn die kommunistischen Herrscher zeigen Flagge, und zwar wortwörtlich: Auf fast allen Dächern am Bund flattert die chinesische Nationalfahne in leuchtendem Rot mit fünf gelben Sternen. Es sieht ganz so aus, als solle der Westen ja nicht glauben, dass sich die Kommunisten nach dem Ende des Kalten Krieges wie geprügelte Hunde zurückgezogen hätten und Shanghai wieder den westlichen Kapitalisten gehöre – auch wenn sich am Bund alle Luxusweltmarken von Ferrari und Fendi bis Tissot und Tiffany versammelt haben.

Warum Shanghai seine alte Glücksritterzeit unter keinen Umständen zurückhaben will, wird mir in einem Park direkt an der Uferpromenade bewusst, den ein sozialistisches Monument für die Helden der Arbeit schmückt, pathetisch und pompös, wie das so üblich ist. Mein chinesischer Begleiter, der mich durch die Stadt führt, zeigt mir die Stelle, an der die Briten – damals die Herren am Bund – ein Warnschild mit der Aufschrift »Betreten für Hunde und Chinesen verboten« aufgehängt hatten. Mir läuft ein kalter Schauder über den Rücken, und ich kann mir kaum vorstellen, dass diese stolze Stadt jemals solche Demütigungen ertragen musste – und noch viel weniger, dass sie es je wieder tun wird. Im nächsten Moment schlägt die Glocke im Turm des Hauptzollamts ihre Melodie, als habe sie meine Gedanken erraten. Ursprünglich sei es dieselbe wie beim Big Ben in London gewesen, sagt mein Begleiter, der Westminsterschlag. Heute aber werde alle Viertelstunde die Anfangssequenz des sozialistischen Kampflieds »Der Osten ist rot« intoniert. Das passt!

Ich setze mich auf eine Bank, lasse das Leben an mir vorbeirauschen, beobachte die Alten beim Tai-Chi, die Liebespaare beim Küssen, die Touristen aus allen Winkeln Chinas und allen Teilen der Welt, die vor der Kulisse von Pudong ein Beweisfoto machen, weil auch sie nicht glauben können, was sie sehen. Am liebsten würde ich hier die ganze Zeit sitzen bleiben. Doch das geht nicht, schließlich bin ich auf einer kulinarischen Mission, die mich zunächst tief in Shanghais Geschichte führt.

Willkommen im Garten der Freude

Meine nächste Station ist der Yu-Garten, der mich in die große Vergangenheit Chinas zurückversetzt. Vor 400 Jahren, in der Zeit der Ming-Dynastie, wurde diese Paradiesinsel angelegt, deren Name »Garten der Freude« bedeutet. Und tatsächlich: Er ist bis heute eine Quelle der Freude inmitten der brodelnden Megalopolis Shanghai. Ich wandere durch chinesische Ideallandschaften, die im Miniaturformat mit Steinbrocken und Bonsai-Bäumen nachgebaut wurden, vorbei an hölzernen Pavillons mit roten Lampions, geschnitzten Kranichen und steinernen Löwen, vorbei an Teichen mit leuchtenden Koi-Karpfen, immer im Schatten von Kiefern und Magnolien, Ginkgos und Glyzinien, Kampfer- und Granatapfelbäumen. Hier bekomme ich eine Ahnung von der Schönheit des alten Chinas und lasse mir vom Garten der Freude meine Gedanken fortwehen in die Zeit der Kaiserdynastien, Jahrhunderte, Jahrtausende zurück.

Ich muss an den legendären Zhou denken, den letzten Herrscher der Shang-Dynastie, von dem es vor mehr als 3000 Jahren hieß: »Er hatte ein Schwimmbecken voller Wein und einen Wald vollgehängt mit Fleisch, und splitternackte Männer und Frauen spielten dort Fangen und tranken die ganze Nacht.« Damals erlebte die chinesische Küche ihre erste Blüte. Am Herrscherhof wurden schon Pflaumen, Aprikosen, Datteln, Melonen, Kirschen, Orangen, Tangerinen und Grapefruits serviert, dazu hundert verschiedene Tierarten, einschließlich Bär, Wolf, Elefant

Im Yu-Garten spüre ich den Atem des alten Shanghai.

und Wasserschlange. Unglaubliche zwei Drittel aller Bediensteten am Hof beschäftigten sich mit nichts anderem als essen und trinken, allein 335 Getreide- und Gemüseexperten gab es, dazu 450 Kellermeister und Mundschenke, vierundneunzig Fachleute für Eis und zweiundsechzig für Salz.

Affenlippen, Kamelhöcker, Schwalbennester

Am liebsten aber würde ich jetzt eine Zeitreise in die Epoche der Song-Dynastie unternehmen, in der schon im 12. Jahrhundert eine hoch entwickelte Restaurantkultur existierte, Jahrhunderte, bevor es in Europa etwas Vergleichbares gab. Allein in der damaligen Kaiserresidenz Kaifeng konnte man zwischen sechs Dutzend Großgaststätten mit Platz für jeweils 1000 Gäste wählen. So groß wie Enzyklopädien waren die Speisekarten, Affenlippen, Kamelhöcker und Schwalbennester standen auf ihnen. Fliegende Händler liefen zwischen den Tischen herum und boten noch mehr Delikatessen an, während Clowns und Komödianten ihre Kunststücke aufführten. Und oft war das Restaurant auch ein Bordell: Man speiste mit Animierdamen im Separee und genoss dort nicht nur kulinarische Freuden.

Aus ganz Asien ließ man Lebensmittel importieren, Pfirsiche aus Samarkand, Feigen und Pistazien aus Persien, Ginseng aus Korea, Mangos aus Vietnam, Zucker aus Bengalen. Dutzende verschiedener Märkte verteilten sich über die ganze Stadt Kaifeng, manche mit 50000 Händlern, wenn man dem Venezianer Marco Polo Glauben schenken darf, andere so hochspezialisiert, dass sie nichts als Ingwer, Karpfen oder Wachteln verkauften. Appetitlich ging es auf den Märkten allerdings nicht immer zu, weil sie auch als Schauplatz von Hinrichtungen genutzt und die abgeschlagenen Köpfe auf langen Stöcken ausgestellt wurden.

Spätestens seit der Ming-Dynastie, die von 1368 bis 1644 dauerte, betrachtete sich China als Zentrum aller Zivilisationen und als am höchsten entwickelte Kultur des Erdenkreises. Viele Nahrungsmittel aus Amerika wurden jetzt in die Küche integriert, darunter Kartoffeln, Erdnüsse, Tomaten und Chili. Es war eine glückliche Epoche von Reichtum und Hedonismus. Gourmet-Poeten schrieben hymnische Gedichte auf ausgefallene Gerichte wie in Honig gegarte Kirschen und in Mandelmilch geschmortes Lammfleisch oder verglichen Krebse in ihren Versen mit Jade und Bernstein. Für das leibliche Wohl des Kaisers sorgten nicht weniger als 8000 Köche, während sein Tafelgeschirr aus unfassbaren 300000 Einzelteilen bestand.

Die chinesische Küche schenkt Glückseligkeit

Ich schlendere weiter durch den Yu-Garten und muss daran denken, dass China für uns Europäer immer ein Land der Mysterien gewesen ist. Wir wissen noch nicht einmal, ob Marco Polo tatsächlich 1274 nach China kam. Eine Legende aber ist ohne jeden Zweifel die Behauptung, er habe die Pasta von China nach Italien gebracht. Die Chinesen kochen schon seit 4000 Jahren Nudeln. Vermutlich haben arabische Gewürzhändler sie dort kennengelernt

Kulinarische Schatzsuche auf der Straße – und immer wieder werde ich fündig.

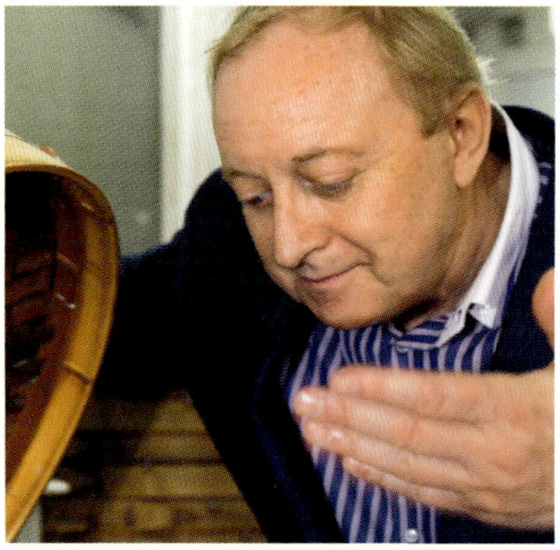

Überall stecke ich meine Nase hinein. Und zum Glück nimmt mir das niemand übel.

Wie geht das genau? Ich lasse mir die Kunst des Dämpfens im Bastkorb erklären.

und mit der Ausweitung des Islams im 9. Jahrhundert in Europa populär gemacht. Legenden hin oder her, es gibt einen Satz von Marco Polo, der so schön ist, dass ich ihn glauben will und zum Leitmotiv meiner Reise nach Shanghai erhebe: »Keine andere Küche der Erde schenkt uns so viel Glückseligkeit wie die chinesische.«

Es gibt nichts, was nicht gegessen wird

In Shanghai habe ich das Glück, sein Urteil überprüfen und den Gral der chinesischen Küche suchen zu dürfen. Wo aber fange ich in dieser gigantischen Stadt damit an? Ich versuche es auf einem der Tausenden Märkte, die Tag für Tag den unendlichen Hunger Shanghais stillen, und wundere mich darüber, wie viele ältere Menschen mit Krückstock und Rollator hier unterwegs sind – das Alter schützt in China offenbar nicht vor der Lust auf frisches, gutes Essen. Und die Auswahl ist wahrlich gigantisch. Die Marktstände biegen sich unter salatschüsselgroßen Baumpilzen, rübengroßen Ingwerwurzeln, grünem Spargel so lang wie Spazierstöcke, unter Lotussamen, Rambutans, Süßholz, Schlangenbohnen, Hühnern mit pechschwarzer Haut, Krebsen, Kröten, Karpfen, Flundern, Aalen, Tintenfischen, Tigerfischen, feisten Seegurken, stachligen Seespinnen und einer riesenhaften Vielfalt an Krabben. Manche sind winzig klein, fast wie Reiskörner, andere beinahe so riesig groß wie chinesische Drachen.

An einem Stand begegne ich einem seltsamen Wesen mit Riesenglupschaugen, wie sie Kalmare haben, einem Maul so lang wie bei einem Krokodil und einem Körper, der auch von einer Schlange sein könnte. Und in diesem Augenblick erst begreife ich so richtig die Bedeutung des berühmten Sprichworts, dass die Chinesen alles essen, was schwimmt, fliegt und vier Beine hat – außer U-Booten, Flugzeugen und Tischen.

Eine Sache aber vermisse ich trotz der unglaublichen Vielfalt an Essen. Es gibt kaum Straßenimbisse in Shanghai, weder rund um die Märkte noch irgendwo anders. Eine einzige Gasse entdecke ich in der Altstadt, in der Tintenfischspieße gegrillt, Nudelsuppen gekocht, Klebreiskuchen geformt, Crêpes auf chinesische Art aus Maismehl, Erbsen und gemahlenen Nüssen mithilfe einer sich rasant drehenden Töpferscheibe hergestellt werden. Ich frage meinen Begleiter, warum die Chinesen nicht auf der Straße essen, und er gibt mir eine ganz einfache Erklärung: Die Regierung habe in ihrer unendlichen Weisheit beschlossen, dass diese Form der Ernährung unhygienisch sei, und sie kurzerhand verboten.

Schlemmen zwischen Chinoiserien

Auf der Straße komme ich also nicht weiter, ich muss ins Restaurant und bekomme auch einen vertrauensvollen Tipp. Ins Fu 1015 solle ich gehen, nicht nur, weil »Fu« auf Mandarin Reichtum bedeute, sondern weil dort einer der besten und kreativsten Köche Shanghais am Herd stehe. Kurz darauf betrete ich eine herrliche Kolonialvilla im französischen Stil mit schlanken Säulen, eleganten Balus-

Geschenkpackungen für Gourmets: Was sich wohl in ihnen verbergen mag?

Auf Shanghais Fischmärkten bekommt man tatsächlich alles, was schwimmt.

Und aufgespießt wird in der chinesischen Küche praktisch alles Essbare.

traden und einem kunstvollen, schwarz-weißen Mosaikboden, mit Louis-quinze-Möbeln, Art-déco-Accessoires und dezenten Chinoiserien – eine einzige Reminiszenz an das alte Shanghai der europäischen Konzessionen.

Glück und Leid des Meisterkochs Tony Lu

Der Herr der Töpfe in diesem Haus sieht zwar so gefährlich aus wie ein Preisboxer, begrüßt mich aber mit einem so entwaffnenden Lachen, dass ich ihn sofort ins Herz schließe: Tony Lu, sechsunddreißig Jahre alt, geborener und bekennender Shanghaier, Chefkoch in verschiedenen führenden Restaurants der Stadt, ein Bulle mit Stiernacken und Händen wie ein Hufschmied, die er aber so filigran einsetzt wie ein Schweizer Uhrmacher. Er ist, wie ich bald erfahren werde, tatsächlich ein Kommandeur in der Küche, der seine Brigade wie ein Feldherr im Griff, gleichzeitig aber immer auch ein Lachen parat und trotz seines Erfolgs seine Bescheidenheit nicht verloren hat. »Meine Mutter«, sagt Tony und wirkt dabei ganz gerührt, »kocht jeden Tag für mich. Und ich lasse es mir gerne gefallen, denn sie ist die beste Köchin der Welt.«

Tony Lu ist ein Fanatiker in der Küche, der seine Kreationen so aufwendig präsentiert wie ein Bildhauer. Über seine gedünsteten Lotuswurzeln wirft er einen Schleier aus hauchdünnen, silbern gefärbten Zuckerfäden, als sei der Lotus eine Braut vor dem Traualtar. Seinen Bambus parfümiert er mit einem Anis-Pfeffer-Öl und schichtet ihn zu einer achtstöckigen Pagode, weil die Acht in China als Glückszahl gilt. Seine Abalone, die sündhaft teuren Seeschnecken, kombiniert er mit Schweinefilet und schwarzen Trüffeln zu einem kulinarischen Gemälde im Stil des abstrakten Expressionismus. Genauso kunstvoll serviert er mir Entenküken, Froschschenkel, Schneckenmuscheln, Adlerfisch – hier kommt tatsächlich alles auf den Tisch, was schwimmt und fliegt und Beine hat.

Nur wer gut ist, wird ein weiser Mensch

Eine meine schönsten Erfahrungen in Shanghai ist die Erkenntnis, dass Tonys kulinarischer Fanatismus keine persönliche Marotte, sondern typisch für Chinesen ist. Das

Mit dem Nudelsuppenkoch verstehe ich mich auch ohne Worte.

Essen spielt eine überragende, ja existenzielle Rolle in ihrem Leben, was sich auch in Hunderten von Sprichwörtern widerspiegelt. »Für das Volk kommt das Essen dem Himmel gleich«, lautet eines. »Der Weg in das Herz und die Seele eines Freundes beginnt in der Küche«, heißt ein anderes. Dass Essen immer höchsten Respekt verdient, wird schon Kindern eingebläut. Die Kleinen wissen, dass ihnen eine schlimme Strafe droht, wenn sie ihre Reisschüssel nicht leeressen: Sie werden dann nur einen pockennarbigen Ehepartner abbekommen. Und der 1976 verstorbene Schriftsteller Lin Yutang, ein besessener Feinschmecker und genialer Poet, hat das kulinarische Selbstverständnis des Landes für mich mit diesem Satz kurz und knapp und endgültig zusammengefasst: »Wenn etwas den Chinesen zu völligem Ernst zwingt, so ist es weder die Religion noch die Bildung, sondern das Essen.«

»Wir Chinesen haben den Vorteil, dass unsere Religionen uns nichts verbieten, weder der Buddhismus noch der Taoismus oder der Konfuzianismus. Wir dürfen einfach alles essen, ganz anders als Hindus oder Muslime«, erklärt mir Tony Lu. Das Einzige, das die Götter den Köchen vorschrieben, sei das Prinzip der Harmonie von Geschmäcken und Aromen. Davon hatte ich gelesen, ebenso von den großen Philosophen Laotse und Konfuzius, die zwischen dem 5. und 3. Jahrhundert vor Christus ein neues Denken in China einführten: Alle Menschen, so ihre Grundthese, sind prinzipiell in der Lage, bessere und gesündere Wesen zu werden. Am einfachsten gehe das durch Selbstkultivierung, die im besten Fall in einem Zustand absoluter Weisheit mündet. Eine Trennung zwischen Körper und Geist so wie in Indien gibt es dabei nicht. Deswegen ist die körperliche Nahrung für die Chinesen mindestens genauso wichtig wie die geistige. Und da sich alles gegenseitig bedingt, ist gutes Essen die Voraussetzung für das Erreichen vollkommener Weisheit.

Ist es wirklich schon Zeit fürs Fegefeuer?

Vor allem der Konfuzianismus hat sich mit allen Aspekten des Essens beschäftigt, bis hin zu den Tischsitten und den Arrangements auf dem Teller. Konfuzius definierte das Kochen als Kunst und Quelle des Glücks, nicht als tägliche Mühsal, und legte Standards fest, die bis heute gültig

Jetzt wird es ernst: Tony Lu erklärt mir Chinas Küche.

sind, zum Beispiel das Servieren des Essens in mundgerechten Happen. Er predigte außerdem eine rigorose saisonale Speisekultur, die aktueller ist denn je: »Iss nicht, was nicht in der jeweiligen Jahreszeit reift«, sagte er und wäre damit im 21. Jahrhundert ein hochmoderner Vertreter der Slow-Food-Bewegung.

Von einem Zustand vollkommener Weisheit im konfuzianischen Sinn bin ich meilenweit entfernt, viel weiter als Tony Lu, den ich deswegen bitte, mir eine Lektion zu erteilen. Tony lacht, willigt sofort ein, führt mich in seine Küche und zeigt mir als Allererstes den Umgang mit dem Wok, den ich ja auch schon in Thailand gelernt hatte. Denn er ist Herz und Seele der chinesischen Küche. Wahre Wunder werden mit dieser einfachen Eisenschüssel vollbracht. Sie steht auf einer runden, gemauerten Öffnung, darunter lodert eine Gasflamme, die bei Bedarf auf die Stärke eines Höllenfeuers hochgestellt werden kann. Tony zeigt es mir, und schon schießen Flammen aus der Öffnung, als sei es Zeit fürs Fegefeuer. Deswegen muss der Wok immer mit fließendem Wasser gekühlt werden, mit dem man die Schüssel auch nach jedem Kochgang reinigt. Und wegen der wahnsinnigen Hitze ist Wok-Kochen absolute Präzisionsarbeit. Manche Gemüse werden nur zwanzig Sekunden lang angebraten – fünf Sekunden mehr, und man kann sie wegwerfen.

Dann zeigt mir Tony die zweite Säule der chinesischen Küche: Das Kleinschneiden nach konfuzianischer Regel, damit man auch ja alles mit Stäbchen essen kann und niemand in die Versuchung kommt, zu schlingen. Je feiner man schneidet, umso feiner ist auch die Küche – so lautet die goldene Regel. Und jetzt erinnere ich mich daran, einmal von einem legendären Koch gelesen zu haben, einem Meister des Messers, der seinen Fisch in so unfassbar dünne Scheiben schnitt, dass sie der Wind wie Schneeflocken davontrug.

Konfuzius hätte seinen Spaß mit uns

Endlich geht es mit dem Kochen los. Als erstes Gericht bereitet Tony eine Meeräsche mit Jasminblüten zu. Er mariniert den Fisch zwanzig Minuten lang in Sojasauce, Ingwer, Reiswein und Frühlingszwiebeln, erhitzt dann Öl im Wok so stark, biss es spritzt und spuckt, und legt die Meeräsche hinein. Jetzt brodelt das Öl wie die Lava eines ausbrechenden Vulkans. Alle zwanzig Sekunden prüft Tony den Garzustand, verändert ständig die Gaszufuhr, prüft wieder, korrigiert abermals – präziser kann man wirklich nicht kochen. Nach wenigen Minuten nimmt er den Fisch heraus und gibt ihn in eine zweite Sauce zum Glacieren, die er mit Sternanis, Kassia-Zimt, Lorbeerblättern und Sesamöl aromatisiert hat. Dann noch geröstete Sesamsamen, Jasminblüten und Kresse zum Garnieren, und wir können probieren: Unfassbar gut ist dieser Fisch, außen krachend kross und innen schneeweich, ein wunderbarer Kontrast, der bestimmt auch Konfuzius gefallen hätte.

Jeder Koch ist auch ein Arzt

Das zweite Gericht klingt genauso viel versprechend: heißsaure Shanghai-Suppe mit Hummer-Wan-Tan. Tony stellt blitzschnell einen Teig her, schneidet ihn in Quadrate, füllt sie mit Hummer, Shrimps, winzig klein geschnittenem grünen Spargel und Schweinefett und formt sie anschließend zu Wan-Tan-Säckchen. »Versuche es auch einmal«, fordert er mich auf, und ich kann mir den Spaß nicht verkneifen, Tony die deutsche Variante des Wan-Tans zu zeigen: Ich drücke die Teigquadrate zu Bischofsmützen zusammen, die tatsächlich aussehen wie die Kopfbedeckungen der Kirchenmänner. Tony lacht aus vollem Hals, tut so, als wolle er sich eine Mütze aufsetzen, wird dann aber sofort wieder ernst, weil das Kochen in China ja eine heilige Angelegenheit ist. Und auch ich forme jetzt brav richtige Wan-Tans, die fünf Minuten lang ganz schonend gedämpft werden. Währenddessen kochen wir im Wok die Suppe: aus Hühner- und Schweinebrühe, gewürzt mit Chilisauce, Sojasauce, weißem Pfeffer, verfeinert mit fein geschnittenen Pilzen, Bambussprossen und Tofu. Alles ist frisch, alles wird sofort gegessen – hier sollten wir Europäer dringend von China lernen, denn gesünder kann man sich nicht ernähren.

So geht's: Ein Koch aus Tonys Brigade zeigt mir, wie man Wan-Tans formt.

Der Teig wird gerollt, zurechtgeschnitten und je nach Belieben gefüllt.

Man befeuchtet den Rand und drückt die Teigtasche zwischen den Fingern zu.

Und genau das ist immer das Ziel der Chinesen. Seit 4000 Jahren wissen sie, dass gutes Essen der beste Garant für ein gesundes Leben ist – nicht umsonst hat das Wort »Rezept« im Chinesischen dieselbe doppeldeutige Bedeutung wie im Deutschen. In der Han-Dynastie glaubte man sogar, dass gesundes Essen unsterblich machen könne. Und ein berühmtes Gedicht aus der alten Zeit huldigt der guten Ernährung mit diesen überschwänglichen Versen: »Ist er Koch oder Arzt? Ist es eine Apotheke oder ein Restaurant? Köstliche Gerichte verbannen alle Pillen. Nahrhafte Speisen sind das Mittel gegen alle Leiden.«

Das Geheimnis der Schweinebauch-Pyramide

»Alles wird in China dem Prinzip von Yin und Yang untergeordnet, diesen beiden gegensätzlichen und sich zugleich ergänzenden Polen des Kosmos«, erklärt mir Tony – ähnlich wie in den Küchen Thailands und Vietnams. »Yin steht für das Kühle, Dunkle, Feuchte, Weibliche, Yang für das Warme, Helle, Trockene, Männliche. Und die Ausgewogenheit aus Yin und Yang ist immer das Ziel.« Man versucht also auch in China, mithilfe des Essens diese Harmonie herzustellen, nicht anders als in der Viersäftelehre der europäischen Antike. Doch damit nicht genug: In Shanghai lerne ich nun, dass fast allen Lebensmitteln noch zusätzliche Heilwirkungen zugeschrieben werden. Bocksbeeren sind eine Art Allheilmittel, sie kräftigen Glieder, verhindern graue Haare, lassen Zähne nachwachsen, senken den Blutzucker, beugen Altersdiabetes vor und stärken die Sehkraft. Getrocknete Lilienblüten werden »goldene Nadeln« genannt, sie helfen Hepatitis-Kranken und machen nebenbei auch noch glücklich. Getrocknete Winterpilze wiederum senken den Blutdruck und sollen sogar Krebs vorbeugen.

Das alles kling sehr theoretisch, ist in Wahrheit aber ungemein appetitlich. Tony beweist es mir auf die schönste Weise, indem er jetzt ein zweites Mal groß auftischen lässt – mit einer Suppe aus Jakobsmuscheln und Tofu, beides in haarfeine Streifen geschnitten und als kunstvolle Spirale auf dem Teller drapiert, und als Höhepunkt mit einer mysteriösen Schweinebauch-Pyramide: Ich rätsele, welches Geheimnis hinter dieser Cheops-Miniatur steckt, und Tony verrät es mir. Er holt eine Edelstahlform in

Übung macht den Meister: Das gilt auch für mich noch immer.

Pyramidengestalt aus der Küche und zeigt mir, wie er sie von innen so lange mit dünnen, sich überlappenden Streifen Schweinebauch auslegt, bis eine Pyramide entsteht. Dann drapiert er sie auf leuchtend grünen Bambussprossen, die wie die Rosette an der Fassade einer gotischen Kathedrale arrangiert sind – ein Bildhauer ist an diesem Tony Lu verloren gegangen, doch einen großartigen Kochkünstler hat die Welt dadurch glücklicherweise gewonnen.

Überall Gralshüter, nirgendwo Revolutionäre

Dann setzen wir uns zu einem letzten Glas Wein zusammen, und Tony wird melancholisch. »Natürlich bin ich stolz, in der uralten chinesischen Kochtradition zu stehen. Aber manchmal ist das auch eine Last und Bürde. In China kann ein Koch nur ganz schwer seinen individuellen Stil entwickeln, weil die Gäste eine klare Vorstellung davon haben, wie es schmecken soll. Und sie wollen absolut keine Geschmacksexperimente. Meine Kreativität kann sich also nur in der Präsentation der Gerichte austoben. Deswegen ist die französische Küche für mich besser als die chinesische, weil sie dem Koch mehr Freiheiten lässt.« Jetzt schaut Tony gar nicht mehr so glücklich aus, wie es sich Konfuzius von den Köchen wünscht, sondern so traurig, als würde er am liebsten mit mir tauschen.

Bald darauf verabschiede ich mich von Tony, der schon wieder lachen kann. Doch das, was er gesagt hat, lässt mir keine Ruhe. Jetzt erst fällt mir auf, dass er gar nicht wissen wollte, wie ich koche, dass er ganz in der Küche seiner Heimat gefangen ist. Vielleicht ist das ja der Grund für diesen eigenartigen Stillstand der chinesischen Kochkunst, der mich in Shanghai irritiert. Die Köche sind notgedrungen keine Revolutionäre, sondern die Gralshüter der Tradition. Sie entwickeln die Küche nicht weiter und hinterfragen sie nicht – was wiederum kein Wunder ist, denn sie hat schon vor vielen Jahrhunderten einen Zenit erreicht, auf dem sie seither verharrt. Das kann nur eines bedeuten: Der Brückenschlag zwischen der europäischen und der chinesischen Küche muss von mir ausgehen, denn ich allein bin der Neugierige.

Manhattans schöne chinesische Schwester

Grübelnd, gedankenversunken, fahre ich noch einmal zum Bund, um mich von Shanghai zu verabschieden, und komme dabei an den letzten Häusern aus der Mao-Zeit vorbei, die von der chinesischen Fortschrittsflut noch nicht fortgerissen wurden. Es sind schaurige, schimmelfleckige Wohnverliese, finstere Bruchbuden in freudlosem Grau ohne Toiletten und fließendes Wasser. Diese Häuser sind wie Gefängnisse, in denen die bösen Gespenster der Geschichte hausen als schmerzhafte Erinnerung an das Elend früherer Tage. Bei ihrem Anblick wird mir klar, warum die Chinesen ohne jede Spur von Sentimentalität ihre Vergangenheit auslöschen, warum sie so fanatisch fortschrittsgläubig sind und mit dieser bedingungslosen Entschlossenheit etwas radikal Neues wie Shanghai erschaffen. Und plötzlich kommt mir noch ein ganz anderer Gedanke: Vielleicht sind sie genau aus diesem Grund beim Essen so traditionsbewusst und konservativ. Wenn alles um sie herum neu ist, wenn neue Städte aus dem Boden gestampft werden und ihr Leben völlig neuen Gesetzen gehorcht, dann bestehen sie darauf, dass wenigstens in der Küche alles so bleibt, wie es bisher immer gewesen ist.

Die grandiosen Erbstücke der Geschichte am Bund müssen zum Glück nicht befürchten, von der Sturmflut der Hochhäuser weggespült zu werden. Ich wähle das Peace Hotel für meinen Abschiedsdrink, ein Prunkstück des Art déco, eine schöne chinesische Schwester der Dreißigerjahre-Schätze Manhattans, ein architektonisches Juwel von zeitloser Eleganz mit Intarsienböden aus vielfarbigem Marmor, achteckigen Deckenkuppeln aus Buntglas, schlanken, stilisierten Bögen im Stil der Gotik und riesigen Halbreliefs, die das Leben am Bund in den wilden Zwanzigerjahren zeigen – es ist eine überwältigende Schönheit, die nie verwelkt.

Präzision, Schnelligkeit, Geduld: Das sind Tony Lus Leitlinien beim Kochen.

Und das Ergebnis beweist, dass er einer der besten Köche Shanghais ist.

Abschiedsfoto: Gruppenbild mit Meisterkoch in der Küche des Mandarin Oriental.

Danke Tony! Von Meister Lu habe ich unendlich viel über die Geheimnisse der chinesischen Küche gelernt.

Als Koch bin ich ein Komponist

Ich setze mich in die Jazz-Bar des Hotels und kann nicht anders, als nun selbst wehmütig zu werden. Denn die Band spielt meine Lieder, die Lieder, die ich vor vielen Jahren in meinem Restaurant in Waging gespielt habe. Dort habe ich meinen ersten Michelin-Stern erkocht und an jedem Abend ein kleines Konzert für meine Gäste gegeben, ich immer singend an der Gitarre. Ich glaube, dass ich heute Musiker wäre, wenn das Schicksal mich nicht zum Koch bestimmt hätte. Und im Grunde meiner Seele bin ich immer noch ein Musiker, denn ich koche wie ein Komponist. Meine Zutaten sind mein Orchester, der Koriander ist die Klarinette, der Galgant die Gitarre, der Fenchel das Fagott, der Pfeffer die Pauke. Aus ihnen komponiere ich meine Gerichte, immer auf der Suche nach der Harmonie zwischen Soli und Tutti, Pianissimo und Fortissimo. Mal baue ich eine Kadenz aus Kardamom ein, dann wieder ein großes Finale aus einem Feuersturm von Chili, um am Ende eine Symphonie auf dem Teller zu schaffen, die meine Gäste genauso glücklich macht wie mich.

Es ist Zeit für den Abschied. So schwer er mir auch fällt, so froh bin ich doch, nach vier fantastischen Reisen mit unendlich vielen neuen, wunderbaren Stimmen für mein Orchester aus Asien zurückzukehren. Ich habe gelernt, dass die indische Küche um die Gewürze kreist wie die Planeten um die Sonne; dass die Thailänder die virtuosesten Meister der Kräuter sind, dass die Vietnamesen niemand in der Kunst übertrifft, aus dem Einfachen das Raffinierte zu kreieren, dass in China dank des jahrtausendealten Wissens über die Heilwirkung des Essens jeder Koch auch ein Arzt ist. Ich weiß jetzt noch viel mehr über die wunderbare Welt der Kräuter und Gewürze. Und ich habe nun eine genaue Vorstellung davon, wie ich die Brücke zwischen meiner Küche und den Küchen Asiens schlagen muss.

Jetzt kann ich an die Arbeit gehen, jetzt steht mir das Schönste bevor, das einem Koch widerfahren kann: Seine Erfahrungen, seine Begegnungen, seine Reiseerlebnisse in kulinarische Kreativität umzumünzen – getreu dem Motto, das der große Gastrosoph Jean Anthèlme Brillat-Savarin so unübertroffen formuliert hat: »Die Entdeckung eines neuen Gerichts beglückt die Menschheit mehr als die Entdeckung eines neuen Gestirns.« Ich freue mich wahnsinnig darauf.

Kochschule Indien

Die Küche Indiens

Indien ist ein Universum für sich. In diesem riesigen Land leben weit mehr als eine Milliarde Menschen, die Hunderte verschiedener Sprachen sprechen und an Dutzende unterschiedlicher Götter glauben, die im Hochgebirge des Himalaja wohnen oder an den tropischen Stränden des Indischen Ozeans. Dennoch gibt es in Indiens Kosmos kulinarische Gemeinsamkeiten, die überall Gültigkeit besitzen.

Die gesamte indische Küche wird wie keine zweite der Welt von Gewürzen dominiert – weil auf dem Subkontinent einfach alles wächst, was das Herz zum Würzen begehrt. Die Inder verwenden so gut wie alle Gewürze, die es gibt, allen voran Pfeffer, Kreuzkümmel, Schwarzkümmel, Kurkuma, Kardamom, Knoblauch, Zimt, Sternanis, Chilischoten, Fenchelsamen, Ingwer, Safran, Anis und Gewürznelken. Selbst exotische Würzmittel, die wir kaum kennen, sind in Indien gang und gäbe, zum Beispiel Asant (»Teufelsdreck«), Ajowan (Königskümmel), Curryblätter oder Tamarinden.

Das Land, in dem der Pfeffer wächst

Seit Menschengedenken baut man Pfeffer vor allem an der Malabar-Küste im Südwesten an, weil er dort ideale Wachstumsbedingungen findet: gleich zwei Monsunphasen mit heftigen Niederschlägen und langen Trockenzeiten dazwischen.

Pfeffer gibt es in vier Farben – weiß, schwarz, grün, rot –, doch es handelt sich dabei immer um dieselbe Pflanze. Die unterschiedliche Färbung ergibt sich aus dem Erntezeitpunkt und der Verarbeitung. Schwarzer Pfeffer wird kurz vor der Reife geerntet und dann getrocknet, dadurch gewinnt er seine Schärfe. Weißer Pfeffer wird ebenfalls vollreif gepflückt, anschließend eingeweicht und geschält, sodass er milder wird. Grünen Pfeffer holt man früh vom Strauch, dadurch ist er weniger scharf und frischer. Roter Pfeffer schließlich wird sehr spät geerntet, dann aber nicht getrocknet, sondern in Lake eingelegt. So bleibt die rote Farbe der reifen Körner erhalten.

Vegetarische Vielfalt par excellence

Die Küche in Indien wird immer auch von den Religionen beeinflusst, die viele Essverbote kennen. Der Hinduismus untersagt den Verzehr von Rind und empfiehlt generell einen sparsamen Konsum von Fleisch, weil es ein schlechtes Karma hat. Für Muslime ist Schwein tabu, während Jains strenge Vegetarier sind. Auch die Buddhisten zeigen sich zurückhaltend beim Fleischverzehr, wenngleich sie keine generellen Verbote kennen.

Dass vegetarische Gerichte in der indischen Küche eine solch zentrale Rolle spielen, hat aber noch einen ganz anderen Grund: Fleisch und Fisch sind teuer und für weite Bevölkerungsschichten unbezahlbar. Deswegen greifen sie auf andere Eiweißlieferanten zurück, vor allem auf Hülsenfrüchte wie Linsen, Kichererbsen und Bohnen. Es ist kein Zufall, dass die Hälfte aller Linsen weltweit in Indien angebaut wird. Auch Blumenkohl, Spinat, Tomaten, Okraschoten, Lotuswurzeln und Zwiebeln sind in der Küche unverzichtbar. Sie werden meist mit Reis, Hirse, Buchweizen, Gerste oder Maniokwurzeln kombiniert. Nüsse wie Mandeln, Pistazien, Pinienkerne, Erd- und Cashewnüsse gehören gleichfalls zu den Grundnahrungsmitteln, nicht zuletzt wegen ihres hohen Fettgehalts. Sie sind damit willkommene Energielieferanten. Milch wiederum spielt in Indien eine weit größere Rolle als in fast allen anderen Küchen Asiens. Sie wird zu Frischkäse, Buttermilch und – am liebsten – zu Joghurt verarbeitet.

Was lange währt ...

Die indische Küche neigt dazu, viele verschiedene Aromen in einem Gericht zu kombinieren und durch lange Garzeiten zu verschmelzen, sei es bei Eintöpfen, Pfannengerichten oder marinierten Spießen aus dem Tandoori-Ofen. Selbst einfache Rezepte enthalten oft ein halbes Dutzend unterschiedlicher Gewürze. Oder man verwendet gleich Gewürzmischungen, die aus bis zu zwei Dutzend Zutaten bestehen können. Ihre frische Note erreichen die Gerichte durch die Verfeinerung mit Kokosflocken oder Früchten.

Ghee

Im Prinzip funktioniert die Zubereitung von Ghee ähnlich wie die von brauner Butter. Die Temperatur wird jedoch niedriger gehalten und die Garzeit ist etwas länger, sodass das aufgeschäumte Eiweiß zu Boden sinkt und der geklärten Butter eine goldgelbe Farbe und einen feinen Nusston verleiht.

1 500 g Süßrahmbutter in einem Topf zerlassen. Kurz aufkochen lassen und knapp unter dem Siedepunkt 30 bis 40 Minuten garen. Es bildet sich Schaum, der sich gegen Ende hellbraun am Boden absetzt.

2 Die Butter durch ein mit zwei Lagen Küchenpapier ausgelegtes Sieb gießen. Ghee eignet sich zum Anbraten und Verfeinern von Speisen und kann gut auf Vorrat hergestellt werden (siehe Step 3).

3 Das Ghee in ein Schraubglas füllen. Gekühlt wird es fest und hält sich mehrere Monate. Bei Bedarf eine entsprechende Menge entnehmen und erhitzen oder in einem warmen Gericht schmelzen lassen.

Kokos-Chutney

Am besten schmeckt das Chutney mit frischer Kokosnuss: Dafür die braune Schale von etwa 120 g Kokosnussfleisch abschälen und das Kokosfleisch auf einer Reibe fein raspeln. Sie können aber auch 90 g getrocknete Kokosflocken verwenden. Wichtig ist, dass die Pfanne vom Herd kommt, bevor die Kokosraspel untergerührt werden.

1 Je 1 gestr. TL Urdbohnen und Kichererbsen (jeweils geschält und halbiert) in lauwarmem Wasser 2 Stunden einweichen, abgießen und abtropfen lassen. 25 g Butter und 1 TL Kokosfett in einer Pfanne erhitzen.

2 1 TL braune Senfkörner, 1 getrocknete rote Chili und 5 Curryblätter darin anrösten. Hülsenfrüchte 2 Minuten mitrösten. 100 ml Kokosmilch dazugeben, 2 Minuten köcheln lassen. 20 g Palmzucker hineinrühren.

3 Kokosraspel (s.o.) mit 150 g Naturjoghurt unterrühren. 1 TL geriebenen Ingwer und 1 TL gehackte grüne Chili hinzufügen. Mit Salz, Pfeffer, 1 gestr. TL Chat Masala und 1 EL Limettensaft würzen. Rote Chili entfernen.

Blumenkohl-Pickles

Es ist wichtig, die Blumenkohlröschen fest in die Einmachgläser zu drücken, da sie beim Garen an Substanz verlieren und im fertigen Produkt später sonst stark schwimmen würden. Pickles nach dem Einkochen (Pasteurisieren) mindestens 2 Tage durchziehen lassen. Das Gemüse hält sich kühl gelagert etwa 6 Monate.

1 Backofen auf 175 °C vorheizen. Ein tiefes Backblech auf die unterste Schiene schieben und 2 cm hoch mit Wasser füllen. 2 Lagen Küchenpapier einlegen. 1 großen Kopf Blumenkohl putzen, waschen und in Röschen teilen.

2 270 ml Weißweinessig, 1/2 l Wasser, 170 g Zucker und 1 TL Salz aufkochen. 12 Scheiben Ingwer, 2 Knoblauchzehen, je 4 TL Pfeffer- und Senfkörner, 4 Lorbeerblätter und 4 Prisen Chiliflocken auf 4 Gläser (à 400 ml) verteilen.

3 Den Blumenkohl fest in die Gläser drücken, den Sud darüber verteilen und die Gläser verschließen. Pickles im Wasserbad im Ofen etwa 45 Minuten einkochen. Herausnehmen und abkühlen lassen.

Gurken-Raita

Raitas sind – in zahlreichen Varianten – Beilagen auf der Basis von Joghurt, die feurigen Gerichten mit Chili oder Pfeffer etwas von ihrer Schärfe nehmen. Die Gewürzmischung Chat Masala schmeckt erfrischend würzig und dank gemahlener Mango auch leicht säuerlich. Sie wird gerne für Raitas, Salate und Chutneys verwendet.

1 1/2 TL ganzen Kreuzkümmel in einer Pfanne ohne Fett bei milder Hitze rösten, bis er zu duften beginnt. In den Mörser geben und fein zerstoßen.

2 1/2 Salatgurke schälen, entkernen, grob raspeln, salzen und 5 bis 10 Minuten ziehen lassen. Auf einem Sieb gut ausdrücken. Mit 300 g Naturjoghurt verrühren, mit dem Kreuzkümmel und 1 Msp. Chat Masala würzen.

3 Je 2 TL Koriander und Minze (frisch geschnitten) dazugeben. 1/4 TL geriebenen Ingwer unterrühren. Mit Salz würzen. Mit je 1/2 TL geröstetem, gemahlenem Kreuzkümmel und edelsüßem Paprikapulver garnieren.

Paneer

Wichtig für die Zubereitung dieses milden Frischkäses: Nur wenn die Milch richtig aufkocht, entsteht ein elastischer Käse, andernfalls wird er bröselig. Je größer die Milchmenge ist, umso länger sollte man den Käse im Tuch mit einem Gewicht beschweren, damit er gut abtropfen kann. Der bekannteste Begleiter für gebratenen Paneer ist Spinat, er lässt sich aber auch ausgezeichnet mit einem Paprika-Champignon-Sahne-Gemüse oder einer Mandel-Sahne-Sauce kombinieren.

1 1 l Roh- oder Frischmilch in einem Topf aufkochen lassen, dabei gelegentlich umrühren, damit die Milch nicht ansetzt. Sobald die Milch aufkocht, nach und nach 2 EL Weißweinessig mit dem Schneebesen in den Milchschaum rühren.

2 Die Milch vom Herd nehmen. Ein sauberes Küchentuch in ein Sieb legen. Die ausgeflockte Milch hineingießen, die Enden des Küchentuchs darüber zusammenfassen und so weit wie möglich eindrehen, damit möglichst viel Flüssigkeit ablaufen kann.

3 Das Käsepäckchen im Küchentuch in einen tiefen Teller legen. Einen zweiten Teller daraufsetzen und flach drücken. 5 Minuten mit einem Gegenstand beschweren. Das Gewicht wieder entfernen und den Käse 30 Minuten im Kühlschrank abkühlen lassen.

4 Den Käse in ein schmales, tiefes Gefäß geben, mit kaltem Wasser auffüllen, bis der Käse gut bedeckt ist, und bis zum Gebrauch wieder in den Kühlschrank stellen (so vorbereitet, hält er sich gekühlt 1 Woche, das Wasser dann alle 2 Tage wechseln).

5 Wenig Mehl in einen tiefen Teller geben. Den Paneer in 1½ bis 2 cm große Würfel schneiden und in dem Mehl wenden.

6 In einer Pfanne 1 EL Ghee (siehe S. 72) erhitzen und den Paneer darin rundum 3 bis 4 Minuten anbraten. Mit 1 TL Zitronensaft, Salz, Pfeffer sowie je 1 bis 2 Msp. Zucker und gemahlener Kurkuma (oder Currypulver) würzen.

Gewürztomaten-Dal

Die eiweißreichen Hülsenfrüchte (Dals) mit ihren zahlreichen Sorten sind die heimlichen Stars der indischen Küche und ein wichtiges Grundnahrungsmittel. Sehr beliebt sind zum Beispiel Masoor Dal (rote Linsen), Urid Dal (schwarze Bohnen) und Chana Dal (halbe Kichererbsen). Anstelle der Toor Dal (gelbe Linsen) können Sie hier ebenso Moong Dal (Mungobohnen) verwenden. Beide Hülsenfruchtsorten werden beim Garen so weich, dass sie dem Gericht eine gewisse Cremigkeit verleihen.

1 100 g geschälte, halbierte Kichererbsen und 50 g Toorlinsen in lauwarmem Wasser 30 Minuten einweichen. In ein Sieb abgießen und in einen Topf geben. Etwa 350 ml Wasser hinzufügen, sodass es etwa fingerbreit über den Hülsenfrüchten steht.

2 1 gestr. TL Salz und 1/2 gestr. TL gemahlene Kurkuma hinzufügen und die Hülsenfrüchte zugedeckt etwa 1 Stunde leicht köcheln lassen, bis die Linsen zerkocht und die Kichererbsen gar sind. Dabei möglichst nicht rühren.

3 Eine Pfanne bei mittlerer Temperatur erhitzen, 3 EL Ghee (siehe S. 72) und 1 EL Öl hineingeben. 1/2 TL Kreuzkümmel, 1/4 TL gelbe Senfkörner und 1 getrocknete rote Chilischote darin unter Rühren etwa 1/2 Minute anrösten.

4 2 gehackte Knoblauchzehen unterrühren und etwa 1 Minute weiterdünsten. 1/2 Zwiebel (35 g; in feinen Würfeln) und 1 EL gehackten Ingwer dazugeben und etwa 5 Minuten unter häufigem Rühren garen, bis die Zwiebel goldbraun ist.

5 1 Msp. Asantpulver hineinstreuen. 1 geh. EL Tomatenmark unterrühren und kurz mitrösten, 200 g passierte Tomaten dazugeben und erhitzen. 1 Tomate (entkernt, in Würfeln) hinzufügen und alles etwa 10 Minuten leicht köcheln lassen.

6 1 EL Sahne dazugeben, mit Salz und Pfeffer aus der Mühle würzen. Die Gewürztomaten unter die gegarten Hülsenfrüchte rühren und das Dal mit Kurkuma, Koriander, Kreuzkümmel, Zucker, 1 EL Ghee und ggf. etwas Salz würzen.

Kartoffelcurry mit Okraschoten

Die indische Küche ist die Wiege des Vegetarismus: (Nicht nur) aus religiösen Gründen wird seit Jahrtausenden auf den Genuss von Fleisch und Fisch verzichtet. Lebensmittel wie Kartoffeln haben also von jeher einen hohen Stellenwert und zählen vor allem im Norden Indiens neben Reis und Hülsenfrüchten zu den Grundnahrungsmitteln. Okraschoten stammen ursprünglich aus Nordafrika, inzwischen zählt aber Indien zu den Hauptanbauländern. Am besten schmecken die Schoten, wenn sie rundum gut angebraten oder sogar frittiert werden.

1 1 kg festkochende Kartoffeln schälen, waschen und in 2 cm große Stücke schneiden. Die Kartoffeln mit 1 Lorbeerblatt und 2 kleinen getrockneten Chilischoten in Salzwasser etwa 20 Minuten weich garen.

2 Die Kartoffelwürfel in ein Sieb abgießen und die Gewürze entfernen. $1/2$ l Gemüsebrühe in einem Topf mit 5 bis 6 Curryblättern und 1 EL mildem Currypulver erhitzen.

3 $1/2$ geriebene Knoblauchzehe, $1/2$ TL geriebenen Ingwer und 100 g Sahne dazugeben. 1 Handvoll gegarte Kartoffelwürfel hinzufügen und alles mit dem Stabmixer fein pürieren.

4 Die restlichen Kartoffelwürfel dazugeben und in der Kartoffelbrühe erhitzen. Dann 1 bis 2 TL frisch geschnittene Korianderblätter hineinstreuen. 300 g Okraschoten putzen, waschen und trocken tupfen.

5 1 EL Ghee (siehe S. 72) in einer großen Pfanne erhitzen und die Okraschoten darin rundum 2 Minuten dünsten. Die Okraschoten herausnehmen und auf Küchenpapier abtropfen lassen. Mit Salz und Pfeffer würzen und schräg halbieren.

6 Das Kartoffelcurry auf vorgewärmte Teller verteilen und die Okraschoten dazwischenstecken. Nach Belieben mit Korianderblättern garnieren und mit Naan (siehe S. 141) servieren.

Lammcurry

Da für Hindus das Rind heilig und somit in der Küche tabu ist, spielen z.B. Huhn und Lamm eine größere Rolle. Sehr beliebt ist butterweich geschmortes Lammfleisch in einer aromareichen Sauce. Das A und O eines typisch indischen Currys ist das Anrösten vielerlei unterschiedlicher Gewürze, bis sie ihren Duft entfalten. Nach und nach, sodass sich die Aromen gut verbinden, kommen andere Würzzutaten wie Knoblauch, Zwiebeln oder Ingwer hinzu. Die Kichererbsenschmelze verleiht dem Curry eine feine Bindung und einen mildnussigen Geschmack.

1 1 kg Lammfleisch (aus der Keule), falls nötig, von Fett und Sehnen befreien und in 3 cm große Stücke schneiden. 250 g Zwiebeln und 4 Knoblauchzehen schälen und in feine Würfel schneiden. 1/2 cm dicke Scheibe Ingwer schälen und fein hacken.

2 2 Lorbeerblätter, 4 grüne Kardamomkapseln, 5 Gewürznelken, 1 Zimtsplitter, 1 ganze Muskatblüte und 5 grob zerstoßene schwarze Pfefferkörner in einem breiten Schmortopf in 3 bis 4 EL Öl bei milder Hitze etwa 1/2 Minute leicht anrösten.

3 Den Knoblauch unterrühren und 1 Minute weiterdünsten. Zwiebeln und Ingwer dazugeben und etwa 5 Minuten goldbraun braten. Die Fleischwürfel hinzufügen und weitere 5 Minuten unter gelegentlichem Rühren anbraten.

4 1 EL Tomatenmark unterrühren und kurz mitrösten. 200 g passierte Tomaten dazugeben und 2 Minuten köcheln lassen. 70 g cremig gerührten Naturjoghurt in das köchelnde Curry rühren und knapp unter dem Siedepunkt 5 Minuten weitergaren.

5 Mit 3/4 TL Korianderpulver, je 1/2 TL Garam Masala, Kreuzkümmelpulver und gemahlener Kurkuma, 2 Msp. Muskatnuss, Salz und 1 Prise Zucker würzen. 1/2 l Hühnerbrühe angießen. Das Curry mit leicht geöffnetem Deckel am Siedepunkt 1 Stunde garen.

6 Nach 30 Minuten die ganzen Gewürze soweit möglich entfernen. 1 Portion Kichererbsenschmelze (siehe Text S. 79) unterrühren, mit Salz, Zucker und Muskatnuss nachwürzen. Das Lammcurry mit 4 Korianderstielen und 1 EL Ingwerstreifen garnieren.

DREIERLEI TANDOORI

Der Tandoor ist ein fassförmiger Lehmofen, der mit Holz(kohle) beheizt wird. Bei sehr hohen Temperaturen wird so nicht nur Naanbrot gebacken, auch Fleisch, Geflügel und Fisch, die vorher in Joghurtsaucen mariniert wurden, bleiben saftig und bekommen ein ganz eigenes Aroma (in unseren Haushalten behelfen wir uns mit dem Elektroofen). Das traditionelle Tandoori Masala gibt dem Fleisch eine sehr intensive rote Farbe – manchmal wird auch mit Lebensmittelfarbe nachgeholfen –, und meist ist das Gericht dank roter Chilis sehr scharf.

1 Für die Tandoori-Marinade Kichererbsenschmelze (s.o.) mit 100 g Naturjoghurt, 2 großen Knoblauchzehen (in Würfeln), 10 g Ingwer (in Würfeln), 1½ TL Weißweinessig, 1 EL Olivenöl und 1 EL Zitronensaft in einen hohen Rührbecher geben.

2 2 grüne Chilis (in Ringen), je 1 geh. TL Salz und edelsüßes Paprikapulver, je 1 gestr. TL Garam Masala und Korianderpulver, je 1 TL Tomatenmark und zerriebene Bockshornkleeblätter sowie je ½ TL Zucker und abgeriebene Bio-Zitronenschale dazugeben.

3 Alles fein pürieren. Für Hähnchen-Tandoori 800 g Hähnchenbrustfilet (gewaschen) in 32 gleich große Stücke schneiden (für 8 Spieße). In der Marinade wenden und im Kühlschrank 2 Stunden marinieren. Dann den Backofen auf 250 °C vorheizen.

4 Das Fleisch nochmals durchmischen. Je 4 Stücke flach auf 1 Edelstahlspieß stecken. Die Spieße mit etwas Abstand zueinander auf ein tiefes Backblech oder einen Backrahmen legen. Die Spießenden sollten dabei auf den Rändern des Blechs aufliegen.

5 Das Fleisch 7 Minuten garen, dann den Backofengrill einschalten, 5 Minuten weitergaren. Die Spieße herausnehmen, das Hähnchen rundum mit 60 g flüssigem Ghee einpinseln, mit etwas Zitronensaft beträufeln. Jeden Spieß mit 1 Prise Chat Masala würzen.

6 Für Lamm-Tandoori der Marinade noch 1 EL geschnittene Papaya hinzufügen und alle Zutaten in einem hohen Rührbecher mit dem Stabmixer fein pürieren. 800 g Lammfleisch (aus der Keule) in etwa 32 gulaschgroße Stücke schneiden.

Wenn Sie nach dem Marinieren möglichst viel Sauce an Hähnchen & Co. belassen, wird es noch zarter. Als Bindemittel für Saucen oder Currys kommt in der indischen Küche wie auch für dieses Rezept oft eine Kichererbsenschmelze zum Einsatz, die sich gut auf Vorrat zubereiten lässt: Dafür 2 EL Ghee (siehe S. 72) in einem kleinen Topf mit 1 gehäuftem TL Kichererbsenmehl unter Rühren 1 bis 2 Minuten sanft erhitzen und abkühlen lassen. Gut zugedeckt, hält sich die Kichererbsenschmelze im Kühlschrank etwa 1 Woche.

7 Jedes Fleischstück mit der griffigen Seite eines Schnitzelklopfers ein- bis zweimal etwas flacher klopfen. In der Marinade wenden und zugedeckt im Kühlschrank mindestens 6 Stunden marinieren.

8 Den Backofen auf 250 °C vorheizen. Die Fleischstücke nochmals in der Marinade durchmischen, dann jeweils 4 Stücke flach auf 1 Spieß stecken. Wie in Schritt 4 und 5 beschrieben weiterverfahren.

9 Für Garnelen-Tandoori zur Marinade noch 1/2 TL Ajowan hinzufügen und alle Zutaten in einem hohen Rührbecher mit dem Stabmixer fein pürieren.

10 32 Riesengarnelen (etwa 800 g; küchenfertig, bis auf die Schwanzspitze geschält) waschen, trocken tupfen und am dickeren Ende 1 cm tief einschneiden. In der Marinade wenden und zugedeckt im Kühlschrank mindestens 2 Stunden marinieren.

11 Den Backofen auf 250 °C vorheizen. Garnelen noch mal in der Marinade wenden, je 4 Stück längs auf 1 Edelstahlspieß stecken und wie in Schritt 4 weiterverfahren. Anstelle des Backblechs kann man auch eine große ofenfeste Form verwenden.

12 Die Garnelen 7 Minuten im Ofen garen, dann den Backofengrill einschalten und 3 Minuten weitergaren. Wie in Schritt 5 beschrieben aromatisieren.

Hähnchen-Tikka-Masala

Für ein Tikka-Masala werden Fleischstücke zunächst in einer Joghurtmarinade eingelegt, dann gebacken oder gegrillt und schließlich in einer würzige Tomaten-Sahne-Sauce mit einer speziellen Gewürzmischung weitergegart. Die Sauce sollte nicht allzu dick sein, da sie noch etwas nachbindet, wenn hier das Hähnchen dazukommt. Wer das Gericht aus Zeitgründen vorbereiten möchte, muss das Hähnchenfleisch nicht erst kurz vor dem Servieren backen, sondern kann das gebackene Fleisch in die Sauce legen und darin auskühlen lassen. So vorgegart,

1 Für die Hähnchenmarinade 80 g Naturjoghurt, 4 große gehackte Knoblauchzehen, 30 g gehackten Ingwer, 2 kleine grüne Chilischoten (in Ringen), Saft von 1/2 Zitrone und 1 EL Öl in einem hohen Rührbecher mit dem Stabmixer pürieren.

2 4 EL Kichererbsenschmelze (2 Portionen des Rezepts auf S. 79 oben) herstellen. Davon 3 EL mit je 1/2 TL Garam Masala, Koriander- und Kreuzkümmelpulver unterrühren und die Marinade mit Salz und Pfeffer aus der Mühle würzen.

3 4 Hähnchenbrustfilets (à 120 g) waschen, trocken tupfen, längs halbieren und schräg in 8 gleich große Stücke schneiden. Gut mit der Marinade mischen. Zugedeckt im Kühlschrank mindestens 2 Stunden marinieren.

4 Für die Tikka-Masala-Sauce 2 Lorbeerblätter, 4 grüne Kardamomkapseln, 5 Gewürznelken, 1 Zimtsplitter, 1 Muskatblüte und 5 zerstoßene schwarze Pfefferkörner in einem breiten Schmortopf in 3 bis 4 EL Öl bei milder Hitze kurz anrösten.

5 4 gehackte Knoblauchzehen hineinrühren und 1 Minute dünsten. 100 g Zwiebeln (in feinen Würfeln) und 1 TL gehackten Ingwer dazugeben und etwa 5 Minuten goldbraun anbraten. 1 EL Tomatenmark unterrühren und kurz anrösten.

6 200 g passierte Tomaten dazugeben und erhitzen. Mit Salz und 1 geh. TL edelsüßem Paprikapulver würzen. Dann 1/2 TL Garam Masala, 1/2 TL Kreuzkümmelpulver, 3/4 TL Korianderpulver sowie je 1/4 TL Fenchel- und Bockshornkleepulver unterrühren.

hält sich das marinierte Hähnchen zugedeckt im Kühlschrank 1 Tag. Ein positiver Nebeneffekt: Durch das Einlegen in die Sauce wird das Hähnchenfleisch sogar noch zarter. Die Sauce dickt jedoch ein wenig ein. Dem können Sie vorbeugen, indem Sie bei der Zubereitung der Tomaten-Sahne-Sauce zusätzlich noch etwa 100 ml Hühnerbrühe dazugeben. Zum Servieren wird das Fleisch samt Sauce bei milder Hitze erwärmt. Für ein Butter-Chicken verwendet man keine Zwiebeln, dafür mehr Tomaten, Sahne und natürlich Butter.

7 Die ganzen Gewürze soweit möglich entfernen. 80 g Sahne, 1 geh. TL Palmzucker, 1/4 TL abgeriebene Bio-Zitronenschale und 1 TL Weißweinessig zur Sauce geben und knapp unter dem Siedepunkt etwa 15 Minuten garen.

8 Die Sauce mit dem Stabmixer pürieren und mit Salz würzen. Die restliche Kichererbsenschmelze mit 2 EL gerösteten, grob gehackten Mandelblättchen hineinrühren. Zuletzt 1/2 TL Rosenwasser (aus der Apotheke) unterrühren.

9 Den Backofen auf 200 °C vorheizen. Ein Backblech mit Öl bestreichen. Das marinierte Hähnchen nochmals gut mischen. Die Stücke einzeln und mit etwas Abstand zueinander auf das Blech legen und im Ofen auf der mittleren Schiene 10 Minuten garen.

10 Die Hähnchenstücke aus dem Ofen nehmen und in die Sauce legen. Einmal aufkochen lassen und etwa 3 Minuten fertig garen. Mit Naan (siehe S. 141) oder Duftreis (siehe S. 82) servieren.

11 Für eine Butter-Chicken-Sauce in Schritt 5 die Zwiebeln und den Ingwer weglassen, den Ingwer stattdessen in Schritt 6 mit dem Paprikapulver hinzufügen. Die Tomatenmenge auf 300 g erhöhen.

12 In Schritt 7 die Sahnemenge auf 150 g erhöhen und mit dem Essig 40 g kalte Butter hinzufügen. In Schritt 8 die Sauce noch einmal kurz aufkochen lassen und zuletzt das Rosenwasser unterrühren. Wie beim Tikka Masala weiterverfahren.

Duftreis kochen

Reis wird vor allem in West- und Südindien als Beilage zu Currys oder anderen Schmorgerichten gereicht. Klassischerweise handelt es sich dabei um Basmatireis. Basmati heißt auf Hindi »Duft« – ein Hinweis auf das feine Aroma, das der Reis nach dem Garen verströmt. Das thailändische Duftreis-Pendant ist Jasminreis.

1 200 g Duftreis auf einem Sieb unter fließendem kaltem Wasser waschen, bis dieses klar bleibt.

2 Den Reis in einen Topf geben und mit etwa 400 ml Wasser aufgießen, sodass dieses fingerbreit über dem Reis steht.

3 Kurz aufkochen und den Reis zugedeckt bei milder Hitze etwa 15 Minuten bissfest quellen lassen. Den Reis mit einer Gabel auflockern, sofort weiterverwenden oder abgekühlt im Kühlschrank aufbewahren.

Reispudding

Dieses Dessert auf Basis von Basmatireis und Milch darf in Indien bei Feierlichkeiten und anderen besonderen Anlässen nicht fehlen. Es wird warm oder kalt serviert. Nach Belieben kann man noch 50 g cremig geschlagene Sahne unter den lauwarmen Pudding heben und ihn mit Pistazien garnieren.

1 100 g Basmatireis auf einem Sieb unter fließendem Wasser waschen und abtropfen lassen. 10 Safranfäden in 1 EL heißem Wasser einweichen. Je 2 EL Mandeln und Pistazien grob hacken.

2 Den Reis in einem Topf in 1 EL Butter bei milder Hitze 2 Minuten dünsten. 1 l Milch und 200 ml Kondensmilch angießen, unter Rühren aufkochen. Den Reis bei milder Hitze 30 Minuten garen, dabei öfter umrühren.

3 60 g Zucker, 1 Prise gemahlenen Kardamom, Safran, Einweichwasser und Nüsse unterrühren. 10 Minuten weitergaren. 1 EL Rosenwasser (Apotheke) dazugeben. Reis in Schälchen anrichten, abkühlen lassen.

Gewürzlassi und Mangolassi

Süß oder salzig, mit Wasser oder Milch, zum Essen serviert oder als süßer Abschluss: Lassis sind neben Tee das indische Nationalgetränk. Am besten schmecken die erfrischenden Joghurtgetränke, wenn man sie vor dem Servieren im Kühlschrank noch einmal gut durchkühlen lässt.

1 Für Gewürzlassi 1 TL ganzen Kreuzkümmel in einer Pfanne ohne Fett rösten, dann im Mörser grob zerstoßen. 1/2 cm dicke Scheibe Ingwer schälen und klein schneiden.

2 900 g Naturjoghurt mit 300 ml Wasser, Kreuzkümmel, Ingwer, 2 EL frisch geschnittener Minze, 1 gestr. TL Salz, 1/2 TL Chat Masala und 8 Eiswürfeln mit dem Stabmixer sämig pürieren. Auf 4 Gläser verteilen.

3 Für Mangolassi das Fruchtfleisch von 1 sehr reifen Mango mit 700 g Naturjoghurt, 300 ml kaltem Wasser, 8 Eiswürfeln, 140 g Zucker, Saft von 1 Limette und 1 EL Rosenwasser sämig pürieren. Auf Gläser verteilen.

Pistazien-Kulfi

Kulfi ist indische Eiscreme. Damit die Milchmasse beim Einkochen nicht anbrennt, rührt man sie häufig mit einem flachen Holzspatel um. Luftiger wird das Eis, wenn man unter die ausgekühlte Masse 100 g Schlagsahne zieht. Sie können das Kulfi auch in schmalen hohen Förmchen gefrieren, aus denen man das Eis löffelt.

1 1 1/2 l Milch, 1/2 l Kondensmilch, 500 g Sahne und 40 g Butter in einem Topf mit 1/2 TL zerstoßenen Kardamomsamen und 1/4 TL Safranfäden aufkochen und bei mittlerer Hitze rührend auf die Hälfte einkochen.

2 1 TL Speisestärke und 1 geh. EL Milchpulver mit wenig kaltem Wasser glatt rühren. In die köchelnde Flüssigkeit rühren. 1 EL Cashewkerne, 1 EL geschälte Mandeln und 2 EL Pistazien (alles fein gehackt) dazugeben.

3 1 TL Rosenwasser (Apotheke) unterrühren. Masse in etwa 10 Stieleisformen füllen und im Tiefkühlfach 30 Minuten anfrieren lassen. Eisstiele hineinstecken und das Kulfi weitere 2 Stunden durchfrieren lassen.

Kochschule Thailand

Die Küche Thailands

Harmonie ist nicht nur das Leitmotiv der thailändischen Gesellschaft, die stark vom Buddhismus geprägt ist, sondern auch der thailändischen Küche. Alle Aromen und Ingredienzien eines Gerichtes müssen sich immer in einem harmonischen Gleichgewicht befinden, keine Zutat, keine Geschmacksnuance darf hervorstechen und herrschen. Dieses Mantra der Ausgeglichenheit von süß und scharf, salzig und bitter führt zu ausgesprochen komplexen Rezepten, die große Präzision beim Kochen erfordern, sonst ist das Gleichgewicht schnell dahin. Deswegen arbeiten thailändische Köche extrem sorgfältig, und das nicht nur in den gehobenen Restaurants, sondern auch in den einfachsten Straßenimbissen. Die Idee der Harmonie gilt gleichermaßen beim Kochen wie beim Essen selbst. Aus diesem Grund kommen immer alle Gerichte gleichzeitig auf den Tisch. So kann jeder Esser sein eigenes, für ihn ideales Gleichgewicht aus den einzelnen Speisen zusammenstellen.

Eigenständig, aber aufgeschlossen

Thailand steht wie ein Monolith in der kulinarischen Geografie Asiens. Seine Küche hat kaum etwas mit den kulinarischen Traditionen der Nachbarländer zu tun. Der Grund dafür liegt in der Geschichte Thailands, das immer ein eigenständiger Staat gewesen und nie von einer fremden Macht beherrscht oder kolonisiert worden ist. Diese politische Selbstständigkeit hat in der Küche ihre kulinarische Entsprechung gefunden. Trotzdem sind die Thailänder immer offen für Neues gewesen – bestes Beispiel ist die Chilischote. Sie wurde erst im 16. Jahrhundert von europäischen Händlern nach Thailand gebracht, aber schon innerhalb weniger Jahrzehnte so gründlich in die heimische Küche integriert, dass sie seitdem nicht mehr daraus wegzudenken ist. Ohne sie würde es zum Beispiel auch die berühmten Thai-Currypasten nicht geben.

Doch der Grundpfeiler der thailändischen Küche ist von jeher der Reis. Er darf bei (fast) keinem Essen fehlen und wird von den Thailändern mit religiöser Inbrunst verehrt. Sogar eine eigene Göttin gibt es für ihn: Pra Mae Posop, die als schöne, junge Frau dargestellt wird, mit Diadem, langen Haaren und dem traditionellen Gewand der thailändischen Tänzerinnen. Besonders populär ist der langkörnige Jasminreis. Und selbst für Desserts wird Reis verwendet, wobei hier schwarzer Klebreis besonders beliebt ist.

Ebenso wichtig sind Gemüse wie Thai-Auberginen oder Thai-Spargel sowie unreife Früchte wie Papayas oder Mangos, die den Gerichten eine angenehme Säure geben. Ansonsten gilt eine ganz einfache Grundregel in Thailand: Man isst alles, was schmeckt.

In der Kürze liegt die Würze

Anders als in Indien sind Gewürze in Thailand nicht die Hauptdarsteller der Küche. Sie haben eher eine unterstützende Funktion und sollen die natürlichen Aromen der Zutaten hervorheben. Bestenfalls dürfen sie ihnen eine neue Nuance geben, sie aber keinesfalls überlagern. Die wichtigsten Gewürze sind Zitronengras, Zitronenbasilikum, Galgant, Ingwer, Kaffir-Limetten, Knoblauch, Kardamom, Kurkuma und Kokos in jeder Form, dazu Chilis in allen Varianten von feurig scharf bis handzahm. Gewürze werden meist frisch verwendet, außerdem röstet man sie oft bei milder Hitze in der Pfanne, um ihren Geschmack zu intensivieren. Sie dürfen aber nicht anbrennen, sonst werden sie bitter. Die mit Abstand wichtigsten Würzmittel aber sind die Currypasten sowie fermentierte Fischsaucen, die mit Zitronengras, Korianderwurzeln, Schalotten, Limetten und Galgant verfeinert werden, und Garnelenpasten; die besten Qualitäten werden aus handverlesenen kleinen Garnelen hergestellt und reifen bis zu sechs Monate lang.

Die thailändische Küche ist meist eine schnelle Küche, die fast ausschließlich mit dem Wok arbeitet und alle Zutaten klein hackt oder fein schneidet. Das erlaubt kurze Garzeiten, die wiederum Frische garantieren und dafür sorgen, dass Nährstoffe und Vitamine nicht zerstört werden. Deswegen ist die Thai-Küche nicht nur eine der schmackhaftesten, sondern auch eine der gesündesten Küchen der Welt.

WOKSCHULE DÄMPFEN

Dämpfen hat in Thailand eine jahrtausendealte Tradition. Kein Wunder, gilt diese Garmethode doch als die schonendste und somit gesündeste Zubereitungsart. Das Dämpfen ist vor allem auch ideal für Fischfilet, das dadurch besonders zart und saftig wird.

1 Etwas Wasser in den Wok füllen und bis an den Siedepunkt erhitzen. Ein Bambuskörbchen daraufsetzen. 1 Stängel Zitronengras waschen, putzen, längs und quer halbieren und in das Körbchen legen.

2 4 Wolfsbarschfilets (à 120 g; ohne Haut) waschen, trocken tupfen und auf das Zitronengras im Körbchen legen. Den Bambusdeckel aufsetzen. Je nach Dicke der Filets den Fisch 5 bis 6 Minuten dämpfen.

3 Die Fischfilets aus dem Bambuskörbchen nehmen, das Zitronengras entfernen. Die Fischfilets mit etwas mildem Chilisalz würzen und z.B. mit Papayasalat (siehe S. 92) servieren.

WOKSCHULE PFANNENRÜHREN

Das Pfannenrühren ist die beliebteste Garmethode in Thailand. Da die Zutaten meist fein geschnitten und die Garzeiten kurz sind, bleibt Gemüse knackig und Fleisch saftig. Klassisch ist hierfür die Verwendung von Rindfleisch, es sollte aber gut abgehangen und nicht zu kalt sein. Besonders gut eignen sich Rinderrücken und -filet.

1 Im Wok 2 geschälte, angedrückte Knoblauchzehen und Pfeffer aus der Mühle mit 2 EL Öl rührend andünsten. 400 g dünne Roastbeefstreifen und 1/2 Zwiebel (in Streifen) dazugeben. Rührend 2 Min. anbraten.

2 1 TL Sesamöl, 1 EL Reiswein, 1 TL Salz und 1 TL Zucker dazugeben. 1/8 l Hühnerbrühe angießen. 1/4 TL süße Sojasauce (Kejap Manis) und 1 bis 2 TL Fischsauce dazugeben und etwas köcheln lassen.

3 Je 80 g Austern- und Shiitake-Pilze sowie 10 g getrocknete, eingeweichte Mu-Err-Pilze (s. rechts) zerkleinern. Mit 1 EL Ingwerstreifen und 1 Handvoll Thai-Frühlingszwiebeln (in Ringen) unterrühren. 1 Minute erhitzen.

Wokschule Frittieren

Im Wok lässt sich auch wunderbar frittieren, z. B. Frühlingsrollen, die je nach Gusto vegetarisch oder mit Garnelen und/oder Fleisch gefüllt sind. Achten Sie darauf, nach dem Entnehmen eines Teigblatts aus der Packung die restlichen Teigblätter immer wieder gut in Folie einzuschlagen, da der Teig sonst rasch austrocknet. Größere Frühlingsrollen (Blätter à 21,5 x 21,5 cm) sind noch einfacher zu rollen – nehmen Sie dafür dann 55 g Füllung pro Blatt. Ich würze mit schwarzem Pfeffer, Thailänder verwenden jedoch mit Vorliebe weißen Pfeffer.

1 1 TL Mu-Err-Pilze 15 Minuten in warmem Wasser einweichen. 40 g Reisnudeln, wie auf Seite 105 (Schritt 3) beschrieben, einweichen, garen und in 5 cm lange Stücke schneiden. 1 TL Sesam in einer Pfanne rösten. Die Pilze abgießen, abtropfen lassen, klein schneiden.

2 Je 150 g Karotten, Lauch und Weißkohl schälen bzw. putzen, waschen und in Streifen schneiden. 2 Korianderwurzeln unter fließendem Wasser abschaben, in feine Scheiben schneiden. 1 EL Erdnussöl im Wok erhitzen, Koriander bei mittlerer Hitze andünsten.

3 Mit Pfeffer würzen. Das Gemüse dazugeben, 1 Minute mitdünsten. Sesam, je 1 TL Salz, Zucker und Sesamöl sowie 3 TL helle Sojasauce dazugeben. 1 Minute dünsten. Nudeln und Pilze dazugeben. Mit Sojasauce, Chilisalz und Zucker abschmecken.

4 1 TL Mehl mit 2 EL kaltem Wasser glatt rühren. 36 Frühlingsrollenteigblätter (à 12,5 x 12,5 cm; tiefgekühlt) in der Verpackung auftauen lassen. Je 1 Teigblatt mit einer Spitze nach oben auf ein Brett legen, 1 EL abgekühlte Füllung darauf verteilen.

5 Die untere Teigspitze über die Füllung schlagen und so weit einrollen, dass die Füllung einmal umhüllt ist. Die seitlichen Enden einklappen und das Blatt weiter aufrollen. Obere Teigspitze mit dem Mehlkleber einpinseln und das Ganze fertig aufrollen.

6 Reichlich Öl im Wok auf 180 °C erhitzen – es ist heiß genug, wenn sich an einem hineingehaltenen Holzlöffelstiel Blasen bilden. Die Frühlingsrollen darin portionsweise 3 bis 4 Minuten goldbraun frittieren. Auf Küchenpapier abtropfen lassen.

Rote Currypaste

Currypasten sind die Würzzutat schlechthin in Thailand und verleihen vielen (Wok-)Gerichten die gewünschte Schärfe und Aroma. Sie werden idealerweise im Mörser möglichst fein zerstampft. Die hier angegebenen Rezepturen ergeben jeweils etwa 100 g Paste. Currypasten halten sich im Kühlschrank mehrere Wochen.

1 10 große getrocknete rote Chilischoten entkernen und im Mörser fein zerstoßen. Von 20 g Galgant die Haut mit Messer abschaben. Galgant hacken (sollte 1 geh. EL ergeben) und zu den Chilis geben.

2 2 Stängel Zitronengras putzen, welke Außenblätter entfernen. Das Innere in Scheiben schneiden. Mit 5 kleinen Knoblauchzehen und 2 Thai-Schalotten (in Würfeln) zu den Chilis in den Mörser geben und zerstoßen.

3 1 bis 2 Kaffir-Limettenblätter in sehr feine Streifen schneiden. Mit 1 geh. TL Garnelenpaste und 1/2 TL Salz zu den anderen Zutaten in den Mörser geben und alles zu einer feinen, glatten Paste zerstoßen.

Grüne Currypaste

Currypasten sollten absolut feincremig sein und möglichst keine Fasern oder Stücke enthalten. Daher werden als Erstes immer härtere Zutaten wie Pfeffer oder getrocknete Chilischoten angemörsert. Dann kommen große Zutaten wie Knoblauch und Schalotten und erst dann nach und nach die weicheren bzw. kleineren Zutaten hinzu.

1 1/2 TL schwarze Pfefferkörner im Mörser zerdrücken. 2 EL Zitronengrasscheiben (s. o.), 1 bis 2 EL Korianderwurzelscheiben, 5 kleine Knoblauchzehen und 2 Thai-Schalotten (in Würfeln) dazugeben und zerstoßen.

2 2 EL klein geschnittene grüne Peperoni und etwa 4 cm klein geschnittene grüne Chilischote hinzufügen und alles zerstoßen. 1 bis 2 TL geröstete Koriander-Kümmel-Mischung aus der Gewürzmühle dazumahlen.

3 1 EL Garnelenpaste und 1 bis 2 Kaffir-Limettenblätter in Streifen (s. o.) hinzufügen. 1/2 TL abgeriebene Bio-Kaffir-Limettenschale und 1 TL gemahlene Kurkuma dazugeben und zu einer glatten Paste zerstoßen.

Panaeng-Paste

Korianderwurzeln sind in der Regel nur zusammen mit Koriandergrün erhältlich. Anders als das Grün wird die Wurzel mitgegart. Sie wird aber auch gerne, wie hier, für Pasten verwendet. Wer möchte, kann die Hälfte des Galgants durch Ingwer ersetzen. Oft werden auch noch Erdnüsse in die Paste gemixt.

1 ½ TL getrocknete grüne Pfefferkörner im Mörser andrücken. 10 große getrocknete rote Chilischoten entkernen und im Mörser fein zerstoßen. 2 EL gehackten Galgant dazugeben.

2 8 Korianderwurzeln unter fließendem Wasser leicht abschaben und in Scheiben schneiden. Mit 2 EL Zitronengrasscheiben (s. links), 7 kleinen Knoblauchzehen und 2 Thai-Schalotten (in Würfeln) im Mörser zerstoßen.

3 1 bis 2 Kaffir-Limettenblätter in sehr feine Streifen schneiden. Mit 1 EL Garnelenpaste und ½ TL Salz in den Mörser geben und alles zu einer feinen Paste zerstoßen.

Garnelen-Relish

Relishes, meist auf der Grundlage von Garnelenpaste, zählen zu den traditionellsten Thai-Saucen. Dieses Garnelen-Relish, dem Sie nach Belieben noch etwas Kokosmilch hinzufügen können, schmeckt salzig, scharf und sauer zugleich. Es passt zu gegrilltem und gebratenem Fleisch, Huhn und Gemüse.

1 ½ unreife Mango schälen, das Fruchtfleisch auf der Vierkantreibe raspeln (etwa 150 g) und in eine Schüssel geben. 150 g abgebrauste, abgetropfte Krevetten (aus der Lake) hacken und hinzufügen.

2 1 EL geschmolzenen Palmzucker mit 1 TL Limettensaft, Schale von ½ Bio-Limette, ½ TL Garnelenpaste, 1 TL Tamarindenmark, 1 TL Fischsauce, 1 TL roter Currypaste und 1 EL Sweet-Hot-Chilisauce erwärmen.

3 1 gestr. TL Salz und 1 geriebene Knoblauchzehe unterrühren. Die Marinade mit den Mango-Krevetten mischen, 10 Minuten ziehen lassen und ggf. nachwürzen. Das Relish mit Koriandergrün bestreuen.

Papayasalat

Für den Papayasalat verwendet man eine spezielle grüne, unreife Gemüsepapaya mit weißem Fruchtfleisch, die man in asiatischen Lebensmittelläden bekommt. Ursprünglich werden die Papayastreifen mit der Marinade in einem großen Mörser gestampft. Eine besonders dekorative Variante erhält man, wenn man die Papaya mit dem Sparschäler in breitere Streifen schneidet. Wenn Sie keine grüne Papaya bekommen, können Sie den Salat auch mit Weißkohl, Mango oder Gurke zubereiten.

1 1 Knoblauchzehe schälen und in feine Scheiben schneiden. 1 rote Chilischote längs halbieren, gründlich entkernen und waschen. 3 Cocktailtomaten waschen und halbieren.

2 1 EL Fischsauce und 1 EL geschmolzenen Palmzucker in einer Schüssel verrühren. Knoblauch, die Chilischote, Cocktailtomaten, Saft und Schale von ½ Bio-Limette sowie 1 EL geröstete, gehackte Erdnüsse hinzufügen.

3 1 grüne Papaya schälen und das Fruchtfleisch mit dem Julienneschneider in möglichst langen Streifen abschneiden. Die Kerne dabei entfernen.

4 Alternativ von der Papaya mit dem Sparschäler möglichst lange Streifen abschneiden und diese mit einem Messer in etwa 3 mm dünne Streifen schneiden.

5 Die Papayastreifen mit der Marinade mischen. Den Salat 5 Minuten ziehen lassen und ggf. nachwürzen.

6 Den Papayasalat in kleinen Schüsseln anrichten. 1 EL Cashewkerne in einer Pfanne ohne Fett anrösten und den Papayasalat damit garnieren.

Hühner-Kokos-Suppe (Tom Khaa Gai)

Ihr besonderes Aroma verdankt diese weltbekannte, wunderbar duftende Suppe einer recht unscheinbaren Zutat – dem Galgant. Die ingwerverwandte Knolle wird gerne für Suppen und Currys verwendet, aber normalerweise nicht mitgegessen. Die Schärfe der Suppe dosiert man nach Belieben, in Thailand nimmt man hierfür meist die feurigen Vogelaugenchilis. Wer möchte, kann diese erfrischend aromatische Suppe anstelle von Huhn auch mit Fisch oder Meeresfrüchten zubereiten und mit Reisbeilage servieren.

1 Die Schale von 2 Korianderwurzeln unter fließendem kaltem Wasser etwas abschaben. Die Wurzeln in Scheiben schneiden. 2 Stängel Zitronengras putzen und jeweils einmal längs und quer halbieren.

2 800 ml Kokosmilch mit ¼ l Hühnerbrühe in einen Topf geben und erhitzen (nicht kochen lassen!). 1 Spritzer Limettensaft, 3 Kaffir-Limettenblätter, die Korianderwurzeln, das Zitronengras sowie 5 dünne Scheiben Galgant hinzufügen.

3 Die Suppe auf etwa 90 °C erwärmen und 10 Minuten ziehen lassen. Die Suppe darf nicht kochen, sonst trennt sich das Fett ab. Mit 1 TL mildem Chilisalz und 1 EL Palmzucker würzen.

4 Die Kokossuppe durch ein Sieb in einen zweiten Topf gießen. 2 Hähnchenbrustfilets (à 120 g) waschen, trocken tupfen und in Streifen schneiden.

5 100 g Austernpilze putzen und längs in Streifen zupfen. Die Pilze mit dem Hähnchenfleisch in die Suppe geben und knapp unter dem Siedepunkt 3 Minuten gar ziehen lassen.

6 4 EL weiße Enoki-Pilze putzen und auf vier tiefe Teller verteilen. Die Suppe über die Pilze in die Teller geben.

Schweinefleisch Panaeng

Panaeng-Currys werden sowohl mit Schweinefleisch als auch mit Rindfleisch oder Huhn zubereitet. Gemeinsam ist ihnen, dass das Fleisch kurz angebraten und dann in einem Sud – bei diesem Rezept in Kokosmilch – geschmort wird, bevor es in die Kokossauce kommt. Dadurch wird es besonders zart, fast cremig in der Textur. Typische Zutaten für dieses Gericht, das seine Bezeichnung der gleichnamigen Currypaste verdankt, sind außerdem Basilikum und Erdnüsse.

1 750 g Schweineschulter (ohne Schwarte), falls nötig, von Fett und Sehnen befreien. In einer Pfanne 1 TL Öl erhitzen und das Fleisch darin rundum anbraten.

2 1 l Kokosmilch und 1/2 l Hühnerbrühe in einem großen Topf aufkochen, die angebratene Schweineschulter hineinlegen und etwa 2 1/2 Stunden knapp unter dem Siedepunkt weich garen.

3 Das Fleisch herausnehmen, etwas abkühlen lassen und in 2 bis 3 cm große Würfel schneiden. Den Kochsud beiseitestellen.

4 Für die Sauce 2 EL Öl in einer großen tiefen Pfanne erhitzen. 4 EL Panaeng-Paste (siehe S. 91) dazugeben, bei mittlerer Hitze unter Rühren einige Minuten andünsten. 2 EL geschmolzenen Palmzucker (oder braunen Zucker) unterrühren.

5 1 bis 2 EL Fischsauce hinzufügen. Den Kochsud und 1/2 l Kokosmilch angießen und erhitzen. Die Sauce mit 1 TL kalt angerührter Speisestärke binden. Das Fleisch dazugeben. 3 rote Peperoni (in 1 cm breiten Streifen) unterrühren, einige Minuten mitgaren.

6 1 Handvoll Thai-Basilikumblätter waschen, trocken tupfen und unterrühren. Das Schweinefleisch Panaeng auf vorgewärmten Tellern anrichten, mit 4 EL grob gehackten, gerösteten Erdnüssen bestreuen und mit Jasminreis servieren.

Rotes Entencurry

Ursprünglich ein königliches Hofgericht, ist das Entencurry heute weltweit Standard auf den Speisekarten der Thai-Restaurants. Der malzig, karamellartig schmeckende Palmzucker wird aus den Blütenständen von Palmen gewonnen und ist im Handel gehackt oder am Stück erhältlich. Für die meisten Rezepturen benötigt man geschmolzen Palmzucker. Wird er flüssig mit kalten Zutaten, z.B. für ein Dressing (siehe S. 92) verwendet, kann es sein, dass er wieder fest wird. Dann einfach alles leicht erwärmen – oder warten, bis er wieder flüssig ist.

1 Den Backofen auf 100 °C vorheizen. Auf die mittlere Schiene ein Ofengitter und darunter ein Abtropfblech schieben. 2 Barbarie-Entenbrüste (à 350 g; mit Haut) waschen, trocken tupfen, von Sehnen und Federkielen befreien. Die Haut rautenförmig einritzen.

2 Eine Pfanne ohen Fett erhitzen. Die Entenbrüste mit der Hautseite nach unten hineinlegen und bei mittlerer Hitze etwa 5 Minuten bräunen. Wenden und ½ Minute weiterbraten. Auf das Ofengitter legen und 50 bis 60 Minuten rosa durchziehen lassen.

3 1 EL Palmzucker in einem kleinen Topf bei milder Hitze schmelzen und beiseitestellen. 1 Stängel Zitronengras putzen und längs aufschlitzen. 1 Knoblauchzehe schälen und in dünne Scheiben schneiden.

1 250 g Ananas schälen, den Strunk entfernen und die Ananas in 2 cm große Stücke schneiden. 2 Mini-Auberginen putzen, waschen und in Spalten schneiden. 2 kleine Tomaten waschen und in Spalten schneiden, dabei die Stielansätze entfernen.

2 300 ml Kokosmilch mit 2 TL roter Currypaste (siehe S. 90), 3 Kaffir-Limettenblättern, 2 Scheiben Ingwer, dem Palmzucker, Zitronengras, Knoblauch sowie 1 EL Fischsauce in einem Topf bis knapp unter den Siedepunkt erhitzen.

3 Ananas, Auberginen und Tomaten dazugeben und 3 Minuten mitgaren. Zitronengras, Limettenblätter und Ingwer wieder entfernen. Das Curry auf Teller verteilen, die Entenbrüste in Scheiben schneiden, darauf anrichten und mit Chilisalz bestreuen.

Klebreis mit Mango

Vor allem im Norden des Landes spielt Klebreis eine große Rolle – und süß zubereitet ist er das beliebteste aller Thai-Desserts. Seinen Namen verdankt der stärkereiche Reis der Eigenschaft, dass die Körner beim Garen miteinander verkleben. Weißer Klebreis ist daher – ebenso wie der unpolierte schwarze Klebreis mit seinem typischen Nussgeschmack – prädestiniert für Reisbällchen und süße Gerichte mit Kokosmilch. Man sollte ihn vor dem Dämpfen oder Garen unbedingt mehrere Stunden einweichen. Ersatzweise können Sie Milchreis nehmen.

1 130 g Klebreis dreimal in kaltem Wasser waschen, dabei »kneten« und vorsichtig zwischen den Händen gegeneinanderreiben, ohne dass er bricht. Dann den Reis 2 1/2 Stunden in kaltes Wasser legen.

2 Den Reis in ein Sieb abgießen, in einen Topf geben und mit Wasser bedecken. Aufkochen lassen und zugedeckt 3 bis 4 Minuten garen. Den Reis nochmals in ein Sieb abgießen, abtropfen lassen und in eine Schüssel geben.

3 Für den Kokos-Zucker-Sud in einem Topf 150 ml Kokosmilch (60 % Fett) mit 1/4 bis 1/2 TL Salz und 50 g Zucker aufkochen lassen, bis sich der Zucker aufgelöst hat. 2 bis 3 EL Sud für die Garnitur beiseitestellen.

4 Den heißen, halb garen Reis nach und nach mit dem Kokos-Zucker-Sud mischen (der Sud sollte dazu nicht mehr auf dem Herd stehen), bis er sämig ist, und weitere 10 Minuten ziehen lassen.

5 1 Mango schälen. Die Frucht auf die schmale Seite stellen und das Fruchtfleisch auf den Seiten mit einem Gemüsemesser vom Stein schneiden. Anschließend das Mangofruchtfleisch in dünne Spalten schneiden.

6 Den Reis mit einem Dessertring auf Tellern anrichten. Mit dem restlichen Kokos-Zucker-Sud be- und umträufeln. Den Reis mit den Mangospalten garnieren und nach Belieben schwarze Sesamsamen darüberstreuen.

Mit Kokoscreme gefüllter Kürbis

»Sangkaya Fak Thong«, mit Eiercreme gefüllter gedämpfter Kürbis, ist ein sehr beliebtes thailändisches Dessert. Üblicherweise wird der Kürbis in einem großen Dampfgartopf gegart, er lässt sich aber auch einfach im Ofen zubereiten – und das Ergebnis schmeckt nicht nur köstlich, sondern sieht auch sehr raffiniert aus. Wichtig ist, dass der Kürbis innen absolut trocken ist, bevor die Flüssigkeit eingefüllt wird, damit sich die Kokoscreme beim Garen gut mit dem Kürbis verbindet.

1 Den Backofen auf 160 °C vorheizen. 1 kleinen Kabocha-Kürbis (etwa 1 kg, ersatzweise Hokkaido) waschen, trocken reiben und um den Stielansatz herum tief einschneiden, sodass man einen Deckel abnehmen kann.

2 Die Kerne und Fasern aus dem Kürbisinneren mit einem Löffel herausschaben. Den Kürbis innen mit Küchenpapier gut trocken tupfen und auf ein Backblech setzen.

3 Für die Kokoscremefüllung 200 ml Kokosmilch mit 70 g Palmzucker in einen Topf geben. 1/4 Vanilleschote längs aufschlitzen und das Mark mit einem spitzen Messer herauskratzen. Vanilleschote und -mark in die Kokosmilch geben.

4 1 Stängel Zitronengras putzen, waschen und längs halbieren, 3 Kaffir-Limettenblätter mehrmals einreißen. Beides in die Kokosmilch geben. Mit 1 Prise Salz würzen, auf 90 °C erhitzen (nicht kochen!) und 5 Minuten ziehen lassen.

5 Die Kokosmilch durch ein Sieb gießen, 2 Eier hinzufügen und mit dem Stabmixer verrühren. In den Kürbis gießen und im Ofen auf der untersten Schiene 1 1/4 Stunden garen. Nach 30 Minuten den Kürbisdeckel dazulegen und mitgaren.

6 Den Kürbis aus dem Ofen nehmen und 20 bis 30 Minuten etwas abkühlen lassen. Den Deckel wieder auf den Kürbis setzen und noch warm servieren. Am Tisch in Scheiben schneiden.

Kochschule
Vietnam

Die Küche Vietnams

Die vietnamesische Küche hat viele Väter und Mütter. Alle Völker, die das Land jemals beherrschten oder auch nur besuchten, haben ihre Spuren hinterlassen: Chinesen, Kambodschaner, Franzosen, Malaien, Inder. Doch Vietnams Kochkunst hat darunter nicht gelitten, sondern hat im Gegenteil die fremden Einflüsse virtuos integriert, variiert und schließlich zu einer der besten Küchen der Welt verschmolzen. Da ist es kein Wunder, dass Essen und Kochen für die Vietnamesen eine geradezu existenzielle Bedeutung haben. Sie lieben die gute Küche und würden daher lieber hungern, als sich schlecht zu ernähren.

Essen in Balance

Von China hat Vietnam die Idee übernommen, dass Essen immer auch Medizin ist. Jeder Vietnamese versucht, mit einer guten Ernährung bei guter Gesundheit zu bleiben. Das oberste Ziel ist dabei die Vermeidung geschmacklicher Extreme und Exzesse. Die Gerichte müssen in sich ausgewogen sein, denn dann sind es auch Körper und Geist. Dieses Konzept hat dazu geführt, dass die vietnamesische Küche – neben der thailändischen – eine der gesündesten überhaupt ist. Sie verwendet wenig Fett und viel Gemüse, legt größten Wert auf frische Zutaten und favorisiert schonende Garmethoden wie das Dämpfen oder Blanchieren, um möglichst viele Nährstoffe zu erhalten.

Not macht erfinderisch

Vietnam ist ein armes Land, und seine Köche haben aus der Armut das Beste gemacht. Da man es sich nicht leisten kann, irgendetwas nicht zu essen, haben sie noch für die ausgefallensten Zutaten delikate Zubereitungsmethoden kreiert. Da Brennstoff immer knapp ist, haben sie – sehr zum Wohle der eigenen Gesundheit – das kurze Garen zum Dogma erhoben. Da Öl viel Geld kostet, verzichten sie weitgehend darauf. Und da auch Konservierungsmethoden teuer sind, haben sie die vielleicht frischeste aller Küchen der Welt geschaffen.

Keine andere Nation in Asien verwendet mit größerer Leidenschaft und Konsequenz frische Kräuter. Sie sind in der Küche Vietnams der wichtigste Aromenlieferant und werden in rauen Mengen eingesetzt. Zu den beliebtesten Kräutern gehören vietnamesische Minze, vietnamesisches Basilikum und Koriander. Daneben spielen auch Knoblauch, Kurkuma, Chili, Galgant, Piment, Ingwer, Tamarinden, Frühlingszwiebeln und Zitronengras eine bedeutende Rolle beim Würzen. Sehr beliebt ist überdies das »Fünf-Gewürze-Pulver« aus Zimt, Sternanis, Gewürznelke, Sichuanpfeffer und Fenchelsamen, das die fünf Geschmacksempfindungen bitter, scharf, salzig, süß und sauer in Einklang bringt. Tendenziell essen die Vietnamesen aber weniger scharf als etwa die Inder oder Thailänder.

Das vietnamesische Allroundtalent

Absolut unverzichtbar ist für jeden Koch in Vietnam die vergorene Fischsauce Nuoc Nam, die man aus einer bestimmten Sardellenart namens Ca Com herstellt. Die Fische werden gesalzen, dann lässt man sie mindestens ein Jahr lang fermentieren. Dadurch bildet sich ein natürliches Glutamat, das den Eigengeschmack aller Speisen verstärkt. Die Fischsauce wird für praktisch alle Speisen benutzt und als »essbares Parfüm« verklärt. Für Nicht-Vietnamesen riecht sie im ersten Moment allerdings unangenehm nach Fäulnis – ein Eindruck, der sich ins Gegenteil wendet, wenn man Nuoc Nam behutsam und präzise dosiert. Dann erkennt man, dass die Sauce keine derbe Brühe ist, sondern ein raffiniertes Gleichgewicht besitzt: Sie ist salzig wegen der Fermentation des Fisches, süß wegen des hinzugefügten Zuckers, sauer wegen der Limetten und scharf wegen des Chilis und Pfeffers.

Noch mehr als ihre Fischsauce lieben die Vietnamesen wohl nur ihre Suppen, allen voran die Nationalsuppe Pho. Sie besteht aus einer kräftigen Brühe, die man nach Belieben mit Reisnudeln, Fleisch, Fisch, Zwiebeln, Lauch, Chili und Bergen von Kräutern kombinieren kann – und sie schmeckt an fast jeder Straßenecke sensationell gut.

Chili-Fisch-Sauce mit Koriander

Süß, sauer, salzig und scharf sind die Geschmacksnuancen der würzigen Fischsauce Nuoc Nam, eine für die vietnamesische Küche unentbehrliche Zutat. Verfeinert mit Chili, Limettensaft und frischem Koriander, passt sie als Dip nahezu zu allen Gerichten, etwa zu gefüllten Teigröllchen, Gemüse, Gegrilltem oder auch Salaten.

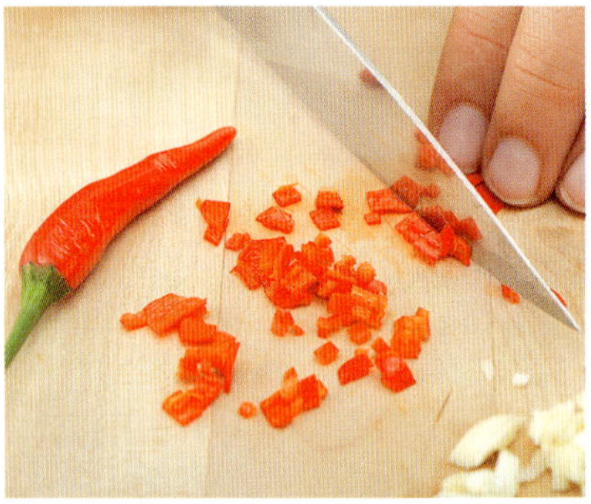

1 1 Knoblauchzehe schälen und mit einem scharfen Messer in sehr feine Würfel schneiden. 1 rote Chilischote längs halbieren, entkernen, waschen und ebenfalls in sehr feine Würfel schneiden.

2 2 ½ EL Limettensaft mit 20 g Zucker, 2 EL Fischsauce und 4 EL Wasser mischen. Den Knoblauch und die Chili unterrühren.

3 Von 1 geschälten Karotte längs 3 dünne Scheiben abschneiden und in feine Streifen schneiden. 2 Stiele Koriander waschen, trocken tupfen, die Blätter abzupfen und mit den Karottenstreifen in die Sauce legen.

Erdnusssauce

Besonders gut schmeckt die beliebte Sauce zu Satéspießen mit Meeresfrüchten, Fleisch oder Geflügel. Die Vietnamesen verwenden dafür weiche frische Erdnüsse; Erdnussmus aus dem Bio- oder Asienladen ist eine gute Alternative. Dort gibt es auch dunkles geröstetes Sesamöl, das das Nussaroma der Sauce noch untermalt.

1 1 kleines Stück Ingwer schälen und fein reiben (sollte etwa ½ TL ergeben). ½ kleine rote Chilischote entkernen, waschen und fein hacken (sollte ebenfalls etwa ½ TL ergeben).

2 100 g Erdnussmus (geröstet und gesalzen) mit Ingwer, Chili, ½ TL Garnelenpaste (ersatzweise Fischsauce), 1 bis 2 EL heller Sojasauce und ½ TL geröstetem Sesamöl in eine kleine Schüssel geben.

3 Nach und nach 100 ml Hühnerbrühe in das Erdnussmus einrühren, bis eine Sauce mit dickflüssiger Konsistenz entsteht.

Süsssaure Sauce mit Gemüse

Diese Sauce passt zu Fisch, Meeresfrüchten und Gemüse. Idealerweise wird die mitgegarte Tomate am Schluss entfernt und dafür eine rohe Tomate in feine Spalten geschnitten und hinzugefügt. Kokosnusswasser wird aus der jungen Kokosnuss gewonnen. Es ist aber auch in Reformhäusern trinkfertig verpackt erhältlich.

1 1 große Schalotte und 1 Knoblauchzehe schälen und in feine Würfel schneiden. In einem kleinen Topf 2 TL Öl erhitzen, Schalotte und Knoblauch darin andünsten. 1 Tomate waschen und vierteln.

2 350 ml Hühnerbrühe, 2 EL Kokosnusswasser, 1 TL helle Sojasauce, 1 Spritzer Austernsauce, 3 Scheiben Ingwer, 2 Kaffir-Limettenblätter und die Tomate dazugeben. Am Siedepunkt 10 Minuten ziehen lassen.

3 Die Sauce mit 1 TL Stärke binden. Mit 1 EL Limettensaft und 1 Msp. Chiliflocken würzen. 40 g Mungobohnensprossen, 100 g Okraschotenstücke und 80 g Palmherzenscheiben darin aufkochen und etwas ziehen lassen.

Rettich-Karotten-Pickles

Pickles spielen in der Alltagsküche – z.B. in Salaten und als Beilage – eine große Rolle. Mit mildem Daikon-Rettich und Karotten sind sie zudem ein klassischer Belag für das vietnamesische Sandwich Banh mi. Es lohnt sich, die Pickles auf Vorrat einzulegen: Gekühlt aufbewahrt, halten sie sich 1 bis 2 Wochen.

1 Am Vortag ½ l Wasser, 70 ml Weißweinessig, 1 EL Salz und 2 EL Zucker in einem Topf aufkochen und auskühlen lassen. 2 Schraubgläser (à 500 ml Inhalt) heiß ausspülen.

2 300 g weißen Rettich und 300 g große Karotten putzen, schälen und in etwa ½ x 5 cm lange Stücke schneiden. In die Schraubgläser füllen.

3 Mit dem ausgekühlten Fond aufgießen und verschlossen im Kühlschrank 1 Tag ziehen lassen. Pickles z.B. zum Reisnudelsalat (siehe S. 105) servieren (dafür das Gemüse in 2 mm dünne Streifen schneiden).

Glücksrollen

Glücksrollen (Sommerrollen) spiegeln die ganze frische Vielfalt der vietnamesischen Küche wider, und so kommen hier viele verschiedene Kräuter wie Langer Koriander, Echter Koriander, Minze, Basilikum oder Shisoblätter zum Einsatz. Im Gegensatz zu Frühlingsrollen werden sie nicht frittiert, sondern – oftmals erst am Tisch – gefüllt und zusammengerollt und sind so Fingerfood par excellence. Die fertigen Röllchen lagert man am besten auf Bananenblättern, gerne in mehreren Lagen. Dort bleiben sie frisch und kleben nicht zusammen.

1 300 g Riesengarnelen (ohne Kopf, mit Schale) schälen, am Rücken entlang einschneiden und den Darm entfernen. Garnelen waschen und in Salzwasser kurz pochieren. In ein Sieb abgießen, abkühlen lassen und längs in 4 dünne Scheiben schneiden.

2 50 g Reisnudeln in lauwarmem Wasser 10 Minuten einweichen, abgießen und in kochendem Salzwasser 2 bis 3 Minuten garen. In ein Sieb abgießen, kalt abschrecken, abtropfen lassen und mit einer Schere in 3 bis 4 cm lange Stücke schneiden.

3 3 Handvoll Kräuterblätter waschen und trocken schleudern. 1 rote Peperoni entkernen, waschen. 1 Karotte putzen, schälen. Mit der Peperoni längs in feine Streifen schneiden. 2 Frühlingszwiebeln putzen, waschen, sehr schräg in dünne Ringe schneiden.

4 1 Reisblatt (20 cm Ø) zwischen zwei nassen Küchentüchern 3 Minuten einweichen. Auf das untere Reisblattdrittel Garnelen legen, die Ränder frei lassen. Je 1/8 der Nudeln, Kräuter, Peperoni, Karotten und Frühlingszwiebeln auf den Garnelen verteilen.

5 Die seitlichen Enden des Reisblatts leicht über die Füllung klappen, dann das Reisblatt von unten über die Füllung schlagen. Einige gewaschene Schnittknoblauchhalme längs so darauflegen, dass die Köpfchen 2 bis 3 cm überstehen.

6 Die überstehenden Schnittlauchenden auf der anderen Seite abschneiden. Die Glücksrolle fertig aufrollen und schräg halbieren. Auf diese Weise 7 weitere Glücksrollen zubereiten. Dazu passt Erdnusssauce (siehe S. 102).

Reisnudelsalat

Dieser Salat steht in unzähligen Zubereitungsvarianten in nahezu jedem vietnamesischen Restaurant auf der Speisekarte. Während die dünnen Reisnudeln (Vermicelli) als Grundlage nicht fehlen dürfen, variieren die verwendeten Fleisch- und Gemüsesorten von Koch zu Koch – bunt gemischt und von einem würzigen Dressing gekrönt sind die Zutaten aber immer. Nach Belieben können Sie als weitere Garnitur knusprig frittierte Frühlingsrollen auf dem Salat anrichten, die dafür zuvor in kleine Stücke geschnitten werden.

1 500 g Schweineschnitzel in 3 bis 4 cm große Stücke schneiden. Für die Marinade je 2 Schalotten und Knoblauchzehen schälen und in feine Würfel schneiden. 1 rote Peperoni längs halbieren, entkernen, waschen und in feine Würfel schneiden.

2 Schalotten, Knoblauch, Peperoni, 2 TL Zucker, 2 TL Fischsauce und den Saft von 1 Limette verrühren, mit Salz und 1 Msp. Fünf-Gewürze-Pulver würzen. Mit dem Schweinefleisch mischen und 15 Minuten marinieren.

3 400 g feine Reisnudeln (Vermicelli) in lauwarmem Wasser 10 Minuten einweichen, abgießen und in kochendem Salzwasser 2 bis 3 Minuten garen. In ein Sieb abgießen, kalt abschrecken und abtropfen lassen.

4 2 Handvoll Kopfsalatblätter putzen, waschen und in Stücke zupfen. 1/3 Salatgurke waschen, längs halbieren, in Scheiben hobeln. 1 Handvoll Mungobohnensprossen auf einem Sieb abbrausen und abtropfen lassen. 6 EL geröstete Erdnüsse hacken.

5 Je 2 Bund Koriander und Minze waschen, trocken schütteln und die Blätter abzupfen. Eine Pfanne oder den Wok bei mittlerer Temperatur erhitzen, 2 EL Öl hinzufügen und das Fleisch darin etwa 2 Minuten anbraten, dabei öfter umrühren.

6 Salat, Gurken und Sprossen auf Teller verteilen. Nudeln daraufsetzen, mit je 2 EL Chili-Fisch-Sauce (siehe S. 102) beträufeln. Das Fleisch darauflegen, mit Frühlingszwiebelringen und Erdnüssen garnieren. Mit 4 EL Pickles (siehe S. 103) und Kräutern anrichten.

Hühnersuppe (Pho Ga)

In Vietnam sind Suppen bei keiner Mahlzeit wegzudenken, bereits zum Frühstück werden in dem südasiatischen Land verschiedenste Suppen gelöffelt. Und nicht zuletzt lautet ein vietnamesisches Sprichwort: »Das Leben ist zu kurz, um schlechte Suppe zu essen.« Sie wird stets sehr heiß serviert, auch damit frisches Fleisch darin fertig garen kann. Dazu gibt es einen Garnierteller mit Kräutern, Peperoni, Limettensaft und Mungobohnensprossen, mit denen jeder seine Suppe nach Belieben verfeinert.

1 Für die Suppe 2 Zwiebeln putzen und mit der Schale quer halbieren. 1 Stück Ingwer (etwa 2 x 5 cm) waschen und längs halbieren. 1 1/2 kg Hähnchenkeulen waschen und trocken tupfen.

2 In einem großen Topf 2 1/2 l Wasser aufkochen. Hähnchenkeulen, Zwiebelhälften und Ingwer dazugeben. Leicht salzen und knapp unter dem Siedepunkt 1 1/2 Stunden garen. Den aufsteigenden Schaum mit dem Schaumlöffel abnehmen.

3 Inzwischen 1 TL Korianderkörner in einer Pfanne ohne Fett bei milder Hitze anrösten, bis sie zu duften beginnen. Koriander 20 Minuten vor Ende der Garzeit mit 2 Gewürznelken und 2 halbierten Knoblauchzehen zur Brühe geben.

4 Keulen herausnehmen und häuten. Das Fleisch auslösen und in Stücke zerteilen. Die Suppe durch ein mit einem Küchentuch ausgelegtes feines Sieb in einen weiteren Topf gießen. Erhitzen und mit 1 EL Fischsauce, 1/2 TL Zucker und ggf. Salz würzen.

5 100 g Jasminreis bissfest garen (siehe S. 82). 1/2 Zwiebel schälen, in hauchfeine Scheiben schneiden. 30 Minuten in kaltes Wasser legen, abgießen. 2 Thai-Frühlingszwiebeln putzen, waschen, in Ringe schneiden. 2 EL Korianderblätter grob zerkleinern.

6 Die Brühe nochmals erhitzen. Reis und Hähnchen auf 4 Suppenschalen verteilen. Zwiebeln, Frühlingszwiebeln und Koriander daraufstreuen, mit Pfeffer aus der Mühle würzen. Die Suppe aufgießen. Mit einem Kräuterteller (siehe rechts) servieren.

Rindersuppe (Pho Bo)

Besonders authentisch schmeckt diese Suppe, wenn Sie sie mit Rinderfilet verfeinern: Dafür 100 g Rinderfilet 20 bis 30 Minuten in das Tiefkühlfach legen, anschließend in dünne Scheiben schneiden und kurz vor dem Servieren in der heißen Suppe gar ziehen lassen. Traditionell werden die rohen Fleischscheiben auf dem Garnierteller angerichtet, sie werden am Tisch frisch gegart und bleiben besonders saftig. Dafür muss die Suppe wirklich heiß sein. Stellen Sie zum Nachwürzen noch etwas Fischsauce in einem Schälchen auf den Tisch.

1 600 g Rinderbrust in einer Pfanne in 1 EL Öl rundum anbraten. Mit 4 ungeschälten Zwiebelhälften in einen Topf legen und mit 2 1/2 l leicht gesalzenem Wasser gut bedeckt am Siedepunkt etwa 3 Stunden weich garen. Aufsteigenden Schaum abschöpfen.

2 1 Karotte und 150 g Knollensellerie schälen. Nach 2 1/2 Stunden in die Suppe legen. 10 Minuten vor Garzeitende 1 Zacken Sternanis, je 1/2 TL Fenchel und Koriander, 1 Zimtsplitter, 1 Nelke, 3 Scheiben Ingwer und 1 Knoblauchzehe (in Scheiben) dazugeben.

3 Fleisch und Gemüse herausnehmen, etwas abkühlen lassen. Die Brühe durch ein Sieb in einen Topf gießen. Mit 1 EL Fischsauce, 1 TL Zucker und Salz würzen. Karotte und Sellerie in Scheiben schneiden. Fleisch in 2 bis 3 cm große Scheiben schneiden.

4 Auf einem Teller 1 Handvoll abgebrauste Mungobohnensprossen, 1 geachtelte Bio-Limette, 1 rote Peperoni (in feinen Streifen), je 8 Stiele Minze und Thai-Basilikum oder nach Belieben anderen asiatischen Kräutern anrichten.

5 2 Thai-Frühlingszwiebeln putzen, waschen und in Ringe schneiden. 2 EL Koriandergrün waschen, trocken tupfen und grob schneiden. 300 g Reis-Bandnudeln (Banh Pho) nach Packungsanweisung garen, in ein Sieb abgießen und kurz abtropfen lassen.

6 Die Brühe erhitzen und ggf. nachwürzen. Die heißen Nudeln mit Frühlingszwiebeln und Koriander auf 4 Suppenschalen verteilen, gegarte Fleischscheiben und das Gemüse dazugeben. Mit Pfeffer würzen. Suppe aufgießen. Mit dem Kräuterteller servieren.

Schweinefleisch in Karamellsauce

Dass Frankreich während der Kolonialzeit auch die vietnamesische Küche beeinflusst hat, zeigt dieses Gericht: Die Vietnamesen lieben es, sowohl süßen als auch herzhaften Gerichten eine Karamellnote zu verleihen – hier zum Beispiel garen Fleischstücke sanft in einer mit Gewürzen verfeinerten Karamellsauce. Auch Fleisch zum Grillen wird gerne mit Karamell vermischt, was dem Grillgut ein unvergleichliches Aroma verleiht und zugleich auch eine schön knusprige Kruste zum Ergebnis hat.

1 Einen Römertopf 15 Minuten in kaltes Wasser legen. 1 kg Schweineschulter (ohne Schwarte) in 3 bis 4 cm große Stücke schneiden. 2 Zwiebeln schälen, vierteln und in Streifen schneiden. 4 Knoblauchzehen schälen und in feine Würfel schneiden.

2 Den Backofen auf 150 °C vorheizen. Die Fleischwürfel auf 2 Portionen in einer tiefen Pfanne oder im Wok in 1 TL Öl bei mittlerer Hitze rundum anbraten und in den Römertopf (ersatzweise Bräter) geben.

3 50 g braunen Zucker nach und nach in die Pfanne streuen und hell karamellisieren, dabei nicht rühren. Die Zwiebelstreifen und die Knoblauchwürfel dazugeben und unter Rühren andünsten.

4 Mit 300 ml Hühnerbrühe ablöschen. 1 EL Fischsauce, 2 EL helle Sojasauce und 10 Scheiben Ingwer hinzufügen. Die Brühe in den Römertopf gießen und das Fleisch zugedeckt im Ofen gut 2 Stunden weich schmoren. Zwei- bis dreimal umrühren.

5 Den Römertopf herausnehmen. Die Sauce vorsichtig in einen Topf abgießen. Kurz stehen lassen und das oben schwimmende Fett abschöpfen. Aufkochen lassen. 2 TL Speisestärke mit wenig kaltem Wasser glatt rühren und die Sauce damit binden.

6 Sauce weitere 1 bis 2 Minuten sanft köcheln lassen, wieder zum Fleisch geben. Je 1 gehackte Knoblauchzehe und rote Chilischote, 1 TL gehackten Ingwer sowie 1 EL Koriander (frisch geschnitten) hinzufügen. Mit Salz würzen. Dazu passen Reisnudeln.

Thunfisch im Bananenblatt

Bananenblätter eignen sich sehr gut zum Braten, Grillen oder Dämpfen. Außerdem lassen sich Gerichte damit wunderbar vorbereiten, weil sie sich in den Blättern frisch halten. Damit sie beim Wickeln nicht brechen, legt man die Bananenblätter zunächst einige Sekunden über heißen Wasserdampf. Zum Zubinden der Päckchen eignen sich auch Streifen von getrockneten Bambusblättern, die Sie zuvor 30 Minuten in kaltem Wasser einweichen. Natürlich können Sie den Fisch auch in Alufolie oder Pergamentpapier zubereiten.

1 Für die Marinade 4 Knoblauchzehen und 3 cm Ingwer schälen und in feine Würfel schneiden. 1 rote Peperoni längs halbieren, entkernen, waschen und ebenfalls in feine Würfel schneiden.

2 In einer Pfanne in 1 EL Öl 2 EL Zitronengraswürfel und den Knoblauch bei milder Hitze andünsten. Den Ingwer unterrühren. ⅛ l Hühnerbrühe aufgießen. Je 1 EL helle Sojasauce und Austernsauce hineinrühren und aufkochen lassen.

3 1 gestr. TL Speisestärke mit wenig kaltem Wasser glatt rühren und in die köchelnde Sauce rühren, bis diese leicht sämig bindet. Die Peperoniwürfel hineinstreuen, vom Herd nehmen und 20 Thai-Basilikumblätter unterrühren.

4 Den Backofen auf 120 °C vorheizen. 4 unversehrte Bananenblätter (à 25 x 25 cm) jeweils 10 Sekunden über einen kleinen Topf in heißen Wasserdampf halten, damit sie etwas geschmeidiger werden. Nebeneinander auf die Arbeitsfläche legen.

5 Auf jedes Blatt 1 EL Marinade geben. 4 Scheiben Thunfischsteak (je etwa 2 cm dick und 200 g schwer) waschen, trocken tupfen und jeweils daraufsetzen. Die übrige Marinade darüber verteilen.

6 Das Bananenblatt von beiden gegenüberliegenden Seiten nach oben und dann seitlich einklappen und mit Bast oder Küchengarn zubinden. Die Fischpäckchen auf ein Backblech legen und im Ofen auf der mittleren Schiene etwa 18 Minuten garen.

Crème Caramel mit Zitronengras

Ursprünglich ein französisches Dessert, ist die Creme dank der Zitronengras-Note auch zu einem Klassiker in der Vietnam-Küche geworden. Der Karamell sollte kräftig gebräunt, aber nicht allzu dunkel sein. Das Wichtigste jedoch ist eine cremigfeste Konsistenz der Eiercreme. Ausschlaggebend dafür ist einerseits die Hitze, andererseits die Garzeit. Man kann nach etwa 20 Minuten damit beginnen, den Garpunkt zu testen: Je nach Ergebnis nimmt man die Creme gegebenenfalls schon einige Minuten früher heraus oder lässt sie noch ein wenig im Ofen.

1 Den Ofen auf 160 °C vorheizen. Ein tiefes Backblech auf die unterste Schiene schieben, 2 cm hoch mit heißem Wasser füllen. In einem Topf bei mittlerer Hitze 50 g Zucker karamellisieren, in 4 ofenfeste Förmchen (à 150 ml Inhalt) verteilen, fest werden lassen.

2 Von 3 Stängeln Zitronengras die welken Außenblätter und die obere, trockene Hälfte entfernen, die untere Hälfte in Scheiben schneiden. Mit je 200 ml Kokosmilch und Milch, 50 g Zucker, 1 Msp. Vanillemark und 1 Prise Salz aufkochen lassen.

3 Die Kokosmilch vom Herd nehmen und 10 Minuten ziehen lassen, mit dem Stabmixer mixen und durch ein Sieb gießen. Jeweils 2 Eigelbe und Eier in einen Rührbecher geben und die warme Kokosmilch mit dem Stabmixer hineinmixen.

4 Die Eiermilch auf dem Karamell verteilen, in das mit Wasser befüllte Backblech stellen und im Ofen 30 bis 45 Minuten stocken lassen (nach 20 Minuten die Konsistenz der Creme mit einem Löffelrücken prüfen – sie sollte weich und elastisch sein).

5 Die Creme aus dem Wasserbad nehmen, zunächst bei Zimmertemperatur, dann im Kühlschrank vollständig abkühlen lassen – dabei nicht bedecken. Wenn die Creme ausgekühlt ist, mit Frischhaltefolie bedecken.

6 Zum Stürzen mit einem kleinen Messer den Rand bis unten einschneiden und die Creme aus den Förmchen stürzen. Der inzwischen flüssige Karamell läuft dabei darüber. Nach Belieben mit frischen Früchten servieren.

Obst mit Salz

Als eine der fruchtbarsten Gegenden der Welt hat Südvietnam mit dem Mekong-Delta das ganze Jahr über saftige Früchte in Hülle und Fülle zu bieten. Ausgereift und aromatisch kommen Mangos, Ananas und Papayas dort ganz puristisch auf den Tisch und werden allenfalls mit etwas Salz gewürzt. Damit ein perfektes Genusserlebnis garantiert ist, sollten Sie beim Einkauf Ihr ganz besonderes Augenmerk auf Reife und Qualität der exotischen Früchte legen und notfalls lieber auf eine Sorte verzichten.

1 Die Blattkrone von 1 Ananas mit ihrem Ansatz abschneiden. Die Ananas aufrecht stellen und mit einem großen Messer großzügig die Schale abschneiden, sodass die »Augen« weitgehend mit entfernt werden.

2 Die Reste der Augen mit einem spitzen Messer herausschneiden. Die Ananas vierteln, den harten Strunk herausschneiden und das Fruchtfleisch in ½ cm dicke Scheiben schneiden.

3 1 kleine Papaya der Länge nach halbieren und mit einem Esslöffel die Kerne entfernen.

4 Die Papayahälften mit einem scharfen Messer schälen und in ½ bis 1 cm dicke Scheiben schneiden.

5 1 Thai-Mango schälen. Die Frucht auf die schmale Seite stellen und das Fruchtfleisch auf den Seiten mit einem Gemüsemesser vom Stein schneiden (siehe S. 96). In ½ cm dicke Spalten schneiden.

6 Die Obststücke auf einem großen Teller dekorativ anrichten und ein Schälchen mit Chilisalz dazu reichen. Zum Verzehr werden die Obststücke jeweils mit etwa Chilisalz bestreut.

Kochschule China

Die Küche Chinas

»Für das Volk kommt das Essen dem Himmel gleich«, lautet ein berühmtes chinesisches Sprichwort, und es sagt alles über die Bedeutung der Küche in China: Sie ist überragend, weil sie – wie schon der Philosoph Konfuzius vor 2500 Jahren erkannte – nichts weniger als die Quelle des Glücks ist. Dabei gibt es »die chinesische Küche« gar nicht, denn dafür ist dieses Land mit seinen fast zehn Millionen Quadratkilometern Fläche und seinen 1,3 Milliarden Einwohnern viel zu groß.

Ganz grob teilt man China in vier große kulinarische Regionen ein, die jeweils einen Geschmack bevorzugen: Der Osten mit Shanghai als Zentrum liebt es tendenziell eher sauer, der Süden mit Kanton mag es süß, der Norden mit Peking bevorzugt salzig, und im Westen mit Sichuan wird es scharf; die Küche letzterer Region halten übrigens die meisten Chinesen für die beste ihres Landes.

Das Prinzip von Yin und Yang

Die Harmonie der Zutaten, Geschmäcke und Aromen ist in China – genauso wie in Thailand und Vietnam – der Leitgedanke des Kochens. Dieser Idee liegt das Prinzip von Yin und Yang zugrunde, den gegensätzlichen und zugleich komplementären Polen des Kosmos. Yin ist das Kühle, Dunkle, Feuchte, Weibliche, Yang das Warme, Helle, Trockene, Männliche. Und beides sollte sich immer im Gleichgewicht befinden. Das lässt sich durch das Essen leicht erreichen, denn alle Lebensmittel werden Yin und Yang zugeordnet und können entsprechend dosiert sein. Dabei strebt man immer nach dem Ideal der »goldenen Suppe«, die auch das Sinnbild der intakten Familie ist: Sämtliche Zutaten sind fest miteinander verbunden, nichts ragt heraus, nichts drängt sich in den Vordergrund, nichts wird unterdrückt. Das Prinzip der Ausgewogenheit spiegelt sich auch in vielen Gerichten wider, die aus scheinbaren Gegensätzen bestehen, wie süß und sauer, scharf und mild, knusprig und weich. Tatsächlich aber lösen sich diese Widersprüche im Gaumen in schönster Harmonie auf. Die Chinesen würzen gerne, doch immer maßvoll und zurückhaltend, um die Harmonie der Gerichte nicht zu zerstören. Sie kochen vor allem mit Zwiebeln, Knoblauch, Ingwer, Koriander, Basilikum, Sternanis, Gewürznelken, Fenchelsamen, Zimt und Goldnadeln, den getrockneten Blütenknospen der Tigerlilie. Beliebt ist auch eine Mischung aus den fünf Gewürzen Sternanis, Zimt, Fenchel, Gewürznelken und Sichuanpfeffer, der botanisch gar kein Pfeffer, sondern ein Zitrusgewächs ist. Er ist nicht zuletzt deswegen so begehrt, weil der Körper auf seine Schärfe mit der Ausschüttung von Endorphinen als Schutzmechanismus reagiert – er überschwemmt uns also mit Glückshormonen. Der langjährige Staatschef Mao Zedong vergötterte den Sichuanpfeffer und befand: »Wer es nicht scharf liebt, der taugt nicht zum Revolutionär.« Daneben wird viel mit Pasten und Saucen auf der Basis von Fischen, Austern, Garnelen, Bohnen, Sesam oder Tofu gewürzt.

Wok und Stäbchen sind unersetzlich

Die Chinesen sind Allesesser im wahrsten Sinne des Wortes. Sie kennen keine Scheu vor exotischen Zutaten wie Schwalbennestern und Kröten, auch wenn in der Alltagsküche eher konventionelle Ingredienzien dominieren, vor allem Schwein, Huhn, Rind, Ente, Gans sowie Fische und Meeresfrüchte in allen Variationen. Bei den Gemüsen sind verschiedene Pilz- und Kohlsorten, Bambussprossen, Auberginen, Paprikaschoten, grüner Spargel und Pak Choi besonders populär.

Auch bei den Zubereitungsarten setzen sich die Chinesen keine Grenzen. Sie braten, kochen, schmoren, dämpfen, dünsten, wobei das mit Abstand wichtigste Küchenutensil der Wok ist, dieser Alleskönner auf dem Herd. Kurze Garzeiten bei hohen Temperaturen werden bevorzugt, so bleibt nicht nur das Gemüse schön knackig. Man schneidet die Zutaten prinzipiell in mundgerechte Happen, damit sie schneller gar werden und man sie mit Stäbchen essen kann – eine Sitte, die Konfuzius einführte, weil man so sein Essen bewusster genießt. Und um nichts anderes geht es jedem Chinesen.

Süsssaure Chilisauce

In der Küche Chinas spielt die Kombination aus den beiden Geschmäcken süß und sauer eine wichtige Rolle. Süßsaure Sauce ist daher ein beliebter Dip, z.B. für Dim Sum (siehe Text rechts), eignet sich aber auch zum Verfeinern vieler Gerichte. Dieses Rezept ergibt etwa 400 ml Sauce, die sich gut gekühlt 6 bis 8 Wochen hält.

1 1 mittelscharfe rote Chilischote längs halbieren, entkernen, waschen und in feine Würfel schneiden. 1 geh. EL Speisestärke mit wenig kaltem Wasser glatt rühren.

2 375 ml Wasser mit Chili, 50 g Zucker, 1 TL Salz, 3 EL Weißweinessig, 1 TL Tomatenmark, 1/2 gehackten Knoblauchzehe und 1/2 TL gehacktem Ingwer aufkochen lassen.

3 Die Speisestärke hineinrühren und unter Rühren knapp 2 Minuten sanft köcheln lassen, bis die Sauce bindet. Mit dem Stabmixer gut pürieren und abkühlen lassen. Zum Aufbewahren in eine Schraubflasche füllen.

Pflaumensauce

Die süßliche Sauce passt als warmer oder kalter Dip zu Ente (siehe S. 122), Spareribs (siehe S. 248) und Frittiertem wie Frühlingsrollen (siehe S. 118). Die gelben Pflaumen können auch ausgezeichnet durch blaue Pflaumen oder sogar Zwetschgen ersetzt werden. Gekühlt hält sich die Sauce maximal 5 Tage.

1 150 g eingelegte gelbe Pflaumen (ersatzweise rote Pflaumen) auf einem Sieb abtropfen lassen, den Einlegesaft dabei auffangen. Die Pflaumen ggf. entsteinen.

2 150 ml Einlegesaft und die Pflaumen in einen kleinen Topf geben. 1 bis 2 TL Reisessig, 1 EL chinesischen Reiswein, 20 g Zucker und 1/2 TL mildes Chilipulver dazugeben und die Pflaumen aufkochen lassen.

3 Die Sauce mit dem Stabmixer pürieren. 1 TL Speisestärke in wenig kaltem Wasser glatt rühren und die leicht köchelnde Sauce damit binden. Mit 1/4 TL Fünf-Gewürze-Pulver und Salz würzen und abkühlen lassen.

Gedämpfte Teigtaschen

»Dim Sum« sind kleine Snacks, die in China in zahllosen Varianten an Verkaufsständen angeboten werden. Dazu zählen z. B. Frühlingsrollen ebenso wie Eierkuchen oder gefüllte Teigtaschen. Dim Sum werden Gästen auch gern als Appetizer und/oder zum Tee serviert – meist im Bambuskörbchen und mit verschiedenen Dipsaucen. Gefüllte Teigtaschen werden frittiert oder in Bambuskörbchen gedämpft. Letzteres ist praktisch und schonend zugleich, denn die Körbchen lassen sich stapeln, und so kann man gleich mehrere Sorten Teigtaschen machen.

1 ⅛ l Wasser aufkochen, mit 200 g Mehl mit dem Handrührgerät zu einem glatten Teig kneten, in Frischhaltefolie wickeln und 30 Minuten ruhen lassen. Den Teig zu einer Rolle (etwa 2 cm Durchmesser) formen und in 20 gleich große Stücke schneiden.

2 Die Teigstücke zu Kugeln formen und 2 Minuten ruhen lassen. Die Teigkugeln mit dem Nudelholz auf der leicht bemehlten Arbeitsfläche möglichst dünn ausrollen und daraus Kreise (etwa 11 cm Durchmesser) ausstechen.

3 Für die Füllung 500 g Riesengarnelen (küchenfertig) waschen, trocken tupfen und klein hacken. Mit 1 EL Schnittknoblauch (in Röllchen), ½ geriebenen Knoblauchzehe und ½ TL geriebenem Ingwer mischen und mit Chilisalz würzen.

4 Die Füllung in 20 Portionen teilen und zu kleinen Knödeln formen. Jeweils mittig auf die Teigblätter setzen, diese darüber faltenweise zusammenfassen und andrücken, sodass hübsche Säckchen entstehen.

5 Die Teigsäckchen in ein Bambuskörbchen setzen. Im Wok wenig Wasser aufkochen lassen, das Bambuskörbchen mit Deckel hineinstellen und die Dim Sum bei mittlerer Hitze 6 Minuten gar dämpfen.

6 Für den Sojasaucendip 4 EL helle Sojasauce, 1 TL Reisessig, ½ Knoblauchzehe (fein gewürfelt) und ½ TL rote Peperoni (fein gewürfelt) mischen und zu den Dim Sum servieren.

Frühlingsrollen

Frühlingsrollen werden im Reich der Mitte sowohl in Restaurants als auch an Straßenständen als Vorspeise bzw. Snack angeboten (siehe Text S. 117). Klassische Zutaten für die Füllung sind Schweinefleisch (oft in Form von Hackfleisch), Soja- oder Mungobohnensprossen und Glasnudeln. In der Regel werden die Teigrollen in reichlich Fett, meist Erdnussöl, goldbraun ausgebacken. Hierzulande kann man die Frühlingsrollenteigblätter tiefgefroren und in verschiedenen Größen im Asienladen kaufen.

1 1 TL getrocknete Mu-Err-Pilze in lauwarmem Wasser einweichen und 10 bis 15 Minuten quellen lassen. Abtropfen lassen, ggf. in feine Streifen schneiden. 1 Karotte schälen und in feine Streifen schneiden. 80 g Weißkohl in feine Streifen schneiden.

2 2 Frühlingszwiebeln putzen, waschen und in Ringe schneiden. 50 g Bambushälften (aus der Dose) abtropfen lassen, in feine Streifen schneiden. Das Gemüse bis auf die Pilze im Wok oder in einer Pfanne in 1 EL Erdnussöl 1 bis 2 Minuten andünsten.

3 1 geriebene Knoblauchzehe, 1 TL geriebenen Ingwer, 1 EL Reiswein, 2 EL helle Sojasauce, 1 TL Limettensaft, 1 TL Sesamöl und 1 Prise Chiliflocken unterrühren. In eine Schüssel geben und mit den kalten Pilzen mischen.

4 250 g Schweinefleisch (aus der Schulter) in sehr kleine Würfel schneiden und im Wok oder in einer Pfanne in 1 EL Öl rundum anbraten. Mit 1 Msp. Fünf-Gewürze-Pulver würzen und mit der Gemüsefüllung mischen. Falls nötig, mit Salz nachwürzen.

5 Für den Kleber 1 TL Mehl mit 2 EL kaltem Wasser glatt rühren. 8 große Frühlingsrollenteigblätter (21,5 x 21,5 cm) auftauen. Die Teigblätter jeweils mit 1/8 des Gemüses füllen und so weit einrollen, dass die Fülle damit einmal umhüllt ist (siehe S. 89).

6 Die seitlichen Enden kantig einklappen und die Rolle weiter aufrollen. Die obere Spitze mit etwas Mehlkleber-Teig einstreichen. Das Ganze fertig aufrollen. Reichlich Öl im Wok auf 180 °C erhitzen. Die Frühlingsrollen 3 bis 4 Minuten goldbraun frittieren.

Zweierlei Wan-Tans

Was für die Italiener ihre Ravioli und die Schwaben ihre Maultaschen, das sind für die Chinesen ihre Wan-Tans. Die Teigtaschen aus runden oder quadratischem Weizennudelteig (meist tiefgekühlt erhältlich) werden je nach Gusto mit Hackfleisch, Garnelen und/oder Gemüse gefüllt und in China zu jeder Tageszeit gegessen. Gegart sind die Wan-Tans eine feine Suppeneinlage, in heißem Fett (z.B. Erdnussöl) goldbraun frittiert eine köstliche Vorspeise. Letztere werden dann gerne mit einem Dip, z.B. süßsaurer Sauce (siehe S. 116), serviert.

1 ½ rote Paprikaschote halbieren, entkernen und waschen. Mit dem Sparschäler schälen und in möglichst kleine Würfel schneiden. Die Paprika in 5 EL Hühnerbrühe dünsten, bis die ganze Flüssigkeit verkocht ist. Abkühlen lassen.

2 2 Hähnchenbrustfilets (à 120 g) waschen, trocken tupfen und klein hacken. Mit der Paprika, 2 Frühlingszwiebeln (in feinen Ringen), 1 EL heller Sojasauce, 1 kleinen geriebenen Knoblauchzehe und ½ TL geriebenem Ingwer mischen.

3 3 EL kalte Hühnerbrühe unter das Fleisch rühren. Mit Chilisalz würzen. 1 Eiweiß salzen und verquirlen. 24 aufgetaute Wan-Tan-Blätter (8 x 9,5 cm) an den Rändern dünn mit dem Eiweiß bestreichen. Je 1 TL Füllung in die Mitte der Teigblätter setzen.

4 Zu Dreiecken zusammenfalten, die Ränder andrücken. Die beiden Spitzen der Längsseite zueinander drehen, mit etwas Eiweiß bepinseln und aneinanderkleben. Auf einem mit doppelgriffigem Mehl bestäubten Tablett kurz beiseitestellen.

5 Für Wan-Tan-Suppe die Wan-Tans in kochendem Salzwasser 3 bis 4 Minuten garen, mit dem Schaumlöffel herausheben und in Fleisch- oder Hühnerbrühe anrichten.

6 Für frittierte Wan-Tans reichlich Fett in der Fritteuse oder in einem großen Topf auf 160 °C erhitzen. Die Wan-Tans (nur zu Dreiecken gefaltet) darin 1 bis 2 Minuten frittieren, zwischendrin wenden. Herausnehmen und auf Küchenpapier abtropfen lassen.

Gebratene Eiernudeln mit Tofu

Neben Reis- und Glasnudeln kennt China auch Eiernudeln aus Weizenmehl, die in diesem Gericht mit Gemüse und schnittfestem Tofu zu einer sättigenden Hauptspeise werden. Tofu bzw. »Dou fu« wurde – anders als wohl viele vermuten – nicht in Japan, sondern vor Jahrhunderten in China erfunden: Der geschmacksneutrale, aus Sojamilch hergestellte Sojabohnenquark ist eine gute Eiweißquelle für Vegetarier und wird durch Marinieren, Frittieren, Fermentieren oder Räuchern zu einer Delikatesse, die sich mit vielen Zutaten kombinieren lässt.

1 350 g chinesische Eiernudeln mit kochendem Wasser übergießen und etwa 5 Minuten quellen lassen. Abgießen, auf einem Blech mit 1 EL Öl mischen und abkühlen lassen. Zugedeckt über Nacht im Kühlschrank durchkühlen lassen.

2 2 Handvoll Mungobohnensprossen abbrausen und abtropfen lassen. Je 120 g Lauch und Karotten putzen und waschen bzw. schälen und in sehr feine Streifen schneiden. 400 g Tofu in 1 cm dicke Scheiben und diese in Stifte schneiden.

3 2 EL Erdnussöl im Wok (er sollte möglichst groß sein) erhitzen und den Tofu darin bei mittlerer Hitze unter Rühren 2 Minuten anbraten.

4 Den Lauch und die Karotten dazugeben und unter Rühren 2 Minuten mitdünsten. Die Mungobohnensprossen hinzufügen und mit 4 EL heller Sojasauce würzen.

5 Die vorgegarten Eiernudeln dazugeben und unter Rühren erhitzen. 4 EL Reiswein und nochmals 4 EL Sojasauce hinzufügen und die Nudeln mit Pfeffer würzen.

6 2 EL Korianderblätter (nach Belieben frisch geschnitten) hinzufügen und die gebratenen Eiernudeln mit 2 EL Sesamöl würzen. Mit 1 TL gerösteten hellen Sesamsamen bestreuen.

Gebratener Reis mit Eiern

Ursprünglich war der gebratene Reis ein Alltagsessen der ländlichen Bevölkerung: Die Zutaten, die gerade verfügbar waren – meist nur Gemüse und Eier –, wurden mit Reis vom Vortag gebraten. Noch heute lässt sich der Reis mit beliebigen Zutaten bereichern. Besonders köstlich schmeckt er, wenn Sie ihn mit Garnelen, gebratenem Schweinefleisch oder Speck verfeinern: So wird daraus ein kantonesisches Festgericht. Der Reis sollte schon am Vortag gegart sein, da er dann nicht mehr feucht und klebrig ist und sich daher gut braten lässt.

1 Am Vortag 660 ml Salzwasser aufkochen und 330 g Langkornreis darin bei mittlerer Hitze etwa 20 Minuten bissfest garen. In eine Schüssel geben, abkühlen lassen und zugedeckt über Nacht im Kühlschrank durchkühlen lassen.

2 4 Tomaten waschen, vierteln, entkernen und in Würfel schneiden. Je 120 g Erbsen (tiefgekühlt, aufgetaut) und Mais (aus der Dose) auf einem Sieb abbrausen und abtropfen lassen. 4 Frühlingszwiebeln putzen, waschen und in ½ cm breite Ringe schneiden.

3 Im Wok 2 EL Erdnussöl erhitzen und den Reis darin bei mittlerer Hitze unter Rühren anbraten. Die Erbsen und den Mais dazugeben und kurz mitbraten. Jeweils 4 EL chinesischen Reiswein und helle Sojasauce dazugeben und den Reis mit Pfeffer würzen.

4 Den Reis und das Gemüse rundum an den Wokrand schieben. 2 EL Erdnussöl in die freie Mitte des Woks geben. 4 Eier verquirlen und im Öl unter langsamem Rühren zu einem luftigen Rührei braten (es sollte dabei nicht bräunen).

5 Das Rührei mit dem Reis und dem Gemüse im Wok verrühren. Dann die Tomatenwürfel und die Frühlingszwiebelringe untermischen.

6 Alles nochmals kurz erhitzen und mit 1 EL Sesamöl verfeinern. Falls nötig, mit Salz nachwürzen. Den gebratenen Reis auf Teller oder in Schälchen verteilen und servieren.

Gebackene Ente

Ob nach Kanton-, Sichuan- oder Peking-Art – die Ente gilt in China als Spezialität, die vielfältig gewürzt und zubereitet wird: In Salz konserviert, stundenlang hängend getrocknet oder im Ganzen frittiert, manchmal wird gar nur ihre knusprige Haut mit Pfannkuchen serviert. Allen Varianten ist gemein, dass die Ente den Mittelpunkt des Essens bildet. Für Europäer sind viele Zubereitungsarten nicht praktikabel, daher hier ein »vereinfachtes«, aber wunderbar aromatisches Rezept mit Sichuanpfeffer und Honigglasur.

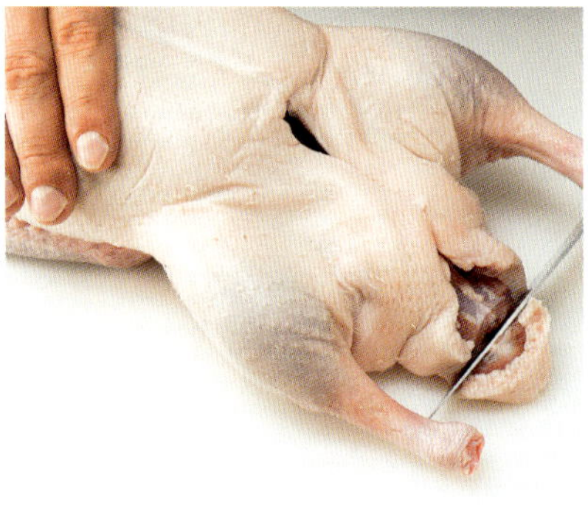

1 1 Bauernente (etwa 2 ½ kg; küchenfertig) innen und außen waschen und trocken tupfen, den Bürzel wegschneiden. In einem großen Topf 6 l Wasser aufkochen.

2 Das Wasser mit 2 EL Salz, 1 EL Honig, 2 EL Reiswein, 2 EL Reisessig, 3 Gewürznelken, 2 Zacken Sternanis, 1 EL Sichuanpfeffer, ½ Zimtrinde und 1 TL Fenchelkörner würzen.

3 Die Ente in den Gewürzsud geben und knapp unter dem Siedepunkt 2 Stunden garen. Inzwischen den Backofen auf 200 °C vorheizen. Ein Ofengitter mit einem Abtropfblech darunter auf die unterste Schiene schieben.

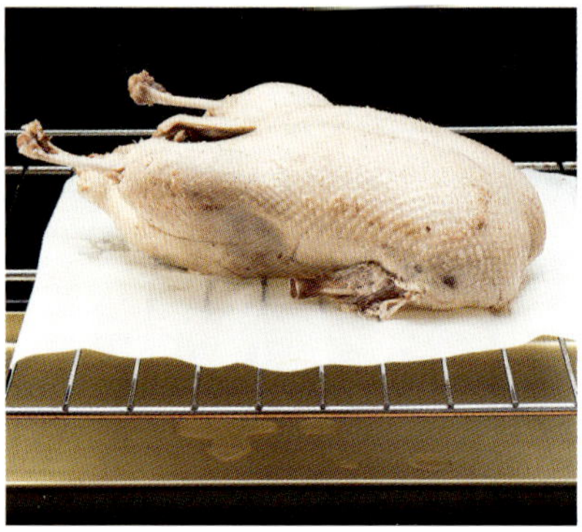

4 Die Ente auf das Ofengitter legen, dabei nach Belieben ein Stück Backpapier unterlegen, damit die Ente nicht am Gitter festklebt. Die Ente etwa 1 Stunde knusprig braun braten. Sobald die Haut etwas fester geworden ist, das Backpapier entfernen.

5 2 EL Honig, 1 EL süßen Reiswein (Mirin), 1 EL helle Sojasauce, einige Tropfen Reisessig und 1 Prise Fünf-Gewürze-Pulver in einem kleinen Topf erwärmen und die Ente 5 bis 10 Minuten vor Garzeitende damit einpinseln. Noch mehrmals wiederholen.

6 Die Ente herausnehmen, tranchieren und in Scheiben schneiden. Auf einer vorgewärmten Platte anrichten oder z.B. in Streifen geschnitten und mit etwas Gurke, Frühlingszwiebeln und Hoisinsauce in Pfannkuchen (siehe S. 124) gewickelt servieren.

Süsssaures Schweinefleisch

Ziel der chinesischen Kochkunst ist eine Harmonie der Gegensätze – keine Geschmacksrichtung soll für sich alleine stehen, keine Speise nur süß, scharf, bitter, salzig oder sauer sein. Eine auch im Westen sehr beliebte Kombination ist süßsauer. Damit in diesem Gericht die Säure des Essigs nicht dominiert, wird sie durch Zucker, das wichtigste Süßungsmittel der chinesischen Küche, abgemildert. Das Besondere ist außerdem das zweimalige Frittieren der Schweinefleischwürfel – so werden sie außen knusprig und innen saftig und zart.

1 500 g Schweinefilet in 1½ bis 2 cm große Stücke schneiden und in eine Schüssel geben. 3 TL Speisestärke mit 3 EL kaltem Wasser glatt rühren und mit 1 EL Reiswein dazugeben. 1 EL Mehl und ½ TL Salz darüberstreuen und alles gut mischen.

2 4 Frühlingszwiebeln putzen, waschen und schräg in 1 bis 1½ cm breite Ringe schneiden. Das Grüne beiseitestellen. 1 rote Paprikaschote längs halbieren, entkernen, waschen und in 1 cm große Stücke schneiden. 80 g Shiitake-Pilze putzen und vierteln.

3 80 g Bambussprossen abtropfen lassen. 2 gestr. TL Speisestärke mit wenig kaltem Wasser glatt rühren und mit 100 ml kaltem Wasser, 50 ml heller Sojasauce, 80 g Zucker, 2 EL Tomatenketchup, 2 EL chin. Reiswein und 5 EL Reisessig verrühren.

4 Reichlich Fett im Wok oder in einem Topf auf 170 °C erhitzen. Das Fleisch nochmals durchmischen und portionsweise 1 bis 2 Minuten frittieren. Herausnehmen und auf Küchenpapier abtropfen lassen. Diesen Vorgang noch einmal wiederholen.

5 Die Paprika, das Weiße der Frühlingszwiebeln und die Pilze im Wok mit 1 EL Öl bei mittlerer Hitze 2 Minuten rührend andünsten. Die Sauce unterrühren. 2 gehackte Knoblauchzehen und 1 TL gehackten Ingwer dazugeben und aufkochen lassen.

6 200 g Ananasfruchtfleisch (in 1 cm großen Stücken) sowie die Bambussprossen hinzufügen und aufkochen lassen. Schweinefleisch und Frühlingszwiebelgrün dazugeben und unter Rühren erhitzen. 1 bis 2 EL Sesamöl hinzufügen. Mit Reis anrichten.

SÜSSE MANDARIN-PFANNKUCHEN

Pfannkuchen (Bing) sind eine der ältesten chinesischen Gebäckformen und bis heute sehr beliebt – vor allem als klassische Beilage zur Peking-Ente. Typisch ist die Teigzubereitung mit kochendem Wasser. Die Pfannkuchen lassen sich am Schluss besser auseinanderziehen, wenn sie schneller backen, d. h. wenn die Pfanne gut erhitzt ist. Serviert werden sie heiß: Vor dem Anrichten kann man sie im Bambuskörbchen 5 bis 10 Minuten dämpfen oder kurz in der Mikrowelle erwärmen. Bei dieser süßen Variante werden sie mit Sesampaste gefüllt.

1 200 g Mehl in eine Schüssel sieben. 180 ml Wasser aufkochen lassen und in das Mehl rühren. Den Teig etwas abkühlen lassen und kneten, bis er glatt und elastisch ist. Den Teig in Frischhaltefolie wickeln und 30 Minuten ruhen lassen.

2 Den Teig zu einer Rolle formen und in 20 Stücke teilen. Mit den Händen flach drücken. 10 Scheiben mit Sesamöl bepinseln und mit je 1 ungeölten Scheibe belegen. Jeweils mit möglichst wenig Mehl zu dünnen Teigfladen (etwa 15 cm Ø) ausrollen.

3 Die Teigfladen in einer Pfanne in wenig Öl bei starker Hitze auf jeder Seite etwa ½ Minute braten. Sie sind gar, wenn braune Röstflecken entstehen und die Fladen sich aufblähen.

4 Die Fladen aus der Pfanne nehmen und sofort auseinanderziehen, sodass jeweils 2 Pfannkuchen entstehen. Die Pfannkuchen aufeinanderlegen, bis alle gebacken sind, und mit Alufolie oder einem Küchentuch bedecken, damit sie nicht austrocknen.

5 In einer Pfanne 100 g schwarzen Sesam bei milder Hitze 2 bis 3 Minuten anrösten. Abkühlen lassen. 100 ml Wasser mit 70 g Zucker aufkochen. Abkühlen lassen. Den Sesam im Blitzhacker mit etwas Zuckersirup mixen, bis die Flüssigkeit gebunden ist.

6 Nach und nach 2 EL Öl und übrigen Zuckersirup hinzufügen. Zu einer dickflüssigen Paste mixen. Etwas Paste auf einen Pfannkuchen streichen und diesen aufrollen. Mit den übrigen Pfannkuchen ebenso verfahren. Nach Belieben frische Früchte dazu reichen.

Honigbananen

Frittierte Bananen sind ein Leckerbissen, den man in China an zahlreichen Imbissständen bekommt. Hierzulande sind die gebackenen Früchte mit Honigglasur ein beliebtes Dessert in China-Restaurants. Achten Sie darauf, reife, aber noch relativ feste Bananen zu verwenden – so lassen sich die Bananenstücke durch den Backteig ziehen ohne zu zerfallen. Damit der Teig gut an den Bananen haftet, werden die Fruchtstücke vorab in Mehl gewendet. Auch Ananas- oder Apfelscheiben lassen sich auf diese Weise zubereiten.

1 Für den Teig 50 g Mehl, 20 g Reismehl, 20 g Speisestärke, 1 EL Zucker und 1 Prise Salz in einer Schüssel mischen und mit dem Schneebesen mit 100 ml kaltem Wasser glatt rühren.

2 Reichlich Erdnussöl in der Fritteuse oder in einem großen Topf auf etwa 170 °C erhitzen. Das Fett ist heiß genug, wenn sich an einem hineingehaltenen Holzstäbchen oder Holzlöffelstiel Blasen bilden.

3 2 Bananen schälen, der Länge nach halbieren und schräg dritteln. Mit 1 EL Zitronensaft beträufeln.

4 Die Bananenstücke in 50 g doppelgriffigem Mehl (Wiener Grießler) wenden und durch den Backteig ziehen.

5 Die Bananenstücke im Fett einige Minuten goldbraun ausbacken. Mit dem Schaumlöffel herausheben und auf Küchenpapier abtropfen lassen.

6 70 g Blütenhonig in einer Pfanne bei milder Hitze erwärmen. 2 EL helle geröstete Sesamsamen hineinstreuen und die frittierten Bananenstücke darin wenden. Auf Desserttellern anrichten und nach Belieben 1 Kugel Vanilleeis dazu servieren.

Vorspeisen & kleine Gerichte

Reisnudelsalat
mit Zuckerschoten und Erdnüssen

Für 4 Personen

3 Tomaten
1 Handvoll gemischte Sprossen (z.B. Erbsensprossen, Rettichsprossen, Daikonkresse)
1 Handvoll Feldsalat
200 g Zuckerschoten
200 g Lauch
2 Knoblauchzehen
1 EL Erdnussöl
150 ml Gemüsebrühe
1 TL geriebener Ingwer
1 TL rote Currypaste (siehe z.B. S. 90 oder S. 339)
2 EL Fischsauce
2 EL helle Sojasauce
2 EL Weißweinessig
3 EL Olivenöl
Salz · Zucker
200 g breite Reisbandnudeln
2 EL geröstete Erdnüsse

1 Die Tomaten waschen, vierteln und entkernen, dabei die Stielansätze entfernen. Die Kerne mit dem Stabmixer mixen und durch ein feines Sieb streichen, dabei den Tomatensaft auffangen. Die Tomatenviertel längs in etwa 1 cm breite Stücke schneiden.

2 Die Sprossen waschen und trocken tupfen. Den Feldsalat verlesen, gründlich waschen und trocken schleudern. Die Zuckerschoten putzen, waschen und schräg halbieren. Den Lauch putzen, längs halbieren, waschen und schräg in ½ bis 1 cm breite Streifen schneiden. Den Knoblauch schälen und fein reiben.

3 Das Erdnussöl in einer Pfanne erhitzen und die Zuckerschoten mit dem Lauch darin bei mittlerer Hitze unter Rühren 1 bis 2 Minuten andünsten. Tomatenkernsaft, Brühe, Knoblauch, Ingwer und Currypaste dazugeben und kurz mit erhitzen. Alles in eine große Schüssel geben und Fischsauce, Sojasauce, Essig und Olivenöl unterrühren. Mit Salz und 1 Prise Zucker abschmecken.

4 Die Reisbandnudeln in lauwarmem Wasser 10 Minuten einweichen. Abgießen und in kochendem Salzwasser 2 bis 3 Minuten garen. In ein Sieb abgießen, abschrecken und abtropfen lassen.

5 Die Reisbandnudeln, Tomatenstücke und Sprossen zu den Zuckerschoten und dem Lauch geben und alles gut vermischen. Falls nötig, noch etwas nachwürzen. Erst kurz vor dem Servieren den Feldsalat untermischen. Die Erdnüsse grob hacken. Den Salat auf Teller oder Schüsseln verteilen, mit den Erdnüssen bestreuen und nach Belieben mit Kräuterblättern garnieren.

Mein Tipp

Pilzfans können den Salat noch mit Mu-Err-Pilzen – auch Wolkenohrenpilze genannt – aufpeppen: Dafür 1 EL getrocknete Mu-Err-Pilze 15 Minuten in warmem Wasser einweichen, abgießen und abtropfen lassen. Die Pilze klein schneiden und am Schluss mit den Nudeln und dem übrigen Gemüse mischen.

Avocado-Papaya-Salat
mit Goldbrasse

FÜR 4 PERSONEN

Für das Asia-Dressing:
6 EL Apfelsaft
2 EL Limettensaft
Zucker
1 EL helle Sojasauce
3 EL mildes Salatöl
1–2 TL geröstetes Sesamöl
1 TL abgeriebene Bio-Limettenschale
mildes Chilisalz

Für den Avocado-Papaya-Salat:
1 Papaya (ca. 450 g)
1 Avocado · Salz
Saft von ½ Limette
30 g Rucola

Für die Goldbrasse:
500 g Doradenfilet (mit Haut)
50 g doppelgriffiges Mehl (Wiener Grießler)
1 EL Erdnussöl
mildes Chilisalz

1 Für das Asia-Dressing den Apfelsaft, den Limettensaft, 1 Prise Zucker und die Sojasauce in einen hohen Rührbecher geben. Die beiden Ölsorten mit dem Stabmixer unterrühren. Die Limettenschale hineinrühren und das Dressing mit Chilisalz abschmecken.

2 Für den Avocado-Papaya-Salat die Papaya halbieren und die Kerne mit einem Löffel entfernen. Die Papayahälften schälen und längs in schmale Spalten oder mit dem Sparschäler in dünne Streifen schneiden. Die Avocado halbieren und den Stein entfernen, die Avocadohälften schälen und ebenfalls längs in schmale Spalten schneiden. Die Avocado mit Salz würzen und mit dem Limettensaft beträufeln. Den Rucola verlesen, waschen und trocken schütteln, grobe Stiele entfernen.

3 Für die Goldbrasse das Doradenfilet waschen, trocken tupfen und in etwa 2 cm breite Stücke schneiden. Das Mehl in einen tiefen Teller geben und die Fischstücke mit der Hautseite eintauchen.

4 Das Öl in einer Pfanne erhitzen und die Fischstücke darin bei mittlerer Hitze auf der Hautseite 3 bis 4 Minuten kross anbraten. Wenden, die Pfanne vom Herd nehmen und den Fisch in der Resthitze 1 Minute gar ziehen lassen.

5 Die Avocado- und Papayaspalten locker auf Teller verteilen. Den Rucola mit 1 bis 2 EL Asia-Dressing mischen und dazwischen verteilen. Das restliche Dressing auf die Avocado- und Papayaspalten träufeln. Die Goldbrassenstücke dazwischenlegen und mit Chilisalz bestreuen. Nach Belieben mit Thai-Basilikum garnieren.

Mein Tipp

Zum Avocado-Papaya-Salat können Sie natürlich auch andere kross gebratene Fischfiletstücke servieren. Gut harmonieren Zander, Rotbarsch und Kabeljau, aber auch Rotbarben und Wolfsbarsch sind immer eine gute Wahl.

Mango-Tomaten-Salat
mit gebratenen Calamari

Für 4 Personen

Für die Calamari:
500 g kleine Calamari
3 Knoblauchzehen
1 EL mildes Olivenöl
5 dünne Scheiben Ingwer
20 g kalte Butter
etwas Zitronengras-Koriander-Salz (aus dem Gewürzladen oder siehe Tipp unten; ersatzweise mildes Chilisalz)
Korianderblätter zum Garnieren

Für den Mango-Tomaten-Salat:
1 Schalotte
3 EL helle Sojasauce
1 EL Limettensaft
abgeriebene Schale von ½ Bio-Limette
2 EL mildes Olivenöl
½ TL Zucker
milde Chiliflocken
8 Tomaten
mildes Chilisalz
1 EL Thai-Basilikum (frisch geschnitten)
½ reife Mango

1 Für die Calamari den Kopf und die Arme der Calamari mitsamt den Eingeweiden aus dem Körperbeutel ziehen. Mit den Fingern das durchsichtige Fischbein aus dem Körperbeutel ziehen. Den Kopf von den Tintenfischarmen abtrennen, dabei den harten »Schnabel« mit entfernen. Die hauchdünne Haut von den Beuteln (Tuben) abziehen. Die Tuben aufschneiden und die restlichen Eingeweide entfernen. Tuben und Arme gründlich unter fließendem kaltem Wasser waschen und trocken tupfen.

2 Für den Mango-Tomaten-Salat die Schalotte schälen und in feine Würfel schneiden. Die Sojasauce mit 50 ml Wasser mischen und den Limettensaft, die Limettenschale und das Olivenöl unterrühren. Die Schalottenwürfel dazugeben und mit dem Zucker und 1 Prise Chiliflocken würzen.

3 Die Tomaten waschen und in Scheiben schneiden, dabei die Stielansätze entfernen. Die Tomaten leicht überlappend auf vier Teller legen. Mit wenig Chilisalz würzen und mit der Marinade beträufeln. Mit dem Thai-Basilikum bestreuen. Die Mango schälen, in Würfel schneiden und darauf verteilen.

4 Den Knoblauch schälen und in dünne Scheiben schneiden. Eine große Pfanne bei mittlerer Temperatur erhitzen. Das Olivenöl hineingeben und die Calamari darin verteilen. Knoblauch und Ingwer dazugeben und alles 30 bis 60 Sekunden anbraten. Die Pfanne vom Herd nehmen, die kalte Butter dazugeben und mit Zitronengras-Koriander-Salz würzen.

5 Die gebratenen Calamari mittig auf dem Tomaten-Mango-Salat anrichten und mit den Korianderblättern garnieren.

Mein Tipp

Für ein Zitronengras-Koriander-Salz 3 Stiele Koriander waschen, gründlich trocken tupfen und mit den Stielen sehr klein schneiden. Mit 1 EL Fleur de Sel, 1 TL fein gehacktem Zitronengras und 1 Msp. milden Chiliflocken gut mischen.

Caesar Salad
»Shanghai«

Für 4 Personen

Für das Dressing:
1 Knoblauchzehe
50 ml Gemüsebrühe
1 TL Chinesische Gewürzpaste (siehe S. 339; ersatzweise 1 Prise Fünf-Gewürze-Pulver)
50 ml Kokosmilch
1 TL Ingwer (in feinen Würfeln)
½ TL Dijon-Senf
1 EL Reisessig
1 TL chinesischer Reiswein
100 ml Öl · mildes Chilisalz
Salz · ½ TL Zucker

Für den Salat:
100 g weißer Rettich · Salz
80 g Zuckerschoten
⅓ Bio-Salatgurke
2 Tomaten
1 Handvoll Mungobohnensprossen
2 Romanasalatherzen (à ca. 250 g)

Für das Hähnchen:
1 Knoblauchzehe
4 Hähnchenbrustfilets (à ca. 120 g)
1 TL Öl · 2 EL helle Sojasauce
1 TL Ingwer (in sehr feinen Streifen)
30 g kalte Butter
3 Stiele Koriander
milde Chiliflocken

1 Für das Dressing den Knoblauch schälen und in feine Würfel schneiden. Die Brühe und die Gewürzpaste erhitzen und in einen hohen Rührbecher geben. Die Kokosmilch, den Knoblauch, den Ingwer, den Senf, den Essig und den Reiswein hinzufügen. Alles mit dem Stabmixer durchrühren und dabei das Öl hineinlaufen lassen. Das Dressing mit Chilisalz, Salz und dem Zucker abschmecken.

2 Für den Salat den Rettich putzen, schälen, längs vierteln und in 2 bis 3 mm dicke Scheiben schneiden. Die Rettichscheiben mit Salz bestreuen, 5 bis 10 Minuten ziehen lassen und abtropfen lassen.

3 Die Zuckerschoten putzen, schräg halbieren und in kochendem Salzwasser etwa 2 Minuten bissfest garen. In ein Sieb abgießen, kalt abschrecken und abtropfen lassen. Die Gurke waschen, längs halbieren und in Scheiben schneiden. Die Tomaten waschen und halbieren, dabei die Stielansätze entfernen. Die Tomaten in schmale Spalten schneiden.

4 Die Mungobohnensprossen auf einem Sieb abbrausen und abtropfen lassen. Den Romanasalat putzen, in die einzelnen Blätter teilen, waschen, trocken schleudern und in mundgerechte Stücke zupfen.

5 Für das Hähnchen den Knoblauch schälen und in feine Würfel schneiden. Die Hähnchenbrustfilets waschen, trocken tupfen und in etwa ½ cm dicke Scheiben schneiden. Das Öl in einer Pfanne erhitzen und die Hähnchenbrustscheiben darin bei mittlerer Hitze auf jeder Seite 30 bis 60 Sekunden anbraten und aus der Pfanne nehmen.

6 Den Bratsatz mit 100 ml Wasser ablöschen, die Sojasauce, den Knoblauch und den Ingwer dazugeben und etwa 1 Minute einkochen lassen. Die kalte Butter unterrühren. Das Fleisch wieder hineinlegen und knapp unter dem Siedepunkt etwa 1 Minute ziehen lassen. Den Koriander waschen, trocken schütteln und mit den Stielen klein schneiden. Zu den Hähnchenbrustscheiben geben und mit 1 Prise Chiliflocken würzen.

7 Die Salatzutaten in einer Schüssel mit dem Dressing mischen und nach Belieben abschmecken. Den Salat auf Teller verteilen und die glasierten Hähnchenbrustscheiben darauf anrichten.

Schweinefilets
auf Zwiebel-Minze-Salat mit Mango

FÜR 4 PERSONEN

Für den Zwiebel-Minze-Salat:
2 Zwiebeln (ca. 250 g) · Salz
je 2 EL Dillspitzen, Minzeblätter und Koriandergrün (frisch geschnitten)
50 ml Hühnerbrühe
2 TL Limettensaft · 1 EL Öl
Pfeffer aus der Mühle · Zucker

Für die Schweinefilets:
400 g Schweinefilet (ersatzweise Schnitzelfleisch)
Öl zum Klopfen
12 hauchdünne Scheiben Schwarzwälder Schinken
3–4 EL Öl
½ TL Puderzucker
50 ml Weißwein
4 EL Hühnerbrühe
20 g kalte Butter
Pfeffer aus der Mühle

Außerdem:
½ Mango

1 Für den Zwiebel-Minze-Salat die Zwiebeln schälen, in dünne Ringe schneiden, mit Salz bestreuen und 15 Minuten ziehen lassen. Dann die Zwiebelringe in ein Sieb geben, kurz mit kaltem Wasser abbrausen und abtropfen lassen.

2 Jeweils 1 TL Dill, Minze und Koriander beiseitelegen. Die Brühe mit den restlichen Kräutern, dem Limettensaft und dem Öl in einen hohen Rührbecher geben. Mit Salz, Pfeffer und 1 Prise Zucker würzen und mit dem Stabmixer pürieren. Dann die beiseitegelegten Kräuter hineinrühren. Die Kräuterpaste mit den Zwiebelringen mischen und nachwürzen.

3 Für die Schweinefilets das Filet in 12 Scheiben schneiden und zwischen zwei Lagen geölter Frischhaltefolie mit dem Plattiereisen oder der flachen Seite eines Schnitzelklopfers zu dünnen Scheiben klopfen. Die Fleischscheiben mit den Schinkenscheiben umwickeln.

4 Das Öl in einer Pfanne erhitzen und das Fleisch darin bei mittlerer Hitze auf jeder Seite 1 bis 2 Minuten anbraten. Herausnehmen und warm halten. Das Öl mit Küchenpapier aus der Pfanne tupfen. Den Puderzucker hineingeben und hell karamellisieren. Mit dem Wein ablöschen und einköcheln lassen. Erst die Brühe, dann die kalte Butter hinzufügen.

5 Die Mango schälen und in kleine Würfel schneiden. Die Schweinefilets auf vorgewärmte Teller verteilen und etwas Pfeffer darübermahlen. Mit der Sauce beträufeln und den Zwiebel-Minze-Salat daneben anrichten. Die Mangowürfel darüberstreuen.

Mein Tipp

Durch das Unterrühren der kalten Butter verleiht man dem Bratsatz eine leichte Bindung. Um eine Gerinnung zu vermeiden, darf die Sauce anschließend nicht mehr kochen, da sich sonst die Komponenten nach kurzer Zeit wieder trennen.

Rindfleischsalat
mit Thai-Spargel und Pfifferlingen

Für 4 Personen

Für den Rindfleischsalat:
1 Schalotte
1 rote Peperoni
2 EL Limettensaft
1 Msp. abgeriebene Bio-Limettenschale
2 EL Fischsauce
brauner Zucker
½ TL geriebener Ingwer
2 EL Öl
1 TL geröstetes Sesamöl
400 g Thai-Spargel (oder grüner Spargel) · Salz
je 1 Handvoll Koriander-, Minze-, Thai-Basilikum- und Sellerieblätter
4 Radieschen
1 TL Erdnussöl
600 g Rinderfiletsteaks (ca. 1 cm Dicke)
1 Knoblauchzehe
1 EL helle Sojasauce
1 TL rote Currypaste (siehe z.B. S. 90 oder S. 339)
1 TL Ingwer (in feinen Würfeln)
40 g kalte Butter

Für die Pfifferlinge:
100 g kleine Pfifferlinge
1–2 TL Erdnussöl
1 EL kalte Butter
Salz · Pfeffer aus der Mühle

1 Für den Rindfleischsalat die Schalotte schälen, in feine Ringe schneiden und kurz in eine kleine Schüssel mit Wasser legen. Die Peperoni längs halbieren, entkernen, waschen, in Streifen schneiden und ebenfalls in eine kleine Schüssel mit Wasser legen. Dann in ein Sieb abgießen und abtropfen lassen.

2 Limettensaft und -schale, Fischsauce, 1 Prise braunen Zucker, Peperonistreifen, Ingwer, Öl und Sesamöl verrühren und die Schalottenringe dazugeben.

3 Den Spargel waschen und, falls nötig, die holzigen Enden abschneiden. Die Spargelstangen dritteln und in kochendem Salzwasser 1 bis 2 Minuten blanchieren. In ein Sieb abgießen, kalt abschrecken und abtropfen lassen. Die Kräuter- und Sellerieblätter waschen und trocken schleudern. Die Radieschen putzen, waschen und in Scheiben schneiden.

4 Eine Pfanne bei mittlerer Temperatur erhitzen und den Pfannenboden mit dem Erdnussöl einpinseln. Die Steaks darin 1 bis 2 Minuten anbraten, bis sie sich nach oben wölben und sich an der Oberfläche Fleischsaftperlen bilden. Die Steaks wenden und weiterbraten, bis sie sich erneut wölben und Fleischsaft austritt. Das Fleisch aus der Pfanne nehmen und auf einen vorgewärmten Teller legen.

5 Den Knoblauch schälen und in feine Würfel schneiden. Den Bratsatz mit 100 ml Wasser und der Sojasauce ablöschen. Die Currypaste, den Knoblauch und den Ingwer hineinrühren und 30 Sekunden einköcheln lassen. Die Pfanne vom Herd nehmen und die kalte Butter unterrühren. Die Steaks wieder zurück in die Pfanne geben und in der Sauce wenden.

6 Für die Pfifferlinge die Pilze putzen. Das Öl in einer Pfanne erhitzen und die Pilze darin 2 bis 3 Minuten anbraten. Die kalte Butter unterrühren und mit Salz und Pfeffer würzen.

7 Den Spargel mit den Pfifferlingen auf Tellern anrichten. Die Kräuter- und Sellerieblätter darauf verteilen und alles mit der Marinade beträufeln. Die Schalottenringe und die Peperonistreifen aus der Marinade über den Salat streuen. Die Steaks in Streifen schneiden und auf dem Salat verteilen. Die Currysauce darüberträufeln. Den Rindfleischsalat mit den Radieschen garnieren.

Gebratene Wachtel
auf Linsenspinat

FÜR 4 PERSONEN

Für den Linsenspinat:
2 EL rote Linsen
Salz
800 g junger Spinat
1 Knoblauchzehe
200 ml Gemüsebrühe
1 TL Ingwer (in feinen Würfeln)
400 g Sahne
30 g kalte Butter
2 ½ EL braune Butter (siehe Tipp S. 147)
1 TL Garam Masala
mildes Chilisalz

Für die Wachtel:
je 8 Wachtelbrustfilets und Wachtelkeulen (mit Haut)
1–2 TL Ghee (siehe S. 72)
4 EL Hühnerbrühe
1 Msp. Knoblauch-Ingwer-Paste (siehe S. 339 oder Tipp S. 201)
1–2 Msp. Garam Masala
20 g kalte Butter
mildes Chilisalz

1 Für den Linsenspinat die Linsen in kochendem Salzwasser knapp 10 Minuten gerade weich garen, in ein Sieb abgießen, kalt abbrausen und abtropfen lassen.

2 Den Spinat verlesen, waschen und grobe Stiele entfernen. Den Knoblauch schälen und in feine Würfel schneiden. In einer tiefen Pfanne 190 ml Brühe erhitzen und 600 g Spinat darin kurz zusammenfallen lassen, den restlichen Spinat beiseitelegen. Den Knoblauch und den Ingwer hinzufügen. Die Sahne angießen und kurz köcheln lassen.

3 Alles in einen hohen Rührbecher geben und mit dem Stabmixer pürieren. Die kalte und 2 EL braune Butter hineinmixen und den Spinat wieder in die Pfanne geben. Die restlichen Spinatblätter untermischen. Mit dem Garam Masala und 1 Prise Chilisalz würzen. Den Spinat warm halten.

4 Für die Wachtel die Wachtelbrustfilets und Wachtelkeulen waschen und trocken tupfen, von den Keulen nach Belieben die Knochen auslösen. Das Ghee in einer Pfanne erhitzen, die Brustfilets und die Keulen darin auf der Hautseite goldbraun anbraten, wenden und auf der anderen Seite ebenfalls kurz braten.

5 Das Fleisch aus der Pfanne nehmen und den Bratsatz mit der Brühe ablöschen. Die Knoblauch-Ingwer-Paste und das Garam Masala dazugeben. Die kalte Butter unterrühren und die Sauce mit Chilisalz würzen. Die Wachtelteile in der Sauce knapp unter dem Siedepunkt etwa 2 Minuten saftig durchziehen lassen.

6 Die restliche braune Butter und die übrige Brühe erhitzen und die Linsen darin erwärmen. Mit Chilisalz würzen. Den Spinat auf vorgewärmte Teller verteilen, die Linsen darüberstreuen und je 2 Wachtelbrustfilets und -keulen daneben anrichten.

Lammkebab auf Kurkuma-Kraut-Salat
mit Koriander-Raita

Für 4 Personen

Für den Kurkuma-Kraut-Salat:
500 g fester Weißkohl · Salz
2 TL gemahlene Kurkuma
2 EL Weißweinessig
2 EL mildes Salatöl
1 TL Ajowan (Königskümmel; ersatzweise je 1 Prise gehackter Thymian und gehacktes Bohnenkraut)
mildes Chilisalz · Pfeffer aus der Mühle · Zucker

Für die Koriander-Raita:
1 EL Koriandergrün (frisch geschnitten)
300 g Naturjoghurt
1 EL Limettensaft
½ TL abgeriebene Bio-Limettenschale
mildes Chilisalz · Pfeffer aus der Mühle · Zucker

Für den Lammkebab:
80 g Toastbrot
80 ml Milch · ½ Zwiebel
3 EL Öl · 2 Eier
Salz · Pfeffer aus der Mühle
1–2 TL gemahlener Kreuzkümmel
1 TL gemahlener Kardamom
½ TL Nelkenpulver
1 TL scharfes Räucherpaprikapulver (Piment de la Vera picante)
abgeriebene Schale von ½ Bio-Zitrone
1 TL geriebener Ingwer
2 geriebene Knoblauchzehen
1 Hähnchenbrustfilet (ca. 120 g)
100 g gekochter Hinterschinken
400 g Lammhackfleisch

1 Für den Kurkuma-Kraut-Salat den Kohl putzen und die äußeren Blätter entfernen. Den Kohl vierteln, den Strunk entfernen und die Viertel in Streifen hobeln. In einem großen Topf etwa 3 l Salzwasser aufkochen und mit Kurkuma würzen. Den Kohl darin 2 bis 3 Minuten blanchieren, in ein Sieb abgießen und abtropfen lassen. Die Kohlstreifen in eine Schüssel füllen, etwas ausbreiten und lauwarm abkühlen lassen.

2 Den Essig und das Öl unter den Weißkohl mischen, den Ajowan hinzufügen und den Salat mit Chilisalz, Pfeffer und 1 Prise Zucker würzen. Den Salat weitere 10 bis 15 Minuten ziehen lassen und gegebenenfalls nochmals etwas nachwürzen.

3 Für die Koriander-Raita den Koriander mit dem Joghurt, Limettensaft und -schale verrühren und mit Chilisalz, Pfeffer und Zucker würzen.

4 Für den Lammkebab das Toastbrot in Würfel schneiden und mit der Milch mischen. Die Zwiebel schälen und in feine Würfel schneiden. In einer Pfanne 1 EL Öl erhitzen und die Zwiebel darin bei milder Hitze glasig andünsten. Die Eier mit Salz, Pfeffer, Gewürzen, Zitronenschale, Ingwer und Knoblauch verquirlen.

5 Das Hähnchenbrustfilet waschen, trocken tupfen und in kleine Würfel schneiden. Die Würfel nochmals gut durchhacken. Den Schinken in sehr kleine Würfel schneiden oder durch den Fleischwolf drehen.

6 Das Lammhackfleisch mit der Hähnchenbrust, den Schinkenwürfeln, dem eingeweichten Brot, der Zwiebel und der Eiermasse mischen. Mit angefeuchteten Händen etwa 20 kleine Röllchen daraus formen. Das restliche Öl in einer großen Pfanne erhitzen und die Röllchen darin rundum goldbraun braten.

7 Die Lammkebabs auf Teller verteilen und den Kurkuma-Kraut-Salat dazu anrichten. Mit der Koriander-Raita servieren.

Mein Tipp

Die Kebabmasse wird traditionell gerne noch mit 80 bis 100 g klein gehacktem bzw. durch den Fleischwolf gedrehtem Lammnierenfett angereichert, wodurch die fertig gebratenen Kebabs besonders saftig werden.

Chapati

FÜR 8 FLADEN

150 g Weizenvollkornmehl
150 g Weizenmehl (Type 1050)
Salz
1 EL Öl
Mehl für die Arbeitsfläche
8 TL flüssiges Ghee (siehe S. 72)

1 Beide Mehlsorten mit 1 TL Salz und dem Öl in eine Schüssel geben. Nach und nach 200 ml kaltes Wasser hinzufügen und alles mit den Händen oder den Knethaken des Handrührgeräts zu einem glatten Teig verarbeiten. Den Teig in Frischhaltefolie wickeln und mindestens 10 Minuten bei Zimmertemperatur ruhen lassen (er hält sich aber auch 2 bis 3 Tage im Kühlschrank und kann daher gut im Voraus vorbereitet werden).

2 Den Teig in 8 gleich große Portionen teilen und auf der bemehlten Arbeitsfläche zu glatten Kugeln formen. Dann 4 bis 5 Minuten liegen lassen, bis sich der Teig wieder entspannt hat. Die Teigkugeln mit dem Nudelholz zu runden Fladen von 15 bis 16 cm Durchmesser ausrollen.

3 In einer Pfanne mit dickem Boden 1 Fladen ohne Fett bei starker Hitze knapp 30 Sekunden anbraten. Wenden und die andere Seite ebenfalls etwa 30 Sekunden anrösten. Nochmals wenden und 15 bis 20 Sekunden weiterrösten, dabei den Teigfladen mit einem mehrfach gefalteten Küchentuch immer wieder an verschiedenen Stellen vorsichtig andrücken und etwas drehen (darauf achten, dass vor allem die noch rohen Stellen, z.B. am Teigrand, starker Hitze ausgesetzt werden). Wenn dunkle Flecken entstehen und der Teig beginnt, aufzugehen, den Fladen ein letztes Mal wenden und mit der anderen Seite ebenso verfahren.

4 Den Chapatifladen aus der Pfanne nehmen, auf einen Teller legen und die Oberseite mit 1 TL Ghee bestreichen. Den restlichen Teig auf dieselbe Weise verarbeiten, dabei nach jedem Backvorgang das dunkle Mehl aus der Pfanne entfernen. Die fertigen Chapati aufeinanderlegen und bis zum Servieren in Alufolie wickeln.

Mein Tipp

Dieser Teig ist die Basis für vielerlei indische Brotspezialitäten. Für Roti z.B. werden die Fladen an der Innenwand eines Tandoori-Ofens gebacken, für Puri werden sie frittiert, für Paratha gefüllt. Für Letzteres wird nach dem Ausrollen z.B. eine Kartoffelfüllung auf den Teig gegeben, der Teig darüber zusammengeschlagen, ruhen gelassen und wieder ausgerollt, dann gebacken. Lecker schmeckt auch eine Füllung aus Zwiebel, Blumenkohl, Knoblauch und Minze.

Naan

FÜR 8 FLADEN

500 g Weizenmehl
1 TL Backpulver
150 ml Milch
100 g Naturjoghurt
2 Eier
⅓ Würfel Hefe (ca. 14 g)
½ TL Zucker
Salz
2 EL Öl
Mehl für die Arbeitsfläche
2 TL ganzer Schwarzkümmel
8 TL Koriandergrün (frisch geschnitten)
8 TL flüssiges Ghee (siehe S. 72)

1 Mehl und Backpulver in eine große Schüssel sieben. Milch, Joghurt, Eier, Hefe, Zucker und 1 TL Salz in eine Schüssel geben und mit dem Schneebesen glatt rühren. Zum Mehl geben und 1 bis 2 Minuten mit den Händen oder den Knethaken des Handrührgeräts vermengen. Das Öl hinzufügen und weitere 1 bis 2 Minuten zu einem glatten Teig verarbeiten. Die Schüssel mit Frischhaltefolie bedecken und den Teig bei Zimmertemperatur mindestens 1 Stunde ruhen lassen.

2 Den Teig in 8 Portionen teilen und zu Kugeln formen. Auf eine leicht bemehlte Fläche legen, mit Frischhaltefolie bedecken und weitere 20 Minuten ruhen lassen.

3 Den Backofen auf 250 °C vorheizen. Die Kugeln auf der bemehlten Arbeitsfläche mit dem Nudelholz zu 8 ovalen Fladen (etwa 10 x 20 cm) ausrollen. Die Fladen auf ein mit Backpapier belegtes Backblech legen und mit jeweils 1 Msp. Schwarzkümmel und 1 TL Koriander bestreuen. Im Ofen auf der untersten Schiene 5 Minuten backen. Einmal wenden und und weitere 5 Minuten backen. Die Naanbrote aus dem Ofen nehmen und mit je 1 TL Ghee bepinseln.

Gefülltes Naan

FÜR 8 FLADEN

200 g Feta (Schafskäse)
Pfeffer aus der Mühle
Chiliflocken
½ TL Ajowan (Königskümmel; ersatzweise je1 Prise gehackter Thymian und gehacktes Bohnenkraut)
1 EL Minzeblätter (frisch geschnitten)
1 Grundrezept für Naanteig (siehe oben)
Mehl für die Arbeitsfläche
8 TL flüssiges Ghee (siehe S. 72)

1 Den Käse in kleine Würfel schneiden und mit Pfeffer, 1 Prise Chiliflocken und Ajowan würzen. Mit der Minze mischen.

2 Den Naanteig in 8 Portionen teilen und zu Kugeln formen. Auf eine leicht bemehlte Fläche legen, mit Frischhaltefolie bedecken und weitere 20 Minuten ruhen lassen. Die Kugeln auf der bemehlten Arbeitsfläche mit dem Nudelholz zu 8 runden Fladen (12 bis 15 cm Durchmesser) ausrollen.

3 Den Backofen auf 250 °C vorheizen. Jeweils ein Achtel der Käsefüllung mittig auf 1 Fladen verteilen. Den Teig darüber zusammenfassen und andrücken. Auf der Nahtseite auf die leicht bemehlte Arbeitsfläche legen und 2 Minuten ruhen lassen.

4 Erneut zu einem Fladen von 12 bis 15 cm ausrollen. Auf ein mit Backpapier belegtes Backblech legen und im Ofen auf der untersten Schiene 5 Minuten backen. Einmal wenden und weitere 5 Minuten backen. Die Naanbrote aus dem Ofen nehmen und mit je 1 TL Ghee bepinseln.

Gebackene »Frühlingsroulade« vom Kalb
mit Selleriesauce

FÜR 4 PERSONEN

Für die Selleriesauce:
100 g Knollensellerie
200 ml Gemüsebrühe
50 g Sahne
20 g kalte Butter
Salz · Pfeffer aus der Mühle
Vietnamesische Gewürzmischung (aus dem Gewürzladen oder siehe Tipp S. 232)
mildes Chilipulver

Für die »Frühlingsroulade«:
50 g Blattspinat
20 g Koriandergrün · Salz
1–2 TL Erdnüsse
½ Knoblauchzehe
1 Msp. geriebener Ingwer
5–6 EL Öl
1 TL Sesamöl
1 Spritzer Limettensaft
mildes Chilisalz
Pfeffer aus der Mühle
4 dünne Kalbsschnitzel (à 90–100 g; aus der Oberschale)
Erdnussöl zum Klopfen und Frittieren
4 EL helle Sojasauce
2 EL Speisestärke
1 Eiweiß
8 große Blätter Frühlingsrollenteig (à ca. 20 x 20 cm)

1 Für die Selleriesauce den Sellerie putzen, schälen und in kleine Würfel schneiden. Die Brühe in einem Topf aufkochen lassen und die Selleriewürfel darin mit geschlossenem Deckel bei milder Hitze etwa 30 Minuten weich garen.

2 Inzwischen für die »Frühlingsroulade« den Spinat verlesen und waschen, grobe Stiele entfernen. Den Koriander waschen und trocken tupfen. Den Spinat in kochendem Salzwasser etwa 30 Sekunden blanchieren. In ein Sieb abgießen, kalt abschrecken und abtropfen lassen. Mit den Händen gut ausdrücken und mit dem Koriander klein schneiden.

3 Die Erdnüsse in einer Pfanne ohne Fett anrösten, herausnehmen und grob hacken. Den Knoblauch schälen und fein reiben. Spinat und Koriander mit Erdnüssen, Knoblauch, Ingwer, Öl und Sesamöl in den Küchenmixer geben. Den Limettensaft hinzufügen, mit Chilisalz und Pfeffer würzen und alles zu einer feinkörnigen Paste mixen.

4 Die Kalbsschnitzel halbieren und zwischen zwei Lagen geölter Frischhaltefolie auf etwa die doppelte Größe klopfen. Die Sojasauce mit der Speisestärke verrühren und die Schnitzel darin wenden. Etwas abtropfen lassen, auf einer Seite mit der Kräuterpaste bestreichen und die Schnitzel mit der Pastenseite nach innen aufrollen.

5 Das Eiweiß mit 1 Prise Salz verquirlen. Ein Frühlingsrollenteigblatt mit einer Spitze nach oben auf ein Brett legen und die Ränder mit Eiweiß bestreichen. Eine Roulade daraufsetzen, die untere Teigspitze darüberschlagen und so weit einrollen, dass die Roulade einmal umhüllt ist. Die seitlichen Enden einklappen und das Blatt fertig aufrollen. Mit den restlichen Rouladen und Teigblättern ebenso verfahren.

6 Reichlich Öl in der Fritteuse oder einem großen Topf auf 180 °C erhitzen – es ist heiß genug, wenn sich an einem hineingehaltenen Holzlöffelstiel Blasen bilden. Die Frühlingsrollen darin 3 bis 4 Minuten knusprig frittieren. Mit dem Schaumlöffel herausheben und auf Küchenpapier abtropfen lassen.

7 Die Sahne zum Sellerie geben und alles mit dem Stabmixer fein pürieren. Die kalte Butter untermixen und mit Salz, Pfeffer sowie je 1 Prise Gewürzmischung und Chilipulver würzen. Die Selleriesauce auf vorgewärmte Teller verteilen, die gebackenen »Frühlingsrouladen« schräg halbieren und darauf anrichten.

Glücksrollen mit Schinken
und süßsaurer Chilisauce

Für 4 Personen

Für die Chilisauce:
1 rote Peperoni
2 Knoblauchzehen
1 EL Speisestärke
50 g Zucker
1–2 EL Fischsauce
4 EL Reisessig
1 TL Tomatenmark
1 TL Ingwer (in feinen Würfeln)
abgeriebene Schale von ½ Bio-Limette

Für die Glücksrollen:
150 g weißer Rettich · Salz
½ Bio-Salatgurke (ca. 200 g)
200 g gekochter Hinterschinken
1 Handvoll Kopfsalatblätter
2 Chinakohlblätter (ca. 65 g)
1 rote Peperoni
2 Handvoll gemischte Kräuterblätter (z.B. Basilikum, Dill, Kerbel, Koriander, Minze, Thai-Basilikum)
8 runde Reispapierblätter (ca. 20 cm Durchmesser)

1 Für die Chilisauce die Peperoni längs halbieren, entkernen, waschen und in feine Würfel schneiden. Den Knoblauch schälen und in feine Würfel schneiden. Die Speisestärke mit wenig kaltem Wasser glatt rühren.

2 In einem Topf 375 ml Wasser mit Peperoni, Knoblauch, Zucker, Fischsauce, Essig, Tomatenmark und Ingwer aufkochen lassen. Die Speisestärke hineinrühren und unter Rühren knapp 2 Minuten sanft köcheln lassen, bis die Sauce bindet. Mit dem Stabmixer fein pürieren, die Limettenschale dazugeben und die Sauce abkühlen lassen.

3 Für die Glücksrollen den Rettich putzen, schälen und in etwa 5 cm lange dünne Streifen schneiden. Die Rettichstreifen mit Salz bestreuen, 10 Minuten ziehen lassen und auf einem Sieb abtropfen lassen.

4 Die Gurke waschen, längs halbieren und die Gurke mit einem Löffel entkernen. Die Gurke in lange, dünne Streifen schneiden. Den Schinken in dünne Streifen schneiden. Die Salatblätter waschen und trocken schleudern, die dicken Blattrippen entfernen. Die Chinakohlblätter waschen, trocken tupfen und in Streifen schneiden. Die Peperoni längs halbieren, entkernen, waschen und in feine Streifen schneiden. Die Kräuterblätter waschen und trocken schleudern.

5 Die Reispapierblätter nacheinander zwischen zwei nassen Küchentüchern jeweils etwa 3 Minuten einweichen (siehe S. 104). Die Ränder frei lassen und je ein Achtel von Rettich, Gurke, Schinken, Kopfsalat, Chinakohl und Kräuterblättern längs auf den Reisblättern verteilen. Die seitlichen Enden des Reisblatts leicht über die Füllung klappen, dann das Reispapierblatt von unten über die Füllung schlagen und aufrollen. Die Glücksrollen mit der süßsauren Chilisauce servieren.

Mein Tipp

Von der süßsauren Sauce können Sie gleich eine größere Menge auf Vorrat zubereiten. Sie hält sich, in heiß ausgespülte Schraubgläser gefüllt und im Kühlschrank aufbewahrt, 1 bis 2 Wochen. Wenn die Zeit knapp ist, können Sie zu den Glücksrollen alternativ auch eine fertige süßsaure oder süßscharfe Chilisauce servieren.

Gebratene Dim Sum
auf Liebstöckelsauce

FÜR 4 PERSONEN

Für die Dim Sum:
200 g Mehl
40 g Toastbrot
50 ml Milch
¼ Zwiebel
80 ml Hühnerbrühe
1 Ei
1 TL scharfer Senf
1 TL Fünf-Gewürze-Pulver
abgeriebene Schale von 1 Bio-Limette
½ TL abgeriebene Bio-Orangenschale
Salz · Pfeffer aus der Mühle
125 g Kalbshackfleisch
125 g Schweinehackfleisch
1 EL Koriandergrün (frisch geschnitten)

Für die Liebstöckelsauce:
2 EL helle Sojasauce
4 EL Petersilienblätter (frisch geschnitten)
8 Liebstöckelblätter (frisch geschnitten)
1 Knoblauchzehe (in Scheiben)
1 TL Ingwer (in feinen Würfeln)
1 Msp. Sternanispulver
mildes Chilipulver
80 g kalte Butter

Außerdem:
Mehl für die Arbeitsfläche
Kräuter- oder Salatblätter zum Garnieren

1 Für die Dim Sum das Mehl in eine Schüssel sieben. ⅛ l Wasser aufkochen, zum Mehl gießen und beides mit den Knethaken des Handrührgeräts zu einem glatten Teig verarbeiten. Den Teig in Frischhaltefolie wickeln und 30 Minuten ruhen lassen.

2 Den Teig zu einer Rolle (etwa 2 cm Durchmesser) formen, in 24 gleich große Stücke schneiden, zu Kugeln rollen und 2 Minuten ruhen lassen. Dann mit dem Nudelholz auf der leicht bemehlten Arbeitsfläche zu möglichst dünnen Scheiben ausrollen und daraus Kreise (etwa 10 cm Durchmesser) ausstechen.

3 Das Toastbrot in Würfel schneiden und in einer Schüssel mit der Milch mischen. Die Zwiebel schälen und in feine Würfel schneiden. Die Brühe in einer Pfanne erhitzen und die Zwiebel darin bei milder Hitze glasig dünsten, bis die Flüssigkeit verkocht ist.

4 Das Ei mit Senf, Fünf-Gewürze-Pulver und Limetten- und Orangenschale verquirlen, mit Salz und Pfeffer würzen. Beide Hackfleischsorten mit dem eingeweichten Brot, den verquirlten Eiern, der Zwiebel und dem Koriander mischen.

5 Aus der Füllung 24 kleine Knödel formen. Jeweils mittig auf die Teigblätter setzen und die Teigränder dünn mit Wasser bestreichen. Den Teig über die Füllung klappen, sodass Halbmonde entstehen. Die Teigränder aneinanderdrücken (dabei darauf achten, dass keine Luft in den Täschchen eingeschlossen bleibt) und in Fältchen legen oder mit einer Gabel etwas andrücken.

6 Die Teigtascherl portionsweise in ein Bambuskörbchen setzen. Im Wok oder in einem Topf wenig Wasser aufkochen, das Bambuskörbchen mit geschlossenem Deckel hineinstellen und die Fleischtascherl bei mittlerer Hitze 5 bis 6 Minuten gar dämpfen.

7 Für die Liebstöckelsauce die Sojasauce mit ⅛ l Wasser in einem kleinen Topf erhitzen. Petersilie, Liebstöckel, Knoblauch und Ingwer dazugeben und 3 Minuten leicht köcheln lassen. Mit dem Sternanispulver und 1 Prise Chilipulver würzen. Die kalte Butter unterrühren und alles mit dem Stabmixer pürieren. Falls nötig, etwas nachwürzen.

8 Nach Belieben die Fleischtascherl in einer Pfanne in wenig Erdnussöl hellbraun anbraten. Die Liebstöckelsauce kurz vor dem Servieren nochmals aufmixen, auf vorgewärmte tiefe Teller verteilen und die Fleischtascherl hineinsetzen. Mit den Kräuterblättern garnieren.

Glasierte Sichuan-Schnecken
mit Petersilien-Sternanis-Sauce

FÜR 4 PERSONEN

Für die Petersilien-Sternanis-Sauce:

1 ½ EL helle Sojasauce
½ TL Chinesische Gewürzpaste (siehe S. 339; ersatzweise 1 Prise Fünf-Gewürze-Pulver)
½ TL Speisestärke
1 Knoblauchzehe
4 EL Petersilienblätter (frisch geschnitten)
1 TL Ingwer (in feinen Würfeln)
1 Msp. Sternanispulver
mildes Chilipulver
50 g kalte Butter

Für die Sichuan-Schnecken:

180 g Weinbergschnecken (aus dem Glas) · 1 Schalotte
1 Knoblauchzehe
30 g Butter · 1–2 TL Ingwer (in sehr feinen Streifen)
1–2 TL helle Sojasauce
Sichuanpfeffer aus der Mühle

1 Für die Petersilien-Sternanis-Sauce in einem kleinen Topf ⅛ l Wasser mit der Sojasauce und der Gewürzpaste erhitzen. Die Speisestärke mit wenig kaltem Wasser glatt rühren und in die köchelnde Flüssigkeit rühren, bis diese leicht sämig bindet.

2 Den Knoblauch schälen und in Scheiben schneiden. Die Petersilie, den Knoblauch und den Ingwer zum Sud geben und 3 Minuten leicht köcheln lassen. Das Sternanispulver, 1 Prise Chilipulver und die kalte Butter dazugeben und alles mit dem Stabmixer pürieren. Gegebenenfalls noch etwas nachwürzen.

3 Für die Sichuan-Schnecken die Weinbergschnecken auf einem Sieb kalt abbrausen, abtropfen lassen und trocken tupfen. Die Schalotte und den Knoblauch schälen und in feine Würfel schneiden.

4 In einer Pfanne 1 EL Butter erhitzen. Die Schalotten- und Knoblauchwürfel sowie den Ingwer darin bei milder Hitze andünsten. Die Schnecken dazugeben und erhitzen. Mit der Sojasauce und Sichuanpfeffer würzen und die restliche Butter unterrühren.

5 Die Petersilien-Sternanis-Sauce auf vorgewärmte tiefe Teller verteilen und die Sichuan-Schnecken darauf anrichten. Dazu passt Baguette.

Mein Tipp

Weinbergschnecken werden vielerorts, vor allem in Frankreich, als Delikatesse geschätzt. Sie sind streng geschützt, deshalb stammen die im Handel erhältlichen Schnecken fast ausschließlich aus der Schneckenzucht. Der Klassiker ist ein halbes oder ganzes Dutzend Weinbergschnecken als Vorspeise, die in einem sogenannten »Schneckenpfännchen« mit Kräuterbutter im Backofen gegart werden.

Lachscarpaccio
mit indischer brauner Butter

FÜR 4 PERSONEN

2 EL Cashewkerne
400 g Lachsfilet (Sushi-Qualität)
2 Knoblauchzehen
100 g braune Butter (siehe Tipp unten)
8 dünne Scheiben Ingwer
8 angedrückte grüne Kardamomkapseln
½–1 TL mildes Currypulver
1 TL abgeriebene Bio-Limettenschale
mildes Chilisalz
Saft von ½ Limette
Kräuterblätter zum Garnieren (z. B. Dill, Kerbel, Koriander, Petersilie)

1 Die Cashewkerne grob hacken und in einer Pfanne ohne Fett hell anrösten. Das Lachsfilet waschen, trocken tupfen und mit einem scharfen Messer schräg in möglichst dünne Scheiben schneiden. Den Knoblauch schälen und in Scheiben schneiden.

2 Die braune Butter mit dem Knoblauch, dem Ingwer und dem Kardamom erwärmen. Das Currypulver und die Limettenschale unterrühren.

3 Vier heiße Teller mit Chilisalz bestreuen. Die Lachsscheiben nebeneinander darauf verteilen, nochmals mit Chilisalz würzen und mit dem Limettensaft beträufeln.

4 Die Gewürzbutter noch einmal kurz erhitzen und gleichmäßig über die Lachsscheiben träufeln. Mit den Cashewkernen bestreuen und mit Kräuterblättern garnieren. Dazu passt Naan (siehe S. 141).

Mein Tipp

Braune Butter hat ein schönes nussiges Aroma und verfeinert viele Gerichte: Für etwa 200 g braune Butter 250 g Butter in einem Topf bei milder Hitze zerlassen. Dann etwa 10 Minuten köcheln lassen, bis sie goldbraun ist. Die Butter durch ein mit einem Küchenpapier ausgelegtes Sieb gießen und in einer Schüssel auffangen. Die braune Butter abkühlen lassen und in ein gut verschließbares Glas füllen. So hält sie im Kühlschrank mindestens 8 Wochen.

Thunfischtatar
mit knusprigen Limettenblättern

Für 4 Personen

Für das Thunfischtatar:
500 g Thunfischfilet (Sushi-Qualität) · 2–3 EL mildes Olivenöl
1 EL Einlegeflüssigkeit von eingelegtem Ingwer · 2 EL Fischsauce · 2 EL Limettensaft
1 TL abgeriebene Bio-Limettenschale · ½ TL Dijon-Senf
1 Msp. mildes Chilipulver
1 TL geröstete helle Sesamsamen
ein paar Tropfen geröstetes Sesamöl

Für die knusprigen Limettenblätter:
1 TL mildes Chilisalz
je ½ TL geröstete helle und schwarze Sesamsamen
Erdnussöl zum Frittieren
16 Kaffir-Limettenblätter

Für den Kräutersalat:
2 Handvoll kleine Salatblätter (z.B. Mini-Mangold, Rucola, Feldsalat, Kopfsalatherzen)
2 Handvoll Kräuterblätter (z.B. Minze, Dill, Shisokresse, Thai-Basilikum, Langer Koriander)
1 Kaffir-Limettenblatt · 2 EL Gemüsebrühe · 1–2 TL Limettensaft
1 TL helle Sojasauce · 1 TL Olivenöl · 1 TL geröstetes Sesamöl
Zucker

Außerdem:
½ rote Peperoni
je 1 TL geröstete helle und schwarze Sesamsamen

1 Für das Thunfischtatar den Thunfisch in 6 bis 8 mm große Würfel schneiden. Mit dem Olivenöl mischen, dann Ingwer-Einlegeflüssigkeit, Fischsauce, Limettensaft, Limettenschale, Senf, Chilipulver, Sesam und Sesamöl unterrühren.

2 Für die knusprigen Limettenblätter das Chilisalz mit beiden Sesamsorten mischen. Reichlich Öl in der Fritteuse oder in einem großen Topf auf 180°C erhitzen – es ist heiß genug, wenn sich an einem hineingehaltenen Holzlöffelstiel Blasen bilden. Die Kaffir-Limettenblätter im Öl 30 bis 60 Sekunden knusprig frittieren. Mit dem Schaumlöffel herausheben und auf Küchenpapier abtropfen lassen. Sofort mit dem Sesam-Salz bestreuen.

3 Für den Kräutersalat die Salat- und Kräuterblätter waschen und trocken schleudern. Für die Marinade das Kaffir-Limettenblatt in hauchdünne Streifen schneiden. Die Brühe mit Limettensaft, Sojasauce, Olivenöl und Sesamöl verrühren und mit 1 Prise Zucker würzen.

4 Die Peperoni entkernen, waschen und schräg in 2 bis 3 mm dünne Streifen schneiden. In eine kleine Schüssel mit kaltem Wasser legen – dabei werden sie knackig und kringeln sich.

5 Einen Metallring (6 bis 7 cm Durchmesser) mittig auf einen Teller setzen, ein Viertel des Tatars hineinfüllen und glatt streichen. Den Ring abziehen und das übrige Tatar ebenso auf drei weiteren Tellern anrichten.

6 Die Salat- und Kräuterblätter mit der Marinade mischen und um das Thunfischtatar verteilen. Die Peperonikringel trocken tupfen und darüberstreuen. Mit den knusprigen Limettenblättern garnieren und mit den Sesamsamen bestreuen.

Mein Tipp

Das helle Sesamöl dient in der asiatischen Küche als Speiseöl und wird aus den naturbelassenen Sesamsamen gewonnen. Es ist blassgelb und nahezu geruchs- und geschmacksneutral. Für das dunkle Sesamöl werden die Samen vor dem Pressen geröstet, was dem Öl eine dunkle Bernsteinfarbe, den typischen, intensiven Geruch und den Geschmack von gerösteten Nüssen verleiht. Man verwendet es nur in kleinen Mengen zum Würzen und Verfeinern.

Vongole
mit Zitronengras und Galgant

Für 4 Personen

3 Kaffir-Limettenblätter
2 Stängel Zitronengras
2 Knoblauchzehen
300 ml Gemüsebrühe
1 TL gelbe Currypaste (siehe z.B. S. 339)
5 Scheiben Galgant (ersatzweise Ingwer)
50 g kalte Butter · Salz
2 kg Venusmuscheln
6 Stiele Koriander

1 Die Kaffir-Limettenblätter mehrmals einreißen. Vom Zitronengras die welken Außenblätter und die obere, trockene Hälfte entfernen, die untere Hälfte längs und quer halbieren. Den Knoblauch schälen und in Scheiben schneiden.

2 Die Brühe in einer großen tiefen Pfanne erhitzen und die Currypaste hineinrühren. Kaffir-Limettenblätter, Zitronengras, Knoblauch und Galgant hinzufügen und knapp unter dem Siedepunkt 10 Minuten ziehen lassen. Dann die Kaffir-Limettenblätter und das Zitronengras entfernen. Den Sud in einen hohen Rührbecher geben und die kalte Butter mit dem Stabmixer unterrühren. Gegebenenfalls mit Currypaste und Salz nachwürzen.

3 Die Venusmuscheln unter fließendem kaltem Wasser waschen, geöffnete Exemplare aussortieren. In einem Topf 200 ml Salzwasser erhitzen, die Muscheln hineingeben und mit geschlossenem Deckel garen, bis sie sich öffnen. Inzwischen den Koriander waschen, trocken schütteln und mit den Stielen klein schneiden.

4 Die Muscheln mit dem Schaumlöffel herausnehmen, geschlossene Exemplare aussortieren. Die Vongole mit dem Zitronengrassud mischen, auf vorgewärmte Suppenteller verteilen und mit dem Koriander bestreuen. Dazu passt Weißbrot.

Mein Tipp

Venusmuscheln sind kleiner als Miesmuscheln und haben eine feinere Konsistenz. Wie andere Muscheln auch, sind Venusmuscheln in der Zeit von Herbst bis Ende Februar am besten. Die Vongole werden zu einem feinen Hauptgericht, wenn Sie 400 g Spaghetti nach Packungsanweisung in reichlich kochendem Salzwasser garen und zuletzt mit den Venusmuscheln und dem Zitronengrassud mischen.

Gemüsewrap
mit Chili-Fisch-Sauce

Für 4 Personen

Für die Chili-Fisch-Sauce:
1 Knoblauchzehe
1 rote Chilischote
2 ½ EL Limettensaft
20 g Zucker
2 EL Fischsauce

Für den Gemüsewrap:
100 g Rettich
Salz
½ Mango
½ Papaya
1 Karotte
1 Zucchino (ca. 300 g)

Außerdem:
kleine Kräuterblätter (z.B. Koriander) und Sprossen (z.B. Rettich-, Alfalfasprossen, Kresse)

1 Für die Chili-Fisch-Sauce den Knoblauch schälen und in sehr feine Würfel schneiden. Die Chilischote längs halbieren, entkernen, waschen und ebenfalls in sehr feine Würfel schneiden. Den Limettensaft mit dem Zucker, der Fischsauce und 4 EL Wasser mischen. Den Knoblauch und die Chiliwürfel unterrühren.

2 Für den Gemüsewrap den Rettich schälen und in 2 bis 3 mm dicke und 5 bis 6 cm lange Stifte schneiden. Mit Salz bestreuen und 10 Minuten ziehen lassen. Inzwischen die Mango schälen, die Kerne der Papaya mit einem Löffel entfernen und die Papaya schälen. Die Mango und die Papaya in 5 bis 7 mm dicke und 5 bis 6 cm lange Stifte schneiden. Die Karotte schälen und in 2 bis 3 mm dicke Stifte schneiden.

3 Den Zucchino auf etwa 12 cm Länge zuschneiden, längs in 2 bis 3 mm dicke Scheiben schneiden und in kochendem Salzwasser 30 bis 60 Sekunden blanchieren. Die Zucchinoscheiben mit dem Schaumlöffel herausheben, in einem Sieb kalt abschrecken und abtropfen lassen. Die Scheiben nebeneinander auf die Arbeitsfläche legen.

4 Die Zucchinoscheiben quer mit Mango, Papaya, Rettich und Karotten belegen, sodass die Füllung auf einer Seite mit der Zucchino abschließt und auf der anderen Seite über den Rand hinaussteht. Die Scheiben einrollen und aufstellen.

5 Die Chilisauce in ein kleines Schälchen geben. Die Gemüsewraps auf Teller oder eine große Platte setzen, mit Kräuterblättern und Rettichsprossen garnieren und servieren. Die Chilisauce dazu reichen (Rezeptfoto siehe S. 126/127).

Süßsaure Brezenknödel
mit Thai-Spargel und Steinpilzen

Für 4 Personen

Für die Brezenknödel:
250 g weiche Brezenstangen (vom Vortag)
2 Eier · ¼ l Milch
Salz
frisch geriebene Muskatnuss
½ Zwiebel · 2 EL Erdnussöl
2 TL rote Currypaste (siehe z.B. S. 90 oder 339)
1 EL Koriandergrün (frisch geschnitten)

Für das Dressing:
1 Stängel Zitronengras
1 Kaffir-Limettenblatt
1 Knoblauchzehe (in Scheiben)
2 Scheiben Ingwer
150 ml Gemüsebrühe
2–3 EL Weißweinessig
3 EL Öl
1 TL geröstetes Sesamöl
Zucker
Salz · Pfeffer aus der Mühle

Für den Salat:
1 Bund Frühlingszwiebeln
½ Bund Radieschen
1 Bund Thai-Spargel (oder grüner Spargel) · Salz
200 g kleine feste Steinpilze
1 EL Erdnussöl
Chilisalz

1 Für die Brezenknödel von den Brezenstangen das Salz abreiben und die Stangen in ½ bis 1 cm große Würfel schneiden. Die Eier in einer Schüssel verquirlen, die Milch aufkochen und unter die Eier rühren. Mit Salz und 1 Prise Muskatnuss würzen und die Brezenwürfel untermischen.

2 Die Zwiebel schälen und in feine Würfel schneiden. In einer Pfanne 1 EL Öl erhitzen und die Zwiebel darin bei milder Hitze glasig andünsten. Die Currypaste dazugeben und kurz mitdünsten. Zwiebel, Paste und Koriander unter die Brezenmasse mischen und, falls nötig, nachwürzen.

3 Vier Lagen Alufolie jeweils mit Frischhaltefolie belegen. Die Brezenknödelmasse darauf verteilen und zu länglichen Rollen von etwa 3 cm Durchmesser formen. Erst in die Frischhaltefolie einrollen, dann in die Alufolie einwickeln. Die Enden der Alufolie etwas andrücken, dann bonbonartig eindrehen. Die Knödelrollen in einem großen Topf in leicht köchelndem Wasser etwa 30 Minuten garen.

4 Für das Dressing vom Zitronengras die welken Außenblätter und die obere, trockene Hälfte entfernen, die untere Hälfte fein hacken. Das Kaffir-Limettenblatt mehrmals einreißen. Zitronengras, Limettenblatt, Knoblauch, Ingwer und nach Belieben 1 TL rote Currypaste in der Brühe erwärmen und 10 Minuten ziehen lassen. Durch ein Sieb gießen und die Würzbrühe mit Essig, Öl, Sesamöl, ½ TL Zucker, Salz und Pfeffer mischen.

5 Für den Salat die Frühlingszwiebeln putzen, waschen und schräg in Ringe schneiden. Die Radieschen putzen, waschen und in dünne Scheiben hobeln. Den Thai-Spargel waschen und, falls nötig, die Enden etwas abschneiden. Den Spargel in 4 bis 5 cm lange Stücke schneiden und in kochendem Salzwasser 1 bis 2 Minuten garen. In ein Sieb abgießen, kalt abschrecken und abtropfen lassen.

6 Die Steinpilze putzen und je nach Größe halbieren, vierteln oder in ½ cm dicke Scheiben schneiden. Das Öl in einer Pfanne erhitzen und die Pilze darin bei mittlerer Hitze goldbraun braten. Die Frühlingszwiebeln dazugeben, nur kurz mitdünsten und mit Chilisalz würzen. Radieschen, Spargel und Steinpilzgemüse mit der Hälfte des Dressings marinieren, 5 Minuten ziehen lassen und, falls nötig, nachwürzen.

7 Die Knödelrollen aus dem Wasser heben, lauwarm abkühlen lassen, aus den Folien wickeln, nach Belieben längs halbieren und in ½ bis 1 cm dicke Scheiben schneiden. Das restliche Öl in einer Pfanne erhitzen und die Brezenknödelscheiben darin bei mittlerer Hitze goldbraun anbraten. Dachziegelartig oder als kleine Türmchen auf Tellern anrichten, mit dem restlichen Dressing beträufeln und den Gemüsesalat dazu anrichten.

Anisgelee
mit Krevetten und Sellerie

FÜR 4 PERSONEN

1 TL Anissamen
1 Stange Staudensellerie (ca. 60 g; mit Grün)
2 Knoblauchzehen
6 Stiele Koriander
350 ml Gemüsebrühe
2 Blatt Gelatine
½ TL Chinesische Gewürzpaste (siehe S. 339; ersatzweise 1 Prise Fünf-Gewürze-Pulver)
2 TL helle Sojasauce
1 EL Ingwer (in feinen Würfeln)
2–3 TL chinesischer Reiswein
Salz
250 g Krevetten (in Lake)
30 g schwarze Bohnen (aus der Dose)

1 Die Anissamen in einer Pfanne ohne Fett bei mittlerer Hitze rösten, bis sie zu duften beginnen. Den Sellerie putzen und waschen, das Grün abschneiden und für die Garnitur beiseitelegen. Die Selleriestange in Würfel schneiden. Den Knoblauch schälen und in Scheiben schneiden. Den Koriander waschen, trocken tupfen und mit den Stielen klein schneiden.

2 Die Brühe in einem Topf erhitzen, den Sellerie hineingeben und knapp unter dem Siedepunkt etwa 3 Minuten gerade weich garen. In ein Sieb abgießen, dabei die Brühe auffangen, den Sellerie kalt abschrecken und abtropfen lassen.

3 Die Gelatine in kaltem Wasser einweichen. Gewürzpaste, Anissamen, Sojasauce, Knoblauch und Ingwer in der Brühe 1 Minute leicht köcheln lassen, dann knapp unter dem Siedepunkt noch etwa 5 Minuten ziehen lassen. Die Gelatine gut ausdrücken und in der heißen Brühe unter Rühren auflösen. Mit dem Reiswein und Salz abschmecken. Die Brühe durch ein Sieb in eine Schüssel gießen, auf Zimmertemperatur abkühlen lassen und anschließend im kalten Wasserbad oder Eiswasser unter ständigem Rühren mit dem Teigschaber kalt rühren, bis sie zu gelieren beginnt.

4 Die Krevetten in ein Sieb abgießen, kalt abbrausen, abtropfen lassen und gut trocken tupfen. Die Bohnen auf einem Sieb kalt abbrausen und abtropfen lassen. Selleriewürfel, Krevetten und Bohnen unter das halbfeste Gelee heben, in Gläser füllen und im Kühlschrank 1 bis 2 Stunden durchkühlen lassen. Das Anisgelee vor dem Servieren mit den beiseitegelegten Sellerieblättern garnieren.

Mein Tipp

Zu dem Anisgelee passt gut ein Kräuter-Chili-Dip: Dafür 100 g Crème fraîche mit einigen Tropfen Limettensaft glatt rühren und 1 TL abgeriebene Bio-Limettenschale sowie 1 EL frisch geschnittene Kräuter (z.B. Dill, Kerbel, Koriander, Schnittlauch) untermischen. Den Dip mit Chilisalz abschmecken.

Geeistes Süppchen
vom Ingwer-Huhn

Für 4 Personen

1 braunschalige Zwiebel
3 Hähnchenkeulen
10 Scheiben Ingwer · Salz
1 Knoblauchzehe
½ TL Sichuanpfefferkörner
1 TL Sternanis
½ TL Fenchelsamen
1 Zimtsplitter
1 Gewürznelke
½ TL Korianderkörner
milde Chiliflocken
1 EL chinesischer Reiswein
½ weiße Zwiebel
je ½ rote und grüne Spitzpaprikaschote
3 Blätter Gelatine
6 Stiele Koriander

1 Die braunschalige Zwiebel mit der Schale quer halbieren. Hähnchenkeulen waschen und trocken tupfen. In einem großen Topf 1 ½ l Wasser aufkochen lassen, die Keulen mit den Zwiebelhälften und dem Ingwer hineinlegen, leicht mit Salz würzen und knapp unter dem Siedepunkt 1 ¼ Stunden gar ziehen lassen, dabei gelegentlich den aufsteigenden Schaum mit dem Schaumlöffel abnehmen.

2 Den Knoblauch schälen, in Scheiben schneiden und 10 Minuten vor Ende der Garzeit mit Sichuanpfefferkörnern, Sternanis, Fenchelsamen, Zimt, Gewürznelke, Korianderkörnern sowie 1 Prise Chiliflocken in die Suppe geben und den Reiswein hinzufügen.

3 Die Hähnchenkeulen aus der Brühe nehmen, häuten, das Fleisch von den Knochen lösen und in kleine Stücke teilen. Zugedeckt beiseitestellen. Die Zwiebelhälften aus der Brühe nehmen und die Brühe vorsichtig durch ein feines Sieb in einen zweiten Topf gießen. Die Brühe entfetten, dafür das oben schwimmende Fett mit dem Schöpflöffel abnehmen.

4 Die weiße Zwiebel schälen und längs in 2 bis 3 cm lange Streifen schneiden. Spitzpaprikahälften entkernen, waschen und ebenfalls in 2 bis 3 cm lange Streifen schneiden. Die Zwiebel- und Paprikastreifen in der Brühe knapp unter dem Siedepunkt etwa 8 Minuten ziehen lassen. Die Gemüsestreifen mit dem Schaumlöffel herausheben und abkühlen lassen. Zugedeckt beiseitestellen.

5 Die Gelatine in kaltem Wasser einweichen. 600 ml der Brühe abnehmen, die Gelatine gut ausdrücken, in der warmen Brühe unter Rühren auflösen. Die Brühe abkühlen lassen und im Kühlschrank etwa 2 Stunden gelieren lassen.

6 Den Koriander waschen, trocken schütteln und mit den Stielen klein schneiden. Die Hähnchenstücke auf tiefe Teller verteilen. Das Paprikagemüse mit der Hälfte des Korianders mischen und auf den Hähnchenstücken verteilen. Die halbgelierte Suppe darübergeben und mit dem restlichen Koriander bestreuen.

Suppen & Eintöpfe

Geeiste Gurkensuppe »Mekong«
mit Apfel, Himbeeren und Minze

FÜR 4 PERSONEN

Für die geeiste Gurkensuppe:
2 große Salatgurken (à 450–500 g)
½ rotbackiger Apfel
1 kleine Knoblauchzehe
1 EL eingelegter, abgetropfter Ingwer
1–2 EL milder Weißweinessig
Salz · Zucker
milde Chiliflocken
50 g Sahne

Außerdem:
80 g kleine Himbeeren
4 Stiele Minze

1 Für die geeiste Gurkensuppe die Gurken schälen und der Länge nach halbieren. Die Kerne mithilfe eines Löffels herauskratzen und die Gurken in kleine Stücke schneiden. Den Apfel halbieren und das Kerngehäuse entfernen. Eine Hälfte beiseitelegen, die andere Hälfte schälen und klein schneiden. Den Knoblauch schälen und in feine Würfel schneiden. Den Ingwer ebenfalls klein schneiden.

2 Die Gurken- und Apfelstücke mit 300 ml kaltem Wasser, dem Essig und dem Knoblauch im Küchenmixer oder mit dem Stabmixer pürieren, falls nötig, noch etwas Wasser hinzufügen. Den Ingwer untermixen und alles mit Salz sowie je 1 Prise Zucker und Chiliflocken würzen.

3 Die Suppe in eine Schüssel gießen, die Sahne unterrühren und nach Belieben noch mit Essig und Gewürzen abschmecken. Bis zum Servieren in den Kühlschrank stellen.

4 Das beiseitegelegte Apfelviertel mit der Schale in Stücke schneiden. Die Himbeeren verlesen, waschen und trocken tupfen, nach Belieben halbieren. Die Minze waschen und trocken tupfen, die oberen Spitzen abzupfen und für die Garnitur beiseitelegen. Die Blätter von den Stielen zupfen und fein schneiden.

5 Die Suppe aus dem Kühlschrank nehmen, nochmals abschmecken und die Minze unterrühren. Die Gurkensuppe in Tassen oder Gläser verteilen, die Apfelstücke und Himbeeren darauf anrichten und mit den Minzespitzen garnieren.

Mein Tipp

Besonders dekorativ sieht es aus, wenn Sie das Obst auf Holzspieße stecken und diese auf die Tassen bzw. Gläser legen. Den geviertelten Apfel dafür nach Belieben in sehr feine Scheiben statt in Stücke schneiden und die Spieße nach Wunsch mit milden Chiliflocken bestreuen.

Kalte Avocado-Joghurt-Suppe »Siam«

FÜR 4 PERSONEN

Für die Avocado-Joghurt-Suppe:
1 TL gelbe Currypaste (siehe z.B. S. 339)
1 Salatgurke
1 reife Avocado
1 Knoblauchzehe
2 EL Reisessig
1–2 TL Limettensaft
je 1 Msp. abgeriebene Bio-Orangen- und Bio-Limettenschale
1 TL Ingwer (in feinen Würfeln)
Salz · Zucker
80 g Naturjoghurt
mildes Chilisalz

Für die Croûtons:
2 Scheiben Toastbrot
20 g Butter

1 Für die Avocado-Joghurt-Suppe die Currypaste in einem kleinen Topf mit 5 EL Wasser verrühren und einmal aufkochen. Vom Herd nehmen.

2 Die Gurke schälen, längs halbieren, die Kerne mithilfe eines Löffels herauskratzen und die Gurke in kleine Stücke schneiden. Die Avocado halbieren und den Stein entfernen. Die Avocadohälften schälen und das Fruchtfleisch in Stücke schneiden. Den Knoblauch schälen und in feine Würfel schneiden.

3 Die Gurken- und Avocadostücke mit der Currypaste, 550 ml Wasser, Essig, Limettensaft, Orangen- und Limettenschale, Knoblauch und Ingwer mit dem Stabmixer oder im Küchenmixer fein pürieren und mit Salz sowie 1 Prise Zucker würzen. Den Joghurt glatt rühren, in die Suppe rühren und mit Chilisalz abschmecken. Die Suppe im Kühlschrank einige Stunden gut durchziehen lassen.

4 Für die Croûtons die Toastbrotscheiben in Würfel schneiden. Die Butter in einer Pfanne erhitzen und die Toastbrotwürfel darin rundum hell anrösten. Die kalte Avocado-Joghurt-Suppe auf Suppentassen oder tiefe Teller verteilen und mit den Croûtons bestreuen.

Mein Tipp

Am besten verwenden Sie für diese Suppe den gehaltvollen griechischen Joghurt mit 10% Fett. Er macht die Suppe extracremig. Statt Croûtons können Sie die Suppe auch mit gegarten Garnelen bestreuen oder diese auf Spießchen stecken und dazu reichen.

Blumenkohlsuppe »Taj Mahal«
mit indischem Bratkartoffelgewürz

Für 4 Personen

1 Kopf Blumenkohl (ca. 800 g)
800 ml Gemüsebrühe
200 g Sahne
1 TL Knoblauch-Ingwer-Paste (siehe S. 339 oder Tipp S. 201)
2 TL Indisches Bratkartoffelgewürz (aus dem Gewürzladen; ersatzweise je 1 Msp. Paprikapulver, gemahlener Schwarzkümmel, Kreuzkümmel, gemahlene Fenchelsamen, Bockshornkleesamen, Senfkörner, Kurkuma, getrockneter Knoblauch und Ingwer)
20 g kalte Butter · Salz
1 EL Ghee (siehe S. 72)
100 g Erbsen (tiefgekühlt, aufgetaut)
mildes Chilisalz

1 Den Blumenkohl putzen, waschen und in Röschen teilen. Zwei Drittel der Röschen in kleine Stücke hacken und in der Brühe knapp unter dem Siedepunkt etwa 20 Minuten weich garen.

2 Die Sahne hinzufügen und die Knoblauch-Ingwer-Paste unterrühren. Mit 1 TL Bratkartoffelgewürz würzen und die Brühe knapp unter dem Siedepunkt einige Minuten ziehen lassen. Die kalte Butter dazugeben und mit dem Stabmixer untermixen. Die Suppe mit Salz abschmecken.

3 Das restliche Drittel der Blumenkohlröschen in etwa ½ cm dicke Scheiben schneiden. Das Ghee in einer Pfanne erhitzen und die Blumenkohlscheiben darin bei mittlerer Hitze rundum andünsten. Die Erbsen dazugeben und darin erhitzen. Mit dem restlichen Bratkartoffelgewürz und mit Chilisalz würzen.

4 Die Blumenkohlsuppe mit dem Stabmixer nochmals aufmixen, in vorgewärmten tiefen Tellern anrichten und die gebratenen Blumenkohlscheiben und Erbsen darauf verteilen.

Mein Tipp

Sie können die Blumenkohlsuppe auch noch mit gekochten Schinkenwürfeln verfeinern. Außerdem passen dazu gut Curry-Croûtons: Dafür 2 Scheiben Toastbrot in Würfel schneiden und in einer Pfanne mit 2 EL Ghee knusprig braun braten. Zum Schluss mit 1 Prise mildem Currypulver würzen und über die Suppe streuen.

Klare Pilzsuppe
mit grünem Spargel

Für 4 Personen

100 g kleine feste Champignons
100 g Shiitake-Pilze
4 Frühlingszwiebeln
400 g grüner Spargel
2 Knoblauchzehen
2 Stängel Zitronengras
4 Kaffir-Limettenblätter
1,2 l Hühnerbrühe
2 EL Fischsauce
5 Scheiben Ingwer
milde Chiliflocken
1 EL Koriandergrün (grob geschnitten)
Salz

1 Die Champignons putzen, falls nötig, trocken abreiben und halbieren. Die Shiitake-Pilze putzen und vierteln. Die Frühlingszwiebeln putzen, waschen und in 3 bis 4 mm dicke Ringe schneiden.

2 Den grünen Spargel waschen, im unteren Drittel schälen, die holzigen Enden entfernen. Die Spargelköpfe abschneiden und beiseitelegen, die Stangen längs halbieren und schräg in 3 cm lange Stücke schneiden.

3 Den Knoblauch schälen und in Scheiben schneiden. Vom Zitronengras die welken Außenblätter und die obere, trockene Hälfte entfernen, die untere Hälfte längs halbieren. Die Kaffir-Limettenblätter mehrmals einreißen.

4 Die Brühe in einem Topf erhitzen und den Knoblauch, das Zitronengras und die Limettenblätter dazugeben. Die Fischsauce, den Ingwer und 1 Prise Chiliflocken unterrühren und alles knapp unter dem Siedepunkt etwa 10 Minuten ziehen lassen. Nach 5 Minuten die Spargelstangen und -köpfe hineinlegen.

5 Die Frühlingszwiebeln mit den Pilzen in die Suppe geben und noch ein paar Minuten köcheln lassen. Zitronengras und Kaffir-Limettenblätter aus der Suppe nehmen. Den Koriander hineingeben und, falls nötig, mit Salz nachwürzen. Die Pilzsuppe auf vorgewärmte tiefe Teller verteilen und servieren.

Mein Tipp

Ein echter Hingucker wird die Suppe, wenn man einen Teil der Shiitake-Pilze im Ganzen lässt und mit einem kleinen Messer in die Kappen ein sternförmiges Muster schneidet.

Gemüseeintopf
mit Erdnuss-Minze-Pesto

FÜR 4 PERSONEN

Für den Gemüseeintopf:

1 Kartoffel
80 g Muskatkürbisfruchtfleisch (ersatzweise Butternutkürbis)
1 Karotte · 1 Zwiebel
100 g junger Weißkohl
½ kleine Fenchelknolle
1 Stange Staudensellerie
80 g kleine Champignons
½ Bund Frühlingszwiebeln
80 g grüne Bohnen · Salz
1 l Gemüsebrühe
2 Stängel Zitronengras
4 Kaffir-Limettenblätter
2 Knoblauchzehen
1–2 EL Fischsauce
1 TL Vietnamesische Gewürzpaste (siehe S. 339; ersatzweise ½ TL Gewürzmischung siehe Tipp S. 232)
5 Scheiben Ingwer
milde Chiliflocken

Für das Erdnuss-Minze-Pesto:

je 10 g Dillspitzen, Minzeblätter und Koriandergrün
40 g junger Blattspinat · Salz
1–2 TL geröstete Erdnüsse
½ Knoblauchzehe
1 Msp. geriebener Ingwer
100 ml Öl
1 TL geröstetes Sesamöl
Pfeffer aus der Mühle
mildes Chilipulver
1 Msp. abgeriebene Bio-Limettenschale

1 Für den Gemüseeintopf die Kartoffel schälen, waschen und mit dem Kürbisfruchtfleisch in 1 cm große Würfel schneiden. Die Karotte putzen, schälen und schräg in Scheiben schneiden. Die Zwiebel schälen und in 1 ½ cm breite Scheiben schneiden. Den Weißkohl putzen, waschen und die Blätter in 1 ½ cm große Stücke schneiden.

2 Den Fenchel putzen, waschen, längs halbieren und den Strunk entfernen. Den Fenchel quer in 1 ½ cm breite Stücke schneiden. Den Sellerie putzen, waschen und schräg in ½ cm breite Scheiben schneiden. Die Champignons putzen, falls nötig, trocken abreiben und vierteln. Die Frühlingszwiebeln putzen, waschen und schräg in ½ cm breite Ringe schneiden.

3 Die Bohnen putzen, waschen und schräg in 3 cm breite Stücke schneiden. In kochendem Salzwasser 7 bis 8 Minuten weich garen. In ein Sieb abgießen, kalt abschrecken und abtropfen lassen.

4 Kartoffel, Kürbis, Karotte, Zwiebel, Weißkohl, Fenchel und Sellerie mit der Brühe in einen großen Topf geben. Vom Zitronengras die welken Außenblätter und die obere, trockene Hälfte entfernen, die untere Hälfte längs halbieren. Die Kaffir-Limettenblätter mehrmals einreißen. Zitronengras und Limettenblätter zum Gemüse geben und alles knapp unter dem Siedepunkt 10 bis 15 Minuten weich garen.

5 Den Knoblauch schälen und in Scheiben schneiden. Kurz vor Ende der Garzeit Pilze, Frühlingszwiebeln, Bohnen, Fischsauce, Gewürzpaste, Ingwer, Knoblauch und 1 Prise Chiliflocken hinzufügen. Einige Minuten im Eintopf ziehen lassen, dann Zitronengras, Limettenblätter und Ingwer wieder entfernen. Den Eintopf, falls nötig, mit Salz nachwürzen.

6 Inzwischen für das Erdnuss-Minze-Pesto die Kräuter waschen und trocken schleudern. Den Spinat verlesen, waschen und in kochendem Salzwasser etwa 30 Sekunden blanchieren. In ein Sieb abgießen, kalt abschrecken und abtropfen lassen. Mit den Händen gut ausdrücken und mit den Dill-, Minze- und Korianderblättern grob schneiden.

7 Die Erdnüsse grob hacken. Den Knoblauch schälen und reiben. Kräuter, Erdnüsse, Knoblauch, Ingwer, Öl und Sesamöl in den Blitzhacker geben. Mit Salz, Pfeffer, 1 Prise Chilipulver und der Limettenschale würzen und alles zu einer feinkörnigen Paste mixen.

8 Den Eintopf auf vorgewärmte, tiefe Teller verteilen und je 1 EL Erdnuss-Minze-Pesto daraufträufeln.

Chinesische Entensuppe
mit Gemüsestreifen

Für 4 Personen

1 braunschalige Zwiebel
1 ½ l Entenfond (ersatzweise Hühnerbrühe)
8 Scheiben Ingwer
1 EL helle Sojasauce
2 Entenkeulen (à ca. 250 g)
½ Karotte
40 g Knollensellerie
40 g Lauch
40 g Mungobohnensprossen
1 Knoblauchzehe
1 EL chinesischer Reiswein
½ TL Fünf-Gewürze-Pulver
milde Chiliflocken
6 Stiele Koriander
80 g chinesische Eiernudeln (ersatzweise dünne Reis- oder Suppennudeln) · Salz

1 Die Zwiebel mit der Schale quer halbieren und in einer unbeschichteten Pfanne ohne Fett auf den Schnittflächen mittelbraun anrösten. Den Fond mit den Zwiebelhälften, dem Ingwer und 1 TL Sojasauce in einem Topf aufkochen lassen. Die Entenkeulen waschen, hineinlegen und knapp unter dem Siedepunkt etwa 2 Stunden weich garen. Den anfänglich aufsteigenden Schaum abschöpfen.

2 Inzwischen die Karotte und den Sellerie putzen, schälen und in 2 bis 3 cm lange Streifen schneiden. Den Lauch putzen, waschen und in 2 bis 3 cm lange Streifen schneiden. Die Mungobohnensprossen auf einem Sieb abbrausen, abtropfen lassen und halbieren. Den Knoblauch schälen und in Scheiben schneiden.

3 Die Entenkeulen aus dem Fond nehmen und etwas abkühlen lassen. Die Keulen häuten, das Fleisch von den Knochen lösen und in mundgerechte Stücke schneiden. Den Fond entfetten, dafür das oben schwimmende Fett mit dem Schöpflöffel abnehmen. Den Fond vorsichtig durch ein feines Sieb in einen Topf gießen, dabei die Zwiebel entfernen.

4 Den Fond nochmals erhitzen, die Gemüsestreifen und den Knoblauch hineingeben und 3 bis 4 Minuten gar ziehen lassen. Mit der restlichen Sojasauce, dem Reiswein, dem Fünf-Gewürze-Pulver und 1 Prise Chiliflocken würzen. Zuletzt die Sprossen dazugeben. Gegebenenfalls noch etwas nachwürzen.

5 Den Koriander waschen, trocken tupfen und mit den Stielen klein schneiden. Die Eiernudeln in kochendem Salzwasser 2 bis 3 Minuten garen, in ein Sieb abgießen und abtropfen lassen. Auf vorgewärmte tiefe Teller oder Suppenschalen verteilen und das Entenfleisch darauflegen. Die Suppe darüber verteilen und mit dem Koriander bestreuen.

Mein Tipp

Chinesische Eiernudeln werden je nach Packungsanweisung unterschiedlich zubereitet: Mal werden sie nur mit heißem Wasser übergossen, mal einige Minuten gekocht. Am besten hält man sich an die jeweilige Vorgabe der Hersteller. Wird die Suppe nicht mit Stäbchen und Löffel, sondern ausschließlich mit dem Löffel gegessen, sollte man die Nudeln vor dem Kochen am besten in kleinere Stücke brechen.

Zwiebel-Kräuter-Suppe »Halong«
mit geröstetem Baguette

Für 4 Personen

Für die Zwiebel-Kräuter-Suppe:

500 g Zwiebeln
1 EL braune Butter (siehe Tipp S. 147)
⅛ l Weißwein
1 l Hühnerbrühe
1 Stängel Zitronengras
4 Kaffir-Limettenblätter
1 Knoblauchzehe
3 dünne Scheiben Ingwer
1 TL Fischsauce
1 TL helle Sojasauce
1 EL chinesischer Reiswein
½ rote Peperoni
6 Stiele Koriander
1 EL Kerbelblätter (frisch geschnitten) · Salz
Thai-Basilikum zum Garnieren

Für die Einlage:

1 Mini-Baguette (vom Vortag)

1 Für die Zwiebel-Kräuter-Suppe die Zwiebeln schälen, halbieren und in möglichst dünne Scheiben schneiden. Die braune Butter in einem breiten Topf erhitzen und die Zwiebelscheiben darin bei mittlerer Hitze goldbraun dünsten. Mit dem Wein ablöschen und fast vollständig einköcheln lassen.

2 Die Brühe angießen. Vom Zitronengras die welken Außenblätter und die obere, trockene Hälfte entfernen, die untere Hälfte längs halbieren. Die Kaffir-Limettenblätter mehrmals einreißen. Den Knoblauch schälen und in dünne Scheiben schneiden. Zitronengras, Kaffir-Limettenblätter, Knoblauch und Ingwer zur Brühe geben. Die Suppe mit Fischsauce, Sojasauce und Reiswein würzen und knapp unter dem Siedepunkt 6 bis 8 Minuten ziehen lassen.

3 Für die Einlage den Backofen auf 180 °C vorheizen. Das Baguette in sehr dünne Scheiben schneiden und im Ofen auf der mittleren Schiene etwa 5 Minuten knusprig backen.

4 Die Peperoni entkernen, waschen und in kleine Würfel oder feine Streifen schneiden. Den Koriander waschen, trocken schütteln und mit den Stielen klein schneiden. Das Zitronengras aus der Suppe entfernen, die Peperoni, den Koriander und den Kerbel hineingeben und die Suppe gegebenenfalls mit Salz nachwürzen.

5 Die Zwiebel-Kräuter-Suppe in vorgewärmte tiefe Teller geben und die Baguettescheiben darauf verteilen. Mit Thai-Basilikum garnieren.

Mein Tipp

In Vietnam und auch in vielen anderen asiatischen Ländern ist es gang und gäbe, nicht nur die Kräuterblätter, sondern auch die (gehackten) Stiele mitzugaren und zu -essen. Das ist durchaus sinnvoll, denn es bringt zusätzliches Aroma. Diese »Weisheit« können Sie übrigens auch sehr gut auf heimische Kräuter mit eher zarten Stielen übertragen, wie Kerbel, Petersilie und Dill.

Eintopf von Garnele und Forelle
mit Zitronengras

Für 4 Personen

300 g Riesengarnelen (mit Kopf und Schale)
3 Forellenfilets (à ca. 100 g)
½ Tomate · ½ Karotte
1 kleine Zwiebel
80 g Fenchel
1,2 l Hühnerbrühe
2 Stängel Zitronengras
4 Kaffir-Limettenblätter
3 Streifen Bio-Limettenschale
3 Knoblauchzehen
1 EL helle Sojasauce
5 Scheiben Galgant (ersatzweise Ingwer)
milde Chiliflocken
1 Spritzer Limettensaft
brauner Zucker · Salz

1 Den Backofen auf 140 °C (Umluft) vorheizen. Von den Garnelen den Kopf abdrehen und die Innereien aus dem Kopfgehäuse lösen. Das Kopfgehäuse mit kaltem Wasser gründlich waschen und trocken tupfen. Die Beine abzupfen und beiseitelegen. Die Garnelen bis auf den Schwanzfächer schälen. Alle Schalenteile (Kopfgehäuse, Beine, Schale) auf ein mit Backpapier belegtes Backblech legen und im Ofen auf der mittleren Schiene etwa 25 Minuten rösten.

2 Inzwischen die Garnelen am Rücken entlang einschneiden und den Darm herausziehen. Die Garnelen waschen, trocken tupfen und längs und quer halbieren. Die Forellenfilets waschen, trocken tupfen und in 1 ½ bis 2 cm große Stücke schneiden.

3 Die Tomate waschen und in schmale Spalten schneiden, dabei den Stielansatz entfernen. Die Karotte putzen, schälen und in Scheiben schneiden. Die Zwiebel schälen und in 1 cm große Würfel schneiden. Den Fenchel putzen, waschen und in 1 cm große Stücke schneiden.

4 Die Garnelenschalen aus dem Ofen nehmen und im Mörser zerreiben oder in einen Gefrierbeutel geben und mit dem Nudelholz oder Schnitzelklopfer zerstoßen. Mit der Tomate und der Brühe in einem Topf erhitzen. Vom Zitronengras die welken Außenblätter und die obere, trockene Hälfte entfernen, die untere Hälfte längs halbieren. Die Kaffir-Limettenblätter mehrmals einreißen und mit dem Zitronengras und der Limettenschale in die Brühe geben.

5 Den Knoblauch schälen und in Scheiben schneiden. Mit der Sojasauce, dem Galgant und 1 Prise Chiliflocken zur Brühe geben. Alles knapp unter dem Siedepunkt etwa 10 Minuten ziehen lassen, dann die Brühe durch ein Sieb gießen. Garnelenschalen, Tomate, Zitronengras und Limettenblätter wieder entfernen.

6 Die Karotte, den Fenchel und die Zwiebel zur Brühe geben und knapp unter dem Siedepunkt nochmals 10 Minuten ziehen lassen. Mit Limettensaft, 1 Prise braunem Zucker und gegebenenfalls Salz abschmecken.

7 Reichlich Salzwasser in einem Topf aufkochen lassen und vom Herd nehmen. Die Garnelen- und Forellenstücke hineingeben und 1 Minute darin ziehen lassen. In ein Sieb abgießen, in die Suppe geben und 1 bis 2 Minuten gar ziehen lassen. Den Garnelen-Forellen-Eintopf auf vorgewärmte tiefe Teller verteilen und servieren.

Eintopf von Meeresfrüchten
mit Dill und Tamarinde

Für 4 Personen

100 g Lachsfilet
100 g Zanderfilet
100 g Riesengarnelen (ca. 1–2 Stück; ohne Kopf, mit Schale)
100 g kleine Calamari
3 Tomaten
4 Frühlingszwiebeln
1 Handvoll Mungobohnensprossen
2 Schalotten
1 l Gemüsebrühe
1 TL Vietnamesische Gewürzpaste (siehe S. 339; ersatzweise ½ TL Gewürzmischung siehe Tipp S. 232)
1 EL helle Sojasauce
½–1 TL Tamarindenpaste
1 Spritzer Limettensaft
2 Knoblauchzehen
5 dünne Scheiben Ingwer
4 Streifen Bio-Limettenschale
milde Chiliflocken
brauner Zucker
1 EL Koriandergrün (frisch geschnitten)
1 EL Dillspitzen (frisch geschnitten)

1 Das Lachs- und das Zanderfilet waschen, trocken tupfen und in 1½ bis 2 cm große Würfel schneiden. Die Garnelen schälen und am Rücken entlang nicht zu tief einschneiden und den Darm herausziehen. Die Garnelen waschen, trocken tupfen und in etwa 1½ cm große Stücke schneiden.

2 Den Kopf und die Arme der Calamari mitsamt den Eingeweiden aus dem Körperbeutel ziehen. Mit den Fingern das durchsichtige Fischbein aus dem Körperbeutel ziehen. Den Kopf von den Tintenfischarmen abtrennen, dabei den harten »Schnabel« mit entfernen. Die hauchdünne Haut von den Beuteln (Tuben) abziehen. Die Tuben aufschneiden und die restlichen Eingeweide entfernen. Tuben und Arme gründlich unter fließendem kaltem Wasser waschen, trocken tupfen und in 2 cm große Stücke schneiden.

3 Die Tomaten kreuzweise einritzen, überbrühen, kalt abschrecken, häuten, vierteln und entkernen. Die Kerne in einem hohen Rührbecher mit dem Stabmixer kurz pürieren und durch ein feines Sieb streichen. Den Saft auffangen, die übrigen Kerne aus dem Sieb entfernen. Die Tomatenfilets in ½ bis 1 cm große Würfel schneiden.

4 Die Frühlingszwiebeln putzen, waschen und schräg in ½ cm breite Ringe schneiden. Die Mungobohnensprossen auf einem Sieb abbrausen, abtropfen lassen und in 2 bis 3 cm lange Stücke schneiden. Die Schalotten schälen und in feine Ringe schneiden.

5 Den Tomatensaft mit der Brühe und den Schalotten in einem Topf aufkochen lassen und 5 Minuten garen. Die Gewürzpaste, die Sojasauce, die Tamarindenpaste und den Limettensaft hineinrühren. Den Knoblauch schälen und in feine Scheiben schneiden. Mit Ingwer und Limettenschale dazugeben. Mit 1 Prise Chiliflocken würzen und mit 1 Prise braunem Zucker abschmecken. Die Brühe 5 Minuten ziehen lassen.

6 Den Lachs, den Zander, die Garnelen und die Frühlingszwiebeln hinzufügen und 2 Minuten darin ziehen lassen. Die Calamari, die Tomaten und die Mungobohnensprossen dazugeben und 1 Minute darin ziehen lassen. Limettenschale und Ingwer entfernen. Den Meeresfrüchteeintopf nach Belieben mit Salz abschmecken. Mit Koriander und Dill bestreuen und auf tiefe Teller verteilen.

Kokos-Spinat-Suppe
mit Jakobsmuscheln

Für 4 Personen

Für die Kokos-Spinat-Suppe:
200 g junger Blattspinat
Salz
1 Stängel Zitronengras
3 Kaffir-Limettenblätter
½ Zwiebel
800 ml Hühnerbrühe
2 Knoblauchzehen
400 ml Kokosmilch
1 TL geriebener Ingwer
1 TL grüne Currypaste
(siehe S. 90)
einige Tropfen Limettensaft
Zucker

Für die Jakobsmuschelspieße:
4 Stängel Zitronengras
12 Jakobsmuscheln (ausgelöst, ohne Corail)
1–2 TL Erdnussöl
1 TL geröstetes Sesamöl
mildes Chilisalz

Außerdem:
1 TL Kokosraspel
etwas abgeriebene Bio-Limettenschale

1 Für die Kokos-Spinat-Suppe den Spinat verlesen und waschen, einige Blätter für die Garnitur beiseitelegen. Den restlichen Spinat in kochendem Salzwasser 30 Sekunden blanchieren. In ein Sieb abgießen, kalt abschrecken, abtropfen lassen und klein schneiden. Vom Zitronengras die welken Außenblätter und die obere, trockene Hälfte entfernen, die untere Hälfte längs halbieren. Die Kaffir-Limettenblätter mehrmals einreißen.

2 Die Zwiebel schälen und in feine Würfel schneiden. Mit der Brühe in einen Topf geben, Zitronengras und Kaffir-Limettenblätter dazugeben und 5 Minuten köcheln lassen. Den Knoblauch schälen, fein reiben und mit der Kokosmilch, dem Ingwer und der Currypaste zur Brühe geben. Mit Limettensaft, Salz und 1 Prise Zucker würzen.

3 Die Kaffir-Limettenblätter und das Zitronengras wieder entfernen. Den Spinat in die Suppe geben und alles mit dem Stabmixer pürieren. Falls nötig, noch etwas nachwürzen.

4 Für die Jakobsmuschelspieße die Zitronengrasstängel waschen, trocken tupfen, mit einem scharfen Messer am Strunk etwas anspitzen und je 3 Jakobsmuscheln mit den flachen Seiten daraufstecken. Die überstehenden Zitronengrasenden etwas abschneiden.

5 Das Erdnussöl in einer Pfanne erhitzen und die Spieße darin bei mittlerer Hitze etwa 1 Minute anbraten. Wenden und knapp 1 Minute weiterbraten. Die Pfanne vom Herd nehmen. Die Jakobsmuscheln mit dem Sesamöl beträufeln, mit Chilisalz würzen und die Spieße in der Resthitze der Pfanne nochmals etwa 1 Minute durchziehen lassen. Zwischendurch einmal wenden.

6 Die Kokosraspel in einer Pfanne ohne Fett etwas anrösten. Die Kokos-Spinat-Suppe nochmals mit dem Stabmixer aufmixen und auf vorgewärmte Suppentassen oder -schälchen verteilen. Mit den beiseitegelegten Spinatblättern garnieren, mit Kokosraspeln bestreuen, die Limettenschale darübergeben und je 1 Jakobsmuschelspieß über die Tassenränder legen. Nach Belieben mit Chiliflocken bestreuen.

Scharfe Mango-Biryani-Suppe
mit Kichererbsen

FÜR 4 PERSONEN

Für die Mango-Biryani-Suppe:
2 Knoblauchzehen
1 rote Peperoni (ersatzweise 1 TL milde Chiliflocken)
½ reife Mango
1 EL Ghee (siehe S. 72; ersatzweise braune Butter)
1 EL Biryani-Gewürz
1 TL Ingwer (in feinen Würfeln)
1 l Gemüsebrühe
300 ml Kokosmilch
1 TL Speisestärke · Salz
1 Spritzer Limettensaft
½ TL abgeriebene Bio-Limettenschale · Zucker

Für die Kichererbsen:
200 g Kichererbsen (aus der Dose)
1 Knoblauchzehe
5 EL Hühnerbrühe
1 Scheibe Ingwer
1 EL Ghee (siehe S. 72; ersatzweise braune Butter)
1–2 TL Koriandergrün (frisch geschnitten)
1 Stück Zimtrinde · Salz

1 Für die Mango-Biryani-Suppe den Knoblauch schälen und in feine Würfel schneiden. Die Peperoni längs halbieren, entkernen, waschen und in feine Würfel schneiden. Die Mango schälen und in Stücke schneiden.

2 Das Ghee in einem Topf erhitzen und den Knoblauch darin 1 Minute sanft andünsten. Das Biryani-Gewürz, den Ingwer und die Peperoniwürfel dazugeben und kurz andünsten. Die Brühe angießen. Die Kokosmilch und die Mangowürfel hinzufügen und erhitzen.

3 Die Speisestärke mit wenig kaltem Wasser glatt rühren. Die Suppe einmal aufkochen lassen, die Speisestärke einrühren und knapp unter dem Siedepunkt noch einige Minuten ziehen lassen. Die Suppe mit dem Stabmixer pürieren und mit Salz, Limettensaft und -schale sowie 1 Prise Zucker abschmecken. Warm halten.

4 Für die Kichererbsen die Kichererbsen auf einem Sieb abbrausen und abtropfen lassen. Den Knoblauch schälen und halbieren. Die Kichererbsen in einem Topf mit der Brühe, dem Knoblauch und dem Ingwer erhitzen. Das Ghee und den Koriander dazugeben, etwas Zimt darüberreiben und die Kichererbsen mit Salz würzen.

5 Die Mango-Biryani-Suppe auf tiefe Teller verteilen und die Kichererbsen in der Mitte anrichten. Nach Belieben mit Korianderblättern, geriebener Zimtrinde und Chiliflocken garnieren.

Mein Tipp

Diese Suppe ist ein ganz besonderes Geschmackserlebnis. Der Clou daran ist die Biryani-Gewürzmischung, die ihr das typische indische Flair verleiht. Dafür verantwortlich zeichnen die Hauptzutaten Chili, Sesam, Schwarzkümmel, Kreuzkümmel, Korianderblätter und Zitronengras, mit Meersalz und Minze, Kardamom, Ingwer, Kurkuma und Knoblauch verfeinert und abgerundet.

Fenchel-Anis-Suppe
mit Ulis Rostbratwürsteln

Für 4 Personen

1 TL Anissamen
450 g Fenchelknollen (mit Grün)
¾ l Hühnerbrühe
2 Knoblauchzehen
150 g Sahne
1 EL geriebener Ingwer
30 g kalte Butter
1 Msp. Fünf-Gewürze-Pulver
mildes Chilisalz
10 Nürnberger Rostbratwürste

1 Die Anissamen in einer Pfanne ohne Fett bei milder Hitze rösten, bis sie zu duften beginnen. Den Fenchel putzen und waschen. Das Fenchelgrün abschneiden und beiseitelegen. Die Fenchelknolle halbieren und mit dem Strunk in dünne Scheiben schneiden.

2 Die Brühe in einem Topf erhitzen und den Fenchel darin mit den Anissamen knapp unter dem Siedepunkt etwa 15 Minuten weich garen. Ein Drittel des Fenchels für die Einlage herausnehmen und beiseitestellen.

3 Den Knoblauch schälen und in feine Würfel schneiden. Die Sahne mit dem Knoblauch und dem Ingwer zur Brühe geben und alles mit dem Stabmixer pürieren. Die kalte Butter untermixen und die Suppe mit dem Fünf-Gewürze-Pulver und etwas Chilisalz würzen.

4 Die Rostbratwürste schräg in etwa 1 cm dicke Scheiben schneiden und in der Suppe erhitzen (nicht kochen lassen).

5 Die Suppe durch ein Sieb gießen und auffangen. Die Rostbratwürste auf vorgewärmte tiefe Teller verteilen. Die Fenchel-Anis-Suppe mit dem Stabmixer nochmals aufschäumen und darübergeben.

Mein Tipp

Werden die Nürnberger Rostbratwürste ungebraten als Einlage verwendet, geben sie etwas mehr von ihrem typischen Aroma an die Suppe ab. Man kann die Würste natürlich auch anbraten, so erhalten sie Röstaromen. Dann sollte man sie aber nicht mehr in der Suppe ziehen lassen, sondern die Suppe auf Teller verteilen und zum Schluss die gebratenen Rostbratwurstscheiben hineingeben.

Schwarzwurzelsuppe
mit Kokosmilch und gelber Thai-Currypaste

FÜR 4 PERSONEN

700 g Schwarzwurzeln
Saft von 1 Zitrone
1 l Gemüsebrühe
1 Knoblauchzehe
200 ml Kokosmilch
1 TL gelbe Currypaste (siehe z.B. S. 339; ersatzweise grüne Currypaste, siehe S. 90)
1 TL Ingwer (in feinen Würfeln)
30 g kalte Butter

1 Die Schwarzwurzeln unter fließendem kaltem Wasser gründlich abbürsten, schälen und in Zitronenwasser legen. Schräg in ½ cm dicke Scheiben schneiden, mit der Brühe in einen Topf geben und knapp unter dem Siedepunkt etwa 20 Minuten weich garen.

2 Den Knoblauch schälen und in feine Würfel schneiden. Ein Viertel der Schwarzwurzelscheiben mit dem Schaumlöffel aus der Brühe heben und für die Suppeneinlage beiseitestellen.

3 Die Kokosmilch, die Currypaste, den Knoblauch und den Ingwer zur Brühe geben und erhitzen. Die kalte Butter dazugeben und die Suppe mit dem Stabmixer oder im Küchenmixer fein pürieren.

4 Die beiseitegestellten Schwarzwurzelscheiben in die Suppe geben. Die Schwarzwurzelsuppe auf vorgewärmte tiefe Teller verteilen und servieren.

Mein Tipp

Wenn Sie die Schwarzwurzeln waschen und schälen, sollten Sie dabei am besten Einweghandschuhe tragen, da die Wurzeln stark abfärben und sehr klebrig werden können. Nach Belieben können Sie die Suppe vor dem Servieren noch mit frischen Kräutern, z.B. Koriander, Petersilie oder Schnittlauch, bestreuen.

Indischer Hähncheneintopf
»Mulligatawny«

FÜR 4 PERSONEN

1 Zwiebel
½ Karotte
2 Stangen Staudensellerie
2 Knoblauchzehen
1 EL Ghee (siehe S. 72; ersatzweise braune Butter)
1 TL Ingwer (in feinen Würfeln)
1 Msp. gemahlene Kurkuma
1 TL Garam Masala
¾ l Hühnerbrühe
¼ l Kokosmilch
1 TL Speisestärke
2 EL rote Linsen
2 Tomaten
2 Hähnchenbrustfilets (à 120 g)
80 g kleine Cocktailtomaten
1–2 TL Koriandergrün (frisch geschnitten)
Chilisalz
1 EL Mandelblättchen
Korianderblätter zum Garnieren

1 Die Zwiebel schälen, die Karotte und den Sellerie putzen und schälen. Das Gemüse in 7 bis 8 mm große Würfel schneiden. Den Knoblauch schälen und in feine Würfel schneiden.

2 Das Ghee in einem Topf erhitzen und die Gemüsewürfel mit dem Ingwer darin andünsten. Mit Kurkuma und Garam Masala würzen. Die Brühe und die Kokosmilch hinzufügen und erhitzen. Die Speisestärke mit wenig kaltem Wasser glatt rühren. Die Suppe aufkochen lassen und die Speisestärke hineinrühren. Das Gemüse in der Suppe etwa 10 Minuten weich garen. Nach 7 bis 8 Minuten die Linsen dazugeben und mitgaren.

3 Inzwischen die Tomaten kreuzweise einritzen, überbrühen, kalt abschrecken, häuten, vierteln, entkernen und in Würfel schneiden. Die Tomatenkerne mit dem Stabmixer pürieren und durch ein Sieb streichen, dabei den Saft auffangen.

4 Die Hähnchenbrustfilets waschen, trocken tupfen und in 1½ bis 2 cm große Würfel schneiden. Die Fleischwürfel und den Tomatenkernsaft nach 10 Minuten in die Suppe rühren und knapp unter dem Siedepunkt etwa 4 Minuten gar ziehen lassen.

5 Die Cocktailtomaten waschen und halbieren. Die Tomatenwürfel, die Cocktailtomaten und den Koriander in die Suppe rühren. Mit Chilisalz und nach Belieben 1 Prise Garam Masala abschmecken.

6 Die Mandelblättchen in einer Pfanne ohne Fett rösten. Die Mulligatawny auf tiefe Teller verteilen, mit Mandelblättchen bestreuen und mit Korianderblättern garnieren (Rezeptfoto siehe S. 156/157).

Mein Tipp

Die Mulligatawny haben wir nicht den Indern, sondern den Engländern zu verdanken, die während der Kolonialzeit aus einer einfachen indischen Sauce, die zu Reis gereicht wurde, eine Suppe kreierten. Das Original besteht aus Fleischbrühe, angebratenen Zwiebeln und Currypulver; die Mulligatwny wird zusätzlich gebunden und mit Gemüsestreifen, (Hähnchen-)Fleisch, Nüssen und Reis angereichert.

Kartoffelsuppe
mit Garam Masala

FÜR 4 PERSONEN

Für die Kartoffelsuppe:

1–2 Karotten
450 g mehligkochende Kartoffeln
1,2 l Gemüsebrühe
120 g Sahne
1 TL Knoblauch-Ingwer-Paste (siehe S. 339 oder Tipp S. 201)
1 TL Garam Masala
30 g kalte Butter
Chilisalz

Für die gerösteten Naanbrotwürfel:

3 Stiele Koriander
100 g Naan (siehe S. 141)
2 EL Ghee (siehe S. 72; ersatzweise braune Butter)
½ TL ganzer Schwarzkümmel

1 Für die Kartoffelsuppe die Karotten putzen und schälen. Die Kartoffeln schälen und waschen. Beides in 1 cm große Stücke schneiden, mit der Brühe in einen Topf geben und knapp unter dem Siedepunkt etwa 30 Minuten weich garen.

2 Die Sahne, die Knoblauch-Ingwer-Paste und das Garam Masala dazugeben und erhitzen. Die kalte Butter hinzufügen und alles mit dem Stabmixer oder im Küchenmixer pürieren. Mit Chilisalz abschmecken.

3 Für die gerösteten Naanbrotwürfel den Koriander waschen, trocken tupfen und mit den Stielen klein schneiden. Das Naanbrot in 1 cm große Würfel schneiden. Das Ghee in einer Pfanne erhitzen und die Brotwürfel darin mit dem Schwarzkümmel bei mittlerer Hitze rundum goldbraun braten. Den Koriander darüberstreuen.

4 Die Kartoffelsuppe auf vorgewärmte tiefe Teller verteilen und mit den gerösteten Naanbrotwürfeln bestreuen.

Mein Tipp

Garam Masala ist eine typische indische Gewürzmischung, die man fertig kaufen, aber auch selbst herstellen kann: Dafür je 1 EL Ingwerpulver, Kardamomsamen (vom grünen Kardamom), Rosenblütenblätter und Korianderkörner, je ½ EL Zimtrinde, Fenchelsamen, Gewürznelken, sowie Knoblauchpulver, je ½ TL Macis (Muskatblüte) und Schwarzkümmel, 1 ½ EL Kreuzkümmel, ¾ EL schwarzen Pfeffer und 1 Lorbeerblatt im Mörser fein zerreiben.

Kaiserliche Karotten-Ingwer-Suppe
mit Sternanis

FÜR 4 PERSONEN

250 g Karotten
1 große Zwiebel
1 Tomate
2 TL Puderzucker
800 ml Gemüsebrühe
1/8 Apfel
2 Knoblauchzehen
1 TL geriebener Ingwer
1 TL Fünf-Gewürze-Pulver
200 g Sahne
40 g kalte Butter
Salz · mildes Chilisalz
2 dünne Frühlingszwiebeln
100 g Maiskörner (aus der Dose)

1 Die Karotten putzen, schälen und in Stücke schneiden. Die Zwiebel schälen und in feine Würfel schneiden. Die Tomate waschen und vierteln, dabei den Stielansatz entfernen.

2 In einem Topf 1 TL Puderzucker bei milder Hitze hell karamellisieren, das Gemüse hinzufügen und kurz darin andünsten. Von der Brühe 2 bis 3 EL abnehmen, den Rest zum Gemüse gießen und das Gemüse knapp unter dem Siedepunkt etwa 20 Minuten garen.

3 Den Apfel schälen, das Kerngehäuse entfernen und den Apfel in kleine Stücke schneiden. Den Knoblauch schälen und fein reiben. Mit den Apfelstücken, dem Ingwer und dem Fünf-Gewürze-Pulver in die Brühe geben. Die Sahne und 30 g kalte Butter hinzufügen und die Suppe mit dem Stabmixer fein pürieren. Mit Salz und Chilisalz abschmecken.

4 Für die Einlage die Frühlingszwiebeln putzen, waschen und schräg in 1/2 cm breite Stücke schneiden. Den Mais in ein Sieb abgießen, mit kaltem Wasser abbrausen und abtropfen lassen. Die Frühlingszwiebeln und den Mais in der restlichen Brühe erhitzen und mit Chilisalz würzen. Zuletzt die übrige Butter unterrühren.

5 Die Karottensuppe nochmals mit dem Stabmixer aufschäumen und auf vorgewärmte tiefe Teller verteilen. Den Mais hineinstreuen oder in kleinen Häufchen in die Mitte setzen.

Mein Tipp

Das Fünf-Gewürze-Pulver ist das Basisgewürz der chinesischen Küche und unverzichtbar. Fenchelsamen, Gewürznelken, Sichuanpfeffer, Sternanis und Zimt werden fein gemahlen und gemischt und verleihen Gerichten ein exotisches, erfrischendes, süßliches Aroma. Es ist vielseitig einsetzbar, wie z.B. für Schweinefleisch, Ente, Gans, Hühnchen, Pute sowie Füllungen, Reis und Suppen.

Würzige Linsensuppe
mit Ajowan

Für 4 Personen

300 g Berglinsen (kleine grüne Linsen)
1 Zwiebel
3 Knoblauchzehen
½ Karotte
80 g Knollensellerie
1 EL Öl · 1 EL Tomatenmark
1 EL Ingwer (in feinen Würfeln)
1,2 l Hühnerbrühe
2 TL Tamarindenmark (ersatzweise alter Aceto balsamico)
1 EL Tandoori Masala
¼–½ TL Ajowan (Königskümmel; ersatzweise je 1 Prise gehackter Thymian und gehacktes Bohnenkraut)
2 EL Ghee (siehe S. 72; ersatzweise braune Butter)
mildes Chilisalz

1 Die Linsen in eine Schüssel geben, mit reichlich warmem Wasser aufgießen und darin etwa 2 Stunden einweichen. In ein Sieb abgießen und kurz abbrausen.

2 Die Zwiebel und den Knoblauch schälen und in feine Würfel schneiden. Die Karotte und den Sellerie putzen, schälen und in sehr kleine Würfel (etwa 3 mm) schneiden.

3 Das Öl in einem Topf erhitzen und die Gemüsewürfel darin bei milder Hitze andünsten. Das Tomatenmark dazugeben und anrösten. Die Linsen und den Ingwer hinzufügen. Die Brühe angießen und die Suppe knapp unter dem Siedepunkt 20 bis 25 Minuten mehr ziehen als köcheln lassen.

4 Die Linsensuppe mit Tamarindenmark, Tandoori Masala und Ajowan würzen. Das Ghee unterrühren. Die Linsensuppe mit dem Stabmixer nur kurz anpürieren, sodass die Linsen teilweise zerbrechen und die Suppe eine sämige Konsistenz erhält. Mit Chilisalz abschmecken.

5 Die Linsensuppe auf tiefe Teller verteilen und nach Belieben mit hauchdünn geschnittenem Ingwer, 1 Prise Tandoori Masala und Minzespitzen garnieren.

Mein Tipp

Tamarindenmark wird aus dem Fruchtmark gewonnen, das die Tamarindensamen einhüllt. Die süße Tamarinde hat ein bräunliches Fruchtfleisch, die saure Tamarinde schwarzes und ähnelt in Konsistenz und Farbe der Rosine. Unverarbeitetes Tamarindenmark enthält noch Kerne. Erst wenn sich das klebrige Mark in Flüssigkeit löst, werden sie freigesetzt und können nach Belieben entfernt werden. Zur Not kann man Tamarindenmark durch Zitronensaft ersetzen.

Eintopf vom Eisbein
mit Rettich und Fünfgewürz

FÜR 4 PERSONEN

1 Zwiebel
1 Lorbeerblatt
2 Gewürznelken
1 gepökelte Schweinshaxe (ca. 1 ½ kg; beim Metzger vorbestellen)
80 g weißer Rettich
Salz
1 Karotte
80 g Knollensellerie
6 Schalotten
2 Knoblauchzehen
1,2 l Hühnerbrühe
1 EL Ingwer (in feinen Würfeln)
1 EL helle Sojasauce
1 TL Fünf-Gewürze-Pulver
6 Stiele Koriander

1 Die Zwiebel schälen und das Lorbeerblatt mit den Gewürznelken darauf feststecken. In einem großen Topf 4 l Wasser erhitzen. Die gespickte Zwiebel hinzufügen und den Sud einmal aufkochen lassen. Die Schweinshaxe waschen, in den Sud legen und bei milder Hitze 3 bis 3 ½ Stunden weich garen.

2 Die Schweinshaxe herausnehmen. Das Fett und die Knochen entfernen und das Muskelfleisch in 1 bis 1 ½ cm große Würfel schneiden.

3 Den Rettich schälen und in 3 bis 4 mm große Würfel schneiden. Mit Salz bestreuen und 10 Minuten Wasser ziehen lassen. Den Rettich in ein Sieb geben, kalt abbrausen und abtropfen lassen.

4 Die Karotte und den Sellerie putzen und schälen, die Schalotte schälen. Alles in 3 bis 4 mm große Würfel schneiden. Den Knoblauch schälen und in feine Würfel schneiden. Die Brühe in einem Topf erhitzen und das Gemüse darin mit dem Knoblauch und dem Ingwer knapp unter dem Siedepunkt 5 Minuten ziehen lassen.

5 Den Eintopf mit Sojasauce und Fünf-Gewürze-Pulver würzen. Das Eisbeinfleisch und die Rettichwürfel hinzufügen und erhitzen. Den Koriander waschen, trocken schütteln, mit den Stielen klein schneiden und unterrühren. Den Eintopf auf tiefe Teller verteilen und servieren.

Mein Tipp

Wer kein Eisbein bekommt oder es nicht so fett mag, kann für den Eintopf stattdessen auch ein mageres gepökeltes und leicht geräuchertes Stück Schweinefleisch wie z.B. Kasseler verwenden.

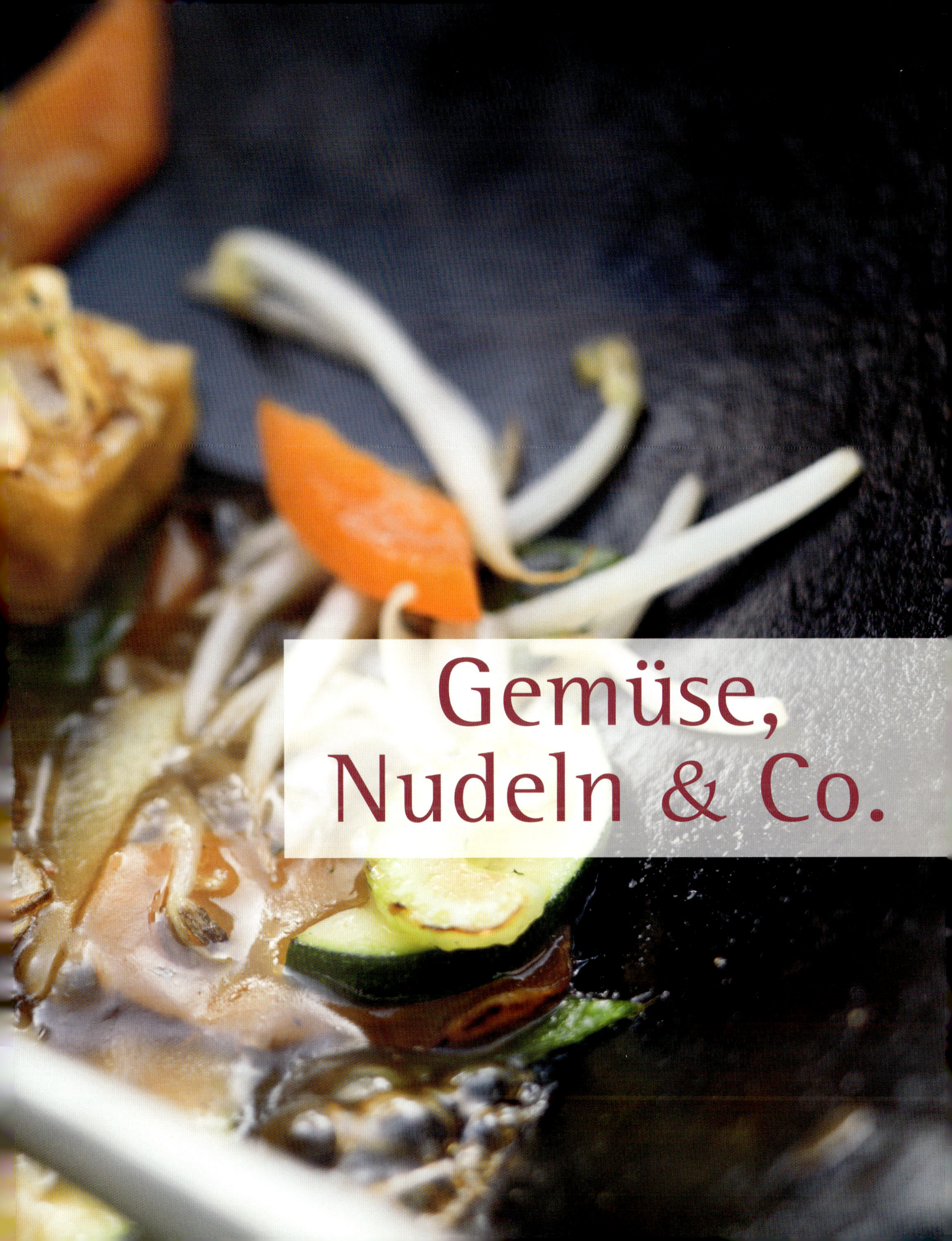

Gemüse, Nudeln & Co.

Gebackenes Gemüse
in Kichererbsen-Schwarzkümmel-Teig

Für 4 Personen

Für den Teig:
300 g Kichererbsenmehl
2 TL Backpulver
1 TL gemahlene Kurkuma
1 EL ganzer Schwarzkümmel
1 TL milde Chiliflocken
Salz · 2 EL Öl

Für die Kräuter-Raita:
1 EL Koriandergrün
1 EL Minzeblätter
300 g Naturjoghurt
1 Msp. abgeriebene Bio-Limettenschale
1 EL Limettensaft
mildes Chilisalz
Zucker
Chat Masala

Für das Gemüse:
je 100 g Brokkoli- und Blumenkohlröschen
1 Karotte
1 Zucchino (ca. 300 g)
1 Paprikaschote
1 rote Zwiebel · Salz
Erdnussöl zum Frittieren

1 Für den Teig das Kichererbsenmehl mit dem Backpulver und der Kurkuma in eine Schüssel sieben. Schwarzkümmel, Chiliflocken und 1 gehäuften TL Salz hinzufügen. Mit dem Schneebesen nach und nach 400 ml kaltes Wasser hineinrühren, zuletzt das Öl unterrühren.

2 Für die Kräuter-Raita die Koriander- und die Minzeblätter waschen, trocken tupfen und sehr fein schneiden. Mit dem Joghurt, der Limettenschale und dem Limettensaft mischen und mit Chilisalz sowie je 1 Prise Zucker und Chat Masala würzen.

3 Für das Gemüse die Brokkoli- und Blumenkohlröschen putzen und waschen. Die Karotte putzen, schälen und schräg in ½ cm dicke Scheiben schneiden. Den Zucchino putzen, waschen und in ½ bis 1 cm dicke Scheiben schneiden. Die Paprikaschote längs halbieren, entkernen, waschen und in 1 cm breite Stücke schneiden. Die Zwiebel schälen und in Spalten schneiden.

4 Blumenkohl, Brokkoli und Karotte nacheinander in kochendem Salzwasser je 2 bis 3 Minuten blanchieren. In ein Sieb abgießen, kalt abschrecken, abtropfen lassen und trocken tupfen.

5 Reichlich Öl in der Fritteuse oder einem Topf auf 160 °C erhitzen. Es ist heiß genug, wenn sich an einem hineingehaltenen Holzlöffelstiel Blasen bilden. Die Gemüsestücke durch den Kichererbsenteig ziehen und im Öl portionsweise 4 bis 5 Minuten goldbraun backen. Herausnehmen, auf Küchenpapier abtropfen lassen und mit der Kräuter-Raita servieren.

Mein Tipp

»Pakora« nennt sich dieses gebackene Gemüse in Indien, wo es oft als Beilage serviert wird, aber auch gerne als Snack für den kleinen Hunger zwischendurch dient. Pakoras lassen sich mit allen möglichen Gemüsesorten herstellen, beliebt sind z.B. auch Kartoffeln, Pilze, Auberginen und Kürbis. Und selbst Bananen kann man wunderbar in diesem Kichererbsenteig ausbacken.

Rote-Bete-Tatar
mit Gewürzpaste und Aprikosen

FÜR 4 PERSONEN

Für das Rote-Bete-Tatar:
250 g Rote Beten (vorgegart und vakuumiert)
1 Schalotte
3 getrocknete Aprikosen (ca. 30 g)
1 Msp. Fünf-Gewürze-Pulver
60 ml Gemüsebrühe
½ TL Chinesische Gewürzpaste (siehe S. 339; ersatzweise rote Currypaste und 1 Prise gemahlener Anis)
1 EL Reisessig
2 EL helle Sojasauce
1½ EL Öl
Zucker · Salz
4–5 Stiele Koriander

Für die Milchmayonnaise:
½ Knoblauchzehe
50 ml Milch
1 TL helles Miso
1 TL helle Sojasauce
1 TL Dijon-Senf
½ TL geriebener Ingwer
Salz · 100 ml Öl

Außerdem:
1–2 TL gehackte Erdnüsse
1 EL Schnittlauchröllchen

1 Für das Rote-Bete-Tatar die Roten Beten in etwa 3 mm kleine Würfel schneiden. Die Schalotte schälen und in feine Würfel schneiden. Die Aprikosen ebenfalls in sehr kleine Würfel schneiden.

2 Für die Marinade das Fünf-Gewürze-Pulver in einem kleinen Topf mit den Aprikosen, der Brühe und der Gewürzpaste verrühren, erhitzen und vom Herd nehmen. Den Essig, die Sojasauce und das Öl hineinrühren. Die Marinade mit den Rote-Bete- und Schalottenwürfeln mischen, mit 1 Prise Zucker und Salz würzen und 20 Minuten ziehen lassen.

3 Inzwischen für die Milchmayonnaise den Knoblauch schälen und fein reiben. Mit Milch, Miso, Sojasauce, Senf, Ingwer und 1 Prise Salz in einen hohen Rührbecher geben. Das Öl zunächst tropfenweise, dann in dünnem Strahl einlaufen lassen und dabei mit dem Stabmixer unterrühren.

4 Den Koriander waschen, trocken schütteln und mit den Stielen klein schneiden. Unter das Rote-Bete-Tatar mischen und gegebenenfalls noch etwas nachwürzen.

5 Das Tatar auf ein Sieb geben und etwas ausdrücken. Einen Metallring auf einen Teller setzen und ein Viertel des Tatars hineinfüllen, flach drücken und den Ring abziehen. Das restliche Tatar auf den übrigen Tellern ebenso anrichten. Die Sauce um das Rote-Bete-Tatar verteilen und das Tatar mit den Erdnüssen und dem Schnittlauch bestreuen. Dazu passen gebratene Kartoffelspalten (siehe Tipp).

Mein Tipp

Gebratene Kartoffelspalten passen gut als Beilage zu dem Tatar: Dafür 400 g Mini-Kartoffeln mit der Schale gründlich waschen und in Salzwasser weich garen. Abgießen, abkühlen lassen, vierteln und in 1 bis 2 TL Erdnussöl anbraten. Mit Chilisalz würzen. Übrigens: Je länger das Rote-Bete-Tatar durchzieht, desto wichtiger ist es, dass man es vor dem Servieren noch einmal abschmeckt, da die Rote-Bete-Würfel viel Würze aufnehmen.

Souffliertes Baguette
auf Kresse-Koriander-Sauce

FÜR 4 PERSONEN

Für das soufflierte Baguette:
250 g Baguette (1–2 Tage alt)
½ Zwiebel
1 TL Erdnussöl
600 ml Gemüsebrühe
1 TL Vietnamesische Gewürzpaste (siehe S. 339; ersatzweise ⅓ TL Gewürzmischung siehe Tipp S. 232)
1 TL rote Currypaste (siehe z. B. S. 90 oder S. 339)
1–2 EL braune Butter (siehe Tipp S. 147)
je 1 EL Koriandergrün und Dillspitzen (frisch geschnitten)

Für die Kresse-Koriander-Sauce:
1 Handvoll Brunnenkresseblätter
1 Knoblauchzehe
4 EL helle Sojasauce
100 g Sahne
1 TL Speisestärke
1 TL Ingwer (in feinen Würfeln)
2 EL Korianderblätter (frisch geschnitten)
30 g kalte Butter

Für die Kräuterseitlinge:
120 g Kräuterseitlinge
1 EL Erdnussöl
mildes Chilisalz

1 Am Vortag für das soufflierte Baguette das Baguette in etwa 1 cm große Würfel schneiden und in eine Schüssel geben. Die Zwiebel schälen und in feine Würfel schneiden. Das Öl in einer kleinen Pfanne erhitzen, die Zwiebelwürfel darin bei mittlerer Hitze glasig dünsten und zu den Baguettewürfeln geben. Die Brühe mit der Gewürzpaste und der Currypaste verrühren, einmal aufkochen lassen und über die Baguettewürfel gießen. Alles kurz durchmischen und zugedeckt über Nacht quellen lassen.

2 Am nächsten Tag die braune Butter in einer Pfanne erhitzen und die Baguettemasse darin unter Rühren mit dem Teigschaber bei mittlerer Temperatur kurz erhitzen. Die Kräuter hineinstreuen.

3 Inzwischen für die Kresse-Koriander-Sauce die Brunnenkresseblätter waschen und trocken tupfen. Den Knoblauch schälen und in feine Würfel schneiden. Die Sojasauce, ⅛ l Wasser und die Sahne in einem Topf erhitzen. Die Speisestärke mit wenig kaltem Wasser glatt rühren und in die köchelnde Flüssigkeit rühren, bis diese leicht sämig bindet. Den Knoblauch, den Ingwer, den Koriander und die Brunnenkresse dazugeben. Die kalte Butter hinzufügen und die Sauce mit dem Stabmixer pürieren. Nach Belieben nachwürzen und warm halten.

4 Für die Kräuterseitlinge die Pilze putzen, falls nötig, trocken abreiben und längs in Streifen zupfen. Das Öl in einer Pfanne erhitzen und die Pilze darin bei mittlerer Hitze 2 bis 3 Minuten anbraten. Mit Chilisalz würzen.

5 Einen großen Metallring mittig auf einen tiefen Teller setzen. Ein Viertel der Baguettemasse darin verteilen und glatt streichen. Ein Viertel der Kräuterseitlinge daraufsetzen. Den Ring abziehen und die restliche Brotmasse noch drei Mal auf die gleiche Weise anrichten. Die Kresse-Koriander-Sauce um das soufflierte Baguette verteilen. Dazu passt gedünstetes oder gedämpftes Gemüse wie z. B. grüner Spargel, Blumenkohl oder Zuckerschoten.

Gefülltes Chili-Omelett
mit Tomaten und Kokos

FÜR 2 PERSONEN

Für die Füllung:

80 g kleine Datteltomaten
4 dünne Frühlingszwiebeln
50 g Shiitake-Pilze (oder Pioppini-Pilze)
1 kleine Knoblauchzehe
6 Stiele Koriander
60 ml Gemüsebrühe
2 Scheiben Ingwer
1 TL Fischsauce
½ TL geröstetes Sesamöl
mildes Chilisalz

Außerdem:

2 TL rote Currypaste (siehe z. B. S. 90 oder S. 339)
100 ml Kokosmilch
6 Eier · Salz
frisch geriebene Muskatnuss
2 TL Butter
2 TL Kokosraspel

1 Für die Füllung die Tomaten waschen und halbieren. Die Frühlingszwiebeln putzen, waschen und schräg in 2 cm lange Stücke schneiden. Die Shiitake-Pilze putzen und, falls nötig, mit Küchenpapier trocken abreiben. Den Knoblauch schälen und in Scheiben schneiden. Den Koriander waschen, trocken schütteln und mit den Stielen klein schneiden.

2 Die Brühe mit den Frühlingszwiebeln, den Pilzen, dem Knoblauch und dem Ingwer in einer Pfanne erhitzen und das Gemüse bei mittlerer Hitze 1 bis 2 Minuten dünsten, bis die Flüssigkeit verkocht ist. Die Tomaten hinzufügen und kurz erhitzen. Mit der Fischsauce, dem Öl und Chilisalz würzen. Den Ingwer wieder entfernen.

3 Die Currypaste in einer Schüssel mit der Kokosmilch glatt rühren und mit den Eiern verquirlen. Mit Salz und Muskatnuss würzen.

4 Eine Pfanne bei milder Temperatur erhitzen und den Pfannenboden mit 1 TL Butter einfetten. Die Hälfte der Kokos-Eier-Mischung hineingießen und darin mit geschlossenem Deckel bei milder Hitze 6 bis 7 Minuten stocken lassen. Inzwischen die Kokosraspel in einer kleinen Pfanne ohne Fett anrösten.

5 Die Hälfte der Tomaten-Pilz-Mischung auf das Omelett geben und dieses vorsichtig auf einen vorgewärmten Teller gleiten lassen, dabei zusammenklappen. Mit der Hälfte des Korianders und der Hälfte der Kokosraspel bestreuen. Aus den übrigen Zutaten auf die gleiche Weise ein weiteres Chili-Omelett zubereiten.

Salat von buntem Gemüse
mit geröstetem Duftreis

FÜR 4 PERSONEN

Für den gerösteten Duftreis:
½ Kaffir-Limettenblatt
50 g Duftreis
1 TL Zitronengras (in Scheiben)

Für die Marinade:
6 EL helle Sojasauce
2 EL Limettensaft
abgeriebene Schale von 1 Bio-Limette
1 TL Zucker
4 EL Öl
1 TL geriebener Ingwer
1–2 TL Peperoni (in feinen Würfeln)

Für den Salat:
1 Karotte
2 Stangen Staudensellerie
½ grüne Papaya
½ Salatgurke
1 feste, reife Birne
6 Radieschen
4 Frühlingszwiebeln
150 g Chinakohl
1 Handvoll Mungobohnensprossen

1 Für den gerösteten Duftreis das Kaffir-Limettenblatt in feine Streifen schneiden. Den Reis in einer Pfanne ohne Fett bei milder Hitze unter ständigem Rühren etwa 5 Minuten rösten, bis er leicht Farbe annimmt und nussig duftet. Das Zitronengras und das Kaffir-Limettenblatt dazugeben und darin etwa 2 Minuten rösten. Auskühlen lassen und im Blitzhacker zu Pulver zermahlen.

2 Für die Marinade 100 ml Wasser, Sojasauce, Limettensaft und -schale, Öl sowie Zucker verrühren. Ingwer und Peperoni dazugeben.

3 Für den Salat die Karotte, den Sellerie, die Papaya und die Gurke putzen und schälen, die Kerne der Papaya und der Gurke mit einem Löffel entfernen. Die Birne vierteln, schälen und das Kerngehäuse entfernen. Das Gemüse und die Birne mit dem Julienneschneider in möglichst lange Streifen schneiden. Alternativ mit dem Sparschäler möglichst lange Streifen abschneiden und diese mit einem Messer in etwa 3 mm dünne Streifen schneiden.

4 Die Radieschen putzen, waschen und ebenfalls in feine Streifen schneiden. Die Frühlingszwiebeln putzen, waschen und in feine Streifen oder Ringe schneiden. Den Chinakohl putzen, waschen, trocken tupfen und in etwa ½ cm breite Streifen schneiden. Die Mungobohnensprossen auf einem Sieb abbrausen und abtropfen lassen.

5 Die Gemüse- und Birnenstreifen in eine Schüssel geben, mit der Marinade mischen und 5 Minuten ziehen lassen. Den Salat nachwürzen, in tiefen Tellern oder Schüsseln anrichten und mit je 1 TL geröstetem Duftreis bestreuen.

Mein Tipp

Der Röstreis hält sich luftdicht verschlossen mehrere Wochen und eignet sich sehr gut zum Verfeinern von Salaten, Gemüse, Fisch und Garnelen. Er verleiht den Gerichten eine feine, nussige Note. Marinaden und Saucen gibt er zusätzlich etwas Bindung.

Kartoffel-Linsen-Plätzchen
mit Safran-Raita

Für 4 Personen

Für die Safran-Raita:
3 EL Gemüsebrühe
8 Safranfäden
150 g Rahmjoghurt (10 % Fett)
1–2 TL Zitronensaft
1 Msp. abgeriebene Bio-Zitronenschale
½ geriebene Knoblauchzehe
½ TL geriebener Ingwer
Salz · mildes Chilipulver

Für die Kartoffel-Linsen-Plätzchen:
600 g mehligkochende Kartoffeln
Salz · 50 g rote Linsen
20 g braune Butter (siehe Tipp S. 147)
1 Ei
1 TL Garam Masala
2 EL Ghee zum Braten (siehe S. 72)

1 Für die Safran-Raita die Brühe erwärmen. Den Safran hineinrühren und 5 Minuten ziehen lassen. Den Joghurt mit der Safranbrühe verrühren. Mit Zitronensaft und -schale, Knoblauch, Ingwer, Salz und 1 Prise Chilipulver würzen. Die Safran-Raita im Kühlschrank 30 Minuten ziehen lassen und gegebenenfalls nochmals nachwürzen.

2 Inzwischen für die Kartoffel-Linsen-Plätzchen die Kartoffeln mit der Schale gründlich waschen und in Salzwasser weich garen. Die Kartoffeln abgießen, ausdampfen lassen und möglichst heiß pellen. Durch die Kartoffelpresse drücken und die Masse 30 Minuten abkühlen lassen.

3 Die Linsen in kochendem Salzwasser knapp 10 Minuten gerade weich garen, in ein Sieb abgießen, kalt abbrausen und abtropfen lassen.

4 Die Kartoffelmasse mit den Linsen, der braunen Butter und dem Ei in eine Schüssel geben, mit Salz und dem Garam Masala würzen und zu einem geschmeidigen Teig verkneten. Mit angefeuchteten Händen kleine Plätzchen daraus formen.

5 Etwas Ghee in einer Pfanne erhitzen und die Kartoffel-Linsen-Plätzchen darin portionsweise bei mittlerer Hitze auf beiden Seiten goldbraun braten. Herausnehmen und auf Küchenpapier abtropfen lassen.

6 Die Kartoffel-Linsen-Plätzchen auf Teller verteilen und mit der Safran-Raita servieren. Dazu passt gut ein grüner Salat.

Indische Teigtaschen
mit Minze-Kopfsalat

FÜR CA. 12 STÜCK

Für den Teig:
300 g Mehl
1 TL gemahlene Kurkuma · Salz
1 EL flüssiges Ghee (siehe S. 72)
4 EL Öl

Für die Füllung:
250 g mehligkochende Kartoffeln
Salz
120 g Erbsen (tiefgekühlt)
1 Zwiebel
3 EL Ghee (siehe S. 72; ersatzweise braune Butter)
je 1 TL Dillspitzen und Koriandergrün (frisch geschnitten)
mildes Chilisalz
frisch geriebene Muskatnuss
1 Msp. gemahlene Kurkuma
Chat Masala
Asafoetida (Asant)

Für den Minze-Kopfsalat:
100 ml lauwarme Gemüsebrühe
2 EL Zitronensaft
½ TL scharfer Senf
4 EL mildes Olivenöl
1 EL Minzeblätter (frisch geschnitten)
Salz · Pfeffer aus der Mühle
Zucker
1 Kopfsalat

Außerdem:
Mehl für die Arbeitsfläche
Erdnussöl zum Frittieren

1 Für den Teig das Mehl mit Kurkuma und 1 TL Salz in eine Schüssel geben. Das Ghee hinzufügen und alles mit den Fingern 1 bis 2 Minuten gut verkrümeln. Das Öl und ⅛ l warmes Wasser dazugeben und mit den Händen oder in der Küchenmaschine zu einem glatten, geschmeidigen Teig kneten. Auf einen Teller legen, mit Frischhaltefolie bedecken und 15 bis 20 Minuten ruhen lassen.

2 Inzwischen für die Füllung die Kartoffeln mit der Schale gründlich waschen und in Salzwasser 20 bis 25 Minuten weich garen. Abgießen, ausdampfen lassen, möglichst heiß pellen und durch die Kartoffelpresse drücken oder mit dem Kartoffelstampfer zerdrücken.

3 Die Erbsen in Salzwasser 1 bis 2 Minuten kochen, abgießen, abschrecken und abtropfen lassen. Die Zwiebel schälen und in feine Würfel schneiden. In einer Pfanne 1 EL Ghee erhitzen und die Zwiebelwürfel darin bei mittlerer Hitze glasig dünsten. Die Erbsen dazugeben und kurz erwärmen. Mit dem Kartoffelmus und dem restlichen Ghee mischen. Dill und Koriander hinzufügen und die Masse mit Chilisalz, Muskatnuss, Kurkuma, je 1 Prise Chat Masala und Asafoetida würzen und gut mischen.

4 Den Teig in 6 gleich große Portionen teilen, zu Kugeln formen, mit Frischhaltefolie bedecken und nochmals 5 Minuten ruhen lassen. Die Teigkugeln auf der leicht bemehlten Arbeitsfläche (so wenig Mehl wie möglich verwenden) zu ovalen Fladen von etwa 20 x 14 cm ausrollen. Die Fladen quer halbieren, die Teigränder mit Wasser bestreichen und je 1 EL Füllung daraufsetzen. Den Teig so über der Füllung zusammenschlagen, dass sowohl die geraden Schnittkanten als auch die beiden runden Teigseiten aufeinander liegen und die Form eines Segels entsteht. Die Schnittkanten und die runde Teigseite mit einer Gabel gut andrücken.

5 Reichlich Öl in der Fritteuse oder in einem Topf auf 160 °C erhitzen. Die Teigtaschen darin portionsweise etwa 7 Minuten goldbraun backen. Herausnehmen und auf Küchenpapier abtropfen lassen.

6 Für den Minze-Kopfsalat die Brühe mit dem Zitronensaft und dem Senf verrühren. Das Olivenöl erst tropfenweise, dann in dünnem Strahl unter kräftigem Rühren hinzufügen. Die Minze unterrühren und alles mit Salz, Pfeffer und 1 Prise Zucker würzen. Vom Kopfsalat die äußeren Blätter entfernen. Den Salat in die einzelnen Blätter teilen, waschen, trocken schleudern und in mundgerechte Stücke zupfen.

7 Den Salat mit dem Dressing marinieren und den Minze-Kopfsalat mit den Teigtaschen anrichten. Dazu passt Gurken-Raita (siehe S. 73).

Vietnamesischer Gemüsestrudel
mit Erdnuss-Knoblauch-Dip

FÜR 4 PERSONEN

Für den Gemüsestrudel:
1 Karotte
1 rote Spitzpaprikaschote
1 Chinakohlblatt
1 Stange Staudensellerie
4 Frühlingszwiebeln
50 g Austernpilze
30 g Sojasprossen
1 TL Puderzucker
1 EL chinesischer Reiswein
50 ml Gemüsebrühe
1 kleine Knoblauchzehe
6 Stiele Koriander
1 TL geriebener Ingwer
1 Msp. abgeriebene Bio-Zitronenschale
Salz · mildes Chilipulver
4 EL Öl · 1 EL Sesamöl
8 Blätter Frühlingsrollenteig (à ca. 20 x 20 cm)
4 EL flüssige Butter

Für den Erdnuss-Knoblauch-Dip:
100 g Erdnussmus (geröstet und gesalzen)
100 ml Gemüsebrühe
2 Knoblauchzehen
120 g Naturjoghurt
½ TL geriebener Ingwer
mildes Chilisalz
Pfeffer aus der Mühle

1 Für den Gemüsestrudel die Karotte putzen, schälen und in feine Streifen schneiden. Die Paprikaschote längs halbieren, entkernen, waschen und in feine Streifen schneiden. Das Chinakohlblatt waschen, trocken tupfen und ebenfalls in feine Streifen schneiden. Den Sellerie putzen, waschen und schräg in dünne Scheiben schneiden. Die Frühlingszwiebeln putzen, waschen und schräg in Ringe schneiden. Die Austernpilze putzen und klein schneiden. Die Sojasprossen auf einem Sieb abbrausen und abtropfen lassen.

2 Den Puderzucker in einer großen tiefen Pfanne bei mittlerer Hitze hell karamellisieren. Das Gemüse dazugeben und kurz andünsten. Mit dem Reiswein ablöschen und die Brühe angießen. Das Gemüse weitere 1 bis 2 Minuten dünsten. Den Knoblauch schälen und hineinreiben. Den Koriander waschen, trocken schütteln und mit den Stielen klein schneiden. Den Ingwer, den Koriander und die Zitronenschale zum Gemüse geben und alles mit Salz und 1 Prise Chilipulver würzen. Abkühlen lassen.

3 Den Backofen auf 200 °C vorheizen. Ein Backblech mit Backpapier belegen. Das Öl und das Sesamöl verrühren. Die Frühlingsrollenteigblätter einzeln mit dem Öl bestreichen und jeweils 2 Blätter aufeinanderlegen. Das Gemüse in 4 Portionen teilen, jeweils in einem langen Strang mittig auf den Teigblättern verteilen und die Teigblätter darüber zusammenlegen. Die Teigenden festdrücken. Mit der Nahtseite nach unten auf das Blech legen, mit der flüssigen Butter bestreichen und im Ofen auf der unteren Schiene 15 Minuten goldbraun backen.

4 Inzwischen für den Erdnuss-Knoblauch-Dip das Erdnussmus nach und nach mit der Brühe glatt rühren. Den Knoblauch schälen und hineinreiben. Den Joghurt und den Ingwer unterrühren. Mit Chilisalz und Pfeffer würzen.

5 Die Gemüsestrudel aus dem Ofen nehmen und auf Teller verteilen. Den Erdnuss-Knoblauch-Dip dazu reichen.

Reispfannkuchen
mit Tomaten-Chutney

FÜR 10–12 STÜCK

Für die Reispfannkuchen:
75 g Reisflocken
50 g Kichererbsenmehl
½ TL Panch Phoron aus der Mühle (bengalische Gewürzmischung; z.B. aus dem Gewürzladen)
Salz · ½ TL Backpulver
Ghee zum Backen (siehe S. 72)

Für das Tomaten-Chutney:
4 Knoblauchzehen
20 g Ingwer
100 g Zwiebeln · 2 EL Öl
1 Lorbeerblatt
4 grüne Kardamomkapseln
3 Gewürznelken
1 Zimtsplitter
1 TL gelbe Senfkörner
1 TL Ajowan (Königskümmel; ersatzweise je 1 Prise gehackter Thymian und gehacktes Bohnenkraut)
20 g Butter
1 EL Tomatenmark
400 g passierte Tomaten (aus dem Tetrapak) · Salz
je ½ TL Paprikapulver (edelsüß) und Garam Masala
je ½ TL gemahlener Kreuzkümmel, gemahlene Korianderkörner, Fenchel- und Bockshornkleesamen
1 EL Palmzucker
1 EL Weißweinessig
½ TL Chat Masala
2 EL Olivenöl
2 Tomaten
1 EL Rosinen

1 Für die Reispfannkuchen die Reisflocken mit 175 ml kaltem Wasser verrühren und 1 Stunde quellen lassen. Kichererbsenmehl, Panch Phoron und Salz dazugeben und mit dem Schneebesen kräftig verrühren. Zugedeckt mehrere Stunden, am besten über Nacht, fermentieren lassen.

2 Für das Tomaten-Chutney den Knoblauch und den Ingwer schälen und in feine Würfel schneiden. Die Zwiebeln schälen und in Würfel schneiden. Das Öl in einem breiten Schmortopf erhitzen und Lorbeerblatt, Kardamomkapseln, Gewürznelken, Zimt, Senfkörner und Ajowan darin bei milder Hitze etwa 30 Sekunden leicht anrösten. Den Knoblauch dazugeben und 1 Minute andünsten. Den Ingwer und die Zwiebeln hinzufügen und 5 Minuten goldbraun dünsten. Die Butter dazugeben und das Tomatenmark unterrühren. Die passierten Tomaten hineingeben und erhitzen.

3 Das Chutney mit Salz, Paprikapulver, Garam Masala, Kreuzkümmel, Koriander, Fenchel- und Bockshornkleesamen würzen und knapp unter dem Siedepunkt etwa 15 Minuten ziehen lassen. Die ganzen Gewürze – soweit möglich – wieder entfernen. Palmzucker, Essig, Chat Masala, 100 ml Wasser und Olivenöl hinzufügen und alles mit dem Stabmixer pürieren. Gegebenenfalls nachwürzen.

4 Die Tomaten kreuzweise einritzen, überbrühen, kalt abschrecken, häuten, vierteln und entkernen. Die Viertel in Würfel schneiden, zum Chutney geben und weitere 5 Minuten leicht köcheln lassen. Nochmals abschmecken, die Rosinen dazugeben und das Chutney abkühlen lassen.

5 Das Backpulver unter den Pfannkuchenteig rühren. In einer Pfanne je ½ bis 1 TL Ghee erhitzen und aus dem Teig 10 bis 12 kleine Pfannkuchen (etwa 8 cm Durchmesser) backen. Dafür mit einem Esslöffel etwas Teig in der Pfanne verteilen, auf jeder Seite 2 bis 3 Minuten goldbraun backen und auf Küchenpapier abtropfen lassen. Die Reispfannkuchen mit dem Tomaten-Chutney oder anderen Dipsaucen, Gemüse oder Salat servieren.

Mein Tipp

Der Teig kann auch bereits nach 1 bis 2 Stunden zu Pfannkuchen gebacken werden. Nach einer längeren Reifezeit entwickelt sich jedoch ein wesentlich besseres Aroma. Das Backpulver sollte man in jedem Fall erst kurz vor dem Braten zum Teig geben, damit es seine Treibkraft behält. Das Tomaten-Chutney hält sich zugedeckt im Kühlschrank etwa 1 Woche.

Schalotten-Paprika-Tarte
mit Kräutersalat

FÜR 4 PERSONEN

Für den Tarteboden:
40 g flüssige Butter
6 Blätter Frühlingsrollenteig (à ca. 20 x 20 cm)

Für die Füllung:
1 rote Paprikaschote
200 g Schalotten
200 g Blattspinat · Salz
100 ml Gemüsebrühe
80 g Erdnüsse
1 TL geriebener Ingwer
½ TL milde Chiliflocken
2 EL Kräuterblätter (frisch geschnitten; z.B. (Langer) Koriander, Minze, Dill, Shisokresse oder -blätter, Daikonkresse, Schnittknoblauch)
150 g Frischkäse
150 ml Kokosmilch
80 g Sahne · 1 EL Sojasauce
2 gehackte Kaffir-Limettenblätter (ersatzweise Schale von 1 Bio-Limette) · 1 Eigelb · 3 Eier
Pfeffer aus der Mühle
½–1 TL Fünf-Gewürze-Pulver

Für den Kräutersalat:
200 g gemischte Salatblätter
20 g Kräuterblätter (z.B. Koriander, Minze, Dill, Shisokresse oder -blätter, Daikonkresse, Schnittlauch)
80 ml lauwarme Gemüsebrühe
2 EL Limettensaft
1 TL Fischsauce
½ TL scharfer Senf
4 EL mildes Olivenöl
mildes Chilisalz · Pfeffer aus der Mühle · Zucker

1 Für den Tarteboden eine runde (28 cm Durchmesser) oder rechteckige Tarteform mit etwas flüssiger Butter einstreichen und mit 3 Frühlingsrollenteigblättern auslegen. Diese ebenfalls mit flüssiger Butter bestreichen, mit den 3 restlichen Teigblättern belegen und wieder mit flüssiger Butter bestreichen. Die überstehenden Enden nach Belieben mit einer Schere abschneiden.

2 Für die Füllung die Paprikaschote längs halbieren, entkernen, waschen und in ½ cm große Würfel schneiden. Die Schalotten schälen und in Scheiben schneiden. Den Spinat verlesen, waschen und trocken schleudern, grobe Stiele entfernen. Die Blätter in kochendem Salzwasser kurz blanchieren. Den Spinat in ein Sieb abgießen, kalt abschrecken und abtropfen lassen. Mit den Händen das restliche Wasser herausdrücken und den Spinat klein schneiden.

3 Die Brühe in einer tiefen Pfanne erhitzen und die Paprikawürfel und die Schalottenscheiben darin unter Rühren dünsten, bis die Flüssigkeit verkocht ist. Die Erdnüsse in einer Pfanne ohne Fett rösten und klein hacken. Das Paprika-Schalotten-Gemüse in einer Schüssel mit Spinat, Ingwer, Chiliflocken, Erdnüssen und Kräutern mischen. Mit Salz würzen.

4 Den Backofen auf 200 °C vorheizen. Den Frischkäse mit Kokosmilch, Sahne, Sojasauce, Kaffir-Limettenblättern, Eigelb und Eiern mit dem Stabmixer pürieren. Mit Salz, Pfeffer und Fünf-Gewürze-Pulver würzen.

5 Die Gemüsemischung in der mit dem Frühlingsrollenteig ausgelegten Tarteform verteilen und die Eier-Gewürz-Sahne darübergießen. Die Tarte im Ofen auf der untersten Schiene etwa 40 Minuten goldbraun backen.

6 Für den Kräutersalat die Salat- und Kräuterblätter waschen und trocken schleudern. Die Brühe mit Limettensaft, Fischsauce und Senf verrühren. Das Olivenöl erst tropfenweise, dann in dünnem Strahl unter kräftigem Rühren hinzufügen. Mit Chilisalz, Pfeffer und 1 Prise Zucker würzen. Die Salat- und Kräuterblätter mit dem Dressing marinieren.

7 Die Schalotten-Paprika-Tarte aus dem Ofen nehmen, kurz abkühlen lassen, aus der Form nehmen und in Stücke schneiden. Den Salat auf Teller verteilen und die Tartestücke danebensetzen.

Morcheln in Reiswein-Sojasauce
mit Eiernudeln

FÜR 4 PERSONEN

30 g getrocknete Spitzmorcheln
400 ml Gemüsebrühe
2 Knoblauchzehen
1 Bund Frühlingszwiebeln
2 TL Ingwer (in feinen Würfeln)
2 TL Chinesische Gewürzpaste (siehe S. 339; ersatzweise 1 Prise Fünf-Gewürze-Pulver)
3 EL helle Sojasauce
200 g Sahne
2 EL chinesischer Reiswein (ersatzweise halbtrockener Sherry)
1 TL Speisestärke
300 g chinesische Eiernudeln
2 kleine rote Chilischoten
5 Scheiben Ingwer
Salz · 20 g kalte Butter
1 EL Liebstöckelblätter (frisch geschnitten)

1 Die Morcheln in der lauwarmen Brühe einweichen und 1 Stunde quellen lassen. In ein Sieb abgießen und abtropfen lassen, dabei die Brühe auffangen. Den Knoblauch schälen und in feine Würfel schneiden. Die Frühlingszwiebeln putzen, waschen und schräg in 2 cm lange Ringe schneiden.

2 Den Knoblauch und den Ingwer mit 200 ml Morchelbrühe in eine große tiefe Pfanne geben. Die Gewürzpaste und die Sojasauce hineinrühren und erhitzen. Die Frühlingzwiebeln dazugeben und 2 Minuten leicht köcheln lassen. Die Sahne und den Reiswein hinzufügen. Die Speisestärke mit wenig kaltem Wasser glatt rühren, in die Sauce rühren und 1 Minute leicht köcheln lassen. Die eingeweichten Morcheln dazugeben.

3 Die Eiernudeln mit den Chilischoten und dem Ingwer in kochendem Salzwasser 2 Minuten garen. In ein Sieb abgießen, abtropfen lassen und in der Morchelsauce erhitzen. Die kalte Butter und den Liebstöckel unterrühren. Die Nudeln mit der Sauce auf Teller verteilen und servieren.

Mein Tipp

Die einheimische Spitzmorchel ist besonders aromatisch und harmoniert ausgezeichnet mit dem chinesischen Reiswein, besonders wegen seiner feinen Sherrynote. Die auch als chinesische Morcheln bezeichneten Mu-Err-Pilze können ebenfalls für dieses Gericht verwendet werden. Sie verleihen der Zubereitung allerdings einen gänzlich anderen Charakter, und man sollte sie wegen ihrer leicht ledrigen Konsistenz klein schneiden, bevor man sie in die Sauce gibt.

Indischer Bratkartoffelsalat
mit Limettenjoghurt

Für 4 Personen

Für den Limettenjoghurt:
150 g Rahmjoghurt (10% Fett)
5 EL Gemüsebrühe
abgeriebene Schale von 1 Bio-Limette
1–2 TL Limettensaft
mildes Chilisalz
Zucker

Für den Bratkartoffelsalat:
500 g Mini-Kartoffeln · Salz
100 g Blumenkohl
120 g Cocktailtomaten
4 Frühlingszwiebeln
80 g kleine Champignons
2 EL Ghee (siehe S. 72)
2 TL Indisches Bratkartoffelgewürz (aus dem Gewürzladen; ersatzweise je 1 Msp. Paprikapulver, gemahlener Schwarzkümmel, Kreuzkümmel, gemahlene Fenchelsamen, Bockshornkleesamen, Senfkörner, Kurkuma, getrockneter Knoblauch und Ingwer)
mildes Chilisalz
50 ml Gemüsebrühe
½ TL Knoblauch-Ingwer-Paste (siehe S. 339 oder Tipp unten)

1 Für den Limettenjoghurt den Joghurt mit der Brühe glatt rühren. Limettenschale und -saft hineinrühren und mit Chilisalz und 1 Prise Zucker würzen.

2 Für den Bratkartoffelsalat die Kartoffeln in Salzwasser etwa 20 Minuten weich garen. Die Kartoffeln abgießen, abkühlen lassen und in 1 cm dicke Scheiben schneiden.

3 Den Blumenkohl putzen, waschen und in Röschen teilen. Die Blumenkohlröschen in kochendem Salzwasser etwa 4 Minuten gerade weich garen. In ein Sieb abgießen, kalt abschrecken und abtropfen lassen. Die Tomaten waschen und halbieren. Die Frühlingszwiebeln putzen, waschen und schräg in ½ bis 1 cm breite Ringe schneiden. Die Champignons putzen, falls nötig, trocken abreiben und halbieren.

4 In einer großen tiefen Pfanne 1 EL Ghee erhitzen und die Kartoffelscheiben darin auf beiden Seiten goldbraun braten. Mit 1 TL Bratkartoffelgewürz und etwas Chilisalz würzen und aus der Pfanne nehmen.

5 Das restliche Ghee im Bratsatz erhitzen und die Pilze und die Frühlingszwiebeln darin andünsten. Die Brühe und die Knoblauch-Ingwer-Paste unter Rühren dazugeben. Den Blumenkohl darin erhitzen und mit etwas Bratkartoffelgewürz würzen. Die angebratenen Kartoffeln wieder hineingeben und erhitzen. Vom Herd nehmen und die Tomaten untermischen. Mit Bratkartoffelgewürz und Chilisalz abschmecken.

6 Die indischen Bratkartoffeln auf vorgewärmten Tellern anrichten und den Limettenjoghurt darüberträufeln.

Mein Tipp

Für 1 EL Knoblauch-Ingwer-Paste 1 große Knoblauchzehe schälen, fein reiben und mit 1 TL geriebenem Ingwer mischen. Alternativ Knoblauch und Ingwer im Mörser zu einer feinen Paste zerstoßen.

Mariniertes Wurzelgemüse
mit gebratenem Fünfgewürz-Tofu

FÜR 4 PERSONEN

Für das Wurzelgemüse:
1 dicke Schwarzwurzel
Zitronensaft
2 Karotten
1 gelbe Karotte
1 Petersilienwurzel
100 g Knollensellerie
⅛ l Gemüsebrühe
1 Knoblauchzehe
5 Scheiben Ingwer
2 EL Sojasauce
2 EL Reisessig
2 EL chinesischer Reiswein (ersatzweise halbtrockener Sherry)
2 EL Erdnussöl
milde Chiliflocken
½ TL brauner Zucker

Für den Fünfgewürz-Tofu:
500 g schnittfester Tofu
1 EL Erdnussöl
1 Knoblauchzehe
1 TL Ingwer (in feinen Würfeln)
2 EL Sojasauce
½ TL Fünf-Gewürze-Pulver
40 g kalte Butter

Außerdem:
Korianderblätter zum Garnieren

1 Für das Wurzelgemüse die Schwarzwurzel unter fließendem kaltem Wasser gründlich bürsten, schälen, längs halbieren und schräg in 5 cm lange Stücke schneiden. Dabei am besten mit Einweghandschuhen arbeiten. Die Schwarzwurzeln sofort in einen Topf mit Zitronenwasser legen. Die Karotten und die Petersilienwurzel putzen, schälen, quer halbieren und in schmale lange Spalten schneiden. Den Sellerie putzen, schälen und in etwa 1 cm dicke und 5 cm lange Stücke schneiden.

2 Das ganze Gemüse in einen breiten Topf oder eine tiefe Pfanne geben, die Brühe angießen und aufkochen lassen. Den Knoblauch schälen und in Scheiben schneiden. Mit dem Ingwer hinzufügen und das Gemüse mit geschlossenem Deckel knapp unter dem Siedepunkt 8 bis 10 Minuten gerade weich garen.

3 Die Brühe in einen Topf abgießen. Die Sojasauce, den Essig und den Reiswein dazugeben, das Öl hineinrühren und den Sud mit 1 Prise Chiliflocken und dem braunen Zucker würzen. Das Wurzelgemüse wieder dazugeben und darin mindestens 10 Minuten ziehen lassen, gegebenenfalls nachwürzen.

4 Für den Fünfgewürz-Tofu den Tofu in 6 bis 8 mm dicke Scheiben schneiden. Das Öl im Wok oder in einer großen Pfanne erhitzen und den Tofu darin auf beiden Seiten jeweils etwa 1 ½ Minuten anbraten. Aus der Pfanne nehmen.

5 Den Knoblauch schälen und in feine Würfel schneiden. Mit 4 EL Wasser, Ingwer und Sojasauce zum Bratsatz geben und etwa 1 Minute einköcheln lassen. Das Fünf-Gewürze-Pulver und die kalte Butter unterrühren. Die Tofuscheiben wieder hineinlegen und darin vorsichtig wenden.

6 Das marinierte Wurzelgemüse auf vorgewärmte Teller verteilen. Die Fünf-Gewürze-Tofuscheiben darauf anrichten und mit den Korianderblättern garnieren.

Gebackener Fetakäse
auf indischem Rahmspinat

FÜR 4 PERSONEN

Für den Rahmspinat:
800 g junger Blattspinat
1 Knoblauchzehe
200 ml Gemüsebrühe
1 TL Ingwer (in feinen Würfeln)
450 g Sahne
30 g kalte Butter
20 g braune Butter (siehe Tipp S. 147)
1 TL Garam Masala · Salz
mildes Chilipulver

Für den gebackenen Fetakäse:
500 g Feta (Schafskäse)
50 g doppelgriffiges Mehl (Wiener Grießler)
80 g Weißbrotbrösel
1 großes Ei
½ TL Tandoori-Gewürzpaste (siehe S. 339; ersatzweise Tandoori Masala)
½ TL milde Chiliflocken
100 g Ghee zum Braten (siehe S. 72)

Für die Kichererbsen:
200 g Kichererbsen (aus der Dose)
1–2 EL Gemüsebrühe
1–2 TL braune Butter

1 Für den Rahmspinat den Spinat verlesen, waschen und trocken schleudern. Den Knoblauch schälen und in feine Würfel schneiden. Die Brühe in einer tiefen Pfanne erhitzen und 600 g Spinat darin kurz zusammenfallen lassen. Den Knoblauch und den Ingwer hinzufügen. Die Sahne angießen und kurz köcheln lassen.

2 Alles in einen hohen Rührbecher geben und mit dem Stabmixer fein pürieren. Die kalte und die braune Butter untermixen und den Spinat wieder in die Pfanne geben. Die restlichen Spinatblätter untermischen. Mit dem Garam Masala, Salz und 1 Prise Chilipulver würzen. Den Rahmspinat warm halten.

3 Für den gebackenen Fetakäse den Käse in 16 Stücke schneiden. Das Mehl und die Weißbrotbrösel jeweils in einen tiefen Teller geben. Das Ei in einem tiefen Teller mit der Gewürzpaste verquirlen. Die Käsestücke mit den Chiliflocken würzen und zunächst im Mehl wenden, dann durch das Ei ziehen und zuletzt in den Weißbrotbröseln panieren.

4 Das Ghee in einer großen Pfanne erhitzen und die panierten Käsestücke darin bei mittlerer Hitze einige Minuten rundum goldbraun braten. Herausnehmen und auf Küchenpapier abtropfen lassen.

5 Die Kichererbsen in ein Sieb abgießen, kalt abbrausen und abtropfen lassen. In der Brühe erhitzen und die braune Butter dazugeben.

6 Den indischen Rahmspinat mit den Kichererbsen auf tiefe Teller verteilen und den gebackenen Feta darauf anrichten.

Mein Tipp

Anstelle von Feta lässt sich das Gericht auch mit gebratenem Paneer zubereiten. Dafür den Paneer (siehe S. 74) in 2 cm große Würfel schneiden, in einer Pfanne mit 1 EL Ghee rundum anbraten und mit ½ TL mildem Currypulver und etwas Chilisalz würzen.

Kürbis-Paprika-Curry
»Ko Samui«

FÜR 4 PERSONEN

Für das Kürbis-Paprika-Gemüse:

400 g Butternut- oder Muskatkürbis
2 rote Paprikaschoten
1 Zucchino (300 g)
1 Knoblauchzehe
100 ml Gemüsebrühe
3 Scheiben Ingwer

Für die Currysauce:

5 Kaffir-Limettenblätter
2 Stängel Zitronengras
2 Knoblauchzehen
500 g Kokosmilch
3 TL Panaeng-Currypaste (siehe S. 91)
1 ½ EL flüssiger Palmzucker (siehe S. 95; ersatzweise brauner Zucker)
2 TL Ingwer (in feinen Würfeln)
1 ½ EL Fischsauce

1 Für das Kürbis-Paprika-Gemüse den Kürbis schälen, entkernen und das Fruchtfleisch in etwa 1 ½ cm große Würfel schneiden. Die Paprikaschoten längs halbieren, entkernen, waschen und in 1 ½ cm große Stücke schneiden. Den Knoblauch schälen und in Scheiben schneiden. Den Zucchino putzen, waschen, längs vierteln und in etwa 1 cm breite Stücke schneiden.

2 Die Brühe in einem Topf erhitzen. Die Kürbis- und Paprikawürfel, den Knoblauch und den Ingwer dazugeben und mit geschlossenem Deckel 10 Minuten dünsten. Den Zucchino hinzufügen und weitere 5 Minuten dünsten. Den Ingwer entfernen.

3 Für die Currysauce die Kaffir-Limettenblätter mehrmals einreißen. Vom Zitronengras die welken Außenblätter und die obere, trockene Hälfte entfernen, die untere Hälfte längs halbieren. Den Knoblauch schälen und in feine Würfel schneiden. Die Kokosmilch in einen Topf geben. Die Currypaste, den Palmzucker, die Kaffir-Limettenblätter, das Zitronengras, den Knoblauch, den Ingwer und die Fischsauce hinzufügen und knapp unter dem Siedepunkt erhitzen.

4 Das Kürbis-Paprika-Gemüse in die Currysauce rühren und nach Belieben nachwürzen. In tiefe Teller verteilen und servieren. Dazu passt Reis.

Mein Tipp

Sollten Sie nur einen sehr großen Kürbis ergattern, macht das gar nichts, denn Kürbisse lassen sich als Püree wunderbar einfrieren: Den Kürbis entkernen, schälen und in Würfel schneiden. In wenig Brühe 10 bis 15 Minuten weich dünsten, mit dem Stabmixer pürieren und abkühlen lassen. Portionsweise einfrieren und nach Bedarf für Suppen und Saucen weiterverwenden.

Gröstl von Kartoffeln
und Shiitake-Pilzen

FÜR 4 PERSONEN

500 g Mini-Kartoffeln
Salz
150 g Shiitake-Pilze
150 g kleine Austernpilze
1 Bund dünne Frühlingszwiebeln
1 Knoblauchzehe
1 EL Erdnussöl
2 EL Sojasauce
1 TL Ingwer (in feinen Würfeln)
40 g kalte Butter
6 Stiele Koriander

1 Die Kartoffeln mit der Schale gründlich waschen und in Salzwasser 20 bis 25 Minuten weich garen. Die Kartoffeln abgießen, ausdampfen lassen, nach Belieben pellen und abkühlen lassen.

2 Die Shiitake- und die Austernpilze putzen. Die Shiitake-Pilze vierteln, die Austernpilze längs in Streifen zupfen. Die Frühlingszwiebeln putzen, waschen und schräg in 2 cm lange Stücke schneiden. Die Kartoffeln in ½ cm dicke Scheiben schneiden. Den Knoblauch schälen und in feine Würfel schneiden.

3 Das Öl in einer Pfanne erhitzen und die Kartoffeln darin bei mittlerer Hitze auf beiden Seiten goldbraun anbraten. Herausnehmen und beiseitestellen. Den Bratsatz mit 80 ml Wasser ablöschen. Die Sojasauce, den Knoblauch und den Ingwer unterrühren, die Frühlingszwiebeln dazugeben und alles 1 Minute köcheln lassen. Die kalte Butter unterrühren, die Kartoffelscheiben und die Pilze hinzufügen und erhitzen. Falls nötig, nachwürzen.

4 Den Koriander waschen, trocken schütteln und mit den Stielen klein schneiden. Das Gröstl damit bestreuen, auf vorgewärmten Tellern anrichten und servieren.

Mein Tipp

Nach Belieben können Sie das Gröstl mit Paprika verfeinern: Dafür 1 rote Paprikaschote längs halbieren, entkernen, waschen und in Stücke schneiden. In einer Pfanne 1 TL Öl erhitzen und die Paprika darin andünsten. Mit 60 ml Gemüsebrühe ablöschen und einige Minuten offen dünsten, bis die Flüssigkeit verkocht ist. Die Paprikastücke am Schluss mit den Pilzen zum Gröstl geben.

Lauwarmer Pastasalat
mit Thai-Curry-Marinade

FÜR 4 PERSONEN

Für die Thai-Curry-Marinade:

80 ml Gemüsebrühe
2 TL rote Currypaste (siehe z. B. S. 90 oder S. 339)
40 ml Kokosmilch
40 ml Milch
1 TL Dijon-Senf · 80 ml Öl
6 EL Reisessig (ersatzweise Balsamico bianco)
1 TL abgeriebene Bio-Limettenschale · Salz
1 TL brauner Zucker

Für den Pastasalat:

100 g Erbsen (tiefgekühlt)
3 EL Gemüsebrühe
½ Bio-Salatgurke
200 g Cocktailtomaten
300 g Makkaroni, Spirelli oder Caserecce · Salz
je 1 EL Dillspitzen und Koriandergrün (frisch geschnitten)

1 Für die Thai-Curry-Marinade die Brühe in einem Topf mit der Currypaste erhitzen, verrühren und vom Herd nehmen. Die Kokosmilch, die Milch und den Senf in einen hohen Rührbecher geben. Das Öl in einem dünnen Strahl einlaufen lassen und dabei mit dem Stabmixer unterrühren. Die Curry-Brühe, den Essig und die Limettenschale ebenfalls untermixen und die Marinade mit Salz und braunem Zucker abschmecken.

2 Für den Pastasalat die Erbsen in der Brühe erhitzen und 1 Minute köcheln lassen, bis die Flüssigkeit verkocht ist. Die Gurke waschen, längs vierteln und in etwa ½ cm breite Stücke schneiden. Die Tomaten waschen und halbieren.

3 Die Nudeln in reichlich kochendem Salzwasser nach Packungsanweisung bissfest garen. In ein Sieb abgießen, abtropfen lassen und in eine große Schüssel füllen. Die Gurke, die Tomaten und die Erbsen untermischen. Die Thai-Curry-Marinade und die Kräuter sofort unterrühren. Den Pastasalat 5 Minuten ziehen lassen und nochmals abschmecken.

Mein Tipp

In diesem Salat machen sich anstelle von Erbsen auch extra feine grüne Bohnen (Keniabohnen), Schlangenbohnen (siehe S. 245), Zuckerschoten oder Thai-Spargel sehr gut. Die Thai-Curry-Marinade passt ausgezeichnet zu lauwarmen Gemüsesalaten.

Wokgemüse
mit Mungobohnensprossen

FÜR 4 PERSONEN

1 Karotte
1 Bund Frühlingszwiebeln
½ Zucchino
2 Stangen Staudensellerie (mit Grün)
60 g Zuckerschoten
1 rote Paprikaschote
60 g Bambushälften (aus der Dose)
1 Handvoll Mungobohnensprossen
2 Knoblauchzehen
6 Stiele Koriander
400 g schnittfester Tofu
2 EL Erdnussöl
200 ml Gemüsebrühe
1 EL Ingwer (in feinen Streifen)
2 EL helle Sojasauce
1 TL grüne Currypaste (siehe S. 90)
2 TL Speisestärke
mildes Chilisalz

1 Die Karotte putzen, schälen und in dünne Scheiben hobeln. Die Frühlingszwiebeln putzen, waschen und schräg in etwa 2½ cm lange Stücke schneiden, dabei den weißen und den grünen Teil trennen. Den Zucchino putzen, waschen, längs halbieren und in 4 bis 5 mm dicke Scheiben schneiden. Den Sellerie putzen, waschen und schräg in ½ cm breite Stücke schneiden, etwas von dem Grün für die Garnitur beiseitelegen.

2 Die Zuckerschoten putzen, waschen und schräg halbieren. Die Paprikaschote längs halbieren, entkernen, waschen und in 2 cm große Stücke schneiden. Die Bambushälften abtropfen lassen und in breite Streifen schneiden. Die Mungobohnensprossen auf einem Sieb abbrausen und abtropfen lassen. Den Knoblauch schälen und in dünne Scheiben schneiden. Den Koriander waschen, trocken schütteln und mit den Stielen klein scheiden. Den Tofu in 1 bis 1½ cm große Würfel schneiden.

3 Im Wok oder in einer großen tiefen Pfanne 1 EL Öl erhitzen, den Tofu darin bei mittlerer Hitze rundum hellbraun anbraten und wieder herausnehmen. Das restliche Öl in den Wok oder die Pfanne geben und die Karotte, das Weiße der Frühlingszwiebeln, Zuckerschoten, Sellerie und Paprika darin unter Rühren bei mittlerer Hitze 2 Minuten anbraten.

4 Die Brühe zum Gemüse gießen, Knoblauch und Ingwer dazugeben, die Sojasauce und die Currypaste unterrühren. Die Speisestärke mit wenig kaltem Wasser glatt rühren. Das Gemüse etwas an die Seite schieben, die Speisestärke in den Fond rühren und köcheln lassen, bis dieser leicht sämig bindet.

5 Das Pfannengemüse mit der Sauce verrühren, Zucchino, das Grüne der Frühlingszwiebeln, Bambusstreifen und Mungobohnensprossen hinzufügen und 1 bis 2 Minuten weitergaren. Den Tofu wieder hinzufügen und erhitzen. Alles mit Chilisalz würzen, den Koriander unterrühren und gegebenenfalls etwas nachwürzen. Auf Teller verteilen und servieren (Rezeptfoto siehe S. 184/185).

Chinesisches Gemüseragout
mit Glasnudeln

FÜR 4 PERSONEN

Für das Gemüseragout:
½ l Gemüsebrühe
50 g Sojaflocken (oder Sojagranulat; aus dem Reformhaus)
1 kleine Zwiebel
1 Karotte
1 rote Paprikaschote
½ kleine Fenchelknolle
2 Stangen Staudensellerie
¼ Zucchino (ca. 70 g)
4 Frühlingszwiebeln
½ rote Peperoni
1 TL Puderzucker
1 EL Tomatenmark
2 Knoblauchzehen
150 g passierte Tomaten (aus dem Tetrapak)
1 EL Ingwer (in feinen Würfeln)
2 TL Chinesische Gewürzpaste (siehe S. 339; ersatzweise Sojasauce)
2–3 EL helle Sojasauce
1–2 Msp. Fünf-Gewürze-Pulver
20 g kalte Butter · Salz
1 EL Koriandergrün (frisch geschnitten)

Für die Glasnudeln:
250 g Glasnudeln
150 ml Gemüsebrühe
20 g Butter

1 Für das Gemüseragout 200 ml Brühe erhitzen, über die Sojaflocken gießen und 15 Minuten quellen lassen.

2 Die Zwiebel und die Karotte schälen und in etwa ½ cm große Würfel schneiden. Die Paprikaschote längs halbieren, entkernen und waschen. Mit dem Sparschäler schälen und in kleine Würfel schneiden. Den Fenchel putzen, waschen und mit dem Strunk in etwa ½ cm große Würfel schneiden. Den Sellerie und den Zucchino putzen, waschen und ebenfalls in etwa ½ cm große Würfel schneiden. Die Frühlingszwiebeln putzen, waschen und samt dem Grün in Ringe schneiden. Die Peperoni entkernen, waschen und in kleine Würfel schneiden.

3 Den Puderzucker in einer großen tiefen Pfanne bei mittlerer Hitze goldbraun karamellisieren. Zwiebel, Karotte, Paprika, Fenchel und Sellerie dazugeben und unter gelegentlichem Rühren 4 bis 5 Minuten dünsten. Das Tomatenmark unterrühren und kurz mitrösten. Die eingeweichten Sojaflocken hinzufügen. Die restliche Brühe dazugießen und das Gemüse knapp unter dem Siedepunkt 2 bis 3 Minuten ziehen lassen.

4 Den Knoblauch schälen und in feine Würfel schneiden. Die passierten Tomaten, Zucchinowürfel, Frühlingszwiebeln, Peperoni, Knoblauch und Ingwer unter das Gemüseragout rühren. Die Gewürzpaste und die Sojasauce dazugeben, das Ragout mit Fünf-Gewürze-Pulver würzen und weitere 5 Minuten knapp unter dem Siedepunkt ziehen lassen. Die kalte Butter unterrühren, das Gemüse mit Salz würzen und den Koriander hineinstreuen. Warm halten.

5 Die Glasnudeln in warmem Wasser mindestens 10 Minuten einweichen. In ein Sieb abgießen und in der Brühe erhitzen, gegebenenfalls noch etwas Brühe hinzufügen und die Butter unterrühren. Auf vorgewärmte tiefe Teller verteilen und das Gemüseragout darauf anrichten.

Gemüsebandnudeln
mit Galgant und Minze

FÜR 4 PERSONEN

Für die Currysauce:
1 Stängel Zitronengras
4 Kaffir-Limettenblätter
2 Knoblauchzehen
¼ l Hühnerbrühe
¼ l Kokosmilch
1–2 TL rote Currypaste (siehe z.B. S. 90 oder S. 339)
1 TL flüssiger Palmzucker (siehe S. 95; ersatzweise brauner Zucker)
1 TL Galgant (in feinen Würfeln, ersatzweise Ingwer)
1 EL Sojasauce

Für die Gemüsestreifen:
100 g weißer Rettich · Salz
1 Karotte
100 g Lauch
100 g Zucchino
½ kleine Bio-Salatgurke

Außerdem:
300 g Tagliatelle · Salz
je 1 EL Minze und Koriandergrün (frisch geschnitten)

1 Für die Currysauce vom Zitronengras die welken Außenblätter und die obere, trockene Hälfte entfernen, die untere Hälfte längs halbieren. Die Kaffir-Limettenblätter mehrmals einreißen. Den Knoblauch schälen und in dünne Scheiben schneiden. Die Brühe mit der Kokosmilch in einem Topf erhitzen. Currypaste, Palmzucker, Zitronengras, Limettenblätter, Knoblauch und Galgant hinzufügen, die Sojasauce unterrühren und alles 5 Minuten ziehen lassen. Dann das Zitronengras und die Limettenblätter wieder entfernen.

2 Für die Gemüsestreifen den Rettich schälen, längs in ½ bis 1 cm breite Scheiben schneiden und mit dem Gemüsehobel in Streifen hobeln. Mit Salz bestreuen, gut durchmischen und 5 Minuten ziehen lassen. Auf einem Sieb abbrausen und abtropfen lassen.

3 Die Karotte putzen, schälen, mit dem Sparschäler in lange Streifen schneiden und diese längs in ½ bis 1 cm breite Streifen schneiden. Den Lauch putzen, waschen und ebenfalls in ½ bis 1 cm breite Streifen schneiden. Den Zucchino putzen, waschen, längs in etwa 2 bis 3 mm dünne Scheiben schneiden und diese längs in ½ bis 1 cm dünne Streifen schneiden. Die Gurke waschen, längs halbieren und mit einem Löffel die Kerne entfernen. Die Gurke quer halbieren und mit dem Sparschäler in lange Streifen schneiden.

4 Die Karotten- und Lauchstreifen in kochendem Salzwasser 1 Minute blanchieren. Die Zucchini- und Gurkenstreifen dazugeben und 1 Minute weitergaren. Die Gemüsestreifen in Sieb abgießen, kalt abschrecken und abtropfen lassen.

5 Die Tagliatelle nach Packungsanweisung in kräftig gesalzenem Wasser bissfest garen, in ein Sieb abgießen und abtropfen lassen. Die Tagliatelle in die Currysauce geben und erhitzen. Alle Gemüsestreifen untermischen und in der Sauce erhitzen. Minze und Koriander dazugeben und gegebenenfalls nachwürzen. Auf vorgewärmte Teller verteilen und servieren.

Fisch & Meeresfrüchte

Karpfen in knusprigem Biertempura
auf Radisalat

FÜR 4 PERSONEN

Für den Radisalat:
400 g weißer Rettich · Salz
1 TL gemahlene Kurkuma
100 g Milchmayonnaise (mit Miso; siehe Tipp)
½ TL Dijon-Senf
1 TL helle Sojasauce
5 EL Gemüsebrühe
1 TL Limettensaft
Zucker

Für den Karpfen:
100 g Mehl
120 ml eiskaltes Wasser
75 ml eiskaltes Bier (z.B. ein chinesisches Bier wie Tsingtao)
1 EL Öl
mildes Chilisalz
500 g Karpfenfilet
Erdnussöl zum Frittieren

Außerdem:
Rettichsprossen (oder Daikonkresse)

1 Für den Radisalat den Rettich putzen, schälen und in 3 bis 4 mm dicke Scheiben schneiden. In einem Topf Wasser mit etwas Salz und der Kurkuma aufkochen lassen. Die Rettichscheiben darin etwa 1 ½ Minuten garen, in ein Sieb abgießen, kalt abschrecken und abtropfen lassen.

2 Die Milchmayonnaise mit dem Senf, der Sojasauce und der Brühe glatt rühren, mit Limettensaft und 1 Prise Zucker abschmecken. Die Marinade mit den Radischeiben mischen.

3 Für den Karpfen das Mehl mit dem eiskalten Wasser, dem Bier und dem Öl verrühren und mit Chilisalz würzen. Das Karpfenfilet waschen, trocken tupfen und in etwa 2 cm breite und 6 bis 7 cm lange Stücke schneiden, dabei möglichst viele Gräten entfernen.

4 Reichlich Öl in der Fritteuse oder einem großen Topf erhitzen – es ist heiß genug, wenn sich an einem hineingehaltenen Holzlöffelstiel Blasen bilden. Die Karpfenstücke mit Chilisalz würzen, durch den Teig ziehen und im Öl 3 bis 4 Minuten ausbacken. Mit dem Schaumlöffel herausheben und auf Küchenpapier abtropfen lassen. Mit Chilisalz nachwürzen.

5 Den Radisalat auf vorgewärmte Teller verteilen, die Karpfenstücke darauf anrichten und mit Rettichsprossen garnieren.

Mein Tipp

Für etwa 300 g Milchmayonnaise 100 ml Milch, 20 g Dijon-Senf, 1 geriebene Knoblauchzehe, 1 TL geriebenen Ingwer und 1 Prise Salz in einen hohen Rührbecher geben. Alles mit dem Stabmixer pürieren, dabei 200 ml Erdnussöl zunächst tropfenweise, dann in dünnem Strahl einlaufen lassen. Für Milchmayonnaise mit Miso noch 30 g helles Miso unterrühren. Schmeckt zu Ausgebackenem, Tatar und rohem sowie gekochtem Gemüse.

Rotbarsch im Kichererbsenteig
auf Curry-Weißkraut

Für 4 Personen

Für das Curry-Weißkraut:
1 Zwiebel
½ kleiner Weißkohl
1–2 TL Puderzucker
50 ml Apfelsaft
50 ml trockener Weißwein
¼ l Gemüsebrühe
1 EL mildes Currypulver
Salz · mildes Chilipulver
30 g kalte Butter
1 EL braune Butter (siehe Tipp S. 147)

Für den Rotbarsch:
150 g Kichererbsenmehl
1 TL Backpulver
½ TL gemahlene Kurkuma
½ TL gemahlener Kreuzkümmel
½ TL gemahlener Koriander
Salz · 1 geriebene Knoblauchzehe
1 TL geriebener Ingwer · 1 EL Öl
Erdnussöl zum Frittieren
500 g Rotbarschfilet
3–4 EL doppelgriffiges Mehl (Wiener Grießler)
mildes Chilisalz

1 Für das Curry-Weißkraut die Zwiebel schälen und in feine Würfel schneiden. Vom Weißkohl die äußeren Blätter entfernen, den Kohl halbieren und den harten Strunk entfernen. Die Blätter in Rauten schneiden.

2 Den Puderzucker in einem Topf bei mittlerer Hitze hell karamellisieren und die Zwiebeln darin glasig dünsten. Den Kohl dazugeben, kurz mitdünsten und mit dem Apfelsaft und dem Wein ablöschen. Die Brühe angießen und das Kraut mit geschlossenem Deckel 20 bis 30 Minuten weich dünsten.

3 Das Kraut mit Currypulver, Salz und Chilipulver abschmecken. Die kalte und die braune Butter dazugeben. Das Weißkraut warm halten.

4 Für den Rotbarsch das Kichererbsenmehl mit dem Backpulver und der Kurkuma in eine Schüssel sieben. Den Kreuzkümmel, den Koriander und ½ TL Salz untermischen. Nach und nach 200 ml kaltes Wasser mit dem Schneebesen unterrühren. Dann den Knoblauch, den Ingwer und das Öl hineinrühren.

5 Das Erdnussöl in der Fritteuse oder einem Topf auf 160 °C erhitzen. Das Fischfilet waschen, trocken tupfen und in 3 bis 4 cm große Stücke schneiden. Das Mehl in einen tiefen Teller geben.

6 Die Fischstücke mit Chilisalz würzen, im Mehl wenden, durch den Kichererbsenteig ziehen und im heißen Öl 4 bis 5 Minuten goldbraun frittieren. Herausnehmen, auf Küchenpapier abtropfen lassen und mit Chilisalz nachwürzen.

Seeteufel in Anis-Tempura
auf Rote-Bete-Salat mit Rettich

FÜR 4 PERSONEN

Für den Rote-Bete-Salat:
2 kleine Rote Beten (à ca. 150 g; vorgegart und vakuumiert)
½ kleine Zwiebel
300 g weißer Rettich · Salz
350 ml Gemüsebrühe
1–2 TL Vietnamesische Gewürzpaste (siehe S. 339; ersatzweise ½–1 TL Gewürzmischung siehe Tipp S. 232)
6 EL Reisessig
1 EL helle Sojasauce
Pfeffer aus der Mühle
mildes Chilipulver
Zucker
100 g eingelegter Kürbis

Für den Seeteufel:
1 ½ TL Anissamen
1 TL ganzer Kreuzkümmel
1 TL Korianderkörner
100 g Mehl
1 Msp. Zimtpulver
120 ml eiskaltes Wasser
75 ml eiskalter Weißwein
1 EL Öl
mildes Chilisalz
500 g Seeteufelfilet
Erdnussöl zum Frittieren

Außerdem:
1 Frühlingszwiebel
3 EL Öl
1 TL geröstete Sesamsamen

1 Für den Rote-Bete-Salat die Roten Beten in dünne Spalten schneiden. Die Zwiebel schälen und in dünne Scheiben schneiden. Den Rettich putzen, schälen und in 5 cm lange Stücke schneiden. Die Rettichstücke längs halbieren und in dünne Spalten schneiden. Die Rettichspalten mit Salz bestreuen und 10 Minuten ziehen lassen. Auf einem Sieb abtropfen lassen und in kochendem Salzwasser 1 Minute blanchieren. In ein Sieb abgießen, kalt abschrecken und abtropfen lassen.

2 Für die Marinade die Brühe in einem kleinen Topf erwärmen und die Gewürzpaste hineinrühren. Den Topf vom Herd nehmen und den Essig dazugeben. Die Hälfte der Essigmarinade mit den Rote-Bete-Spalten und den Zwiebeln mischen, die Sojasauce hinzufügen und mit Pfeffer, Chilipulver und Zucker kräftig würzen. Mindestens 1 Stunde, am besten über Nacht, durchziehen lassen.

3 Die restliche Marinade mit den Rettichspalten mischen und mit Salz, Pfeffer, Chilipulver und Zucker kräftig würzen. Den Kürbis auf einem Sieb abtropfen lassen und in etwa 1 cm große Würfel schneiden.

4 Für den Seeteufel die Anissamen, den Kreuzkümmel und die Korianderkörner in einer Pfanne ohne Fett rösten, bis sie zu duften beginnen. Die Gewürze im Mörser zerstoßen oder in der Gewürzmühle grob mahlen. Mit dem Mehl und dem Zimt in einer Schüssel mischen und mit Wasser, Wein sowie dem Öl verrühren. Den Teig mit Chilisalz würzen.

5 Das Seeteufelfilet waschen, trocken tupfen und in etwa 2 cm breite und 6 bis 7 cm lange Stücke schneiden. Reichlich Öl in der Fritteuse oder in einem Topf auf 170 °C erhitzen – es ist heiß genug, wenn sich an einem hineingehaltenen Holzlöffelstiel Blasen bilden.

6 Die Seeteufelstücke mit Chilisalz würzen, durch den Teig ziehen und im Öl 3 bis 4 Minuten ausbacken. Mit dem Schaumlöffel herausheben, auf Küchenpapier abtropfen lassen und mit Chilisalz nachwürzen.

7 Die Frühlingszwiebel putzen, waschen und in Ringe schneiden. Die Roten Beten abtropfen lassen und auf Teller verteilen, nach Belieben auch die Zwiebelstreifen mit anrichten. Den Rettich abtropfen lassen, mit 1 EL Öl mischen und zwischen die Rote-Bete-Spalten legen. Die Kürbiswürfel und die Frühlingszwiebeln dazwischenstreuen. Mit dem restlichen Öl beträufeln und mit dem Sesam bestreuen. Die Seeteufelstücke in Anis-Tempura auf dem Rote-Bete-Salat mit Rettich anrichten.

Kabeljau in Ingwerpanade
auf Koriander-Karotten-Salat

FÜR 4 PERSONEN

Für den Koriander-Karotten-Salat:

500 g Karotten
½ weiße Zwiebel
2–3 EL Öl
150 ml Gemüsebrühe
6 Stiele Koriander
3 EL Orangensaft
1 Msp. abgeriebene Bio-Orangenschale
Saft von ½ Zitrone · Salz
½ TL Fünf-Gewürze-Pulver
milde Chiliflocken

Für den Kabeljau:

1 Knoblauchzehe
150 g Naturjoghurt
1–2 TL geriebener Ingwer
mildes Chilisalz
500 g Kabeljaufilet
150 g Weißbrotbrösel
Erdnussöl zum Braten (ca. 80 ml)

1 Für den Koriander-Karotten-Salat die Karotten putzen, schälen und schräg in 2 bis 3 mm dicke Scheiben schneiden. Die Zwiebel schälen und in feine Würfel schneiden.

2 In einem Topf 1 bis 2 TL Öl erhitzen und die Zwiebelwürfel darin bei milder Hitze glasig dünsten. Die Karottenscheiben dazugeben und kurz mitdünsten. Die Brühe angießen und die Karotten mit geschlossenem Deckel bei milder Hitze etwa 10 Minuten weich garen.

3 Inzwischen den Koriander waschen, trocken schütteln und mit den Stielen klein schneiden. Orangensaft und -schale, Zitronensaft und das restliche Öl zu den Karotten geben und alles mit Salz, Fünf-Gewürz-Pulver und 1 Prise Chiliflocken würzen. Den Koriander untermischen.

4 Für den Kabeljau den Knoblauch schälen und fein reiben. Den Joghurt mit dem Knoblauch und dem Ingwer glatt rühren und mit Chilisalz würzen. Das Kabeljaufilet waschen, trocken tupfen und in 8 gleich große Stücke schneiden. Mit dem Joghurt mischen.

5 Die Weißbrotbrösel in einen tiefen Teller geben. Die Fischstücke aus der Joghurtmarinade nehmen und in den Weißbrotbröseln wenden, die Brösel dabei nicht zu fest andrücken. Fingerbreit Öl in einer großen Pfanne erhitzen und den Fisch darin bei mittlerer Hitze auf beiden Seiten knusprig braten. Den Fisch herausnehmen, auf Küchenpapier abtropfen lassen und warm halten.

6 Den Koriander-Karotten-Salat auf vorgewärmte Teller verteilen und die Kabeljaustücke in Ingwerpanade daneben anrichten.

Red Snapper
auf Zitronen-Minze-Raita

FÜR 4 PERSONEN

Für die Currykartoffeln:
1 kg festkochende kleine Kartoffeln
5 EL mildes Olivenöl
Salz
1 Knoblauchzehe
½ Bund Frühlingszwiebeln
150 g Cocktailtomaten
1 TL Madras-Currypulver
1 TL Ingwer (in feinen Würfeln)
mildes Chilisalz

Für die Zitronen-Minze-Raita:
150 g Naturjoghurt
1 Msp. abgeriebene Bio-Zitronenschale
1 Spritzer Zitronensaft
1 EL Minzeblätter (frisch geschnitten)
mildes Chilisalz
Zucker

Für den Red Snapper:
3–4 EL doppelgriffiges Mehl (Wiener Grießler)
600 g Red-Snapper-Filet (mit Haut)
1 EL Ghee (siehe S. 72)
mildes Chilisalz

1 Für die Currykartoffeln den Backofen auf 200 °C vorheizen. Die Kartoffeln schälen, waschen und in 1 cm dicke Scheiben schneiden. Mit 2 EL Olivenöl mischen und mit Salz würzen. Die Kartoffelscheiben auf einem mit Backpapier belegten Backblech verteilen und im Ofen auf der mittleren Schiene etwa 35 Minuten backen.

2 Den Knoblauch schälen und in feine Würfel schneiden. Die Frühlingszwiebeln putzen, waschen und schräg in Ringe schneiden. Die Tomaten waschen und halbieren. Das restliche Olivenöl mit Currypulver, Knoblauch und Ingwer verrühren. Die Frühlingszwiebeln, die Tomaten und das Curryöl mit den Kartoffeln mischen und weitere 4 bis 5 Minuten backen. Mit Chilisalz nachwürzen.

3 Für die Zitronen-Minz-Raita den Joghurt mit der Zitronenschale, dem Zitronensaft und der Minze verrühren und mit Chilisalz und 1 Prise Zucker abschmecken.

4 Für den Red Snapper das Mehl in einen tiefen Teller geben. Das Fischfilet waschen, trocken tupfen und in 8 gleich große Stücke schneiden. Mit der Hautseite in das Mehl tauchen.

5 Das Ghee in einer Pfanne erhitzen und die Fischfilets darin auf der Hautseite bei mittlerer Hitze 3 bis 4 Minuten anbraten. Den Fisch wenden, die Pfanne vom Herd nehmen und die Fischstücke in der Resthitze der Pfanne saftig durchziehen lassen. Mit Chilisalz würzen.

6 Die Currykartoffeln auf vorgewärmte Teller verteilen und je 2 Red-Snapper-Stücke daraufsetzen. Die Zitronen-Minz-Raita darum herumträufeln.

Mein Tipp

In Indien hat jede Familie ganz nach individuellen Vorlieben ihre eigene Currymischung. Aber auch bei uns gibt es eine größere Auswahl – das ist praktisch, denn sie enthalten eine Vielzahl von Gewürzen, die man einzeln meist nicht alle im Vorrat hat. Die Unterschiede der angebotenen Mischungen sind enorm: Von süßlich mild bis herbscharf sind fast alle Geschmacksnuancen erhältlich. Madras-Currypulver zählt zu den etwas kräftigeren Sorten.

Rotbarsch
auf Tomaten-Bananen-Sauce mit Jasminreis

Für 4 Personen

Für die Tomaten-Bananen-Sauce:
400 g passierte Tomaten (aus dem Tetrapak)
150 ml Gemüsebrühe
3 EL Ananassaft
1 Knoblauchzehe (in Scheiben)
1 TL Ingwer (in feinen Würfeln)
¼ Banane
Salz · mildes Chilisalz
1 TL Zucker
Zimtpulver
5 EL mildes Olivenöl
1–2 EL Koriandergrün (frisch geschnitten)

Für den Jasminreis:
150 g Jasminreis
150 ml Kokosmilch

Für den Rotbarsch:
1 EL Öl
30 g grüner Reis
Salz
4 Rotbarschfilets (à 120 g)
Öl für das Bambuskörbchen
mildes Chilisalz

Für die Kokosmayonnaise:
25 ml Kokosmilch
25 ml Milch
½ TL Dijon-Senf
je 1 Msp. geriebener Knoblauch und Ingwer
150 ml Öl
1 Spritzer Limettensaft · Salz

1 Für die Tomaten-Bananen-Sauce die passierten Tomaten mit der Brühe, dem Ananassaft, dem Knoblauch und dem Ingwer in einen Topf geben und knapp unter dem Siedepunkt 5 bis 10 Minuten ziehen lassen.

2 Die Banane schälen, in Scheiben schneiden und in die Sauce geben. Die Sauce mit dem Stabmixer pürieren. Mit Salz, Chilisalz, Zucker und 1 Prise Zimt würzen. Mit dem Stabmixer das Olivenöl hineinrühren, dann den Koriander hinzufügen. Die Sauce gegebenenfalls nachwürzen.

3 Für den Jasminreis den Reis auf einem Sieb unter fließendem kaltem Wasser waschen, bis dieses klar bleibt. In einen Topf geben und mit der Kokosmilch und 150 ml Wasser aufgießen, sodass die Flüssigkeit etwa fingerbreit über dem Reis steht. Kurz aufkochen lassen und den Reis mit geschlossenem Deckel bei milder Hitze 15 Minuten garen. Mit einer Gabel auflockern.

4 Für den Rotbarsch das Öl in einer Pfanne erhitzen und den grünen Reis darin bei mittlerer Hitze unter Rühren einige Minuten knusprig braten. Auf Küchenpapier abtropfen lassen und mit Salz würzen.

5 Die Rotbarschfilets waschen und trocken tupfen. Einen Topf 2 bis 3 cm hoch mit Wasser füllen und bis knapp unter den Siedepunkt erhitzen. Ein Bambuskörbchen daraufsetzen (siehe S. 88). Das Körbchen mit Öl einpinseln und die Filets mit etwas Abstand zueinander in das Körbchen legen. Den Bambusdeckel aufsetzen und den Fisch 5 bis 6 Minuten dämpfen.

6 Für die Kokosmayonnaise die Kokosmilch, die Milch, den Senf, den Knoblauch und den Ingwer in einen hohen Rührbecher geben. Das Öl in einem dünnen Strahl einlaufen lassen und dabei mit dem Stabmixer unterrühren. Die Mayonnaise mit Limettensaft und Salz abschmecken.

7 Das Bambuskörbchen herausnehmen und die Fischfilets auf beiden Seiten mit 1 Prise Chilisalz würzen. Die Oberseite der Filets mit je 1 Esslöffel Kokosmayonnaise bestreichen und diese Seite vorsichtig in den grünen Reis legen oder den Reis dicht auf den Fisch streuen. (Die restliche Mayonnaise anderweitig verwenden, z.B. für Salatmarinaden oder zum Dippen für Fisch, Geflügel oder Fleisch.)

8 Den Jasminreis auf vorgewärmte Teller verteilen. Die Rotbarschfilets daraufsetzen und die Tomaten-Bananen-Sauce darum herumträufeln.

Saibling mit Zitronengras und Ingwer
in Pergament

FÜR 4 PERSONEN

Für den Saibling:

4 Stängel Zitronengras
4 Kaffir-Limettenblätter
4 Saiblingsfilets (à 100–120 g; mit Haut) · 4 EL Olivenöl
1 rote Peperoni (in feinen Streifen)
8 Scheiben Ingwer
2 EL helle Sojasauce
4 Scheiben Knoblauch

Für die Sauce:

2 EL helle Sojasauce
1 Knoblauchzehe (in feinen Würfeln)
1 TL Ingwer (in feinen Würfeln)
50 g kalte Butter

Für den Salat:

6 EL Mangosaft (ersatzweise Apfelsaft) · 1 EL Limettensaft
1 EL helle Sojasauce
3 EL Öl · 1–2 TL geröstetes Sesamöl
1 TL abgeriebene Bio-Limettenschale
Zucker · mildes Chilisalz
1 kleiner Kopfsalat
2 Handvoll gemischte Kräuterblätter (z.B. Dill, Kerbel, Koriander, Minze, Schnittknoblauch, Thai-Basilikum)
1 rosa Grapefruit (ersatzweise Pomelo)
1 Bund Thai-Spargel (200–250 g)
Salz

1 Für den Saibling den Backofen auf 120 °C vorheizen. Das Zitronengras putzen und längs halbieren. Die Kaffir-Limettenblätter mehrmals einreißen. Die Saiblingsfilets waschen und trocken tupfen.

2 Vier Lagen Pergamentpapier (oder Alufolie) mit je 1 EL Olivenöl bestreichen. Peperoni, Kaffir-Limettenblätter, Knoblauch, Ingwer und je ½ Zitronengrasstängel darauf verteilen. Die Fischfilets auf der Fleischseite mit je 1 TL Sojasauce beträufeln und mit dieser Seite auf die Aromazutaten legen. Das Pergamentpapier über den Filets zusammenfalten, verschließen und im Ofen auf der mittleren Schiene etwa 12 Minuten garen.

3 Inzwischen für die Sauce 4 EL Wasser, Sojasauce, Knoblauch und Ingwer in einem Topf erhitzen und knapp unter dem Siedepunkt 2 Minuten ziehen lassen. Die kalte Butter in kleinen Stücken einrühren.

4 Für den Salat Mangosaft, Limettensaft und Sojasauce in einen hohen Rührbecher geben. Öl und Sesamöl mit dem Stabmixer unterrühren und die Limettenschale dazugeben. Mit 1 Prise Zucker und Chilisalz würzen.

5 Den Salat putzen, waschen und trocken schleudern. Die Kräuter waschen und trocken schleudern. Die Grapefruit so großzügig schälen, dass auch die weiße Haut mit entfernt wird. Die Filets zwischen den einzelnen Trennhäuten herausschneiden, den austretenden Saft auffangen und in das Dressing rühren. Die Fruchtfilets in je 3 bis 4 Stücke schneiden.

6 Den Spargel waschen und, falls nötig, holzige Enden abschneiden. Die Spargelstangen in 3 bis 4 cm lange Stücke schneiden und in kochendem Salzwasser 1 bis 2 Minuten blanchieren. Abgießen, kalt abschrecken und abtropfen lassen. Alle Salatzutaten miteinander vermischen.

7 Die Fische aus dem Ofen nehmen, das Pergament öffnen und die Filets mit Sauce beträufeln. Den Salat dazu reichen (Rezeptfoto siehe S. 212/213).

Mein Tipp

Wenn Sie den Saibling mit ganzen Fischen zubereiten möchten: 4 Saiblinge (à ca. 300 g; küchenfertig) innen und außen waschen und trocken tupfen. Die Saiblinge mittig auf das Pergamentpapier legen, je 1 TL Sojasauce in die Bauchhöhlen träufeln. Peperoni, Kaffir-Limettenblätter, Knoblauch und Ingwer darin verteilen und je ½ Zitronengrasstängel auf die Fische legen. Das Pergamentpapier darüber zusammenfalten und die Saiblinge im Ofen bei 160 °C etwa 30 Minuten garen.

Lachsforelle auf gelbem Linsendal
mit Okraschoten

FÜR 4 PERSONEN

Für das Linsendal:
150 g Toorlinsen (Toor Dal, ersatzweise Moong Dal)
350 ml Gemüsebrühe · Salz
½ TL gemahlene Kurkuma
40 g braune Butter (siehe Tipp S. 147)
½ TL Knoblauch-Ingwer-Paste (siehe S. 339 oder Tipp S. 201)
1 TL Indische Gewürzpaste (siehe S. 339; ersatzweise mildes Currypulver)
mildes Chilisalz

Für die Okraschoten:
300 g Okraschoten
1–2 EL Ghee (siehe S. 72)
mildes Chilisalz

Für die Lachsforelle:
4 EL doppelgriffiges Mehl (Wiener Grießler)
500 g Lachsforellenfilet (mit Haut)
1 EL Ghee
mildes Chilisalz

1 Für das Linsendal die Toorlinsen in lauwarmem Wasser 30 Minuten einweichen. In ein Sieb abgießen und in einen kleinen Topf geben. Die Brühe angießen, sodass sie etwa fingerbreit über den Hülsenfrüchten steht. 1 TL Salz und die Kurkuma hinzufügen und mit geschlossenem Deckel 1 Stunde sämig köcheln lassen. Dabei möglichst nicht rühren.

2 Die braune Butter mit der Knoblauch-Ingwer-Paste und der Gewürzpaste erwärmen und unter die Linsen rühren. Mit Chilisalz würzen.

3 Für die Okraschoten die Okraschoten putzen, waschen und trocken tupfen. Das Ghee in einer großen Pfanne erhitzen und die Okraschoten darin rundum 2 Minuten dünsten. Herausnehmen und auf Küchenpapier abtropfen lassen. Mit Chilisalz würzen und warm halten.

4 Für die Lachsforelle das Mehl in einen tiefen Teller geben. Das Fischfilet waschen, trocken tupfen und in 8 gleich große Stücke schneiden. Mit der Hautseite in das Mehl tauchen.

5 Das Ghee in einer Pfanne erhitzen und die Lachsforellenstücke auf der Hautseite 3 bis 4 Minuten goldbraun anbraten. Den Fisch wenden, die Pfanne vom Herd nehmen und den Fisch in der Resthitze der Pfanne saftig durchziehen lassen. Herausnehmen, auf Küchenpapier abtropfen lassen und mit Chilisalz würzen.

6 Das Linsendal auf vorgewärmte tiefe Teller verteilen und die Lachsforellenstücke darauf anrichten. Die Okraschoten darum herumlegen.

Mein Tipp

Bei vielen getrockneten Hülsenfrüchten, vor allem bei größeren Sorten, ist es sinnvoll, sie vor dem Garen mehrere Stunden in Wasser einzuweichen: So verkürzt sich die Garzeit. Sie verringert sich bei den Toorlinsen auf 20 bis 30 Minuten, wenn man sie bereits am Tag zuvor in Wasser legt und über Nacht einweicht.

Seehecht
auf Biryani-Linsen-Sauce

Für 4 Personen

Für die Linsen-Biryani-Sauce:

½ Zwiebel
1 EL Ghee (siehe S. 72; ersatzweise braune Butter)
1 TL Tomatenmark
80 g rote Linsen
400 ml Gemüsebrühe
100 g Sahne
1 geh. TL Biryani-Gewürz
1 EL kalte Butter · Salz

Für den Kräutersalat:

1 Handvoll gemischte Kräuter (z.B. Rote Bete-Blätter, Selleriegrün, Dillspitzen)
1 TL Zitronensaft
1 TL Öl · mildes Chilisalz

Für den Seehecht:

4 Seehechtfilets (à 120 g; mit Haut; ersatzweise Kabeljau)
2 EL doppelgriffiges Mehl (Wiener Grießler)
1 EL Öl
1 EL flüssiges Ghee (ersatzweise braune Butter)
mildes Chilisalz

Außerdem:

1 EL Granatapfelkerne

1 Für die Linsen-Biryani-Sauce die Zwiebel schälen und in feine Würfel schneiden. Das Ghee in einem Topf erhitzen und die Zwiebel darin bei milder Hitze andünsten. Das Tomatenmark unterrühren und kurz anrösten. Die Linsen dazugeben und die Brühe angießen. Alles knapp unter dem Siedepunkt 20 Minuten ziehen lassen, bis die Linsen weich sind. Nach 10 Minuten 3 EL Linsen herausnehmen und warm halten.

2 Die Sahne hinzufügen und die Sauce mit dem Stabmixer pürieren. Das Biryani-Gewürz unterrühren und die Sauce nochmals einige Minuten ziehen lassen. Die kalte Butter untermixen und die Linsensauce mit Salz abschmecken.

3 Für den Kräutersalat die Kräuter waschen, trocken schütteln und in mundgerechte Stücke zupfen. Den Zitronensaft, das Öl und Chilisalz verrühren und mit den Kräuterblättern mischen.

4 Für den Seehecht die Fischfilets waschen und trocken tupfen. Das Mehl in einen tiefen Teller geben und die Fischfilets auf der Hautseite hineindrücken.

5 Das Öl in einer Pfanne erhitzen und die Fischfilets darin auf der Haut bei mittlerer Hitze 4 bis 5 Minuten goldbraun braten. Den Fisch wenden, vom Herd nehmen und in der Resthitze 2 bis 3 Minuten saftig durchziehen lassen. Mit Ghee bestreichen und mit Chilisalz würzen.

6 Die Linsen-Biryani-Sauce auf vorgewärmte Teller verteilen und die beiseitegestellten Linsen hinzufügen. Je 1 Fischfilet daraufsetzen. Vom Kräutersalat kleine Portionen auf die Seehechtfilets setzen und das Gericht mit Granatapfelkernen garnieren.

Forelle im Ganzen gebraten
mit Korianderbutter und Chinakohl-Radieschen-Salat

FÜR 4 PERSONEN

Für die Forelle:

4 Forellen (à ca. 300 g)
8 Stiele Koriander
2 Knoblauchzehen
mildes Chilisalz
8 Scheiben Ingwer
80 g doppelgriffiges Mehl (Wiener Grießler)
4 EL Erdnussöl
Zitronensaft zum Beträufeln

Für die Korianderbutter:

1 EL Gemüsebrühe
½ TL Chinesische Gewürzpaste (siehe S. 339; ersatzweise 1 Prise Fünf-Gewürze-Pulver)
40 g Butter
40 g braune Butter (siehe Tipp S. 147)
6 Stiele Koriander
1 Knoblauchzehe
1–2 TL Ingwer (in sehr feinen Streifen)
½ TL abgeriebene Bio-Zitronenschale
Chilisalz

Für den Chinakohl-Radieschen-Salat:

1 Schalotte
1 TL scharfer Senf
2–3 TL Weißweinessig
2 EL helle Sojasauce
2 EL Öl · Salz
schwarzer Pfeffer aus der Mühle
Zucker
400 g Chinakohl
6 Radieschen
je 1 EL Koriandergrün und Dillspitzen (frisch geschnitten)

1 Für die Forelle den Backofen auf 100°C vorheizen. Die Forellen innen und außen waschen und trocken tupfen. Den Koriander waschen und trocken schütteln. Den Knoblauch schälen und in Scheiben schneiden. Die Bauchhöhlen der Forellen mit Chilisalz würzen, mit den Knoblauchscheiben und je 2 Ingwerscheiben und Korianderstielen füllen. Das Mehl in einen tiefen Teller geben und die Forellen darin wenden.

2 Das Öl in einer großen Pfanne erhitzen und die Forellen darin portionsweise bei milder Hitze auf beiden Seiten anbraten. Die Fische auf ein mit Backpapier belegtes Backblech legen und im Ofen auf der mittleren Schiene etwa 15 Minuten saftig durchziehen lassen.

3 Inzwischen für die Korianderbutter das Fett mit Küchenpapier aus der die Pfanne tupfen und die Brühe mit der Gewürzpaste darin erhitzen. Die Butter sowie die braune Butter dazugeben und darin erwärmen. Den Koriander waschen, trocken schütteln und mit den Stielen klein schneiden. Den Knoblauch schälen, in Scheiben schneiden und mit den Ingwerstreifen und der Zitronenschale zur Butter geben. Bei milder Hitze einige Minuten ziehen lassen, das Koriandergrün hineinstreuen und die Korianderbutter mit Chilisalz würzen.

4 Für den Chinakohl-Radieschen-Salat die Schalotte schälen und in kleine Würfel schneiden. Den Senf, den Essig und die Sojasauce mit 80 ml Wasser in einen hohen Rührbecher geben und mit dem Stabmixer verrühren, dabei das Öl zunächst tropfenweise, dann in dünnem Strahl einlaufen lassen. Das Dressing mit Salz, Pfeffer und 1 Prise Zucker herzhaft abschmecken und zum Schluss die Schalotte unterrühren.

5 Den Chinakohl putzen, in die einzelnen Blätter teilen, waschen, abtropfen lassen und in etwa 1½ cm große Stücke schneiden. Die Radieschen putzen, waschen und in Scheiben hobeln. Den Chinakohl mit den Radieschen in eine Schüssel geben, Koriander und Dill hinzufügen und alles mit dem Dressing mischen. Gegebenenfalls nachwürzen.

6 Die Forellen auf vorgewärmte große Teller legen und mit der Korianderbutter sowie etwas Zitronensaft beträufeln. Den Salat dazu anrichten.

Gebratene Forellenfilets
auf Zitronengrassauce mit Limettenreis

FÜR 4 PERSONEN

Für den Limettenreis:
150 g Jasminreis
abgeriebene Schale von 1 Bio-Limette

Für die Zitronengrassauce:
1 Stängel Zitronengras
2 Kaffir-Limettenblätter
1 Knoblauchzehe
200 ml Kokosmilch
1 TL rote Currypaste (siehe z. B. S. 90 oder S. 339)
½ TL brauner Zucker
2 Scheiben Ingwer

Für die Forellenfilets:
4 EL doppelgriffiges Mehl (Wiener Grießler)
6 Forellenfilets (à ca. 100 g; mit Haut)
1 EL Öl
mildes Chilisalz

1 Für den Limettenreis den Reis auf einem Sieb unter fließendem kaltem Wasser waschen, bis dieses klar abläuft. Mit etwa 300 ml Wasser in einen Topf geben (die Flüssigkeit sollte etwa fingerbreit über dem Reis stehen), kurz aufkochen lassen und den Reis mit geschlossenem Deckel bei milder Hitze 15 Minuten quellen lassen.

2 Für die Zitronengrassauce vom Zitronengras die welken Außenblätter und die obere, trockene Hälfte entfernen, die untere Hälfte längs halbieren. Die Kaffir-Limettenblätter mehrmals einreißen. Den Knoblauch schälen und in Scheiben schneiden.

3 Die Kokosmilch mit der Currypaste in einem Topf verrühren. Zitronengras, Kaffir-Limettenblätter, Knoblauch, Zucker und Ingwer hinzufügen und alles langsam bis knapp unter den Siedepunkt erhitzen. Einige Minuten ziehen lassen (nicht kochen!) und anschließend durch ein Sieb gießen. Die Sauce warm halten.

4 Für die Forellenfilets das Mehl in einen tiefen Teller geben. Die Forellenfilets waschen, trocken tupfen, quer halbieren und mit der Hautseite in das Mehl tauchen.

5 Das Öl in einer Pfanne erhitzen und die Fischfilets darin auf der Hautseite 2 bis 3 Minuten hell anbraten. Wenden, die Pfanne vom Herd nehmen und die Filets in der Resthitze der Pfanne saftig durchziehen lassen. Mit Chilisalz würzen.

6 Den Reis mit einer Gabel auflockern und die Limettenschale unterrühren. Den Limettenreis auf vorgewärmte Teller verteilen, die Zitronengrassauce danebengeben und die Forellenfilets darauflegen.

Mein Tipp

In den asiatischen Küchen wird Reis ohne Salzzugabe gegart, da die Saucen, zu denen der Reis serviert wird, meist schon sehr würzig sind. Eine gängige, schonende Garmethode ist auch das Dämpfen (z.B. im Bambuskörbchen), das vor allem das Aroma von Duftreissorten wie Jasmin- oder Basmatireis hervorhebt.

Wolfsbarsch in der Brotkruste
auf Sweet-hot-Sauerkraut

FÜR 4 PERSONEN

Für das Sauerkraut:
½ kleine Zwiebel
1–2 TL braune Butter (siehe Tipp S. 147)
400 g Sauerkraut (aus der Dose)
50 ml Weißwein
200 ml Gemüsebrühe
1 TL Chinesische Gewürzpaste (siehe S. 339; ersatzweise 1 Prise Fünf-Gewürze-Pulver)
4 EL Sweet-hot-Chilisauce (siehe S. 116 oder Fertigprodukt)
3 EL Apfelmus
4 EL Sahne
20 g kalte Butter
1 TL Zucker

Für den Wolfsbarsch:
1 kleine Knoblauchzehe
500 g Wolfsbarschfilet
2 EL helle Sojasauce
1 EL Speisestärke
1 TL geriebener Ingwer
⅓ Baguette (vom Vortag)
2 EL Erdnussöl

1 Für das Sweet-hot-Sauerkraut die Zwiebel schälen und in feine Würfel schneiden. Die braune Butter in einem Topf erhitzen und die Zwiebel darin bei milder Hitze glasig dünsten. Das Sauerkraut auf einem Sieb mit kaltem Wasser abbrausen, ausdrücken, zu den Zwiebelwürfeln geben und kurz anschwitzen. Mit dem Wein ablöschen, mit der Brühe aufgießen und bei milder Hitze 30 bis 40 Minuten ziehen lassen.

2 Inzwischen für den Wolfsbarsch den Knoblauch schälen und fein reiben. Das Wolfsbarschfilet waschen, trocken tupfen und in etwa 4 cm breite Stücke schneiden. Die Sojasauce mit der Speisestärke, dem Ingwer und dem Knoblauch verrühren. Die Fischstücke darin wenden und 30 Minuten marinieren.

3 Das Baguette in möglichst dünne Scheiben schneiden. Die Fischstücke etwas abtropfen lassen und auf beiden Seiten mit den dünnen Brotscheiben belegen. Das Öl in einer großen Pfanne erhitzen und die Fischstücke in den Brotscheiben darin bei milder Hitze auf jeder Seite etwa 2 Minuten goldbraun anbraten. Die Pfanne vom Herd nehmen und die Filets in der Resthitze der Pfanne saftig durchziehen lassen.

4 Die Gewürzpaste, die Sweet-hot-Chilisauce, das Apfelmus, die Sahne und die Butter zum Sauerkraut geben und mit dem Zucker und gegebenenfalls Salz abschmecken. Das Sauerkraut auf Teller verteilen und die Fischstücke daneben anrichten.

Mein Tipp

Die Stärkemarinade würzt den Fisch einerseits, sorgt aber auch dafür, dass die Brotscheiben am Fisch haften bleiben und er sich so gut im »Brotmantel« anbraten lässt.

Rotbarbe auf Graupenrisotto
mit Kaffir-Limetten

FÜR 4 PERSONEN

Für den Graupenrisotto:
1 Stängel Zitronengras
3 Kaffir-Limettenblätter
100 g Perlgraupen
1 kleine getrocknete rote Chilischote
700 ml Gemüsebrühe
1 kleine Karotte
80 g Knollensellerie
3 Frühlingszwiebeln
½–1 TL Knoblauch-Ingwer-Paste (siehe S. 339 oder Tipp S. 201)
1 EL Butter · Salz
Pfeffer aus der Mühle
1–2 EL Koriandergrün (frisch geschnitten)

Für die Rotbarben:
8 Rotbarbenfilets (à ca. 70 g; mit Haut)
3 EL doppelgriffiges Mehl (Wiener Grießler)
1 EL Erdnussöl
mildes Chilisalz

1 Für den Graupenrisotto vom Zitronengras die welken Außenblätter und die obere, trockene Hälfte entfernen, die untere Hälfte längs halbieren. Die Kaffir-Limettenblätter mehrmals einreißen. Die Perlgraupen in einem Sieb unter fließendem kaltem Wasser waschen und abtropfen lassen.

2 Graupen, Chilischote, Zitronengras und Kaffir-Limettenblätter mit ½ l Brühe in einen Topf geben, aufkochen und etwa 10 Minuten köcheln lassen. Vom Herd nehmen und zugedeckt 35 Minuten quellen lassen. Die Graupen in ein Sieb abgießen und abtropfen lassen. Das Zitronengras, Kaffir-Limettenblätter und Chilischote entfernen.

3 Die Karotte und den Knollensellerie putzen, schälen und in möglichst kleine Würfel schneiden. Die Frühlingszwiebeln putzen, waschen und in ½ cm breite Ringe schneiden. Die Gemüsewürfel mit der restlichen Brühe in einen großen Topf geben und knapp unter dem Siedepunkt 4 Minuten garen. Graupen, Frühlingszwiebeln und Knoblauch-Ingwer-Paste dazugeben und erhitzen. Die Butter unterrühren und die Graupen mit Salz und Pfeffer würzen.

4 Für die Rotbarben die Rotbarbenfilets waschen und trocken tupfen. Das Mehl in einen tiefen Teller geben und die Rotbarbenfilets mit der Hautseite in das Mehl tauchen. Das Öl in einer Pfanne erhitzen und die Fischfilets darin auf der Haut bei mittlerer Hitze 2 bis 3 Minuten goldbraun braten. Die Pfanne vom Herd nehmen, die Fischfilets wenden und in der Resthitze der Pfanne 1 Minute gar ziehen lassen. Mit Chilisalz würzen.

5 Den Koriander unter die Graupen rühren. Den Graupenrisotto auf vorgewärmte Teller verteilen und die Rotbarbenfilets darauf anrichten.

Mein Tipp

Geschälte und polierte Gersten- oder Weizenkörner nennt man Graupen, Gräupchen, Roll- oder Kochgerste. Sie sind von halb- oder länglichrunder Form, die besonders kleinen runden Perlgraupen sind die feinsten Vertreter. Graupen können als sättigende Einlage in Suppen und Eintöpfen mitgekocht werden, oder man lässt die kleinen Kügelchen – quasi wie Reis – ausquellen und serviert sie als Beilage.

Lachsfilet
auf grüner Paprika-Ingwer-Sauce

Für 4 Personen

Für den Lachs:
4 Lachsfilets (à 200 g)
2 EL mildes Olivenöl
mildes Chilisalz

Für die Paprika-Ingwer-Sauce:
2 grüne Paprikaschoten
1 grüne Peperoni
1 kleine Knoblauchzehe
100 ml Gemüsebrühe
1 EL Ingwerpaste (ca. 30 g; siehe S. 339; ersatzweise Ingwerkonfitüre)
Salz

Für die Garnitur:
Erdnussöl zum Frittieren
10 g Reisnudeln (Vermicelli)
Fünf-Gewürze-Pulver
mildes Chilisalz
1 Handvoll gemischte Kräuterblätter (z. B. Dill, Kerbel, Koriander, Kresse, Thai-Basilikum)
½ TL Zitronensaft
1 TL Olivenöl

1 Für den Lachs den Backofen auf 100 °C vorheizen. Die Lachsfilets waschen und trocken tupfen. In einer Pfanne 1 bis 2 TL Olivenöl erhitzen und die Lachsfilets darin bei mittlerer Hitze auf jeder Seite etwa 2 Minuten anbraten. Aus der Pfanne nehmen, auf ein mit Backpapier belegtes Backblech legen und im Ofen auf der mittleren Schiene etwa 15 Minuten saftig durchziehen lassen.

2 Inzwischen für die Paprika-Ingwer-Sauce die Paprikaschoten längs halbieren, entkernen und waschen. Die Paprikahälften mit dem Sparschäler schälen und in Würfel schneiden. Die Peperoni längs halbieren, entkernen, waschen und in feine Würfel schneiden. Den Knoblauch schälen und in Scheiben schneiden.

3 Die Paprika, die Peperoni und den Knoblauch mit der Brühe in einen Topf geben und das Gemüse darin etwa 10 Minuten weich dünsten. Die Flüssigkeit abgießen und die Ingwerpaste dazugeben. Alles mit dem Stabmixer fein pürieren und mit Salz würzen.

4 Für die Garnitur Erdnussöl in einem Topf auf 190 °C erhitzen. Es ist heiß genug, wenn sich an einem hineingehaltenen Holzlöffelstiel Blasen bilden. Die Reisnudeln mit einer Schere in 3 bis 4 cm lange Stücke schneiden. Portionsweise in das Fett geben und darin 30 bis 60 Sekunden frittieren, bis sie weiß und knusprig sind. Mit dem Schaumlöffel herausheben und auf Küchenpapier abtropfen lassen. Mit 1 Prise Fünf-Gewürze-Pulver bestäuben und mit Chilisalz würzen.

5 Die Kräuter waschen und sehr gründlich trocken tupfen. Den Zitronensaft, das Olivenöl und Chilisalz verrühren und kurz vor dem Servieren mit den Kräuterblättern und den knusprig frittierten Reisnudeln mischen.

6 Die Lachsfilets aus dem Ofen nehmen, mit dem restlichen Olivenöl bepinseln und mit Chilisalz würzen. Die Paprika-Ingwer-Sauce in einem langen Streifen auf vorgewärmte Teller ziehen, je 1 Lachsfilet daraufsetzen und mit der Reisnudel-Kräuter-Mischung garnieren.

Seeteufel »Đà Nẵng«
auf Tomaten-Zucchini-Ragout

FÜR 4 PERSONEN

Für den Seeteufel:
500 g Seeteufelfilet
2 EL helle Sojasauce
½ TL Vietnamesische Gewürzmischung (aus dem Gewürzladen oder siehe Tipp unten)
4 EL doppelgriffiges Mehl (Wiener Grießler)
2 EL Erdnussöl

Für das Tomaten-Zucchini-Ragout:
½ Zucchino
4 Tomaten
½ Zwiebel
1 Knoblauchzehe
6 Stiele Koriander
1–2 TL Öl
1 TL Ingwer (in feinen Würfeln)
50 ml Gemüsebrühe
¼–½ TL Vietnamesische Gewürzpaste (siehe S. 339; ersatzweise 1 Msp. Gewürzmischung siehe Tipp unten)
mildes Chilisalz
30 g kalte Butter

1 Für den Seeteufel das Fischfilet waschen, trocken tupfen und in 12 gleich dicke Scheiben schneiden. Die Sojasauce mit der Gewürzmischung verrühren, die Seeteufelmedaillons darin wenden und 15 Minuten marinieren.

2 Inzwischen für das Tomaten-Zucchini-Ragout den Zucchino putzen, waschen und in ½ cm große Würfel schneiden. Die Tomaten waschen, vierteln und in Würfel schneiden, dabei die Stielansätze entfernen. Die Zwiebel und den Knoblauch schälen und in feine Würfel scheiden. Den Koriander waschen, trocken tupfen und mit den Stielen klein schneiden.

3 Das Öl in einer Pfanne erhitzen, Zwiebel, Knoblauch und Ingwer darin bei mittlerer Hitze glasig dünsten. Die Tomaten und die Brühe dazugeben und 5 Minuten einköcheln lassen. Die Gewürzpaste unterrühren und alles mit dem Stabmixer pürieren. Die Zucchiniwürfel dazugeben und einige Minuten bissfest garen. Mit Chilisalz würzen und die kalte Butter mit dem Koriander unterrühren.

4 Das Mehl in einen tiefen Teller geben und die Fischscheiben darin wenden. Das Öl in einer Pfanne erhitzen und die Medaillons darin bei mittlerer Hitze auf jeder Seite etwa 2 Minuten braten. Die Pfanne vom Herd nehmen und den Fisch in der Resthitze der Pfanne saftig durchziehen lassen.

5 Das Tomaten-Zucchini-Ragout auf vorgewärmte Teller verteilen, die Seeteufelmedaillons darauf anrichten und servieren.

Mein Tipp

Anstelle der Vietnamesischen Gewürzpaste können Sie auch eine Gewürzmischung verwenden, die sich gut auf Vorrat herstellen lässt: Mischen Sie dafür je 1 EL gemahlene Anissamen, Zimtpulver, gemahlenen schwarzen Pfeffer und Knoblauchpulver mit je 1 TL gemahlenem Koriander, Kardamom, milden Chiliflocken und Ingwerpulver sowie ½ TL Nelkenpulver. Je nach Gusto können Sie die Menge der jeweiligen Gewürze etwas variieren oder eine Zutat weglassen.

Dorade »Mandarin«
mit Bratkartoffeln

FÜR 4 PERSONEN

300 g Mini-Kartoffeln · Salz
100 g grüne Bohnen
1 rote Paprikaschote
1 Bund Frühlingszwiebeln
1 Knoblauchzehe
2 EL Öl
2 EL helle Sojasauce
1–2 TL Ingwer (in feinen Streifen)
½–1 TL Chinesische Gewürzpaste (siehe S. 339; ersatzweise 1 Prise Fünf-Gewürze-Pulver)
20 g kalte Butter
4 EL doppelgriffiges Mehl (Wiener Grießler)
4 Doradenfilets (à ca. 120 g; mit Haut)
mildes Chilisalz

1 Die Kartoffeln gründlich waschen und mit der Schale in Salzwasser weich garen. Abgießen, ausdampfen lassen und möglichst heiß pellen. Vollständig abkühlen lassen und in 1 cm dicke Scheiben schneiden. Die Bohnen putzen, in 3 cm lange Stücke schneiden und in kräftig gesalzenem Wasser 6 bis 8 Minuten gerade weich garen. In ein Sieb abgießen, kalt abschrecken und abtropfen lassen.

2 Die Paprikaschote längs halbieren, entkernen, waschen und in 3 cm lange Streifen schneiden. In kochendem Salzwasser 5 Minuten blanchieren. In ein Sieb abgießen, kalt abschrecken und abtropfen lassen. Die Frühlingszwiebeln putzen, waschen, das Grün anderweitig verwenden. Das Weiße in etwa 3 cm lange Stücke schneiden. In kochendem Salzwasser 2 Minuten blanchieren, in ein Sieb abgießen, kalt abschrecken und abtropfen lassen. Den Knoblauch schälen und in feine Würfel schneiden.

3 Im Wok oder in einer großen tiefen Pfanne 1 EL Öl erhitzen und die Kartoffeln darin bei mittlerer Hitze anbraten, dabei kaum bräunen. Die Sojasauce mit 100 ml Wasser, dem Knoblauch, dem Ingwer und der Gewürzpaste dazugeben. Bohnen, Paprika und Frühlingszwiebeln hinzufügen und etwa 1 Minute köcheln lassen. Die kalte Butter unterrühren.

4 Das Mehl in einen tiefen Teller geben. Die Doradenfilets waschen, trocken tupfen und mit der Hautseite in das Mehl tauchen. Das restliche Öl in einer Pfanne erhitzen und die Fischfilets darin auf der Hautseite etwa 3 Minuten goldbraun anbraten. Wenden, die Pfanne vom Herd nehmen und die Filets in der Resthitze der Pfanne durchziehen lassen. Herausnehmen, auf Küchenpapier abtropfen lassen und mit Chilisalz würzen.

5 Die Bratkartoffeln mit dem Gemüse auf vorgewärmte Teller verteilen, die Doradenfilets darauflegen und servieren.

Wolfsbarsch
mit Thai-Garnele im Gewürzsud

FÜR 4 PERSONEN

Für den Gewürzsud:

4 Riesengarnelen (à 80–100 g; mit Kopf und Schale)
½ kleiner Fenchel (mit Grün)
1 Tomate
100 g Lauch
1 l Geflügelfond
4 Knoblauchzehen (in Scheiben)
10 Scheiben Ingwer
2 Stängel Zitronengras
2 Kaffir-Limettenblätter
10 Stiele Koriander
2 EL Fischsauce
1 TL Limettensaft
½ TL Zucker
1 Msp. milde Chiliflocken · Salz

Außerdem:

je ½ gelbe und rote Tomate
60 g kleine Austernpilze
4 Wolfsbarschfilets (à 120 g)
Korianderblätter zum Garnieren

1 Für den Gewürzsud den Backofen auf 140 °C (Umluft) vorheizen. Von den Garnelen den Kopf abdrehen und die Innereien aus dem Kopfgehäuse lösen. Das Kopfgehäuse mit kaltem Wasser gründlich waschen und trocken tupfen. Die Beine abzupfen und beiseitelegen. Die Garnelen bis auf den Schwanzfächer schälen, am Rücken entlang einschneiden und den Darm vorsichtig herausziehen. Die Garnelen waschen und trocken tupfen. Alle Schalenteile (Kopfgehäuse, Beine, Schale) auf ein mit Backpapier belegtes Backblech legen und im Ofen auf der mittleren Schiene etwa 25 Minuten rösten.

2 Den Fenchel putzen, waschen und den harten Strunk herausschneiden. Das Fenchelgrün abschneiden und beiseitelegen, die Stängel in 2 cm große Stücke schneiden und ebenfalls beiseitelegen. Die Knolle in ½ cm breite Streifen schneiden. Die Tomate waschen und vierteln, dabei den Stielansatz entfernen. Den Lauch putzen, waschen und in ½ bis 1 cm breite Scheiben schneiden.

3 Den Fond mit den gerösteten Garnelenkarkassen in einen Topf geben. Die Fenchelstängel, die Hälfte des Lauchs, die Tomate, den Knoblauch und den Ingwer dazugeben. Das Zitronengras putzen, waschen, längs und quer halbieren, die Kaffir-Limettenblätter mehrmals einreißen. Beides in den Fond legen. Die gewaschenen Korianderstiele dazugeben und den Fond mit Fischsauce, Limettensaft, Zucker, Chiliflocken und Salz kräftig würzen. Erhitzen, knapp unter dem Siedepunkt 10 Minuten ziehen lassen und durch ein Sieb in einen breiten Topf gießen.

4 Die gelbe und die rote Tomate waschen, die Stielansätze entfernen und die Tomaten in schmale Spalten schneiden. Die Austernpilze putzen, falls nötig, trocken abreiben und längs in etwa 1 cm breite Streifen zupfen.

5 Den Fenchel mit dem restlichen Lauch zum Gewürzfond geben und darin 3 bis 4 Minuten ziehen lassen.

6 Die Wolfsbarschfilets waschen, trocken tupfen und in 4 cm breite Stücke schneiden. In einem großen Topf Salzwasser aufkochen lassen und vom Herd nehmen. Die Fischfiletstücke und die Garnelen dazugeben und 1 bis 2 Minuten pochieren.

7 Die Tomaten und die Pilze zum Würzsud geben, die Fischstücke und Garnelen mit dem Schaumlöffel vorsichtig aus dem Salzwasser heben, ebenfalls zum Würzsud geben und darin 2 bis 3 Minuten gar ziehen lassen. Wieder aus dem Sud heben. Je etwa 100 ml Sud auf vorgewärmte tiefe Teller verteilen, das Gemüse dazugeben, die Wolfsbarschstücke darauf verteilen und je 1 Garnele darauf anrichten. Mit dem Koriander garnieren.

Lachs aus dem Ofen
auf Wasabi-Erbsen-Sauce

FÜR 4 PERSONEN

Für den Lachs:
4 Lachsfilets (à 200 g; ohne Haut)
1 EL Öl
Zitronengras-Koriander-Salz (siehe Tipp S. 132)

Für den Brokkoli:
400 g Brokkoli · Salz
4 EL Gemüsebrühe
1 EL kalte Butter
mildes Chilisalz

Für die Wasabi-Erbsen-Sauce:
175 ml Gemüsebrühe
120 g Sahne
50 g Erbsen (tiefgekühlt, aufgetaut)
1 TL Speisestärke
2 EL Wasabipaste
1 TL gelbe Currypaste (siehe z. B. S. 339)
20 g kalte Butter
1 EL Koriandergrün (frisch geschnitten) · Salz

1 Für den Lachs den Backofen auf 80 °C vorheizen. Die Lachsfilets waschen und trocken tupfen. Ein Backblech mit dem Öl einstreichen, die Lachsfilets daraufsetzen und mit Frischhaltefolie bedecken. Im Ofen auf der mittleren Schiene etwa 20 Minuten saftig durchgaren. Mit etwas Zitronengras-Koriander-Salz würzen.

2 Für den Brokkoli den Brokkoli putzen und in Röschen teilen. Die Stiele abschneiden, holzige Enden entfernen, die Stiele schälen und in Scheiben schneiden. Röschen und Stiele in kochendem Salzwasser etwa 3 Minuten garen, abgießen und abtropfen lassen. Die Brühe in einem Topf erhitzen, den Brokkoli hineingeben und die Butter unterrühren. Brokkoliröschen und -stiele mit Chilisalz würzen.

3 Für die Wasabi-Erbsen-Sauce die Brühe mit der Sahne und den Erbsen erhitzen. Die Speisestärke mit wenig kaltem Wasser glatt rühren, in die köchelnde Brühe rühren und weiterköcheln lassen, bis diese leicht sämig bindet. Wasabi- und Currypaste dazugeben. Die Butter unterrühren und alles mit dem Stabmixer pürieren. Das Koriandergrün hinzufügen und mit Salz abschmecken.

4 Die Wasabi-Erbsen-Sauce auf vorgewärmte Teller verteilen, die Lachsfilets daraufsetzen und die Brokkoliröschen darum herum anrichten. Dazu passen Butter- oder Bratkartoffeln.

Mein Tipp

Geben Sie dem Gericht noch ein wenig Extra-Biss: Rösten Sie gut 2 EL Erdnüsse in einer Pfanne ohne Fett bei milder Hitze an. Nach Belieben noch mit 1 Prise milde Chiliflocken würzen. Hacken Sie die Erdnüsse grob, und bestreuen Sie den Lachs damit.

Indisches Tomatencurry
mit Pulpo und Kichererbsen

FÜR 4 PERSONEN

Für den Pulpo:
1 Oktopus (1–1,2 kg)
½ Zwiebel
1 Lorbeerblatt
2 Gewürznelken · Salz

Für das Tomatencurry:
1 Zwiebel
3 Knoblauchzehen
⅛ l Gemüsebrühe
450 g passierte Tomaten (aus dem Tetrapak)
2 TL Ingwer (in feinen Würfeln)
1 EL mildes Currypulver
40 g kalte Butter
mildes Chilisalz
½ TL Zucker

Außerdem:
200 g Kichererbsen (aus der Dose)
150 g Cocktailtomaten
6 Stiele Koriander

1 Für den Pulpo die Fangarme des Oktopus so vom Kopfteil abschneiden, dass sie noch gut zusammenhalten. Die Arme gründlich unter fließendem kaltem Wasser waschen und abtropfen lassen. Die Zwiebel schälen, mit dem Lorbeerblatt belegen und mit den Gewürznelken darauf feststecken.

2 Reichlich Salzwasser aufkochen lassen. Den Oktopus mit der gespickten Zwiebel ins kochende Wasser geben und einmal aufkochen lassen. Dann die Hitze reduzieren und den Oktopus 1 ¼ bis 1 ½ Stunden mehr ziehen als köcheln lassen, bis er weich ist.

3 Den Oktopus aus dem Sud heben, etwas abkühlen lassen und in 2 cm große Stücke schneiden. Beiseitestellen.

4 Für das Tomatencurry die Zwiebel und den Knoblauch schälen und in feine Würfel schneiden. Die Zwiebel in der Brühe knapp unter dem Siedepunkt 10 Minuten weich garen. Die passierten Tomaten, den Knoblauch und den Ingwer dazugeben und 5 Minuten köcheln lassen. Das Currypulver hineinrühren und die kalte Butter mit dem Stabmixer untermixen. Mit Chilisalz und Zucker abschmecken.

5 Die Kichererbsen auf einem Sieb kalt abbrausen und abtropfen lassen. Die Tomaten waschen und halbieren. Den Koriander waschen, trocken schütteln und mit den Stielen klein schneiden. Den Pulpo, die Kichererbsen, die Tomaten und den Koriander in das Tomatencurry rühren und darin erhitzen. Dazu passt Reis oder Fladenbrot.

Mein Tipp

Damit Oktopus nicht zäh wird, muss er – wie Schmorfleisch auch – einfach lange genug kochen, je nach Größe 1 bis 1 ½ Stunden. Ob er gar ist, können Sie testen, indem Sie mit einer Gabel hineinstechen. Wenn sich die Gabel leicht wieder lösen lässt, ist der Oktopus fertig.

Mit Garnelen und Jakobsmuscheln
gefüllte Zucchiniblüte in Dill-Tempura

Für 4 Personen

Für die Zucchiniblüte:
120 g Jakobsmuscheln (3–4 Stück; ausgelöst; ohne Corail)
120 g Garnelen (ca. 4 Stück; ohne Schale)
¼ rote Peperoni
1 TL Dillspitzen (frisch geschnitten)
mildes Chilisalz
1 Schalotte
8 Zucchiniblüten

Für den Dill-Tempurateig:
100 g Mehl
120 ml eiskaltes Wasser
75 ml eiskalter Weißwein
1 EL Erdnussöl · Salz
½ TL milde Chiliflocken
1 EL Dillspitzen (frisch geschnitten)

Für die Tomaten:
8 Tomaten
80–100 g Champignons
½ Knoblauchzehe
½ TL Ingwer (in feinen Würfeln)
1 kleines Stück Zimtrinde
Chilisalz
Zucker
je 1 EL Koriandergrün, Minzeblätter und Dillspitzen (frisch geschnitten)

Außerdem:
Erdnussöl zum Frittieren

1 Für die Zucchiniblüte die Jakobsmuscheln waschen und trocken tupfen. Die Garnelen am Rücken entlang nicht zu tief einschneiden und den Darm herausziehen. Die Garnelen waschen, trocken tupfen und mit den Jakobsmuscheln in sehr kleine Würfel schneiden. Die Peperoni längs halbieren, entkernen, waschen und in kleine Würfel schneiden. Alle Zutaten mischen und mit dem Dill und 1 Prise Chilisalz würzen.

2 Die Schalotte schälen und in Ringe schneiden. Reichlich Öl in der Fritteuse oder in einem Topf auf 180 °C erhitzen – es ist heiß genug, wenn sich an einem hineingehaltenen Holzlöffelstiel Blasen bilden. Die Schalottenringe hineingeben, 1 bis 2 Minuten goldbraun frittieren, mit dem Schaumlöffel herausheben und auf Küchenpapier abtropfen lassen. Die frittierten Schalottenringe klein hacken und unter die Füllung mischen. Das Frittieröl heiß halten.

3 Von den Zucchiniblüten den Blütenstempel entfernen. Die Füllung mit einem Teelöffel in die Zucchiniblüten geben und diese vorsichtig verschließen.

4 Für den Dill-Tempurateig das Mehl mit dem eiskalten Wasser, dem Wein und dem Öl verrühren. Mit Salz, Chiliflocken und dem Dill würzen. Die gefüllten Zucchiniblüten durch den Teig ziehen und im Öl bei 165 bis 170 °C 3 bis 4 Minuten frittieren.

5 Die Tomaten kreuzweise einritzen, überbrühen, kalt abschrecken, häuten, vierteln und entkernen. Die Tomatenfilets in etwa 1 ½ cm große Stücke schneiden. Die Tomatenkerne mit dem Stabmixer pürieren und durch ein feines Sieb streichen. Die Champignons putzen, falls nötig, trocken abreiben und in dünne Scheiben schneiden. Den Knoblauch schälen und in feine Würfel schneiden.

6 Den Tomatenkernsaft mit dem Knoblauch und dem Ingwer in einem Topf erhitzen. Die Tomaten dazugeben, etwas Zimt hineinreiben und mit je 1 Prise Chilisalz und Zucker würzen. Alles nochmals erhitzen, zuletzt die Pilze mit den Kräutern hinzufügen und nur noch kurz darin erwärmen. Tomaten und Champignons auf vorgewärmte Teller oder Schälchen verteilen, die Zucchiniblüten längs halbieren und darauf anrichten.

Gegrillte Calamaretti
mit Thai-Curry-Mayonnaise und Koriandersalz

FÜR 4 PERSONEN

Für die Thai-Curry-Mayonnaise:
4 EL Gemüsebrühe
1 TL gelbe Currypaste (siehe z.B. S. 339)
½ Grundrezept Milchmayonnaise (ohne Miso; siehe Tipp S. 214)
Zucker · Salz
1 Spritzer Limettensaft

Für die Kartoffeln:
250 g Mini-Kartoffeln · Salz
1–2 TL Erdnussöl
Zitronengras-Koriander-Salz (siehe Tipp S. 132)

Für die gegrillten Calamaretti:
500 g kleine Calamari
2 Tomaten
2 Frühlingszwiebeln
2 EL mildes Olivenöl
3 Knoblauchzehen (in Scheiben)
1 geh. TL Ingwer (in feinen Würfeln)
mildes Chilisalz

1 Für die Thai-Curry-Mayonnaise die Brühe erwärmen, vom Herd nehmen und die Currypaste hineinrühren. Die Mischung unter die Milchmayonnaise rühren, sodass eine cremige Sauce entsteht. Falls nötig, noch etwas Brühe hinzufügen. Mit 1 Prise Zucker, Salz und Limettensaft abschmecken.

2 Die Kartoffeln gründlich waschen und mit der Schale in Salzwasser etwa 20 Minuten weich garen.

3 Inzwischen für die gegrillten Calamaretti den Kopf und die Arme der Calamari mitsamt den Eingeweiden aus dem Körperbeutel ziehen. Mit den Fingern das durchsichtige Fischbein aus dem Körperbeutel ziehen. Den Kopf von den Tintenfischarmen abtrennen, dabei den harten »Schnabel« mit entfernen. Die hauchdünne Haut von den Beuteln (Tuben) abziehen. Die Tuben aufschneiden und die restlichen Eingeweide entfernen. Tuben und Arme gründlich unter fließendem kaltem Wasser waschen und trocken tupfen.

4 Die Kartoffeln abgießen, ausdampfen lassen und längs vierteln. Das Öl in einer Pfanne erhitzen und die Kartoffelviertel darin rundum goldbraun anbraten.

5 Inzwischen die Tomaten kreuzweise einritzen, überbrühen, kalt abschrecken, häuten, vierteln und entkernen. Die Tomatenviertel in etwa 1 cm große Stücke schneiden. Die Frühlingszwiebeln putzen, waschen und in feine Ringe schneiden.

6 In einer großen Grillpfanne ½ bis 1 EL Olivenöl erhitzen und die Calamarituben und -arme darin mit dem Knoblauch, dem Ingwer und den Frühlingszwiebeln bei mittlerer Hitze 30 bis 60 Sekunden anbraten. Die Tomaten hinzufügen und erwärmen. Das restliche Olivenöl dazugeben und alles mit Chilisalz würzen.

7 Die Kartoffeln aus der Pfanne nehmen, auf Küchenpapier abtropfen lassen und mit etwas Zitronengras-Koriander-Salz würzen. Die Thai-Curry-Mayonnaise auf vorgewärmte Teller verteilen und die Kartoffelspalten mit den Calamaretti darauf anrichten.

Garnelen-Wan-Tans
auf weißer Bohnensauce

FÜR 4 PERSONEN

Für die Füllung:

2 Frühlingszwiebeln
170 g Riesengarnelen (ohne Kopf, mit Schale)
170 g Zanderfilet (ersatzweise Rotbarsch- oder Forellenfilet)
1 EL helle Sojasauce
1 kleine geriebene Knoblauchzehe
½ TL geriebener Ingwer
mildes Chilisalz

Für die weiße Bohnensauce:

2 Knoblauchzehen
400 g weiße Bohnen (aus der Dose)
80 ml Hühnerbrühe
2 TL Ingwer (in feinen Würfeln)
80 g Sahne
40 g kalte Butter
½ TL Fünf-Gewürze-Pulver
mildes Chilisalz

Für die Sojabohnen:

80 g grüne Sojabohnen (tiefgekühlt)
2 EL Hühnerbrühe
1 Msp. Chinesische Gewürzpaste (siehe S. 339; ersatzweise 1 Prise Fünf-Gewürze-Pulver)
getrocknetes Bohnenkraut
1 EL kalte Butter

Außerdem:

1 Eiweiß · Salz
24 Wan-Tan-Blätter (8 x 9,5 cm, aus dem Asialaden)
1 EL doppelgriffiges Mehl für das Tablett
Erdnussöl zum Frittieren

1 Für die Füllung die Frühlingszwiebeln putzen, waschen und in feine Ringe schneiden. Die Garnelen schälen, am Rücken entlang einschneiden und den Darm herausziehen. Die Garnelen waschen, trocken tupfen und in kleine Würfel schneiden. Das Zanderfilet waschen, trocken tupfen und in sehr kleine Würfel schneiden. Die Garnelen- und die Zanderwürfel mischen und mit einem großen Messer klein hacken, bis die Masse bindet. Mit den Frühlingszwiebeln, der Sojasauce, dem Knoblauch und dem Ingwer in einer Schüssel mischen und mit Chilisalz würzen.

2 Für die Wan-Tans das Eiweiß mit 1 Prise Salz verquirlen. Die Wan-Tan-Blätter nebeneinanderlegen und an den Rändern dünn mit dem Eiweiß bestreichen. Je 1 TL Füllung in die Mitte der Teigblätter setzen. Zu Dreiecken zusammenfalten, die Ränder andrücken. Auf einem mit doppelgriffigem Mehl bestäubten Tablett kurz beiseitestellen.

3 Reichlich Öl in der Fritteuse oder in einem großen Topf auf 160 °C erhitzen und die Wan-Tans darin portionsweise 1 bis 2 Minuten goldbraun backen, dabei zwischendurch wenden. Mit dem Schaumlöffel herausheben und auf Küchenpapier abtropfen lassen. Warm halten.

4 Für die Bohnensauce den Knoblauch schälen und in feine Würfel schneiden. Die weißen Bohnen in ein Sieb abgießen, abbrausen und abtropfen lassen. Die Brühe in einem Topf erhitzen, die Bohnen, den Knoblauch und den Ingwer dazugeben und kurz garen. Mit dem Stabmixer pürieren und durch ein Sieb passieren. Die Sahne unterrühren und die Sauce nochmals erhitzen. Die kalte Butter dazugeben und unterrühren. Mit Fünf-Gewürze-Pulver und Chilisalz würzen.

5 Die Sojabohnen auf einem Sieb kalt abbrausen und abtropfen lassen. Die Brühe und die Gewürzpaste in einem Topf erhitzen. Die Sojabohnen dazugeben und kurz erhitzen. Mit 1 Prise Bohnenkraut würzen und die kalte Butter unterrühren.

6 Die weiße Bohnensauce auf vorgewärmte Teller verteilen und die Garnelen-Wan-Tans darauf anrichten. Die Sojabohnen daraufsetzen.

Garnelenburger
mit Miso-Senf-Mayonnaise

FÜR 4 PERSONEN

Für die Miso-Senf-Mayonnaise:
½ Knoblauchzehe
50 ml Milch
1 TL helles Miso
1 TL helle Sojasauce
1 TL Dijon-Senf
½ TL geriebener Ingwer
Salz
100 ml Öl

Für die Garnelenburger:
300 g Garnelen (ohne Kopf und Schale)
300 g Zanderfilet
½ rote Peperoni (ersatzweise ½ TL milde Chiliflocken)
½ TL Vietnamesische Gewürzmischung (aus dem Gewürzladen oder siehe Tipp S. 232)
1 EL Koriandergrün (frisch geschnitten)
1 EL Dill (frisch geschnitten)
1 EL helle Sojasauce
1–2 EL Erdnussöl
2 Tomaten
4 Toastbrotscheiben
einige Kräuterblätter zum Garnieren (z.B. Thai-Basilikum, Koriander, Kerbel, Dill)

1 Für die Miso-Senf-Mayonnaise den Knoblauch schälen und fein reiben. Mit der Milch, dem Miso, der Sojasauce, dem Senf, dem Ingwer und 1 Prise Salz in einen hohen Rührbecher geben. Das Öl zunächst tropfenweise, dann in dünnem Strahl einlaufen lassen und dabei mit dem Stabmixer unterrühren.

2 Für die Garnelenburger die Garnelen am Rücken entlang einschneiden und den Darm entfernen. Die Garnelen waschen, trocken tupfen und ebenfalls in kleine Würfel schneiden. Das Zanderfilet waschen, trocken tupfen und in kleine Würfel schneiden. Garnelen und Zander zusammen nochmals mit einem großen Küchenmesser sehr fein hacken.

3 Die Peperoni längs halbieren, entkernen, waschen und in sehr kleine Würfel schneiden. Mit der Gewürzmischung, dem Koriander und dem Dill unter die Garnelen-Fisch-Masse mischen und mit Sojasauce würzen. Aus der Masse 4 flache Burger von 1 bis 1 ½ cm Dicke formen. Das Öl in einer großen Pfanne erhitzen und die Burger darin bei mittlerer Hitze auf jeder Seite 2 bis 3 Minuten hell anbraten. Herausnehmen und auf Küchenpapier abtropfen lassen.

4 Die Tomaten waschen, halbieren, die Stielansätze entfernen und die Tomaten in Scheiben schneiden. Die Toastbrotscheiben im Toaster rösten (ersatzweise den Backofengrill einschalten und die Toasts auf der mittleren Schiene auf beiden Seiten goldbraun rösten).

5 Die Toastbrotscheiben auf Teller legen, mit je 1 EL Miso-Senf-Mayonnaise bestreichen, mit Tomatenscheiben belegen, die Garnelenburger darauflegen und mit den Kräuterblättern dekorieren.

Mein Tipp

Beim Einkauf von Miso (Sojabohnenpaste) sollten Sie darauf achten, dass die Würzpaste traditionell hergestellt wurde – dann wurden Sojabohnen und meist noch Reis oder Gerste mit Wasser, Salz und einer Starterkultur zunächst milchsauer vergoren und hatten noch viel Zeit um zu reifen und ihr feines Aroma zu entwickeln.

Garnelen
auf Kokosrisotto mit Chinakohl

Für 4 Personen

Für den Kokosrisotto:
50 g Chinakohl (ca. 2 Blätter)
½ Zwiebel
1 Stängel Zitronengras
3 kleine Kaffir-Limettenblätter
1 EL Erdnussöl
1 TL Knoblauch-Ingwer-Paste (siehe S. 339 oder Tipp S. 201)
1 TL gelbe Currypaste (siehe z. B. S. 339)
200 g Risoni- bzw. Kritharáki-Nudeln
400 ml heiße Hühnerbrühe
100 ml Kokosmilch

Für die Garnelen:
12 Riesengarnelen (ohne Kopf, mit Schale)
1–2 TL Erdnussöl
Zitronengras-Koriander-Salz (siehe Tipp S. 132)

Außerdem:
einige Dillspitzen zum Garnieren

1 Für den Kokosrisotto die Chinakohlblätter putzen, waschen, trocken tupfen und in 6 bis 8 mm große Stücke schneiden. Die Zwiebel schälen und in feine Würfel schneiden. Vom Zitronengras die welken Außenblätter und die obere, trockene Hälfte entfernen, die untere Hälfte längs und quer halbieren. Die Kaffir-Limettenblätter mehrmals einreißen.

2 Das Öl in einem Topf erhitzen, die Zwiebel darin mit der Knoblauch-Ingwer-Paste und der Currypaste bei milder Hitze glasig dünsten. Die Risoni-Nudeln, das Zitronengras und die Limettenblätter dazugeben und erhitzen. Nach und nach die Brühe angießen – dabei immer wieder umrühren – und alles knapp unter dem Siedepunkt 10 bis 15 Minuten garen.

3 Für die Garnelen die Garnelen bis auf den Schwanzfächer schälen, am Rücken entlang einschneiden und den Darm herausziehen. Die Garnelen waschen, trocken tupfen und am dicken Ende etwas einschneiden.

4 Kurz vor Ende der Garzeit des Risottos den Chinakohl und die Kokosmilch dazugeben und weitergaren, bis ein cremiger Risotto entstanden ist. Zitronengras und Limettenblätter wieder entfernen und gegebenenfalls nachwürzen.

5 Das Öl in einer Pfanne erhitzen und die Garnelen darin auf jeder Seite etwa 1½ Minuten anbraten. Die Pfanne vom Herd nehmen und die Garnelen in der Resthitze 1 Minute durchziehen lassen. Mit Zitronengras-Koriander-Salz würzen.

6 Den Kokosrisotto auf vorgewärmte tiefe Teller verteilen und die Garnelen darauf anrichten. Mit den Dillspitzen garnieren.

Mein Tipp

Risoni oder Kritharáki sind italienische bzw. griechische Nudelspezialitäten, die oft auch als Reisnudeln bezeichnet werden. Sie werden jedoch nicht aus Reis, sondern aus Hartweizengrieß hergestellt und erinnern lediglich in ihrer Form an Reis- bzw. Getreidekörner.

Pulpo mit Jakobsmuscheln
und Schlangenbohnen

Für 4 Personen

1 kleiner Oktopus (ca. 1 kg)
½ Zwiebel
1 Lorbeerblatt
2 Gewürznelken · Salz
120 g schwarze Bohnen (aus der Dose)
200 g Schlangenbohnen (ersatzweise grüne Bohnen)
2 Knoblauchzehen
2–3 EL helle Sojasauce
1 EL Ingwer (in feinen Würfeln)
1 TL Vietnamesische Gewürzpaste (siehe S. 339; ersatzweise ½ TL Gewürzmischung siehe Tipp S. 232)
milde Chiliflocken
40 g kalte Butter
6 Jakobsmuscheln (ausgelöst; ohne Corail)
½–1 TL Öl
1 TL Butter
mildes Chilisalz

1 Die Fangarme des Oktopus so vom Kopfteil abschneiden, dass sie noch gut zusammenhalten. Die Arme gründlich unter fließendem kaltem Wasser waschen, abtropfen lassen. Die Zwiebel schälen und mit dem Lorbeerblatt und den Gewürznelken spicken.

2 Reichlich Salzwasser aufkochen, den Oktopus mit der gespickten Zwiebel hineingeben und einmal aufkochen lassen. Dann die Hitze reduzieren und den Oktopus 1 ¼ bis 1 ½ Stunden mehr ziehen als köcheln lassen, bis er weich ist. Den Oktopus aus dem Sud heben, etwas abkühlen lassen und in 2 cm große Stücke schneiden. Beiseitestellen.

3 Die schwarzen Bohnen auf einem Sieb kalt abbrausen und abtropfen lassen. Die Schlangenbohnen putzen, waschen und in 2 bis 3 cm lange Stücke schneiden. In kochendem Salzwasser 6 bis 8 Minuten weich garen, kalt abschrecken und abtropfen lassen.

4 Den Knoblauch schälen und in feine Würfel schneiden. Die Sojasauce, 100 ml Wasser, den Knoblauch, den Ingwer und die Gewürzpaste erhitzen. Die Oktopusstücke darin erwärmen. Die beiden Bohnensorten dazugeben und ebenfalls erhitzen. Mit 1 Prise Chiliflocken würzen. Die kalte Butter unterrühren und nach Belieben nachwürzen.

5 Die Jakobsmuscheln waschen, trocken tupfen und waagerecht halbieren, sodass 2 dünnere Scheiben entstehen. Das Öl in einer Pfanne erhitzen und die Jakobsmuscheln darin etwa 30 Sekunden anbraten. Wenden und weitere 30 Sekunden braten. Die Pfanne vom Herd nehmen, die Butter dazugeben, die Jakobsmuscheln mit Chilisalz würzen und in der Resthitze der Pfanne noch kurz ziehen lassen.

6 Den Pulpo mit den zweierlei Bohnen und der Buttersauce auf tiefe Teller verteilen und die Jakobsmuscheln darauf anrichten. Dazu passt Reis.

Mein Tipp

Bis zu einem Meter lang können die Schoten der Schlangenbohnen werden, für den Frischverzehr kommen jedoch die noch zarten Hülsen bis etwa 50 Zentimeter Länge in den Handel. Richtig gut gedeihen die Bohnen in feuchtwarmem Klima, etwa in Südostasien, Afrika und Südamerika. Von dort stammt auch das Gros der bei uns vorrangig in Asialäden angebotenen Ware. Im Geschmack ähneln Schlangenbohnen unseren grünen Bohnen, durch die sie ersetzt werden können.

Fleisch

Kantonesische Spareribs
auf Chili-Rahmkraut

Für 4 Personen

Für die Spareribs:
1 Zwiebel · 1 Lorbeerblatt
2 Gewürznelken · Salz
3 kg ungewürzte Schälrippchen (in Doppelrippchen zerteilt; oder Baby back Ribs bzw. Loinribs)
1 TL Pimentkörner
1 TL schwarze Pfefferkörner

Für das Chili-Rahmkraut:
1 große Zwiebel
1 EL braune Butter (siehe Tipp S. 147)
800 g Sauerkraut (aus der Dose)
100 ml Weißwein
400 ml Gemüsebrühe
5 schwarze Pfefferkörner
2 angedrückte Wacholderbeeren
je ½ TL Korianderkörner und ganzer Kümmel · 1 Lorbeerblatt
2 EL Apfelmus
50 g Sahne · 30 g Butter
½–1 TL Chiliflocken

Für die Marinade:
250 g Tomatenketchup
60 ml Erdnussöl
120 ml helle Sojasauce
4 EL Worcestershiresauce
1 TL geräuchertes Paprikapulver (z. B. Piment La Vera picante)
2 TL Paprikapulver (edelsüß)
4 EL Ingwerpulver
8 EL Knoblauchpulver
½ TL Chilipulver
1–2 TL Fünf-Gewürze-Pulver
Salz

1 Für die Spareribs die Zwiebel schälen und das Lorbeerblatt mit den Gewürznelken darauf feststecken. Die Spareribs in einem großen Topf in Salzwasser mit der gespickten Zwiebel, den Piment- und den Pfefferkörnern knapp unter dem Siedepunkt 40 bis 45 Minuten ziehen lassen.

2 Inzwischen für das Chili-Rahmkraut die Zwiebel schälen und in feine Würfel schneiden. Die braune Butter in einem Topf erhitzen und die Zwiebel darin glasig dünsten. Das Sauerkraut in ein Sieb abgießen, unter fließendem kaltem Wasser waschen und ausdrücken. Das Kraut zu der Zwiebel geben und kurz andünsten. Den Wein angießen und etwas einköcheln lassen. Die Brühe dazugeben. Die Gewürze in einen Einwegteebeutel füllen, verschließen, zum Kraut geben und bei milder Hitze 30 bis 40 Minuten ziehen lassen.

3 Für die Marinade das Ketchup mit Öl, Sojasauce, Worcestershiresauce, den Gewürzen und 2 TL Salz verrühren.

4 Den Backofen auf 200 °C vorheizen. Ein Ofengitter auf die mittlere Schiene und darunter ein Abtropfblech schieben. Die Spareribs aus dem Kochsud nehmen und abtropfen lassen. Anschließend auf beiden Seiten mit der Marinade bestreichen und auf dem Gitter im Ofen 35 bis 40 Minuten braten, nach 25 Minuten einmal wenden.

5 Den Gewürzbeutel am Ende der Garzeit aus dem Sauerkraut entfernen. Das Apfelmus, die Sahne und die Butter unter das Kraut rühren. Mit Chiliflocken und nach Belieben mit Salz abschmecken. Die Spareribs aus dem Ofen nehmen und mit dem Chili-Rahmkraut auf Tellern anrichten. Nach Belieben mit einer halbierten Chilischote garnieren.

Mein Tipp

Durch das Vorgaren in gewürztem Salzwasser werden die Spareribs besonders saftig und nehmen zudem bereits während des Garens einen herzhaft-würzigen Geschmack an.

Glasiertes Schweinefilet
auf Pak-Choi-Krautsalat mit Minze

FÜR 4 PERSONEN

Für den Pak-Choi-Krautsalat:
¼ kleiner junger Weißkohl (ca. 250 g)
mildes Chilisalz
Zucker
½ Apfel
250 g Pak Choi
2 EL Weißweinessig
2 EL mildes Salatöl
1–2 TL geröstetes Sesamöl
1 EL geröstete helle Sesamsamen
je 1 EL Minzeblätter und Dillspitzen (frisch geschnitten)

Für das Schweinefilet:
500 g Schweinefilet
1–2 TL Erdnussöl
1 große, getrocknete rote Chilischote
2 EL helle Sojasauce
1 Knoblauchzehe
1 TL Ingwer (in feinen Würfeln)
40 g kalte Butter
Fünf-Gewürze-Pulver

1 Für den Pak-Choi-Krautsalat den Weißkohl putzen und waschen. Den Kohl hobeln oder in feine Streifen schneiden, den harten Strunk übrig lassen. Den Weißkohl mit je etwa 1 TL Chilisalz und Zucker bestreuen, mischen und 10 bis 15 Minuten ziehen lassen.

2 Den Apfel schälen, das Kerngehäuse entfernen und den Apfel in feine, etwa 4 cm lange Stifte schneiden. Den Pak Choi putzen, waschen, trocken schütteln, in feine Streifen schneiden und unter den Weißkohl mischen. Den Essig und beide Ölsorten untermischen. Den Sesam und die Apfelstifte dazugeben, die Minze und den Dill unterheben und den Salat mit Chilisalz abschmecken. Den Salat weitere 10 Minuten ziehen lassen und gegebenenfalls nachwürzen.

3 Für das Schweinefilet das Fleisch in 6 bis 8 mm dicke Scheiben schneiden und mit dem Handballen flachdrücken. Eine große Pfanne bei mittlerer Temperatur erhitzen und das Öl mit einem Pinsel auf dem Pfannenboden verteilen. Die Chilischote halbieren oder dritteln und zum Öl geben. Die Fleischscheiben darin auf beiden Seiten jeweils etwa 1 Minute anbraten, herausnehmen und warm halten.

4 Den Bratsatz mit 100 ml Wasser ablöschen und die Sojasauce hinzufügen. Den Knoblauch schälen, in feine Würfel schneiden, mit dem Ingwer dazugeben und alles etwa 1 Minute köcheln lassen. Die kalte Butter unterrühren und die Fleischscheiben darin knapp unter dem Siedepunkt kurz erwärmen. Mit 1 Prise Fünf-Gewürze-Pulver würzen.

5 Den Pak-Choi-Krautsalat auf vorgewärmte Teller oder Schälchen verteilen, das Fleisch darauf anrichten und mit der Würzsauce aus der Pfanne beträufeln. Nach Belieben mit halbierten Mini-Pak-Chois garnieren.

Schweinefilet und Shiitake-Pilze
auf Kartoffel-Liebstöckel-Rösti

Für 4 Personen

Für die Kartoffel-Liebstöckel-Rösti:

500 g vorwiegend festkochende Kartoffeln
Salz · Pfeffer aus der Mühle
frisch geriebene Muskatnuss
1 EL Liebstöckelblätter (frisch geschnitten; ersatzweise ½ TL getrockneter Liebstöckel)
2 EL Erdnussöl

Für das Schweinefilet und die Shiitake-Pilze:

200 g Shiitake-Pilze (ersatzweise Kräuterseitlinge, Austernpilze)
500 g Schweinefilet
2 TL Erdnussöl
1 Knoblauchzehe
1 TL Galgant (in feinen Würfeln; ersatzweise Ingwer)
80 ml Hühnerbrühe
1 TL rote Currypaste (siehe z. B. S. 90 oder S. 339)
2 EL helle Sojasauce
50 g Sahne
50 ml Kokosmilch
1 EL kalte Butter

1 Für die Kartoffel-Liebstöckel-Rösti die Kartoffeln schälen, waschen und auf der Gemüsereibe in feine Streifen raspeln. Die Kartoffelstreifen mit Salz, Pfeffer, Muskatnuss und Liebstöckel würzen und einige Minuten ziehen lassen. Dann die Kartoffelmasse in ein Sieb geben und mit den Händen gut ausdrücken.

2 Das Öl in einer Pfanne erhitzen. Die Kartoffelmasse hineingeben und etwas andrücken. Die Rösti darin auf der Unterseite bei mittlerer Hitze etwa 4 Minuten goldbraun anbraten, wenden und die zweite Seite ebenfalls knusprig braun braten. Die Rösti herausnehmen und auf Küchenpapier abtropfen lassen. In 8 gleich große Stücke schneiden und warm halten.

3 Für das Schweinefilet und die Shiitake-Pilze die Pilze putzen, falls nötig, trocken abreiben und in ½ bis 1 cm breite Stücke schneiden. Das Schweinefilet gegebenenfalls von Fett und Sehnen befreien und in 1 cm dicke Scheiben schneiden. Mit dem Handballen etwas flach drücken.

4 In einer großen Pfanne 1 TL Öl erhitzen und die Fleischscheiben darin bei mittlerer Hitze auf jeder Seite 20 bis 30 Sekunden anbraten und herausnehmen. Das restliche Öl in der Pfanne erhitzen und die Pilze darin 1 Minute anbraten.

5 Den Knoblauch schälen und in feine Würfel schneiden. Den Knoblauch und den Galgant zu den Pilzen geben. Die Brühe angießen. Die Currypaste und die Sojasauce unterrühren und aufkochen lassen. Die Sahne und die Kokosmilch dazugeben und kurz erwärmen. Die kalte Butter unterrühren. Die Medaillons in die Sauce legen und darin knapp unter dem Siedepunkt etwa 3 Minuten gar ziehen lassen.

6 Je 2 Stücke Liebstöckelrösti auf vorgewärmte Teller legen und die Schweinefilets mit den Pilzen und der Sauce daneben anrichten.

Mein Tipp

Mit Liebstöckel holen Sie sich ein Gewürz in Ihre Küche, das im Mittelalter als Aphrodisiakum galt! In vielen Suppen und Fleischbrühen darf Liebstöckel keinesfalls fehlen. Besonders gut harmoniert er mit Sojasauce, sein stark kräuterwürziges Aroma schmeckt auch in Gemüse-, Kartoffel- und Pilzgerichten sowie in Dips und Saucen.

Schweinefilet
in Anissauce mit Fenchelgemüse

FÜR 4 PERSONEN

Für das Schweinefilet:
1 Knoblauchzehe
6 Stiele Koriander
500 g Schweinefilet
1–2 TL Erdnussöl
2 EL helle Sojasauce
1 TL Ingwer (in feinen Würfeln)
40 g kalte Butter
1 TL Anissamen

Für das Fenchelgemüse:
500 g Fenchelknollen (mit Grün)
1 getrocknete große rote Chilischote
1 EL Erdnussöl
1 EL Ingwer (in sehr feinen Streifen)
2 EL chinesischer Reiswein
2 EL helle Sojasauce
1 Spritzer Reisessig
½ TL brauner Zucker

1 Für das Schweinefilet den Knoblauch schälen und in feine Würfel schneiden. Den Koriander waschen, trocken schütteln und mit den Stielen klein schneiden. Das Schweinefilet in 4 bis 5 mm dicke Scheiben schneiden und mit dem Handballen flach drücken. Das Öl in einer Pfanne erhitzen, die Fleischscheiben darin bei mittlerer Hitze auf jeder Seite etwa 1 Minute anbraten und wieder herausnehmen.

2 Den Bratsatz mit 100 ml Wasser ablöschen und die Sojasauce hinzufügen. Knoblauch und Ingwer dazugeben und alles etwa 1 Minute einköcheln lassen. Die kalte Butter unterrühren, die Fleischscheiben wieder dazugeben und kurz in der Sauce erwärmen. Die Anissamen und den Koriander hinzufügen.

3 Für das Fenchelgemüse den Fenchel putzen und waschen, das Grün abschneiden und beiseitelegen. Den Fenchel vierteln und den harten Strunk entfernen. Den Fenchel in 3 bis 4 mm breite Streifen schneiden. Die Chilischote waschen und aufbrechen.

4 Das Öl im Wok oder in einer großen tiefen Pfanne erhitzen und den Fenchel mit der Chilischote und dem Ingwer darin und unter Rühren 2 bis 3 Minuten anbraten. Reiswein, Sojasauce, Essig und Zucker hinzufügen. Das Fenchelgrün klein schneiden und untermischen.

5 Das Fenchelgemüse auf vorgewärmte Teller verteilen. Die Schweinefiletscheiben mit der Anissauce daneben anrichten.

Mein Tipp

Wenn Sie möchten, können Sie die Anissamen noch in einer Pfanne ohne Fett bei mittlerer Hitze rösten, bis sie zu duften beginnen. Dadurch entwickeln die Samenkörner ein fein-nussiges Aroma.

Schweineschulter im Garam-Masala-Sud
mit Kichererbsen

Für 4 Personen

Für die Schweineschulter:
1–2 TL Ghee (siehe S. 72; ersatzweise braune Butter)
1 kg flache Schweineschulter (ohne Schwarte)
¾ l Gemüsebrühe
1 braunschalige Zwiebel
1 Knoblauchzehe
1 TL Garam Masala
3 Scheiben Ingwer
Salz

Für die Kräuterpaste:
je 2 EL Dillspitzen, Koriandergrün und Minzeblätter (frisch geschnitten)
3 EL Öl
1 Spritzer Limettensaft
Salz · Pfeffer aus der Mühle
Zucker

Für das Gemüse:
1 kleine Zwiebel
½ rote Paprikaschote
80 g Shiitake-Pilze
80 g Cocktailtomaten
80 g Kichererbsen (aus der Dose)
1 EL Ghee
Chilisalz

Außerdem:
Kräuterblätter zum Garnieren (z.B. Minze, Koriander und Dill)

1 Für die Schweineschulter das Ghee in einem Topf erhitzen und das Fleisch darin rundum anbraten. Die Brühe angießen. Die Zwiebel quer halbieren und mit der Schale in die Brühe legen. Alles bis knapp unter den Siedepunkt erhitzen und den aufsteigenden Schaum abschöpfen. Das Fleisch 2 Stunden weich garen, dabei den Deckel einen Spalt offen lassen.

2 Den Knoblauch schälen und in Scheiben schneiden. Am Ende der Garzeit das Garam Masala in die Brühe rühren, Knoblauch und Ingwer hinzufügen und 5 Minuten darin ziehen lassen. Das Fleisch herausnehmen und warm halten. Die Zwiebelhälften aus der Brühe entfernen. Die Gewürzbrühe durch ein mit einem sauberen Küchentuch ausgelegtes Sieb gießen und mit Salz würzen.

3 Für die Kräuterpaste den Dill, den Koriander und die Minze mit dem Öl und dem Limettensaft in den Blitzhacker geben. Mit Salz, Pfeffer und 1 Prise Zucker würzen und pürieren.

4 Für das Gemüse die Zwiebel schälen und in 1 bis 1½ cm große Würfel schneiden. Die Paprikaschote entkernen und waschen. Mit dem Sparschäler schälen und in 1½ cm große Stücke schneiden. Die Shiitake-Pilze putzen und vierteln. Die Tomaten waschen und halbieren. Die Kichererbsen in ein Sieb abgießen und abtropfen lassen.

5 Die Zwiebelwürfel und die Paprikastücke in die Gewürzbrühe geben und darin etwa 5 Minuten weich garen. Das Ghee in einer Pfanne erhitzen und die Pilze darin anbraten. Dann mit den Tomaten und den Kichererbsen ebenfalls zur Brühe geben und darin erhitzen. Mit Chilisalz und nach Belieben mit Garam Masala nachwürzen.

6 Das Gemüse mit je etwa 80 ml Brühe auf vorgewärmte tiefe Teller verteilen. Das Fleisch in etwa 1 cm dicke Scheiben schneiden und darauf anrichten. Mit je 1 EL Kräuterpaste beträufeln und mit den Kräuterblättern garnieren.

Schweinebraten »Saigon«
mit Pak Choi

Für 4 Personen

Für den Schweinebraten:
Salz · 3 EL helle Sojasauce
1 EL Fischsauce
1 EL chinesischer Reiswein
2 Knoblauchzehen (halbiert)
4 Scheiben Ingwer
1 rote Chilischote (halbiert)
1,2 kg fetter Schweinebauch
4–5 EL Erdnussöl
20 g kalte Butter

Für das Saigonsalz:
1 TL Salz · Sternanis, Koriander, schwarzer Pfeffer, Ingwer und Kardamom (alles gemahlen)
Zimtpulver · Nelkenpulver

Für die Sauce:
2 Tomaten
1 TL Puderzucker
1 TL Tomatenmark
1 kleine geriebene Knoblauchzehe
½ TL geriebener Ingwer
1 TL Reisessig
1 TL chinesischer Reiswein
½ TL Zucker
1 TL Speisestärke
mildes Chilisalz

Für den Pak Choi:
500 g Mini-Pak-Chois
1 EL Erdnussöl
1 TL Sesamöl
1–2 TL geröstete helle Sesamsamen
mildes Chilisalz
1 EL kalte Butter

1 Am Vortag für den Schweinebraten in einem großen Topf etwa 4 l Wasser aufkochen und 1 EL Salz, 2 EL Sojasauce, die Fischsauce, den Reiswein, den Knoblauch, den Ingwer und die Chilischote dazugeben. Den Schweinebauch hineingeben und 2½ Stunden weich garen.

2 Den Schweinebauch aus der Brühe nehmen. Die Brühe entfetten, dafür mit einem Schöpflöffel das oben schwimmende Fett abnehmen. Von der Brühe ⅛ l abmessen und zugedeckt im Kühlschrank aufbewahren. Das Fleisch mit der Schwarte nach unten in eine flache Form legen. Mit einem Schneidebrett und mit etwa 1 kg Gewicht (z.B. mit Konservendosen) beschweren. Im Kühlschrank über Nacht durchkühlen lassen.

3 Am nächsten Tag für das Saigonsalz das Salz mit je 1 Prise der anderen Gewürze mischen. Das Fleisch in 4 cm breite Würfel schneiden. Das Öl in einer Pfanne erhitzen und die Fleischwürfel zunächst auf der Schwarte bei mittlerer Hitze knusprig anbraten, dann rundum goldbraun braten. Das Fleisch aus der Pfanne nehmen, das Fett abgießen und die Pfanne mit Küchenpapier austupfen.

4 Die restliche Sojasauce mit 2 EL Brühe vom Vortag in der Pfanne erwärmen und die Butter hineinrühren. Mit dem Saigonsalz würzen und die Fleischwürfel darin glasieren.

5 Für die Sauce die Tomaten waschen, vierteln und entkernen. Die Tomatenviertel in einen hohen Rührbecher geben, mit dem Stabmixer pürieren und durch ein feines Sieb streichen. Den Puderzucker in einem Topf bei milder Hitze hell karamellisieren. Das Tomatenmark hinzufügen und kurz anrösten. Das Tomatenpüree und die restliche Brühe vom Vortag angießen. Den Knoblauch und den Ingwer dazugeben. Reisessig, Reiswein und Zucker unterrühren und alles einmal aufkochen. Die Speisestärke mit wenig kaltem Wasser glatt rühren, in die Sauce geben und köcheln lassen, bis sie leicht sämig bindet. Mit Chilisalz würzen.

6 Für den Pak Choi die Mini-Pak-Chois waschen, gut abtropfen lassen und halbieren. Das Erdnussöl und das Sesamöl in einer Pfanne erhitzen und den Pak Choi auf der Schnittfläche 2 bis 3 Minuten hell anbraten. Mit dem Sesam bestreuen, mit Chilisalz würzen und die kalte Butter in der Pfanne schmelzen lassen.

7 Die Sauce auf vorgewärmte Teller verteilen oder in ein kleines Schälchen geben. Die Pak Chois locker auf die Teller legen und die Fleischstücke mit der Kruste nach oben dazwischensetzen.

Karamellisierter Schweinenacken
auf Gurken-Ingwer-Salat

Für 4 Personen

Für den Gurken-Ingwer-Salat:

2 kleine Bio-Salatgurken
Salz · Pfeffer aus der Mühle
Zucker
1 EL eingelegte Ingwerscheiben (aus dem Glas)
1 EL Ingwer-Einlegeflüssigkeit
1 EL Reisessig
2–3 EL mildes Salatöl
1 EL Dillspitzen (frisch geschnitten)
1 EL Minzeblätter (frisch geschnitten)

Für den karamellisierten Schweinenacken:

4 Schweinenackensteaks (à 150 g)
30 g Speisestärke
70 ml Sojasauce
1 TL Fünf-Gewürze-Pulver
1–2 EL Erdnussöl
2–3 TL feiner brauner Zucker

1 Für den Gurken-Ingwer-Salat die Gurken gründlich waschen und mit dem Gemüsehobel in dünne Scheiben hobeln. Mit etwas Salz bestreuen, vermengen und einige Minuten ziehen lassen. Mit Pfeffer und 1 Prise Zucker würzen.

2 Den eingelegten Ingwer in Streifen schneiden und mit der Einlegeflüssigkeit und dem Essig zu den Gurken geben. Alles einige Minuten ziehen lassen, dann das Öl, den Dill und die Minze unterheben.

3 Für den karamellisierten Schweinenacken die Schweinenackensteaks mit dem Schnitzelklopfer leicht klopfen. Die Speisestärke mit der Sojasauce glatt rühren und das Fünf-Gewürze-Pulver dazugeben. Die Fleischscheiben in der Marinade wenden.

4 Das Öl in einer Pfanne erhitzen und die Steaks darin bei mittlerer Hitze auf jeder Seite 2 bis 3 Minuten anbraten. Wieder herausnehmen und beiseitestellen. Die Hälfte des Zuckers in die Pfanne streuen, das Fleisch wieder hineinlegen und erhitzen, bis der Zucker karamellisiert ist. Den übrigen Zucker auf die Fleischscheiben streuen, die Fleischscheiben wenden und ebenfalls erhitzen, bis der Zucker geschmolzen ist.

5 Die karamellisierten Schweinenackensteaks mit dem Gurkensalat auf vorgewärmten Tellern anrichten (Rezeptfoto siehe S. 246/247).

Mein Tipp

Der in Asien verbreitete Reisessig ist mit einem Säuregehalt von drei bis vier Prozent deutlich milder und süßlicher als die bei uns üblichen Obst- und Weinessigsorten mit mindestens fünf Prozent Säure. Neben dem gängigen hellen Reisessig, der aus geschältem Reis hergestellt wird, gibt es auch einen dunklen Reisessig aus ungeschältem Reis.

Linguine
mit vietnamesischem Fleischragout

FÜR 4 PERSONEN

Für das vietnamesische Fleischragout:
3 Schalotten (ersatzweise 1 kleine Zwiebel) · ½ Karotte
70 g Knollensellerie
½–1 TL Puderzucker
je 150 g Rinder- und Schweinehackfleisch
2 EL Tomatenmark
450 g stückige Tomaten (aus der Dose)
200 ml Hühnerbrühe
1–2 TL Vietnamesische Gewürzpaste (siehe S. 339; ersatzweise ½ TL Gewürzmischung siehe Tipp S. 232)
1 EL helle Sojasauce
¼ Zucchino (ca. 70 g)
4 Frühlingszwiebeln
½ rote Peperoni
2 Knoblauchzehen (in feinen Würfeln)
1 EL Ingwer (in feinen Würfeln)
Salz · Pfeffer aus der Mühle
1 EL Koriandergrün (frisch geschnitten)

Für die Linguine:
400 g Linguine · Salz
3–4 Scheiben Ingwer
2 kleine rote Chilischoten
150 ml Hühner- oder Gemüsebrühe · 20 g flüssige braune Butter (siehe S. 147)
Pfeffer aus der Mühle

1 Für das vietnamesische Fleischragout die Schalotten schälen und in feine Würfel schneiden. Die Karotte und den Sellerie putzen, schälen und in sehr kleine Würfel schneiden. Die Schalottenwürfel mit dem Puderzucker in einem Topf ohne Fett bei milder Hitze glasig dünsten. Die Karotte und den Sellerie dazugeben und kurz mitdünsten.

2 Das Hackfleisch unterrühren und so lange braten, bis es zerkrümelt und seine rosa Farbe verloren hat. Das Tomatenmark dazugeben und kurz mitrösten. Die Tomaten dazugeben und alles gut verrühren. Die Brühe angießen, die Gewürzpaste sowie die Sojasauce hinzufügen und das Ragout knapp unter dem Siedepunkt mindestens 1 Stunde mehr ziehen als köcheln lassen.

3 Inzwischen den Zucchino putzen, waschen und in kleine Würfel schneiden. Die Frühlingszwiebeln putzen, waschen und in feine Ringe schneiden. Die Peperoni längs halbieren, entkernen, waschen und in feine Würfel schneiden. Am Ende der Garzeit Zucchiniwürfel, Frühlingszwiebeln, Peperoni, Knoblauch und Ingwer unter das Ragout rühren und 5 bis 10 Minuten ziehen lassen. Das Fleischragout mit Salz und Pfeffer abschmecken.

4 Für die Linguine die Nudeln in reichlich Salzwasser (1 EL Salz auf 1 l Wasser) nach Packungsanweisung mit Ingwer und Chilischoten sehr bissfest garen, dabei gelegentlich umrühren. In ein Sieb abgießen, kurz abtropfen lassen, mit der Brühe in eine Pfanne geben und erhitzen.

5 Die braune Butter darüberträufeln und mit Pfeffer würzen. Die Linguine auf vorgewärmte Teller verteilen und die Sauce darauf anrichten. Mit Koriandergrün bestreuen.

Mein Tipp

Karamellisierter Zucker und geröstetes Tomatenmark sind der Ansatz, der dieser Sauce einen kräftigen Geschmack und eine intensive Farbe verleiht. Die mitgegarten Gemüsewürfelchen und die Gewürze runden die Sauce beim Schmoren wunderbar ab.

Gefüllter Pfannkuchen »Hongkong«
mit Schweinegeschnetzeltem

Für 4 Personen

Für die Pfannkuchen:
100 g Mehl
¼ l Milch
4 Eier
40 g flüssige braune Butter (siehe Tipp S. 147)
Salz · Pfeffer aus der Mühle
frisch geriebene Muskatnuss

Für den Schnittknoblauchdip:
200 g saure Sahne
½ TL Dijon-Senf
2 EL Schnittknoblauchröllchen (ersatzweise Schnittlauch)
1 Spritzer Zitronensaft
1 Msp. abgeriebene Bio-Zitronenschale
mildes Chilisalz
Zucker
Sichuanpfeffer aus der Mühle

Für die Füllung:
500 g Schweineschnitzel
Öl zum Klopfen
1 Knoblauchzehe
1 EL Erdnussöl
2 EL helle Sojasauce
1–2 TL Ingwer (in feinen Streifen)
30 g kalte Butter
½ TL Fünf-Gewürze-Pulver

Für das Gemüse:
½ Bund Frühlingszwiebeln
200 g Shiitake-Pilze
1–2 TL Erdnussöl
½ TL Chinesische Gewürzpaste (siehe S. 339; ersatzweise 1 Prise Fünf-Gewürze-Pulver)
1 EL kalte Butter
mildes Chilisalz

1 Für die Pfannkuchen das Mehl in eine Schüssel geben und die Milch nach und nach hineinrühren, bis ein glatter Teig entstanden ist. Die Eier und 2 EL braune Butter unterrühren und mit Salz, Pfeffer und Muskatnuss würzen. Den Teig 30 Minuten ruhen lassen.

2 Eine kleine Pfanne (etwa 20 cm Durchmesser) erhitzen und wenig braune Butter mit einem Pinsel darin verteilen. Aus dem Teig bei mittlerer Hitze portionsweise 8 dünne Pfannkuchen backen und zugedeckt warm halten.

3 Für den Schnittknoblauchdip die saure Sahne und den Senf mit dem Schnittknoblauch glatt rühren. Mit Zitronensaft, Zitronenschale, Chilisalz, 1 Prise Zucker und Sichuanpfeffer würzen.

4 Für die Füllung die Schweineschnitzel mit dem Plattiereisen oder mit der flachen Seite eines Schnitzelklopfers zwischen zwei Lagen geölter Frischhaltefolie etwas flacher klopfen und in 3 bis 4 cm breite Streifen schneiden. Den Knoblauch schälen und in feine Würfel schneiden.

5 In einer großen Pfanne 1 TL Öl erhitzen und die Hälfte der Fleischstreifen darin bei mittlerer Hitze etwa 1 Minute anbraten. Herausnehmen. Die übrigen Fleischstreifen im restlichen Öl auf die gleiche Weise braten und herausnehmen. Den Bratsatz mit 100 ml Wasser ablöschen. Die Sojasauce, den Knoblauch und den Ingwer hinzufügen und etwa 1 Minute leicht köcheln lassen. Das angebratene Fleisch wieder hinzufügen, die kalte Butter unterrühren und mit dem Fünf-Gewürze-Pulver würzen.

6 Für das Gemüse die Frühlingszwiebeln putzen, waschen und schräg in 2 cm breite Ringe schneiden. Grüne und helle Teile trennen. Die Shiitake-Pilze putzen, falls nötig, trocken abreiben und in ½ cm breite Streifen schneiden. Das Öl in einer Pfanne erhitzen und die Pilze darin mit dem Weißen der Frühlingszwiebeln unter Rühren etwa 2 Minuten anbraten. Das Frühlingszwiebelgrün dazugeben und etwa 1 Minute mitgaren. 80 ml Wasser hinzufügen, die Gewürzpaste hineinrühren und etwas einköcheln lassen. Die kalte Butter unterrühren und mit Chilisalz würzen.

7 Das geschnetzelte Schweinefleisch auf den warmen Pfannkuchen verteilen und diese zu Dreiecken zusammenfalten. Die gefüllten Pfannkuchen auf vorgewärmten Tellern anrichten. Das Gemüse danebengeben und den Schnittknoblauchdip darum herumträufeln.

Gefüllte Paprikaschote »Delhi«
auf Tomatensauce

Für 4 Personen

Für die Paprikaschote:
4 große rote Paprikaschoten · Salz
200 g Hähnchenbrustfilet
½ Zwiebel
2 Knoblauchzehen
1 EL Ghee (siehe S. 72)
1 TL Ingwer (in feinen Würfeln)
200 g Lammhackfleisch
1 EL Tomatenmark
80 g Basmatireis
50 ml Hühnerbrühe
1–2 TL Garam Masala
mildes Chilipulver
1 EL flüssige Butter für die Form

Für die Gewürzsauce:
2 Knoblauchzehen
400 g passierte Tomaten (aus dem Tetrapak)
200 ml Hühnerbrühe
1 EL Ingwer (in feinen Würfeln)
Zimtrinde
Kardamomsamen aus der Mühle
gemahlener Koriander
mildes Chilisalz
20 g kalte Butter

1 Die Paprikaschoten längs halbieren, entkernen, waschen und in kochendem Salzwasser 5 Minuten blanchieren. Herausnehmen und abtropfen lassen. Das Hähnchenbrustfilet waschen, trocken tupfen und in Würfel schneiden. Mit einem großen Messer klein hacken. Die Zwiebel und den Knoblauch schälen und in feine Würfel schneiden.

2 Das Ghee in einer tiefen Pfanne erhitzen, die Zwiebel und den Knoblauch mit dem Ingwer darin andünsten. Das Hähnchen- und das Lammhackfleisch hinzufügen und anbraten, bis es eine helle Farbe angenommen hat. Das Tomatenmark unterrühren und kurz mitrösten. Den Reis dazugeben. Die Brühe angießen und mit Salz, Garam Masala und 1 Prise Chilipulver würzen. Die Hackfleischmasse in die Paprikahälften füllen und glatt streichen.

3 Für die Gewürzsauce den Knoblauch schälen und in feine Würfel schneiden. Die Tomaten mit der Brühe in einem Topf erhitzen, den Knoblauch und den Ingwer hinzufügen. Etwas Zimt darüberreiben, etwas Kardamom hineinmahlen und die Sauce mit 1 Prise Koriander sowie mit Chilisalz würzen.

4 Den Backofen auf 180 °C vorheizen. Eine ofenfeste Form mit der flüssigen Butter einfetten. Die Paprikaschoten so in die Form legen, dass sie auf der Fleischseite liegen. Die Gewürzsauce zwischen den Paprikaschoten verteilen und diese im Ofen auf der mittleren Schiene etwa 40 Minuten backen.

5 Die Paprikaschoten mit einem Pfannenwender vorsichtig aus der Form heben. Die Sauce in einen hohen Rührbecher geben und die kalte Butter mit dem Stabmixer unterrühren. Die Sauce gegebenenfalls nachwürzen und auf vorgewärmte Teller verteilen. Die gefüllten Paprikahälften darauflegen und servieren.

Mein Tipp

Die Paprikaschoten werden nicht im Ganzen gefüllt, sondern zuerst halbiert und dann mit der Füllung nach unten in der Sauce gegart, damit die Sauce das Fleischaroma optimal aufnehmen kann und sie einen kräftigen Geschmack bekommt. Wenn Sie die gefüllten Paprikahälften in die Form legen, arbeiten Sie am besten mit etwas Schwung, damit die Füllung nicht herausfällt.

Rotes Tomatencurry
mit Bratwürsteln, Orecchiette und grünen Sojabohnen

Für 4 Personen

120 g grüne Sojabohnen (tiefgekühlt; ersatzweise dicke grüne Bohnen)
200 g Datteltomaten
50 g Rucola
1 Stängel Zitronengras
4 Kaffir-Limettenblätter
2 Knoblauchzehen
¼ l Hühnerbrühe
¼ l Kokosmilch
1–2 TL rote Currypaste (siehe z. B. S. 90 oder S. 339)
1 TL flüssiger Palmzucker (siehe S. 95; ersatzweise brauner Zucker)
4 dünne Scheiben Ingwer
1½ EL Fischsauce
200 g Orecchiette (oder Spirelli bzw. Penne) · Salz
1–2 TL Erdnussöl
300 g Nürnberger Rostbratwürstchen

1 Die Sojabohnen auftauen lassen, auf einem Sieb abbrausen und abtropfen lassen. Die Tomaten waschen und halbieren. Den Rucola verlesen, waschen und trocken schleudern, grobe Stiele entfernen. Den Rucola klein schneiden.

2 Vom Zitronengras die welken Außenblätter und die obere, trockene Hälfte entfernen, die untere Hälfte längs halbieren. Die Kaffir-Limettenblätter mehrmals einreißen. Den Knoblauch schälen und in dünne Scheiben schneiden.

3 Die Brühe und die Kokosmilch in einen Topf geben. Currypaste, Palmzucker, Zitronengras, Kaffir-Limettenblätter, Knoblauch, Ingwer und die Fischsauce unterrühren und 5 Minuten ziehen lassen. Das Zitronengras, die Kaffir-Limettenblätter und den Ingwer wieder entfernen.

4 Die Orecchiette in kochendem Salzwasser nach Packungsanweisung bissfest garen.

5 Inzwischen das Öl in einer Pfanne erhitzen und die Rostbratwürstchen darin bei mittlerer Hitze auf beiden Seiten goldbraun braten. Auf Küchenpapier abtropfen lassen und schräg dritteln.

6 Die Orecchiette in ein Sieb abgießen, abtropfen lassen, zur Currysauce geben und darin erhitzen. Bohnen, Tomaten, Rucola und Würstchen dazugeben und ebenfalls kurz erhitzen. Gegebenenfalls etwas nachwürzen. Das Curry auf vorgewärmte tiefe Teller oder Schüsseln verteilen.

Mein Tipp

Junge grüne Sojabohnen sind bei uns fast ausschließlich in gut sortierten Asialäden erhältlich. Manchmal bekommt man sie frisch in der Hülse, doch sehr viel praktischer ist der Griff zu Tiefkühlware: Die schon geschälten und blanchierten Bohnenkerne müssen nach dem Auftauen nur noch kurz erhitzt werden. Falls bei Ihnen grüne Sojabohnen nicht erhältlich sind, können Sie das Gericht mit dicken grünen Bohnen zubereiten, die es tiefgekühlt in fast jedem Supermarkt gibt.

Kalbsnieren
in Sichuanpfeffersauce mit Zitronen-Kartoffel-Püree

Für 4 Personen

Für das Zitronen-Kartoffel-Püree:

1 kg mehligkochende Kartoffeln
Salz · ¼ l Milch
30 g kalte Butter
20 g braune Butter (siehe Tipp S. 147)
abgeriebene Schale von 1 Bio-Zitrone
mildes Chilisalz
frisch geriebene Muskatnuss

Für die Kalbsnieren:

3 Kalbsnieren (à ca. 180 g; küchenfertig)
1 EL Erdnussöl
4 EL helle Sojasauce
1–2 Knoblauchzehen
1 TL Speisestärke
3 TL Chinesische Gewürzpaste (siehe S. 339; ersatzweise 1 TL rote Currypaste und 1 Prise gemahlener Anis)
1 TL Dijon-Senf
1 EL Ingwer (in sehr feinen Streifen)
2 EL Pflaumenmus
2 Msp. Fünf-Gewürze-Pulver
Sichuanpfeffer aus der Mühle
60 g kalte Butter
1 EL helle Sesamsamen

1 Für das Zitronen-Kartoffel-Püree die Kartoffeln mit der Schale gründlich waschen und in Salzwasser weich garen. Die Kartoffeln abgießen und ausdampfen lassen. Möglichst heiß pellen und durch die Kartoffelpresse drücken. Die Milch erhitzen und mit einem Kochlöffel unterrühren. Die kalte und die braune Butter untermischen. Das Püree mit Zitronenschale, Chilisalz und Muskatnuss würzen.

2 Für die Kalbsnieren die Nieren waschen und mit Küchenpapier trocken tupfen. Mit einem scharfen Messer in die einzelnen »Röschen« schneiden und dabei größere Adern entfernen.

3 Das Öl in einer Pfanne erhitzen und die Nierenstücke darin bei mittlerer Hitze portionsweise anbraten, herausnehmen und warm halten.

4 Für die Sauce den Bratsatz mit 300 ml Wasser und der Sojasauce ablöschen. Den Knoblauch schälen und in feine Würfel schneiden. Die Speisestärke mit wenig kaltem Wasser glatt rühren und in die köchelnde Sauce rühren. Die Gewürzpaste, den Senf, den Knoblauch und den Ingwer einrühren und 30 Sekunden einköcheln lassen. Das Pflaumenmus unterrühren und die Sauce mit Fünf-Gewürze-Pulver und Sichuanpfeffer würzen.

5 Die Pfanne vom Herd nehmen und die kalte Butter in die Sauce rühren. Die Nieren darin erwärmen und 1 bis 2 Minuten rosa durchziehen lassen.

6 Den Sesam in einer Pfanne ohne Fett anrösten. Die Nieren mit der Sichuanpfeffersauce auf vorgewärmte Teller verteilen und mit dem Sesam bestreuen. Das Kartoffelpüree daneben anrichten.

Mein Tipp

Für ein Kartoffel-Sellerie-Püree bereiten Sie aus nur 500 g Kartoffeln, wie oben im Rezept beschrieben, ein Kartoffelpüree zu. Parallel dazu 500 g Knollensellerie putzen, schälen, in Würfel schneiden und in Salzwasser weich garen. Den abgegossenen Sellerie im Blitzhacker pürieren und unter die Kartoffeln mischen.

Geschnetzelte Kalbsleber
in Sojamarinade auf Sesamspinat

Für 4 Personen

Für die Kalbsleber:
500 g Kalbsleber
4 EL helle Sojasauce
2 EL Speisestärke
1 EL Erdnussöl
1 TL Knoblauch-Ingwer-Paste (siehe S. 339 oder Tipp S. 201)
¼ Peperoni (in feinen Würfeln)
50 ml Hühnerbrühe
80 g Sahne
½ TL Vietnamesische Gewürzmischung (aus dem Gewürzladen oder siehe Tipp S. 232)

Für den Sesamspinat:
2 Schalotten
500 g junger Blattspinat
30 g kalte Butter
1 EL helle Sojasauce
1 TL Fischsauce
1–2 TL Knoblauch-Ingwer-Paste
Pfeffer aus der Mühle
1–2 TL helle Sesamsamen
1 TL geröstetes Sesamöl

1 Für die Kalbsleber die Leber putzen, waschen und trocken tupfen. In 6 bis 8 mm dicke Streifen schneiden. Die Sojasauce und die Speisestärke in einem tiefen Teller mischen und die Leberstreifen darin wenden.

2 Das Öl in einer großen Pfanne erhitzen und die Leberstreifen darin bei mittlerer Hitze 2 bis 3 Minuten anbraten, dabei gelegentlich umrühren. Die Knoblauch-Ingwer-Paste und die Peperoni dazugeben und kurz mitbraten. Mit der Brühe ablöschen. Die Sahne hinzufügen und das Geschnetzelte mit der Gewürzmischung würzen.

3 Für den Sesamspinat die Schalotten schälen und in feine Würfel schneiden. Den Spinat verlesen, gründlich waschen und trocken schleudern. In einer großen tiefen Pfanne 1 EL Butter erhitzen und die Schalottenwürfel darin bei mittlerer Hitze glasig dünsten. Die Sojasauce, die Fischsauce und die Knoblauch-Ingwer-Paste hinzufügen und mit Pfeffer würzen. Die Spinatblätter dazugeben und etwa 2 Minuten dünsten, bis sie zusammenfallen.

4 Den Sesam in einer Pfanne ohne Fett anrösten. Die restliche Butter zum Spinat geben und darin schmelzen lassen. Den Spinat mit Pfeffer und Sesamöl abschmecken. Den Sesamspinat auf vorgewärmte Teller verteilen, mit den Sesamsamen bestreuen und die geschnetzelte Leber darauf anrichten.

Mein Tipp

Sojasauce wird durch Fermentation aus Sojabohnen und Getreide hergestellt. Dabei entwickelt sich »umami«, neben süß, salzig, bitter und sauer der so genannte fünfte Geschmack, der den besonderen Charakter von Sojasauce ausmacht. Im Handel sind unterschiedliche Saucen im Angebot, im Gegensatz zu den dunklen sind die hellen Sojasaucen leichter und wesentlich weniger salzig.

Kalbsschnitzel in Pankopanade
mit Chinakohl-Anis-Salat

FÜR 4 PERSONEN

Für den Chinakohl-Anis-Salat:
1 kleiner Chinakohl (ca. 350 g)
1 rote Paprikaschote
1 TL Anissamen
je 1 EL Kerbelblätter und Koriandergrün (frisch geschnitten)
80 ml Gemüsebrühe
1 EL Fischsauce
1 EL helle Sojasauce
½ TL geriebener Ingwer
2 EL Reisessig (ersatzweise Balsamico bianco)
milde Chiliflocken
Zucker
2 EL Öl

Für die Kalbsschnitzel:
8 dünne Kalbsschnitzel (à 60 g; aus der Oberschale)
Öl zum Klopfen
100 g Weißbrotbrösel
50 g Pankomehl (siehe Tipp)
4 EL helle Sojasauce
2 EL Speisestärke
5–6 EL Erdnussöl
Saft von ½ Limette

1 Für den Chinakohl-Anis-Salat den Chinakohl putzen, waschen, trocken schleudern und in ½ cm breite Streifen schneiden. Die Paprikaschote längs halbieren, entkernen, waschen und in Würfel schneiden. Den Anis in einer Pfanne ohne Fett rösten, bis er zu duften beginnt. Chinakohl, Paprika, Anis, Kerbel und Koriander mischen.

2 Für die Marinade Brühe, Fischsauce, Sojasauce, Ingwer, Essig sowie je 1 Prise Chiliflocken und Zucker in einen hohen Rührbecher geben und das Öl mit dem Stabmixer unterrühren.

3 Für die Kalbsschnitzel den Backofen auf 80 °C vorheizen. Die Kalbsschnitzel zwischen zwei Lagen geölter Frischhaltefolie mit der flachen Seite des Schnitzelklopfers etwas flacher klopfen. Die Weißbrotbrösel und den Panko in einem tiefen Teller mischen. Die Sojasauce und die Speisestärke in einen tiefen Teller geben und verrühren. Die Kalbsschnitzel zuerst durch die Sojasauce-Stärke-Mischung ziehen und anschließend in der Bröselmischung wenden, dabei die Brösel leicht andrücken.

4 Das Öl in einer großen Pfanne erhitzen und die Schnitzel darin portionsweise bei mittlerer Hitze auf beiden Seiten goldbraun braten. Aus der Pfanne nehmen und auf Küchenpapier abtropfen lassen. Fertige Schnitzel bis zum Servieren im Ofen warm halten.

5 Den Salat mit der Marinade mischen. Die Kalbsschnitzel auf Tellern anrichten, mit Limettensaft beträufeln und etwas Chinakohl-Anis-Salat danebengeben.

Mein Tipp

Panko wird aus getrockneter, gehäckselter Weißbrotkrume hergestellt und hat eine sehr lockere Konsistenz. Er wird beim Ausbacken besonders knusprig. Man erhält Panko im Asialaden, aber auch in großen, gut sortierten Supermärkten. Damit sich die Schnitzel optimal panieren lassen, ist eine Mischung aus Weißbrotbröseln und Panko ideal.

Gefüllte Kalbsbrust
in Kokos-Zitronengras-Sauce

Für 4–6 Personen

Für die Füllung:

2 EL Mungobohnen
1 EL Mu-Err-Pilze
je 1 EL Mandeln und Cashewnüsse
125 g Toastbrot (entrindet)
½ kleine Zwiebel
1 EL Butter
1 TL rote Currypaste (siehe z.B. S. 90 oder S. 339)
100 ml Milch
2 Eier
1 EL Koriandergrün (frisch geschnitten)
Salz
Pfeffer aus der Mühle
frisch geriebene Muskatnuss

Für die Kalbsbrust:

1 ½ kg Milchkalbsbrust
Salz · Pfeffer aus der Mühle
1 EL Öl
350 ml Hühnerbrühe

Für die Kokos-Zitronengras-Sauce:

350 ml Kokosmilch
1–2 TL rote Currypaste
1 TL flüssiger Palmzucker (siehe S. 95; ersatzweise brauner Zucker)
1 EL Speisestärke
1 Stängel Zitronengras
3–4 Kaffir-Limettenblätter
2 Knoblauchzehen
1–2 TL Galgant (in feinen Würfeln; ersatzweise Ingwer)
1 TL Fischsauce
30 g kalte Butter

1 Für die Füllung die Mungobohnen in reichlich lauwarmem Wasser etwa 4 Stunden einweichen. Dann abgießen und in kochendem Wasser etwa 45 Minuten weich garen. Abgießen und abtropfen lassen. Die Mu-Err-Pilze in Wasser etwa 10 Minuten köcheln lassen. In ein Sieb abgießen, abkühlen lassen und klein schneiden.

2 Die Mandeln und Cashewnüsse grob hacken und in einer Pfanne ohne Fett hell rösten. Das Toastbrot in Würfel schneiden und in eine Schüssel geben. Die Zwiebel schälen und in feine Würfel schneiden.

3 Die Butter in einer Pfanne erhitzen, die Zwiebelwürfel darin glasig dünsten und die Currypaste hineinrühren. Die Milch aufkochen. Die Eier in einer Schüssel verquirlen, die heiße Milch langsam dazugießen und mit den Eiern verrühren. Die Eiermilch über das Toastbrot gießen und mit Mungobohnen, Pilzen, Mandeln, Cashewnüssen, Zwiebel und Koriander mischen. Die Brotmasse mit Salz, Pfeffer und Muskatnuss würzen.

4 Für die Kalbsbrust den Backofen auf 150 °C vorheizen. In die Kalbsbrust mit einem scharfen Messer eine Tasche einschneiden und innen mit Salz und Pfeffer würzen. Die Kalbsbrust mit der Brotmasse füllen und die offene Seite mit Rouladennadeln verschließen oder mit Küchengarn zunähen.

5 Das Öl in einer Pfanne erhitzen und die Kalbsbrust darin bei mittlerer Hitze rundum anbraten. Die Brühe in einen Bräter geben. Die Kalbsbrust hineinsetzen und im Ofen auf der mittleren Schiene 3 bis 3 ½ Stunden schmoren. Dabei mehrmals mit der Brühe übergießen.

6 Für die Kokos-Zitronengras-Sauce vom Schmorsud ⅛ l abnehmen und in einem Topf mit Kokosmilch, Currypaste und Palmzucker erhitzen. Die Speisestärke mit wenig kaltem Wasser glatt rühren, in die köchelnde Sauce rühren und weiterköcheln lassen, bis diese sämig bindet.

7 Vom Zitronengras die welken Außenblätter und die obere, trockene Hälfte entfernen, die untere Hälfte längs halbieren. Die Kaffir-Limettenblätter mehrmals einreißen. Den Knoblauch schälen und in dünne Scheiben schneiden. Zitronengras, Limettenblätter, Knoblauch und Galgant zur Sauce geben. Die Fischsauce unterrühren und alles knapp unter dem Siedepunkt 5 bis 10 Minuten ziehen lassen. Zitronengras und Limettenblätter entfernen. Die kalte Butter mit dem Stabmixer unter die Sauce rühren.

8 Die Kalbsbrust in Scheiben schneiden, auf Teller verteilen und die Sauce darübergeben. Dazu passt gedämpftes oder gedünstetes Gemüse.

Mariniertes Rinderfilet
auf Zitronengrasspießen mit Lauch-Champignon-Salat

FÜR 4 PERSONEN

Für das Rinderfilet:
12 Stängel Zitronengras
2 EL Fischsauce
4 EL Orangensaft
2 TL Honig
Fünf-Gewürze-Pulver
Limettensaft
1 dickes Stück Rinderfilet (Mittelstück; ca. 800 g)
2 EL Erdnussöl
3 EL helle Sojasauce
60 g kalte Butter

Für den Lauch-Champignon-Salat:
½ rote Peperoni
1 dünne Stange Lauch
Salz · 150 g Champignons
50 ml Gemüsebrühe
1 EL Limettensaft
abgeriebene Schale von 1 Bio-Limette
½ TL Dijon-Senf
1 EL mildes Olivenöl
Pfeffer aus der Mühle
Zucker

1 Am Vortag für das Rinderfilet von 4 Zitronengrasstängeln die welken Außenblätter und die obere, trockene Hälfte entfernen, die untere Hälfte fein hacken. Mit der Fischsauce, dem Orangensaft und dem Honig mischen und mit ½ TL Fünf-Gewürze-Pulver sowie 2 Spritzern Limettensaft abschmecken.

2 Das Rinderfilet quer halbieren und längs vierteln, sodass 8 längliche Fleischstücke entstehen. Die Fleischstücke in der Marinade wenden und zugedeckt über Nacht im Kühlschrank marinieren lassen, dabei gelegentlich wenden.

3 Am nächsten Tag den Backofen auf 100 °C vorheizen. Die restlichen Zitronengrasstängel waschen, trocken tupfen und mit einem scharfen Messer am Strunk etwas anspitzen. Die Fleischstücke aus der Marinade nehmen und auf die Zitronengrasstängel stecken. Die überstehenden Zitronengrasenden etwas abschneiden.

4 Das Öl in einer ofenfesten Pfanne erhitzen und die Fleischspieße darin bei mittlerer Hitze rundum kurz anbraten. Im Ofen auf der mittleren Schiene etwa 40 Minuten rosa durchziehen lassen.

5 Für den Lauch-Champignon-Salat die Peperoni entkernen, waschen und längs in dünne Streifen schneiden. Die Streifen 15 Minuten in ein Schälchen mit kaltem Wasser legen und anschließend abgießen.

6 Den Lauch putzen, waschen, längs halbieren und schräg in 1 cm breite Streifen schneiden. In kochendem Salzwasser 3 bis 4 Minuten blanchieren, kalt abschrecken und abtropfen lassen. Die Champignons putzen, falls nötig, trocken abreiben und in dünne Scheiben schneiden.

7 Die Brühe mit Limettensaft, -schale, Senf und Olivenöl verrühren und mit Salz, Pfeffer und 1 Prise Zucker abschmecken. Lauch und Peperonistreifen mit dem Dressing mischen, zuletzt die Champignons dazugeben und, falls nötig, noch etwas nachwürzen.

8 Für das Rinderfilet die Sojasauce in einer Pfanne erhitzen, die Butter hineingeben und darin unter Rühren schmelzen lassen. Mit ½ TL Fünf-Gewürze-Pulver würzen und die Spieße darin rundum glasieren.

9 Den Salat auf vorgewärmte Teller verteilen und die Zitronengrasspieße darauf anrichten. Nach Belieben mit Kräuterblättern garnieren.

Rinderlendenstreifen mit Chiliflocken
und Paprika-Koriander-Gemüse

Für 4 Personen

300 g weißer Rettich · Salz
150 g Zuckerschoten
2 rote Paprikaschoten
500 g Rinderlende
5 EL Sojasauce
20 g Speisestärke
1 EL Erdnussöl
75 ml Hühnerbrühe
1 EL Fischsauce
1 TL Vietnamesische Gewürzpaste (siehe S. 339; ersatzweise ½ TL Gewürzmischung siehe Tipp S. 232)
1 TL Knoblauch-Ingwer-Paste (siehe S. 339 oder Tipp S. 201)
milde Chiliflocken
40 g kalte Butter
1–2 EL Koriandergrün (frisch geschnitten)

1 Den Rettich putzen, schälen und in 6 bis 8 mm dicke und 6 bis 7 cm lange Stifte schneiden. Mit Salz bestreuen und 15 Minuten ziehen lassen. Auf einem Sieb kalt abbrausen und abtropfen lassen.

2 Die Zuckerschoten putzen, schräg halbieren und in kochendem Salzwasser 2 Minuten blanchieren. In ein Sieb abgießen, kalt abschrecken und abtropfen lassen. Die Paprikaschoten längs halbieren, entkernen, waschen und mit dem Sparschäler schälen. Die Paprikaschoten längs in etwa 1 cm breite Streifen schneiden und diese halbieren.

3 Die Rinderlende in etwa 1 cm dicke Scheiben, dann in etwa 1 cm breite Streifen schneiden. Die Sojasauce und die Speisestärke in einem tiefen Teller verrühren und die Fleischstreifen darin wenden. Das Öl in einer großen tiefen Pfanne erhitzen und das Fleisch darin bei mittlerer Hitze rundum 3 bis 4 Minuten anbraten. Aus der Pfanne nehmen.

4 Den Bratsatz mit der Brühe ablöschen. Fischsauce, Gewürzpaste, Knoblauch-Ingwer-Paste, 1 Prise Chiliflocken und die Paprikastücke dazugeben und mit geschlossenem Deckel 3 Minuten dünsten. Die Paprika offen weitere 2 Minuten dünsten, bis die Flüssigkeit fast verkocht ist. Den Rettich und die Zuckerschoten hinzufügen und erhitzen. Die kalte Butter und die Rindfleischstreifen unterrühren und kurz erhitzen. Den Koriander dazugeben und gegebenenfalls nachwürzen.

5 Die Rinderlendenstreifen mit dem Paprika-Koriander-Gemüse auf vorgewärmten Tellern anrichten. Dazu passt Reis.

Mein Tipp

Rettich spielt in der vietnamesischen Küche eine große Rolle und wird gern und oft gegessen, z.B. auch in Form von süßsauren Pickles (siehe Rezept S. 103). Rettich wird durch das Salzen gewissermaßen »vorgegart« – er verliert Wasser, wird weicher, milder und muss nicht mehr blanchiert werden. Es reicht, wenn man ihn nur noch kurz erhitzt.

»Bayern meets Bangkok«
Weißwurstgröstl auf Thaicurry

Für 4 Personen

Für das Weißwurstgröstl:
500 g festkochende Kartoffeln
Salz
4 Frühlingszwiebeln
8 Weißwürste
2 EL Öl

Für das Thaicurry:
3 Kaffir-Limettenblätter
2 Stängel Zitronengras
2 Knoblauchzehen
400 ml Kokosmilch
2 TL rote Currypaste (siehe z. B. S. 90 oder S. 339)
1 TL brauner Zucker
4 Scheiben Ingwer (oder Galgant)
Salz

1 Für das Weißwurstgröstl die Kartoffeln in Salzwasser weich garen. Die Kartoffeln abgießen, möglichst heiß pellen und auskühlen lassen. Die Kartoffeln in 1 bis 1 ½ cm große Würfel schneiden. Die Frühlingszwiebeln putzen, waschen und in Ringe schneiden. Die Weißwürste pellen und in etwa 1 ½ cm dicke Scheiben schneiden.

2 In einer Pfanne 1 EL Öl erhitzen und die Kartoffeln darin bei mittlerer Hitze rundum anbraten, die Frühlingszwiebeln dazugeben und mit Salz würzen. Das restliche Öl in einer Pfanne erhitzen und die Weißwurstscheiben darin bei mittlerer Hitze auf beiden Seiten anbraten. Mit den Kartoffeln mischen und warm halten.

3 Für das Thaicurry die Kaffir-Limettenblätter mehrmals einreißen. Vom Zitronengras die welken Außenblätter und die obere, trockene Hälfte entfernen, die untere Hälfte längs halbieren. Den Knoblauch schälen und in Scheiben schneiden.

4 Die Kokosmilch und die Currypaste in einem Topf verrühren. Den Zucker, Kaffir-Limettenblätter, Zitronengras, Knoblauch und Ingwer hinzufügen und alles langsam bis knapp unter den Siedepunkt erhitzen. Einige Minuten ziehen, aber nicht kochen lassen und durch ein Sieb gießen. Die Sauce mit Salz abschmecken.

5 Das Thaicurry auf vorgewärmte tiefe Teller verteilen und das Weißwurstgröstl mittig darauf anrichten.

Mein Tipp

Hier werden die Weißwürste nicht in Wasser erwärmt, sondern kalt gepellt, in Scheiben geschnitten und kurz gebraten. Damit die Weißwurstscheiben dabei auch schön saftig bleiben, sollte man sie nicht zu dünn schneiden und nur so lange braten, bis sie leicht Farbe angenommen haben.

Glasiertes Rinderfilet
auf Wokgemüse

Für 4 Personen

Für das Wokgemüse:
1 Karotte
1 weiße Zwiebel
2 Stangen Staudensellerie (mit Grün)
1 rote Spitzpaprika
60 g Mini-Maiskolben
60 g grüne Bohnen · Salz
2 runde Mini-Auberginen (à ca. 40 g)
60 g Bambushälften (aus der Dose)
1 Handvoll Mungobohnensprossen
2 Knoblauchzehen
1 EL Erdnussöl
200 ml Gemüsebrühe
5 dünne Scheiben Ingwer
1–2 EL helle Sojasauce
1 EL Fischsauce
2 EL chinesischer Reiswein
2 TL Speisestärke
mildes Chilisalz
6 Stiele Koriander

Für das Rinderfilet:
1 TL Erdnussöl
500 g Rinderfiletsteaks (ca. 1 cm dick)
1 EL helle Sojasauce
1 Stängel Zitronengras (längs und quer halbiert)
1 TL rote Currypaste (siehe z.B. S. 90 oder S. 339)
1 Knoblauchzehe (in feinen Würfeln)
1 TL Ingwer (in feinen Würfeln)
40 g kalte Butter

1 Für das Wokgemüse die Karotte putzen, schälen und in dünne Scheiben schneiden oder hobeln. Die Zwiebel schälen und in 2 cm große Würfel schneiden. Den Sellerie putzen, waschen und schräg in ½ cm breite Stücke schneiden, das Grün beiseitelegen. Die Paprikaschote längs halbieren, entkernen, waschen und in 2 cm große Stücke schneiden. Die Mini-Maiskolben waschen und längs halbieren.

2 Die Bohnen putzen, waschen und in 3 cm lange Stücke schneiden. In kochendem Salzwasser etwa 8 Minuten bissfest garen. In ein Sieb abgießen, kalt abschrecken und abtropfen lassen. Die Mini-Auberginen putzen, waschen und in Spalten schneiden. Die Bambushälften in ein Sieb abgießen, abtropfen lassen und in breite Streifen schneiden. Die Mungobohnensprossen auf einem Sieb abbrausen und abtropfen lassen. Den Knoblauch schälen und in dünne Scheiben schneiden.

3 Das Öl im Wok oder in einer großen tiefen Pfanne erhitzen und die Karotte, die Zwiebel, den Sellerie, die Paprika und die Auberginen darin bei mittlerer Hitze unter Rühren 2 Minuten andünsten. Den Mais hinzufügen und die Brühe angießen. Knoblauch, Ingwer, Sojasauce, Fischsauce und Reiswein unterrühren.

4 Die Speisestärke mit wenig kaltem Wasser glatt rühren. Das Gemüse an die Seite schieben, die Speisestärke in den Fond rühren, und köcheln lassen, bis dieser leicht sämig bindet. Das Gemüse darin wenden. Die Bohnen, Mungobohnensprossen und Bambusstreifen miterhitzen. Das Gemüse mit Chilisalz würzen. Den Koriander waschen und trocken schütteln. Einige Blätter für die Garnitur beiseitelegen, den Rest mit den Stielen klein schneiden und unter das Gemüse rühren. Falls nötig, nachwürzen.

5 Für das Rinderfilet eine Pfanne bei milder Temperatur erhitzen und den Pfannenboden mit dem Öl einpinseln. Die Steaks darin 1 bis 2 Minuten anbraten, bis sie sich nach oben wölben und sich an der Oberfläche Fleischsaftperlen bilden. Die Filets wenden und weiterbraten, bis sie sich erneut wölben und Fleischsaft austritt.

6 Die Steaks aus der Pfanne nehmen. Den Bratsatz mit der Sojasauce und 100 ml Wasser ablöschen. Das Zitronengras, die Currypaste, den Knoblauch und den Ingwer unterrühren und den Sud 30 Sekunden einköcheln lassen. Die Pfanne vom Herd nehmen, das Zitronengras entfernen und die kalte Butter unterrühren. Die Steaks darin wenden.

7 Das Gemüse auf Teller verteilen, die Steaks daneben anrichten und mit den beiseitegelegten Sellerie- und Korianderblättern garnieren.

Geschmortes Lammhaxerl
mit Ingwerreis

FÜR 4 PERSONEN

Für die Lammhaxerl:

2 Zwiebeln
4 Knoblauchzehen
4 Lammhaxen (à 300 g)
1 TL Ghee (siehe S. 72)
1 EL Ingwer (in feinen Würfeln)
1 EL Tomatenmark
250 g passierte Tomaten (aus dem Tetrapak)
½ l Hühnerbrühe
2 TL Indische Gewürzpaste (siehe S. 339; ersatzweise mildes Currypulver)
20 g kalte Butter
mildes Chilisalz

Für den Ingwerreis:

30 g Ingwer
150 g Basmatireis

1 Für die Lammhaxerl die Zwiebeln und den Knoblauch schälen und in feine Würfel schneiden. Die Lammhaxen waschen, trocken tupfen und, falls nötig, von Fett und Sehnen befreien. Das Ghee in einem Schmortopf erhitzen und das Fleisch darin rundum anbraten. Herausnehmen und beiseitestellen.

2 Die Zwiebeln, den Knoblauch und den Ingwer im Bratsatz etwa 5 Minuten goldbraun andünsten. Das Tomatenmark hineinrühren und kurz mitrösten. Die passierten Tomaten dazugeben und erhitzen. Die Brühe angießen. Das Fleisch wieder hineinlegen und knapp unter dem Siedepunkt etwa 3 ½ Stunden schmoren. Dabei den Topfdeckel so auflegen, dass ein Spalt offen bleibt.

3 Die Lammhaxen herausnehmen und die Gewürzpaste in die Sauce rühren. Die kalte Butter dazugeben und mit Chilisalz würzen. Das Fleisch wieder dazugeben und warm halten.

4 Für den Ingwerreis den Ingwer schälen und in sehr feine Streifen schneiden. Den Reis auf einem Sieb unter fließendem kaltem Wasser waschen, bis dieses klar abläuft, abtropfen lassen und in einen Topf geben. Mit 300 ml Wasser und dem Ingwer aufkochen und mit geschlossenem Deckel bei milder Hitze 15 Minuten quellen lassen.

5 Die Lammhaxerl mit der Sauce auf Teller verteilen und den Ingwerreis dazu anrichten. Dazu passt gedünstetes Gemüse oder ein grüner Salat.

Mein Tipp

Lammhaxerl sind ein klassisches Schmorfleisch, das einige Stunden garen muss. Ob sie lange genug geschmort haben, kann man prüfen, indem man mit einer Gabel in das Fleisch sticht. Wenn sich die Gabel wieder leicht herausziehen lässt, sind die Haxen fertig.

Indischer Lamm-Kartoffel-Auflauf
mit grünen Erbsen

FÜR 4 PERSONEN

Für das Kartoffelpüree:
750 g mehligkochende Kartoffeln
Salz
175 ml Milch
1 Ei
20 g braune Butter (siehe Tipp S. 147)
40 g flüssige Butter
1 TL Garam Masala

Für das Fleisch:
1 ½ Zwiebeln
1 EL Öl
je 300 g Lamm- und Schweinehackfleisch
1 ½ EL Tomatenmark
300 g stückige Tomaten (aus der Dose)
300 ml Hühnerbrühe
2 Lorbeerblätter
3 Knoblauchzehen
150 g grüne Erbsen (tiefgekühlt)
2 TL Ingwer (in feinen Würfeln)
2 TL Indische Gewürzpaste (siehe S. 339; ersatzweise mildes Currypulver)
Salz · Zucker
mildes Chilipulver

1 Für das Kartoffelpüree die Kartoffeln gründlich waschen und mit der Schale in Salzwasser weich garen. Die Kartoffeln abgießen und ausdampfen lassen. Möglichst heiß pellen und durch die Kartoffelpresse drücken.

2 Die Milch erhitzen und mit dem Ei in einen hohen Rührbecher geben. Mit dem Stabmixer pürieren und mit dem Teigschaber unter die Kartoffelmasse rühren. Die braune Butter und 1 EL flüssige Butter untermischen. Die Kartoffelmasse mit Salz und dem Garam Masala würzen.

3 Für das Fleisch die Zwiebeln schälen und in feine Würfel schneiden. Das Öl in einem großen Topf erhitzen und die Zwiebeln darin bei mittlerer Hitze glasig dünsten. Beide Hackfleischsorten dazugeben und darin kurz anbraten, bis es eine helle Farbe angenommen hat. Das Tomatenmark unterrühren und kurz mitrösten. Die stückigen Tomaten, die Brühe und die Lorbeerblätter dazugeben und etwa 20 Minuten köcheln lassen, bis eine sämige Hackfleischsauce entstanden ist.

4 Am Ende der Garzeit den Knoblauch schälen und in feine Würfel schneiden. Die Erbsen, den Knoblauch, den Ingwer und die Gewürzpaste unter die Sauce rühren und mit Salz, Zucker und 1 Prise Chilipulver abschmecken. Die Lorbeerblätter entfernen.

5 Den Backofen auf 175 °C vorheizen. Die heiße Hackfleischmasse in einer großen ofenfesten Form verteilen. Das Kartoffelpüree daraufstreichen und den Auflauf im Ofen auf der mittleren Schiene etwa 40 Minuten backen. Die Kartoffelschicht mit der restlichen flüssigen Butter bepinseln.

6 Den Backofengrill einschalten und den Auflauf weitere 2 bis 3 Minuten goldbraun backen. Den Lamm-Kartoffel-Auflauf aus dem Ofen nehmen und auf Teller verteilen. Dazu passt Kurkuma-Krautsalat (siehe S. 138).

Mein Tipp

Es ist wichtig, dass die Fleischmasse einige Zeit einköchelt, damit sie relativ kompakt wird und man die Kartoffelmasse später gut daraufstreichen kann.

Lammkarree
auf würziger Auberginensauce mit Kokos-Joghurt

Für 4 Personen

Für die Auberginensauce:
1 große Aubergine
5 Eiswürfel
2 EL Kokosmilch
40 g braunes Mandelmus (ungewürzt; aus dem Reformhaus)
Salz
¼ TL gemahlener Kreuzkümmel
¼ TL gemahlener Kardamom
1 Msp. geriebener Ingwer
1 Msp. geriebener Knoblauch
1 Msp. geräuchertes Paprikapulver (z.B. Piment La Vera picante)
1 Spritzer Zitronensaft

Für das Lammkarree:
2 Lammkarrees (à 300–350 g)
1 EL Ghee (siehe S. 72; ersatzweise braune Butter)
mildes Chilisalz

Für den Kokos-Joghurt:
150 g Naturjoghurt
2–3 EL Kokosmilch
½ TL Zitronensaft
Salz · Pfeffer aus der Mühle
Zucker

1 Für die Auberginensauce den Backofen auf 180 °C vorheizen. Die Aubergine putzen, waschen und mit einem Messer rundum mehrmals einstechen. Die Aubergine auf ein Backblech legen und im Ofen auf der mittleren Schiene etwa 30 Minuten backen.

2 Den Backofengrill einschalten und die Aubergine weitere 20 Minuten schwarz rösten, dabei gelegentlich wenden. Die Aubergine herausnehmen und 20 bis 30 Minuten abkühlen lassen, dann die Haut mit einem Messer abziehen und das weiche Fruchtfleisch auf einem Sieb abtropfen lassen. Vollständig abkühlen lassen.

3 Inzwischen für das Lammkarree den Backofen auf 100 °C vorheizen. Ein Ofengitter auf die mittlere Schiene und darunter ein Abtropfblech schieben. Die Lammkarrees waschen und trocken tupfen. Das Ghee in einer Pfanne erhitzen und das Fleisch darin bei mittlerer Hitze rundum anbraten. Aus der Pfanne nehmen und auf dem Gitter im Ofen etwa 50 bis 60 Minuten rosa durchziehen lassen.

4 Das Auberginenfruchtfleisch mit den Eiswürfeln in einem hohen Rührbecher mit dem Stabmixer fein pürieren. Die Kokosmilch und das Mandelmus verrühren, zur Aubergine geben und alles zu einer feinen Paste mixen. Mit Salz, Kreuzkümmel, Kardamom, Ingwer, Knoblauch, Paprikapulver und Zitronensaft würzen.

5 Inzwischen für den Kokos-Joghurt den Joghurt und die Kokosmilch glatt rühren. Mit Zitronensaft, Salz, Pfeffer und 1 Prise Zucker würzen und in einen Spritzbeutel mit kleiner Lochtülle füllen.

6 Die Lammkarrees aus dem Ofen nehmen und mit Chilisalz würzen. Die Auberginensauce auf vier vorgewärmten Tellern flach verteilen. Den Kokos-Joghurt gitterförmig daraufspritzen. Das Lammkarree in Scheiben schneiden und darauf anrichten. Nach Belieben mit Korianderblättern garnieren. Dazu passt Naan (siehe S. 141).

Geflügel & Wild

Bayerisches Backhendl
auf thailändischem Kartoffelsalat

FÜR 4 PERSONEN

Für den Kartoffelsalat:
1 kg festkochende Kartoffeln
Salz
1 Bund Thai-Spargel
½ Bund Thai-Frühlingszwiebeln
350 ml Hühnerbrühe
1 TL grüne Currypaste (siehe S. 90)
3 EL Weißweinessig
1 TL Dijon-Senf
½ TL geriebener Ingwer
1 TL abgeriebene Bio-Limettenschale
1 TL Zucker
30 g braune Butter (siehe Tipp S. 147)
1 EL Koriandergrün (frisch geschnitten)
einige Kräuterblätter zum Garnieren (z.B. Minze, Langer Koriander, Thai-Basilikum)

Für das Backhendl:
150 g Naturjoghurt
1 EL Brathendlgewürz (ersatzweise ¼ TL Salz, je 1 Prise Chiliflocken, Knoblauch- und Paprikapulver (edelsüß), gemahlene Fenchelsamen und Korianderkörner, getrockneter Oregano und Rosmarin) · Salz
4 Hähnchenbrustfilets (à 150 g)
150 g Weißbrotbrösel
ca. 150 ml Erdnussöl zum Braten

1 Für den Kartoffelsalat die Kartoffeln mit der Schale gründlich waschen und in Salzwasser weich garen. Die Kartoffeln abgießen, ausdampfen lassen und möglichst heiß pellen. In dünne Scheiben schneiden, in eine Schüssel geben und noch heiß weiterverarbeiten.

2 Inzwischen für die Marinade den Spargel waschen, die holzige Enden, falls nötig, abschneiden und den Spargel schräg in etwa 2½ cm lange Stücke schneiden. Die Frühlingszwiebeln putzen, waschen und schräg in 2½ cm lange Stücke schneiden.

3 Die Brühe in einem Topf erhitzen, den Spargel und das Weiße der Frühlingszwiebeln darin knapp unter dem Siedepunkt 2 bis 3 Minuten garen. Das Frühlingszwiebelgrün hinzufügen und kurz erhitzen. In ein Sieb abgießen, dabei die Brühe in einem Topf auffangen. Das Gemüse kalt abschrecken und abtropfen lassen.

4 Die Currypaste in der Brühe erhitzen, mit Essig, Senf und Ingwer verrühren. Die Brühe mit Limettenschale, Salz und Zucker würzen. Eine Handvoll gegarte Kartoffeln mit dem Stabmixer untermixen. Die Marinade nach und nach unter die restlichen heißen Kartoffelscheiben mischen, bis die Flüssigkeit vollständig gebunden ist. Die braune Butter unterrühren. Den Spargel und die Frühlingszwiebeln mit dem Koriandergrün untermischen und 10 Minuten ziehen lassen. Gegebenenfalls nachwürzen.

5 Für das Backhendl den Joghurt mit der Gewürzmischung glatt rühren und mit Salz abschmecken. Die Hähnchenbrustfilets waschen, trocken tupfen und schräg in je 3 bis 4 Stücke schneiden. Mit dem Joghurt mischen. Die Weißbrotbrösel in einen tiefen Teller geben und die Hähnchenstücke darin wenden, dabei die Panade nicht zu fest andrücken.

6 Das Öl in einer Pfanne fingerbreit erhitzen und die Fleischstücke darin bei mittlerer Hitze auf jeder Seite etwa 3 Minuten knusprig goldbraun braten. Herausnehmen und auf Küchenpapier abtropfen lassen. Die Brathendlstücke auf Teller verteilen. Den Kartoffelsalat dazu anrichten und mit Kräuterblättern garnieren.

Gefüllte Hendlbrust
auf Spinat mit Cashewkernen

FÜR 4 PERSONEN

Für die gefüllte Hendlbrust:
1 Scheibe Toastbrot
20 g Butter
60 g Shiitake-Pilze
2 EL Zwiebeln (in feinen Würfeln)
1 TL mildes Currypulver
mildes Chilisalz
1 Ei
2 TL Koriandergrün (frisch geschnitten)
4 Hähnchenbrustfilets (à 150 g; mit Haut)
1 EL Ghee (siehe S. 72; ersatzweise braune Butter)
70 ml Hühnerbrühe
1 Knoblauchzehe (in Scheiben)
3 Scheiben Ingwer
1 TL mildes Currypulver
30 g kalte Butter

Für den Spinat:
1 rote Paprikaschote
500 g Blattspinat
50 g Cashewkerne
75 ml Hühnerbrühe
1 große Knoblauchzehe
1 TL Tandoori-Gewürzpaste (siehe z. B. S. 339)
1 TL geriebener Ingwer
40 g kalte Butter
1 EL Ghee (ersatzweise braune Butter)
mildes Chilisalz

1 Für die gefüllte Hendlbrust das Toastbrot in kleine Würfel schneiden. In einer Pfanne 1 EL Butter erhitzen und die Brotwürfel darin goldbraun anrösten.

2 Die Shiitake-Pilze putzen und fein hacken. In einer Pfanne 1 TL Butter erhitzen und die Pilze mit den Zwiebeln darin bei mittlerer Hitze 2 bis 3 Minuten andünsten. Mit dem Currypulver und Chilisalz würzen.

3 Eine kleine Pfanne sanft erhitzen. Die restliche Butter darin zerlassen und das Ei darin unter Rühren mit einem Teigschaber halb gar braten. Das Rührei mit den Brotwürfeln, den Pilzen und dem Koriander mischen und gegebenenfalls noch etwas nachwürzen.

4 Die Hähnchenbrustfilets waschen, trocken tupfen und von der dicken Seite eine Tasche hineinschneiden. Die Füllung in einen Spritzbeutel ohne Tülle geben und die Hähnchenbrustfilets damit füllen. Mit kleinen Holzspießchen verschließen.

5 Den Backofen auf 120 °C vorheizen. Das Ghee in einer Pfanne erhitzen und die Hähnchenbrustfilets darin auf der Hautseite 4 Minuten goldbraun anbraten, wenden und 30 Sekunden weiterbraten. Auf das Ofengitter legen und im Ofen auf der mittleren Schiene 25 Minuten fertig garen.

6 Inzwischen für den Spinat die Paprikaschote längs halbieren, entkernen, waschen, mit dem Sparschäler schälen und in 1 ½ bis 2 cm große Rauten schneiden. Den Spinat verlesen, waschen und trocken schleudern, grobe Stiele entfernen.

7 Die Cashewkerne in einer Pfanne ohne Fett rösten. Abkühlen lassen und nach Belieben grob hacken. Die Brühe in einem Topf erhitzen. Die Paprika darin etwa 3 Minuten dünsten, bis die Flüssigkeit verkocht ist. Den Spinat dazugeben und 1 Minute mitdünsten. Den Knoblauch schälen und fein reiben. Mit der Gewürzpaste und dem Ingwer unter den Spinat rühren. Zuerst die kalte Butter, dann das Ghee unterrühren und den Spinat mit Chilisalz abschmecken.

8 Für die Hendlbrust die Brühe in einer Pfanne mit dem Knoblauch, dem Ingwer und dem Currypulver erhitzen und 2 Minuten ziehen lassen. Die kalte Butter hineinrühren und mit Chilisalz würzen. Die Hähnchenbrustfilets aus dem Ofen nehmen und in der Gewürzbutter wenden. In Scheiben schneiden. Den Spinat auf Teller verteilen, mit den Cashewkernen bestreuen und die Hendlbrust darauf anrichten.

Indisches Brathendl
mit Zimt und Kardamom

Für 4 Personen

1 EL mildes Currypulver
1 EL flüssiges Ghee (siehe S. 72; ersatzweise braune Butter)
mildes Chilisalz
1 Poularde (ca. 1,2 kg; küchenfertig)
½ Bio-Zitrone
1 Knoblauchzehe
3 Scheiben Ingwer
1 EL Curryblätter
5 angedrückte grüne Kardamomkapseln
¼ Zimtrinde
½ TL Fenchelsamen
60 g flüssige Butter · Salz

1 Den Backofen auf 160 °C vorheizen. Auf die unterste Schiene ein Abtropfblech schieben und darauf ein Ofengitter setzen. Für die Gewürzpaste das Currypulver mit 1 EL warmem Wasser und dem Ghee verrühren, mit Chilisalz würzen.

2 Die Poularde innen und außen waschen und trocken tupfen. Die Brusthaut vom Hals und von der Bauchhöhle her mithilfe eines Löffelstiels vom Fleisch lösen und vorsichtig etwas anheben. Die Gewürzbutter mit einem Pinsel darunter verteilen und die Haut wieder straff darüberziehen.

3 Die Bauchhöhle der Poularde mit Chilisalz würzen. Die Zitrone waschen und in Scheiben schneiden. Den Knoblauch schälen und in Scheiben schneiden. Die Zitronenscheiben mit Knoblauch, Ingwer, Curryblättern, Kardamom, Zimt und Fenchelsamen in die Bauchhöhle füllen.

4 Die Poularde mit etwas flüssiger Butter bestreichen, mit Salz würzen, auf das Ofengitter legen und im Ofen 1 ¼ Stunden garen.

5 Die Ofentemperatur auf 200 °C erhöhen. Die Poularde nochmals mit Butter bestreichen und mit Salz nachwürzen. Weitere 25 Minuten goldbraun backen, zwischendurch noch einmal mit Butter bestreichen. Das indische Brathendl aus dem Ofen nehmen und tranchieren (Rezeptfoto siehe S. 278/279). Dazu passen gebratene Kartoffelviertel (siehe S. 240), indischer Bratkartoffelsalat (siehe S. 201; halbe Menge) oder Blattsalat.

Mein Tipp

Die Blätter des indischen Currybaums sind bei uns getrocknet, in Asialäden oft auch frisch erhältlich. Frische Blätter sollten Sie bevorzugen – sie haben ein sehr viel intensiveres und zitrusartiges Aroma und sind so weich, dass man sie mitessen kann. Beim Kauf von getrockneter Ware achten Sie auf die Blattfarbe: Eine grüne Farbe zeigt, dass die Blätter schonend getrocknet wurden und dadurch noch einen Großteil ihrer aromagebenden Stoffe enthalten.

Weißes Hähnchencurry
mit Bohnen

Für 4 Personen

4 Lorbeerblätter
1 TL ganzer Kreuzkümmel
1 TL Korianderkörner
10 schwarze Pfefferkörner
½ große rote Chilischote
2 Zwiebeln
1 EL Ghee (siehe S. 72)
8 grüne Kardamomkapseln
4 Gewürznelken
1 EL grobe Zimtsplitter
2 Zacken Sternanis
350 ml Hühnerbrühe
1–2 TL Speisestärke
450 ml Kokosmilch
2 TL Knoblauch-Ingwer-Paste (siehe S. 339 oder Tipp S. 201)
3 Streifen Bio-Limettenschale
Salz
500 g Hähnchenbrustfilets
6 Stiele Koriander
200 g weiße Bohnen (aus der Dose)

1 Die Lorbeerblätter in jeweils 3 bis 4 Stücke brechen und mit dem Kreuzkümmel und den Korianderkörnern in einer Pfanne ohne Fett bei milder Hitze rösten, bis sie zu duften beginnen. Aus der Pfanne nehmen. Die Pfefferkörner im Mörser grob zerstoßen. Die Chilischote entkernen und waschen.

2 Die Zwiebeln schälen und in feine Würfel schneiden. Das Ghee in einem Topf erhitzen und die Zwiebeln darin bei mittlerer Hitze glasig dünsten. Lorbeerblätter, Kreuzkümmel, Korianderkörner, Pfefferkörner, Chilischote, Kardamomkapseln, Gewürznelken, Zimt und Sternanis dazugeben. Die Brühe angießen und knapp unter dem Siedepunkt 20 Minuten ziehen lassen.

3 Die Speisestärke mit wenig kaltem Wasser glatt rühren und in die leicht köchelnde Brühe rühren. Die Kokosmilch, die Knoblauch-Ingwer-Paste und die Limettenschale hineinrühren und langsam erhitzen. Die Currysauce durch ein Sieb gießen, bis knapp unter den Siedepunkt erwärmen und mit Salz abschmecken.

4 Die Hähnchenbrustfilets waschen, trocken tupfen und in 1 ½ bis 2 cm große Stücke schneiden. In die Currysauce legen und darin knapp unter dem Siedepunkt 4 bis 5 Minuten gar ziehen lassen. Den Koriander waschen, trocken schütteln und mit den Stielen klein schneiden. Die Bohnen auf einem Sieb kalt abbrausen und abtropfen lassen. Zum Hähnchencurry geben und erhitzen.

5 Das Hähnchencurry auf tiefe Teller oder Suppenschalen verteilen und mit dem Koriander bestreuen. Dazu passt Reis oder Naan (siehe S. 141).

Mein Tipp

Damit das Curry schön weiß bleibt, gibt man die Gewürze nicht gemahlen, sondern im Ganzen dazu, lässt sie einige Zeit in der Brühe ziehen und entfernt sie anschließend wieder. So geben sie Aroma ab, ohne die Suppe zu verfärben.

Grünes Erbsen-Minze-Curry
mit Hähnchenbrust

Für 4 Personen

300 g Erbsen (tiefgekühlt)
1 Zwiebel
4 Hähnchenbrustfilets (à ca. 150 g)
2 Knoblauchzehen
1 Stängel Zitronengras
1 EL Erdnussöl
1 EL grüne Currypaste (siehe S. 90)
350 ml Hühnerbrühe
350 ml Kokosmilch
1 EL Ingwer (in feinen Würfeln)
2 Kaffir-Limettenblätter
1 TL Fischsauce
2 TL Speisestärke
1 EL Minzeblätter (frisch geschnitten)

1 Die Erbsen auftauen lassen. Die Zwiebel schälen und in feine Würfel schneiden. Die Hähnchenbrustfilets waschen, trocken tupfen und in 2 bis 2½ cm große Würfel schneiden. Den Knoblauch schälen und in Scheiben schneiden. Vom Zitronengras die welken Außenblätter und die obere, trockene Hälfte entfernen, die untere Hälfte in Scheiben schneiden.

2 Das Öl in einem Topf erhitzen und die Zwiebel darin unter Rühren bei milder Hitze 2 Minuten andünsten. Die Currypaste dazugeben und unter Rühren etwa 30 Sekunden mitrösten. Die Brühe und die Kokosmilch angießen. 100 g Erbsen dazugeben. Den Knoblauch, den Ingwer, das Zitronengras, die Kaffir-Limettenblätter und die Fischsauce hinzufügen. Nach Belieben mit Chilisalz würzen und das Curry knapp unter dem Siedepunkt 7 bis 8 Minuten ziehen lassen.

3 Das Curry mit dem Stabmixer pürieren und durch ein Sieb passieren. In den Topf zurückgeben. Die Speisestärke mit wenig kaltem Wasser glatt rühren, in die leicht köchelnde Sauce rühren, bis diese leicht sämig bindet. Die restlichen Erbsen mit den Hähnchenbrustwürfeln dazugeben und knapp unter dem Siedepunkt 5 bis 6 Minuten ziehen lassen.

4 Die Minze unterrühren und das Erbsen-Minze-Curry nach Belieben nachwürzen. In vorgewärmten tiefen Tellern anrichten. Dazu passt Duftreis.

Mein Tipp

Wenn Sie in der Tiefkühlabteilung oder auf dem Markt Knackerbsen (unreife Erbsen in ihren Hülsen) bekommen, sollten Sie die Gelegenheit ergreifen und dieses Curry mit den frischen Schoten zubereiten: Dafür 150 g gepalte Zuckererbsen wie in Schritt 1 und 2 beschrieben verarbeiten. Dann 150 g Knackerbsen mit der Schote in kochendem Salzwasser 3 Minuten blanchieren, abtropfen lassen und halbieren. Mit den Hähnchenbrustwürfeln zum Curry geben.

Hähnchen-Garnelen-Curry
mit Brokkoli

Für 4 Personen

200 g Brokkoli
1 Karotte · Salz
2 Hähnchenbrustfilets (à 120 g)
250 g Riesengarnelen
4 Knoblauchzehen
300 ml Hühnerbrühe
300 g Sahne
300 ml Kokosmilch
2 TL geriebener Ingwer
1 EL Speisestärke
1 EL mildes Currypulver
mildes Chilisalz

1 Den Brokkoli putzen, waschen und in die einzelnen Röschen teilen. Die Karotte putzen, schälen und in Scheiben schneiden. Beides nacheinander in kochendem Salzwasser gerade weich garen, kalt abschrecken und abtropfen lassen. Beiseitestellen.

2 Die Hähnchenbrustfilets waschen, trocken tupfen und in 2 cm große Würfel schneiden. Die Garnelen bis auf den Schwanzfächer schälen, am Rücken entlang einschneiden und den dunklen Darm entfernen. Die Garnelen waschen, trocken tupfen und längs halbieren.

3 In einem Topf Salzwasser aufkochen lassen und vom Herd nehmen. Die Hähnchenbrustwürfel hineingeben und 1 Minute darin ziehen lassen. Die Garnelen dazugeben und 1 weitere Minute ziehen lassen. Hähnchen und Garnelen in ein Sieb abgießen und beiseitestellen.

4 Den Knoblauch schälen und fein reiben. Die Brühe, die Sahne und die Kokosmilch in einem Topf mit dem Knoblauch und dem Ingwer erhitzen. Die Speisestärke mit wenig kaltem Wasser glatt rühren und nach und nach in die köchelnde Sauce rühren, bis diese leicht sämig bindet. Mit Currypulver und Chilisalz würzen.

5 Das Gemüse, das Hähnchenfleisch und die Garnelen in die Currysauce legen und darin noch einmal kurz erhitzen. Gegebenenfalls etwas nachwürzen. Das Hähnchen-Garnelen-Cury mit Basmatireis servieren.

Mein Tipp

Raffiniert-fruchtig schmeckt das Curry, wenn Sie jeweils 1 bis 2 EL Bananen- und Mangostücke zu Brühe, Sahne und Kokosmilch geben und pürieren, bevor Sie die Sauce mit Speisestärke binden. Für eine vegetarische Variante verwenden Sie Gemüsebrühe statt Hühnerbrühe und ersetzen Sie Huhn und Fisch z.B. durch Kartoffeln, Blumenkohl, Kürbis und Paprika.

Thailändisches Wokgemüse
mit Huhn und Anisreis

FÜR 4 PERSONEN

Für das Wokgemüse:
4 Hähnchenbrustfilets (à 120 g)
400 g Riesengarnelen (ohne Kopf, mit Schale)
250 g Zuckerschoten
2 rote Spitzpaprikaschoten
200 g kleine Austernpilze
150 g Mungobohnensprossen
1 Stängel Zitronengras
3 Kaffir-Limettenblätter
2 Knoblauchzehen
1–2 EL Erdnussöl
6 EL helle Sojasauce
1 EL rote Currypaste (siehe z. B. S. 90 oder S. 339)
2 TL Galgant (in feinen Würfeln; ersatzweise Ingwer)
1 TL Speisestärke
40 g kalte Butter
1–2 TL geröstete helle Sesamsamen

Für den Anisreis:
150 g Jasminreis
150 ml Kokosmilch
½ TL Anissamen
1 EL Kerbelblätter (frisch geschnitten)

1 Für das Wokgemüse die Hähnchenbrustfilets waschen, trocken tupfen, längs halbieren und quer in ½ bis 1 cm dicke Streifen schneiden. Die Garnelen schälen, am Rücken entlang einschneiden und den Darm herausziehen. Die Garnelen waschen, trocken tupfen und längs halbieren.

2 Die Zuckerschoten putzen, waschen und schräg halbieren. Die Paprikaschoten längs halbieren, entkernen, waschen und in 1 ½ cm große Stücke schneiden. Die Austernpilze putzen und in 1 cm breite Streifen zupfen. Die Mungobohnensprossen auf einem Sieb abbrausen und abtropfen lassen.

3 Vom Zitronengras die welken Außenblätter und die obere, trockene Hälfte entfernen, die untere Hälfte längs und quer halbieren. Die Kaffir-Limettenblätter mehrmals einreißen. Den Knoblauch schälen und in feine Würfel schneiden.

4 Für den Anisreis den Reis auf einem Sieb unter fließendem kaltem Wasser waschen, bis das Wasser klar abläuft. Mit der Kokosmilch und 150 ml Wasser in einen Topf geben (die Flüssigkeit sollte etwa fingerbreit über dem Reis stehen). Den Anis hineinstreuen, kurz aufkochen und den Reis zugedeckt bei milder Hitze 15 Minuten garen.

5 In einer großen tiefen Pfanne oder im Wok 1 TL Öl erhitzen und die Garnelenhälften mit der Außenseite nach unten darin bei milder Hitze etwa 1 Minute anbraten. Wenden, nur kurz weiterbraten und herausnehmen. 1 TL Öl in die Pfanne geben und die Hähnchenbruststreifen darin rundum etwa 2 Minuten anbraten, wieder herausnehmen. Wieder 1 TL Öl in die Pfanne geben, Zuckerschoten und Paprika darin unter Rühren etwa 2 Minuten anbraten, Pilze und Mungobohnensprossen untermischen und unter Rühren erhitzen.

6 Das Gemüse mit 300 ml Wasser und der Sojasauce ablöschen. Zitronengras und Limettenblätter dazugeben, Currypaste, Knoblauch und Galgant unterrühren und alles einmal aufkochen. Die Speisestärke mit wenig kaltem Wasser glatt rühren, in die köchelnde Sauce rühren, bis diese leicht sämig bindet, und 2 Minuten köcheln lassen.

7 Das Hähnchenfleisch und die Garnelen dazugeben und erhitzen. Die Pfanne vom Herd nehmen, Zitronengras und Limettenblätter wieder entfernen und die Butter unterrühren. Mit Sesam bestreuen. Den Reis mit einer Gabel auflockern und den Kerbel untermischen. Den Reis auf vorgewärmte Teller verteilen und das Wokgemüse daneben anrichten.

Gebratene Ente
mit Pflaumensauce und Chinagewürz

Für 4 Personen

Für die Ente:

1 Apfel
1 Zwiebel
½ kleine Karotte
80 g Knollensellerie
1 Bauernente (ca. 2½ kg; küchenfertig)
½ l Hühnerbrühe · Salz

Für die Pflaumensauce:

6 Knoblauchzehen
4 EL Pflaumenmus (aus dem Glas; ersatzweise Zwetschgenmus)
3 EL helle Sojasauce
3 Zacken Sternanis
1 TL Sichuanpfefferkörner
1 geh. EL dünne Ingwerscheiben
½ TL Fünf-Gewürze-Pulver
3 TL Speisestärke · Salz

1 Für die Ente den Apfel vierteln und das Kerngehäuse entfernen. Das Fruchtfleisch in große Würfel schneiden. Die Zwiebel schälen und in grobe Würfel schneiden. Die Karotte und den Sellerie putzen, schälen und ebenfalls grob zerkleinern.

2 Die Ente innen und außen waschen und trocken tupfen, den Bürzel wegschneiden (siehe S. 122). Die Brühe in einen Bräter geben. Den Apfel und das Gemüse dazugeben und aufkochen lassen. Die Ente in den Bräter legen und mit geschlossenem Deckel knapp unter dem Siedepunkt 2 Stunden garen.

3 Den Backofen auf 200 °C vorheizen. Auf die unterste Schiene ein Abtropfblech schieben und darauf ein Ofengitter setzen. Die Ente vorsichtig aus dem Sud nehmen und auf das Ofengitter legen. Dabei nach Belieben ein Stück Backpapier unterlegen, damit die Ente nicht am Gitter festklebt. Die Ente etwa 1 Stunde knusprig braun braten. Sobald die Haut etwas fester geworden ist, das Backpapier entfernen. 1 EL Salz mit 5 EL eiskaltem Wasser verrühren und die Ente die letzten 20 Minuten der Garzeit häufig damit einstreichen.

4 Für die Pflaumensauce den Entensud durch ein Sieb in einen Topf abgießen und entfetten, dafür mit dem Schöpflöffel das oben schwimmende Fett abnehmen. Den Knoblauch schälen und in Scheiben schneiden. Das Pflaumenmus, die Sojasauce, den Sternanis, den Sichuanpfeffer, den Knoblauch, den Ingwer und das Fünf-Gewürze-Pulver zum Fond geben und knapp unter dem Siedepunkt 5 bis 10 Minuten ziehen lassen.

5 Die Speisestärke mit 3 EL kaltem Wasser glatt rühren und in die leicht köchelnde Sauce rühren, bis diese sämig bindet. Noch 1 bis 2 Minuten leicht köcheln lassen, durch ein Sieb passieren und mit Salz würzen.

6 Die Ente aus dem Ofen nehmen, tranchieren und auf Teller verteilen. Mit der Pflaumensauce servieren. Dazu passen, vor allem zur Weihnachtszeit, Knödel aller Art (z. B. Kartoffel- oder Brezenknödel) oder Reis.

Barbarie-Ente
auf Pak-Choi-Spargel-Gemüse

Für 4 Personen

Für die Barbarie-Ente:

2 Barbarie-Entenbrustfilets (à 350 g; mit Haut)
1 Knoblauchzehe
2 EL helle Sojasauce
1–2 TL Pflaumenmus
1 TL Chinesische Gewürzpaste (siehe S. 339; ersatzweise 1 Prise Fünf-Gewürze-Pulver)
1 TL Ingwer (in feinen Streifen)
1 TL chinesischer Reiswein
40 g kalte Butter
mildes Chilisalz

Für das Pak-Choi-Spargel-Gemüse:

je 4 Stangen weißer und grüner Spargel
200 g Pak Choi
100 g Austernpilze
4 Frühlingszwiebeln
1 Knoblauchzehe
1–2 TL Erdnussöl
100 ml Hühnerbrühe
1 TL Ingwer (in feinen Streifen)
1–2 TL helle Sojasauce
1 TL Fünf-Gewürze-Pulver
mildes Chilisalz
1–2 EL Koriandergrün (frisch geschnitten)
20 g kalte Butter

1 Für die Barbarie-Ente den Backofen auf 100 °C vorheizen. Auf die mittlere Schiene ein Ofengitter und darunter ein Abtropfblech schieben. Die Entenbrustfilets waschen und trocken tupfen, falls nötig, von Sehnen und Federkielen befreien. Die Hautseite mit einem scharfen Messer rautenförmig einschneiden. Die Knoblauchzehe schälen und in feine Würfel schneiden.

2 Die Entenbrustfilets in einer Pfanne ohne Fett auf der Hautseite bei mittlerer Hitze etwa 5 Minuten braun anbraten. Wenden und kurz auf der Fleischseite anbraten, dann auf dem Gitter im Ofen 50 bis 60 Minuten rosa garen.

3 Das Fett mit Küchenpapier aus der Pfanne tupfen und die Sojasauce mit 100 ml Wasser hineingeben. Knoblauch, Pflaumenmus, Gewürzpaste und Ingwer dazugeben und 30 Sekunden einköcheln lassen. Den Reiswein hinzufügen, die Pfanne vom Herd nehmen und die Butter unterrühren.

4 Für das Pak-Choi-Spargel-Gemüse den weißen Spargel schälen, den grünen Spargel waschen und nur im unteren Drittel schälen, holzige Enden entfernen. Die Spargelstangen längs halbieren und schräg in etwa 3 cm lange Stücke schneiden. Den Pak Choi putzen, waschen, trocken tupfen und quer in 1 cm breite Stücke schneiden.

5 Die Austernpilze putzen und längs in 1 cm breite Streifen zupfen. Die Frühlingszwiebeln putzen, waschen und schräg in 2 ½ bis 3 cm lange Stücke schneiden, dabei die weißen und grünen Teile trennen. Den Knoblauch schälen und in dünne Scheiben schneiden.

6 Das Öl in einer großen tiefen Pfanne erhitzen und den Pak Choi darin bei mittlerer Hitze 2 Minuten anbraten. Wieder herausnehmen und die Brühe mit dem Knoblauch und dem Ingwer in die Pfanne geben. Beide Spargelsorten hinzufügen und darin mit geschlossenem Deckel etwa 4 Minuten dünsten.

7 Das Weiße der Frühlingszwiebeln dazugeben und 1 Minute mitdünsten. Das Grüne der Frühlingszwiebeln, den Pak-Choi und die Austernpilze hinzufügen und erhitzen. Mit Sojasauce, Fünf-Gewürze-Pulver und Chilisalz abschmecken. Das Koriandergrün und die Butter unterrühren.

8 Die Entenbrüste aus dem Ofen nehmen, mit Chilisalz würzen und in Scheiben schneiden. Das Gemüse auf vorgewärmte Teller verteilen, die Sauce danebengeben und die Entenbrüste auf der Sauce anrichten.

Entenbrust
auf Wirsing-Spinat mit gehackten Erdnüssen

Für 4 Personen

Für die Entenbrust:
2 Barbarie-Entenbrustfilets (à 350 g)
1 EL helle Sojasauce
1 Knoblauchzehe
1–2 TL Pflaumenmus
1 TL Vietnamesische Gewürzpaste (siehe S. 339; ersatzweise ½ TL Gewürzmischung siehe Tipp S. 232)
1 TL Ingwer (in feinen Würfeln)
Kaffeepulver
40 g kalte Butter

Für den Wirsing-Spinat:
2 EL Erdnüsse
½ Wirsing (ca. 300 g) · Salz
150 g junger Blattspinat
1 Knoblauchzehe
2 EL Gemüsebrühe
3 dünne Scheiben Ingwer
mildes Chilisalz
½–1 TL Vietnamesische Gewürzmischung (aus dem Gewürzladen oder siehe Tipp S. 232)
20 g kalte Butter

1 Für die Entenbrust den Backofen auf 100 °C vorheizen. Auf die mittlere Schiene ein Ofengitter und darunter ein Abtropfblech schieben. Die Entenbrustfilets waschen und trocken tupfen, falls nötig, von Sehnen und Federkielen befreien. Die Hautseite mit einem scharfen Messer rautenförmig einschneiden.

2 Die Entenbrustfilets in einer Pfanne ohne Fett auf der Hautseite bei mittlerer Hitze etwa 5 Minuten braun anbraten. Wenden und kurz auf der Fleischseite anbraten, dann auf dem Gitter im Ofen 50 bis 60 Minuten rosa garen.

3 Inzwischen das Fett mit Küchenpapier aus der Pfanne tupfen und die Sojasauce mit 100 ml Wasser hineingeben. Den Knoblauch schälen und in feine Würfel schneiden. Mit dem Pflaumenmus, der Gewürzpaste und dem Ingwer zur Sojasauce geben und etwa 30 Sekunden einköcheln lassen. Die Pfanne vom Herd nehmen, die Sauce mit 2 Prisen Kaffeepulver würzen und die Butter unterrühren. Warm halten.

4 Für den Wirsing-Spinat die Erdnüsse in einer Pfanne ohne Fett rösten und grob hacken. Den Wirsing putzen, in die einzelnen Blätter teilen und die Blattrippen entfernen. Die Wirsingblätter in kochendem Salzwasser einige Minuten blanchieren. In ein Sieb abgießen, kalt abschrecken, abtropfen lassen und mit den Händen das überschüssige Wasser herausdrücken. Die Wirsingblätter in 1 ½ bis 2 cm große Stücke schneiden. Den Spinat verlesen, waschen und trocken schleudern. Die Knoblauchzehe schälen und in Scheiben schneiden.

5 Die Brühe mit dem Knoblauch und dem Ingwer in eine große tiefe Pfanne geben, den Wirsing und den Spinat darin erhitzen und mit Chilisalz und der Gewürzmischung würzen. Die kalte Butter unterrühren und 1 EL Erdnüsse dazugeben.

6 Den Wirsing-Spinat auf vorgewärmten Tellern anrichten, mit den restlichen Erdnüssen bestreuen und etwas Sauce danebengeben. Die Entenbrüste aus dem Ofen nehmen, mit Chilisalz würzen, in Scheiben schneiden und auf die Sauce legen.

Perlhuhnbrust
auf Mandarinen-Sellerie-Salat mit Granatapfel

FÜR 4 PERSONEN

Für den Mandarinen-Sellerie-Salat:
2 Stangen Staudensellerie (mit Grün)
Salz
¼ Granatapfel
4 Mandarinen
½ rotbackige Birne
2 EL mildes Olivenöl
½ TL abgeriebene Bio-Mandarinenschale (ersatzweise Bio-Orangenschale)
1 TL Zitronensaft
Salz · Zucker
Sichuanpfeffer aus der Mühle

Für die Perlhuhnbrust:
4 Perlhuhnbrustfilets (à 100 g; ohne Haut und Flügelknochen)
1 Knoblauchzehe
1 EL helle Sojasauce
1 TL Ingwer (in feinen Würfeln)
1 TL Fünf-Gewürze-Pulver
40 g kalte Butter

1 Für den Mandarinen-Sellerie-Salat den Sellerie putzen und waschen. Das Grün abschneiden und beiseitelegen, die Stangen sehr schräg in Scheiben schneiden. Die Selleriescheiben in kochendem Salzwasser etwa 2 Minuten blanchieren, in ein Sieb abgießen, kalt abschrecken und abtropfen lassen.

2 Die Granatapfelkerne aus der Frucht lösen. Eine Mandarine halbieren und den Saft auspressen. Die restlichen Mandarinen schälen und in die einzelnen Fruchtfilets teilen. Die Birne waschen und halbieren, dabei das Kerngehäuse entfernen. Die Birnenviertel quer in ½ cm breite Scheiben schneiden.

3 Für das Dressing das Olivenöl mit dem Mandarinensaft, der Mandarinenschale und dem Zitronensaft verrühren und mit je 1 Prise Salz und Zucker würzen. Das Dressing mit den vorbereiteten Zutaten in einer Schüssel mischen.

4 Für die Perlhuhnbrust die Perlhuhnbrustfilets waschen, trocken tupfen und in ½ cm breite Scheiben schneiden. Den Knoblauch schälen und in Scheiben schneiden. Die Sojasauce mit 100 ml Wasser, den Knoblauchscheiben und dem Ingwer in eine Pfanne geben. Aufkochen und 1 Minute köcheln lassen. Mit dem Fünf-Gewürze-Pulver würzen.

5 Die kalte Butter unter die Sauce rühren (nicht mehr kochen lassen!), die Sauce abschmecken und gegebenenfalls nachwürzen. Die Perlhuhnbrustscheiben nebeneinander hineinlegen und darin knapp unter dem Siedepunkt 2 bis 3 Minuten gar ziehen lassen. Zwischendurch einmal wenden.

6 Den Mandarinen-Sellerie-Salat locker auf ovale Teller verteilen und die Perlhuhnbrustscheiben darauf anrichten. Etwas Sichuanpfeffer grob darübermahlen und mit dem Selleriegrün garnieren.

Putenkeule auf Schmortomaten
mit weißen Bohnen

FÜR 4 PERSONEN

2 Zwiebeln
2 Putenoberkeulen (à ca. 500 g; mit Haut)
1 EL Ghee (siehe S. 72)
100 g passierte Tomaten (aus dem Tetrapak)
350 ml Hühnerbrühe
50 g flüssige Butter
Salz
3 Knoblauchzehen
1 EL mildes Currypulver
1 TL Tandoori-Gewürzpaste (siehe z.B. S. 339)
1 EL Ingwer (in feinen Würfeln)
20 g kalte Butter
mildes Chilisalz
Zucker
200 g weiße Bohnen (aus der Dose)
200 g Cocktailtomaten
6 Stiele Koriander

1 Den Backofen auf 160 °C vorheizen. Die Zwiebeln schälen und in feine Würfel schneiden. Die Putenkeulen waschen und trocken tupfen. Das Ghee in einem Bräter erhitzen und die Keulen darin rundum anbraten. Herausnehmen und beiseitestellen.

2 Die Zwiebelwürfel im Bratsatz etwa 5 Minuten goldbraun dünsten. Die passierten Tomaten und die Brühe dazugeben und erhitzen. Die Putenkeulen mit der Hautseite nach oben wieder hineinlegen.

3 Die flüssige Butter mit Salz würzen. Die Putenkeulen auf der Hautseite mit etwas Butter bestreichen. Die Putenkeulen im Ofen auf der mittleren Schiene 1 ½ bis 2 Stunden garen, die Keulen dabei gelegentlich mit der restlichen Butter bestreichen.

4 Den Bräter aus dem Ofen nehmen. Die Putenkeulen herausnehmen und warm halten. Den Knoblauch schälen und in feine Würfel schneiden. Mit dem Currypulver, der Gewürzpaste und dem Ingwer in die Sauce rühren. Die kalte Butter unterrühren und die Sauce mit Chilisalz und 1 Prise Zucker würzen.

5 Die Bohnen auf einem Sieb kalt abbrausen und abtropfen lassen. Die Tomaten waschen und halbieren. Beides in der Sauce erhitzen. Den Koriander waschen, trocken schütteln, mit den Stielen klein schneiden und unterrühren.

6 Das Keulenfleisch vom Knochen lösen und in Scheiben schneiden. Die Sauce auf vorgewärmte Teller verteilen und das Putenfleisch darauf anrichten. Dazu passt Reis, Fladenbrot oder Baguette.

Mein Tipp

Die Putenkeulen sollten während des Schmorens im Ofen nicht gewendet werden, damit die Haut auch schön knusprig wird. Optimalerweise liegen die Keulen dafür auf der Fleischseite im Bräter.

Glasierte Geflügelleber
auf Erdnusssauce mit Mango-Feldsalat

FÜR 4 PERSONEN

Für den Mango-Feldsalat:
6 EL Apfelsaft
2 EL Limettensaft
1 EL helle Sojasauce
3 EL mildes Salatöl
1–2 TL geröstetes Sesamöl
1 TL abgeriebene Bio-Limettenschale · mildes Chilisalz
Zucker · 300 g Feldsalat
1 Schalotte · ¼ Thai-Mango

Für die Erdnusssauce:
50 g Erdnussmus (geröstet und gesalzen) · 50 ml Hühnerbrühe
50 g Naturjoghurt
1 TL helle Sojasauce
½ TL Knoblauch-Ingwer-Paste (siehe S. 339 oder Tipp S. 201)
Pfeffer aus der Mühle
milde Chiliflocken

Für die Geflügelleber:
500 g Geflügellebern
1–2 TL Erdnussöl
1 Knoblauchzehe
3 Stiele Koriander
2 EL helle Sojasauce
½ TL Speisestärke
½ TL rote Currypaste (siehe z. B. S. 90 oder S. 339)
1 TL Ingwer (in sehr feinen Streifen) · 40 g kalte Butter

1 Für den Mango-Feldsalat den Apfelsaft, den Limettensaft und die Sojasauce in einen hohen Rührbecher geben. Beide Ölsorten mit dem Stabmixer unterrühren. Die Limettenschale untermischen und das Dressing mit Chilisalz und 1 Prise Zucker würzen.

2 Den Feldsalat putzen, verlesen, gründlich waschen und trocken schleudern. Die Schalotte schälen und in feine Würfel schneiden. Die Mango schälen und das Fruchtfleisch in kleine Würfel schneiden. Die Salatzutaten beiseitestellen.

3 Für die Erdnusssauce das Erdnussmus nach und nach mit der Brühe glatt rühren. Den Joghurt, die Sojasauce und die Knoblauch-Ingwer-Paste unterrühren. Mit Pfeffer und 1 Prise Chiliflocken abschmecken und gegebenenfalls mit Salz würzen.

4 Für die Geflügelleber die Lebern putzen, waschen und trocken tupfen. Das Öl in einer Pfanne erhitzen und die Lebern darin bei mittlerer Hitze rundum 2 bis 3 Minuten rosa braten. Aus der Pfanne nehmen.

5 Den Knoblauch schälen und in feine Würfel schneiden. Den Koriander waschen, trocken tupfen und mit den Stielen klein schneiden. Den Bratsatz mit 100 ml Wasser und der Sojasauce ablöschen und aufkochen lassen. Die Speisestärke mit wenig kaltem Wasser glatt rühren und in die köchelnde Flüssigkeit rühren. Die Currypaste, den Knoblauch und den Ingwer dazugeben und 30 Sekunden einköcheln lassen. Die Pfanne vom Herd nehmen, die kalte Butter und den Koriander unterrühren. Die Lebern darin wenden.

6 Den Feldsalat mit den Schalotten- und Mangowürfeln und dem Dressing mischen und gegebenenfalls nachwürzen. Den Mango-Feldsalat auf vorgewärmten Tellern anrichten. Die Erdnusssauce darum herumträufeln und die glasierten Geflügellebern zum Salat legen.

Kaninchen »Hội An«
in Knoblauch-Ingwer-Sud mit Zirbelkohl

Für 4 Personen

Für das Kaninchen:
150 g kleine Schalotten
5 Knoblauchzehen
4 Kaninchenkeulen (à 250 g)
1 EL Erdnussöl
20 g brauner Zucker
300 ml Hühnerbrühe
1 EL Fischsauce
2 EL helle Sojasauce
5 Scheiben Ingwer
2 TL Speisestärke
1 rote Peperoni
1 TL geriebener Ingwer
½ TL rote Currypaste (siehe z.B S. 90 oder S. 339)
1–2 TL Koriandergrün (frisch geschnitten) · Salz

Für den Kräuterreis:
100 g Jasmin- oder Basmatireis
1 Stängel Zitronengras
2 Kaffir-Limettenblätter
2 Scheiben Ingwer
1–2 EL Kräuterblätter (frisch geschnitten; z.B. Koriander, Dill, Minze, Kerbel, Thai-Basilikum, Basilikum, Schnittlauch)

Für den Zirbelkohl:
150 g Romanesco
Salz

1 Für das Kaninchen den Backofen auf 150 °C vorheizen. Die Schalotten schälen und halbieren. Vier Knoblauchzehen schälen und in feine Würfel schneiden. Die Kaninchenkeulen waschen und trocken tupfen. Das Öl in einer großen tiefen Pfanne erhitzen und die Keulen darin rundum hell anbraten. Herausnehmen und in einen Bräter legen.

2 Das Fett mit Küchenpapier aus der Pfanne tupfen. Den Zucker nach und nach hineinstreuen und hell karamellisieren. Die Schalottenhälften und Knoblauchwürfel dazugeben und darin unter Rühren andünsten. Mit der Brühe ablöschen. Die Fischsauce, die Sojasauce und den Ingwer hinzufügen und die Karamellsauce über das Fleisch gießen. Die Keulen mit geschlossenem Deckel im Ofen auf der mittleren Schiene gut 1 ½ Stunden weich schmoren, zwischendurch ein bis zwei Mal wenden.

3 Die Keulen herausnehmen, das Fleisch vom Knochen lösen und in mundgerechte Stücke zerteilen. Die Sauce durch ein Sieb in einen kleinen Topf gießen und aufkochen lassen. Den Ingwer entfernen, die Schalotten beiseitestellen. Die Speisestärke mit wenig kaltem Wasser glatt rühren, in die köchelnde Sauce rühren, bis diese sämig bindet, und weitere 1 bis 2 Minuten leicht köcheln lassen.

4 Die Peperoni längs halbieren, entkernen, waschen und und in ½ bis 1 cm breite Streifen schneiden. Die restliche Knoblauchzehe schälen und in feine Würfel schneiden. Mit Peperoni, Ingwer, Currypaste und Koriander unter die Sauce rühren. Die Schalotten und das Fleisch wieder dazugeben. Die Sauce mit Salz abschmecken und warm halten.

5 Für den Kräuterreis den Reis auf einem Sieb mit kaltem Wasser waschen, bis das Wasser klar abläuft. Mit 200 ml Wasser in einen Topf geben. Vom Zitronengras die welken Außenblätter und die obere, trockene Hälfte entfernen, die untere Hälfte längs und quer halbieren. Die Kaffir-Limettenblätter mehrmals einreißen. Zitronengras, Limettenblätter und Ingwer zum Reis geben. Aufkochen und mit geschlossenem Deckel knapp unter dem Siedepunkt 15 Minuten quellen lassen.

6 Für den Zirbelkohl den Romanesco putzen, waschen und in kleine Röschen teilen. In kochendem Salzwasser 3 bis 4 Minuten gerade weich garen. In ein Sieb abgießen, kalt abschrecken, abtropfen lassen und gegebenenfalls halbieren. Den Romanesco in der Sauce kurz erwärmen.

7 Zitronengras, Limettenblätter und Ingwer aus dem Reis entfernen und die Kräuter unterrühren. Den Kräuterreis auf vorgewärmte Teller verteilen und das Kaninchen mit dem Romanesco darauf anrichten, die Sauce darum herumträufeln.

Zweierlei von der Taube
mit Shiitake und Feige

Für 4 Personen

Für die Taube:
2 Tauben (à ca. 400 g; küchenfertig)
4 EL lauwarme Hühnerbrühe
1 TL Honig
¼–½ TL Fünf-Gewürze-Pulver
10 getrocknete Shiitake-Pilze
400 ml Hühnerbrühe (schwach gewürzt)
3 Schalotten
1 TL brauner Zucker
3 Scheiben Ingwer (oder Galgant)
1 EL helle Sojasauce
1–2 TL Erdnussöl
1 TL Speisestärke
20 g kalte Butter

Außerdem:
2 Stangen Staudensellerie
3 EL Hühnerbrühe
20 g kalte Butter
1 TL geröstete helle Sesamsamen
mildes Chilisalz
2 Feigen (geachtelt)

1 Am Vortag die Tauben waschen und trocken tupfen. Die Brüste und die Keulen auslösen, die Karkassen beiseitelegen. Aus den Keulen die Knochen entfernen. Die lauwarme Brühe, den Honig und das Fünf-Gewürze-Pulver verrühren. Das Fleisch darin wenden und zugedeckt über Nacht in der Marinade ziehen lassen.

2 Am nächsten Tag für die Sauce die Shiitake-Pilze in der schwach gewürzten lauwarmen Brühe einweichen und 30 Minuten quellen lassen. Die Pilze in ein Sieb abgießen und die Brühe auffangen. Die Pilze beiseitestellen.

3 Den Backofen auf 200 °C (Umluft) vorheizen. Die Taubenkarkassen waschen, trocken tupfen und mit dem Hackbeil oder der Küchenschere in kleine Stücke zerteilen. Auf ein mit Backpapier belegtes Backblech legen und im Ofen auf der mittleren Schiene etwa 30 Minuten rösten. Die Karkassen herausnehmen und das Fett abgießen.

4 Die Schalotten schälen und in Scheiben schneiden. Den Zucker in einem Topf bei milder Hitze schmelzen lassen und die Schalotten darin andünsten. Die Pilzbrühe, die Karkassen, den Ingwer und die Sojasauce dazugeben. Alles 30 Minuten ziehen lassen, dabei den Deckel so anlegen, dass ein Spalt offen bleibt. Den Fond durch ein Sieb abgießen.

5 Den Backofen auf 100 °C vorheizen, auf die mittlere Schiene ein Ofengitter und darunter ein Abtropfblech schieben. Das Fleisch aus der Marinade nehmen und abtropfen lassen, die Marinade auffangen. Das Öl in einer Pfanne erhitzen und das Fleisch darin auf der Hautseite 1 bis 2 Minuten anbraten, wenden, kurz weiterbraten und aus der Pfanne nehmen. Den Bratsatz mit etwas Taubenfond ablöschen und mit den Keulen wieder zum übrigen Fond zurückgeben. Die Taubenbrüstchen auf dem Gitter im Ofen 20 Minuten rosa garen.

6 Die Pilze mit 2 bis 3 EL Taubenmarinade in die Sauce geben und 15 Minuten ziehen lassen. In einen Topf abgießen, Pilze und Fleisch beiseitestellen. Die Sauce aufkochen lassen und mit der Stärke binden. Die Butter unterrühren und die Keulen wieder hineinlegen.

7 Den Sellerie putzen, waschen und schräg in 4 bis 5 mm dicke Scheiben schneiden. Mit der Brühe in einem Topf erhitzen und 5 Minuten gerade weich dünsten. Die Pilze dazugeben und erhitzen. 1 EL kalte Butter und den Sesam hineinrühren und mit Chilisalz würzen.

8 Die Feigen in einer Pfanne mit der restlichen kalten Butter erwärmen. Mit Taubenbrüsten, -keulen, Gemüse und Sauce anrichten.

Gewürfelter Rehrücken »Chiang Mai«
mit Süßkartoffelpüree

Für 4 Personen

Für das Süßkartoffelpüree:
4 große Süßkartoffeln (ca. 1 ½ kg)
Salz
120 g Sahne
Pfeffer aus der Mühle
frisch geriebene Muskatnuss
60 g braune Butter (siehe Tipp S. 147)

Für den Rehrücken:
500 g Rehrücken
1–2 TL Erdnussöl
1 Knoblauchzehe
2 EL helle Sojasauce
½ TL rote Currypaste (siehe z.B. S. 90 oder S. 339)
1 TL Ingwer (in feinen Würfeln)
40 g kalte Butter
4 EL Kokosmilch

1 Für das Süßkartoffelpüree die Süßkartoffeln mit der Schale gründlich waschen und in Salzwasser etwa 45 Minuten weich garen. Die Süßkartoffeln abgießen, ausdampfen lassen, möglichst heiß pellen und klein schneiden.

2 Die Sahne in einem Topf erwärmen und mit Salz, Pfeffer und Muskatnuss würzen. Die Süßkartoffeln dazugeben und mit dem Stabmixer pürieren. Die braune Butter unterrühren.

3 Für den Rehrücken das Fleisch, falls nötig, von Fett und Sehnen befreien. Den Rehrücken längs halbieren und in etwa 3 cm große Würfel schneiden. Das Öl in einer Pfanne erhitzen und das Fleisch darin bei mittlerer Hitze rundum 2 bis 3 Minuten anbraten. Aus der Pfanne nehmen.

4 Den Knoblauch schälen und in feine Würfel schneiden. Den Bratsatz mit 100 ml Wasser und der Sojasauce ablöschen, Knoblauch, Currypaste und Ingwer unterrühren und erhitzen. Die Fleischwürfel in die Sauce geben und knapp unter dem Siedepunkt etwa 3 Minuten rosa durchziehen lassen. Die Pfanne vom Herd nehmen, die kalte Butter und die Kokosmilch in die Sauce rühren, nicht mehr kochen lassen.

5 Das Süßkartoffelpüree auf vorgewärmten Tellern anrichten. Den gewürfelten Rehrücken und die Kokosrahmsauce daneben verteilen.

Rehschnitzel
in Erdnusssauce mit Trauben und Selleriepüree

FÜR 4 PERSONEN

Für das Selleriepüree:
500 g Knollensellerie
⅛ l Gemüsebrühe
60 g kalte Butter
1–2 TL geröstetes Sesamöl
Salz · Pfeffer aus der Mühle
frisch geriebene Muskatnuss

Für die Rehschnitzel und die Erdnusssauce:
2 Rehoberschalen (à ca. 300 g)
Öl zum Klopfen
1 EL Erdnussöl
400 ml Hühnerbrühe
1 TL Speisestärke
100 g Erdnussmus (geröstet und gesalzen)
1 TL Vietnamesische Gewürzpaste (siehe S. 339; ersatzweise ½ TL Gewürzmischung siehe Tipp S. 232)
3 EL helle Sojasauce
1 TL geröstetes Sesamöl
1 TL geriebener Ingwer
½–1 TL rote Chilischote (in feinen Würfeln)

Außerdem:
100 g kernlose kleine grüne Trauben
1 EL Butter
1 EL Erdnüsse

1 Für das Selleriepüree den Sellerie putzen, schälen und in 1 cm große Würfel schneiden. Die Brühe in einem Topf erhitzen und die Selleriewürfel darin mit geschlossenem Deckel etwa 20 Minuten weich garen. In ein Sieb abgießen und dabei die Kochflüssigkeit auffangen. Den Sellerie im Blitzhacker pürieren und dabei so viel Kochflüssigkeit wie nötig hinzufügen. Die kalte Butter untermixen. Das Sesamöl hineinrühren und das Selleriepüree mit Salz, Pfeffer und Muskatnuss abschmecken. Beiseitestellen und warm halten.

2 Für die Rehschnitzel und die Erdnusssauce die Rehoberschalen von Fett und Sehnen befreien. Das Fleisch in etwa ½ cm dicke Scheiben schneiden und zwischen zwei Lagen geölter Frischhaltefolie mit dem Plattiereisen oder der flachen Seite eines Schnitzelklopfers etwas flach klopfen.

3 Eine große Pfanne bei mittlerer Temperatur erhitzen und 1 TL Erdnussöl mit einem Pinsel auf dem Pfannenboden verteilen. Die Hälfte der Schnitzel darin auf beiden Seiten jeweils 1½ bis 2 Minuten anbraten. Herausnehmen und auf einem vorgewärmten Teller beiseitestellen. Die restlichen Schnitzel mit dem übrigen Öl auf dieselbe Weise anbraten und aus der Pfanne nehmen.

4 Den Bratsatz mit der Brühe ablöschen. Die Speisestärke mit wenig kaltem Wasser glatt rühren und in die leicht köchelnde Brühe rühren, bis diese leicht sämig bindet. Die Pfanne vom Herd nehmen, das Erdnussmus und die Gewürzpaste hineinrühren. Dann Sojasauce, Sesamöl, Ingwer und Chili unterrühren und gegebenenfalls nachwürzen. Den ausgetretenen Fleischsaft in die Sauce rühren, die Schnitzel in die Sauce legen und darin erhitzen, dabei nicht mehr kochen lassen.

5 Die Trauben waschen und trocken tupfen. Die Butter in einer Pfanne erhitzen und die Trauben darin erwärmen. Die Erdnüsse in einer Pfanne ohne Fett anrösten und grob hacken. Die Rehschnitzel mit der Erdnusssauce auf vorgewärmten Tellern anrichten und mit den Erdnüssen bestreuen. Die Trauben auf dem Fleisch verteilen und das Selleriepüree danebensetzen.

Hirschragout »Mandschurei«
mit Eiernudeln

FÜR 4 PERSONEN

Für das Hirschragout:
1 kg Hirschfleisch (aus der Keule)
2 Zwiebeln
1 EL Erdnussöl
1 ½ EL brauner Zucker
1 EL Tomatenmark
1 EL Reisessig
150 ml chinesischer Reiswein
3 EL helle Sojasauce
1–2 TL Chinesische Gewürzpaste (siehe S. 339; ersatzweise 1 Prise Fünf-Gewürze-Pulver)
1 Knoblauchzehe
1–2 TL Speisestärke
1 EL Ingwer (in feinen Streifen)
milde Chiliflocken
30 g kalte Butter

Für die Eiernudeln:
300 g chinesische Eiernudeln
Salz
3 Scheiben Ingwer
milde Chiliflocken

1 Für das Hirschragout das Fleisch von groben Sehnen befreien und in 2 cm große Würfel schneiden. Die Zwiebeln schälen und in feine Würfel schneiden.

2 Das Öl im großen Schmortopf oder im Wok erhitzen und die Fleischwürfel darin bei mittlerer Hitze portionsweise rundum anbraten und herausnehmen.

3 Den braunen Zucker in den Bratsatz streuen und karamellisieren. Die Zwiebeln dazugeben und unter Rühren goldbraun anrösten. Das Tomatenmark unterrühren und kurz mitrösten. Mit dem Essig und dem Reiswein ablöschen. Die Sojasauce, 600 ml Wasser und die Gewürzpaste hinzufügen. Das angebratene Fleisch dazugeben, umrühren und knapp unter dem Siedepunkt 1 ½ bis 2 Stunden weich garen. Dabei den Topfdeckel so auflegen, dass ein Spalt offen bleibt.

4 Den Knoblauch schälen und in feine Würfel schneiden. Die Speisestärke mit wenig kaltem Wasser glatt rühren und in die leicht köchelnde Sauce rühren, bis diese sämig bindet. Den Knoblauch und den Ingwer dazugeben und mit 1 Prise Chiliflocken würzen. Die Butter unterrühren, das Ragout nochmals abschmecken und weitere 5 Minuten ziehen lassen.

5 Für die Eiernudeln die Nudeln in reichlich kochendem Salzwasser mit dem Ingwer und 1 Prise Chiliflocken 2 bis 3 Minuten garen. In ein Sieb abgießen und die Ingwerscheiben entfernen.

6 Die Eiernudeln auf tiefe Teller verteilen und das Hirschragout darauf anrichten. Dazu passt Pak-Choi-Gemüse.

Desserts

Sternaniseis
auf marinierten Melonen

Für 4 Personen

Für das Sternaniseis:
1/4 l Milch
250 g Sahne
Fünf-Gewürze-Pulver
6 Sternanis (in einzelne Zacken zerteilt)
100 g Zucker
2 Eier
3 Eigelb
Salz

Für die Glücksblätter:
60 g Mehl
1 TL Fünf-Gewürze-Pulver
2 Eiweiß
60 g Puderzucker
60 g flüssige warme Butter
1 TL Kakaopulver

Für die Melone:
1 große Cantaloupe-Melone (ca. 1,2 kg)
1 EL Puderzucker
1 EL chinesischer Reiswein
1 Spritzer Zitronensaft
8 dünne Scheiben Ingwer
1–2 TL Minzeblätter (frisch geschnitten)

Außerdem:
Minzespitzen zum Garnieren

1 Für das Sternaniseis die Milch, die Sahne, 1 Prise Fünf-Gewürze-Pulver, den Sternanis sowie die Hälfte des Zuckers in einem Topf aufkochen lassen, dabei gelegentlich umrühren.

2 Die Eier, die Eigelbe und den restlichen Zucker mit 1 Prise Salz in einer Metallschüssel mit dem Schneebesen hellschaumig aufschlagen. Nach und nach die kochend heiße Milchmischung unter Rühren hinzufügen. Die Eiermilch im heißen Wasserbad 5 bis 10 Minuten erhitzen, dabei mit einem flexiblen Teigschaber ruhig, aber beständig von der Schüsselwand wegrühren (»zur Rose abziehen«). Die Eiermilch dabei höchstens auf 75 °C erhitzen, bis die Flüssigkeit anfängt leicht zu binden.

3 Die Masse durch ein Sieb gießen und abkühlen lassen, dabei gelegentlich umrühren. Anschließend in der Eismaschine zu einem cremigen Eis gefrieren lassen. Das Sternaniseis in eine gefrierfeste, eisgekühlte Metallschüssel füllen, direkt mit Backpapier bedecken und bis zum Servieren in das Tiefkühlfach stellen.

4 Für die Glücksblätter das Mehl mit dem Fünf-Gewürze-Pulver in eine Schüssel geben. Die Eiweiße, den Puderzucker und die flüssige Butter dazugeben und zu einer glatten Masse verrühren. Ein Drittel der Masse abnehmen, das Kakaopulver hineinsieben, unterrühren und in einen Einwegspritzbeutel füllen. Beide Massen im Kühlschrank mindestens 1 Stunde durchkühlen lassen, dadurch wird die Masse fester und lässt sich besser verarbeiten.

5 Den Backofen auf 180 °C vorheizen. Ein Backblech mit einer Backmatte oder Backpapier belegen, 1 bis 2 TL der hellen Masse daraufsetzen, eine Teigkarte in lauwarmes Wasser tauchen und die Masse nach Belieben zu einem runden oder ovalen Blatt von 2 bis 3 mm Dicke verstreichen. Aus der übrigen Masse auf die gleiche Weise Blätter aufstreichen.

6 Vom Einwegspritzbeutel eine kleine Spitze abschneiden, damit sich die Masse in einem dünnen Faden aufspritzen lässt. Auf jedes Blatt ein chinesisches Glückszeichen spritzen. Die Blätter im Ofen auf der untersten Schiene 6 bis 8 Minuten goldbraun backen. Herausnehmen, abkühlen lassen und vorsichtig von der Backmatte bzw. vom Backpapier lösen.

7 Die Melone halbieren, entkernen und mit einem Kugelausstecher Kugeln ausstechen. Die Melonenkugeln mit dem Puderzucker, dem Reiswein, dem Zitronensaft, Ingwer und Minze mischen. In kleine Schüsseln oder vertiefte Teller verteilen, je 1 Nocke Sternaniseis daraufsetzen, je 1 Glücksblatt darauf anrichten und mit Minze garnieren.

福

Sesam-Krokant-Eis
mit eingelegtem Pfirsich und Kirschen

Für 4 Personen

Für das Sesam-Krokant-Eis:
40 g helle Sesamsamen
140 g Zucker
1 Vanilleschote
¼ l Milch
250 g Sahne
2 Eier
3 Eigelb · Salz
2 TL Tahin (helle Sesampaste)

Für das Pfirsich-Kirsch-Kompott:
2 reife, feste Pfirsiche
120 g Herzkirschen
¼ Vanilleschote
350 ml Sekt
2 EL chinesischer Reiswein
70 g Zucker
1 EL Zitronensaft
1 Msp. Fünf-Gewürze-Pulver
1 Streifen Bio-Zitronenschale
1 TL Speisestärke

1 Für das Sesam-Krokant-Eis den Sesam in einer Pfanne ohne Fett hell rösten. In eine weitere Pfanne nach und nach 50 g Zucker streuen und goldbraun karamellisieren. Den gerösteten Sesam zügig hineinrühren und die heiße, weiche Krokantmasse auf eine Lage Backpapier geben. Mit einer zweiten Lage Backpapier belegen und den Krokant mit dem Nudelholz rasch zu einer flachen Platte ausrollen. Auskühlen lassen und anschließend mit einem großen Messer in kleine Stücke hacken.

2 Die Vanilleschote längs aufschneiden und das Mark mit einem spitzen Messer herauskratzen. Milch, Sahne, Vanilleschote und -mark mit 40 g Zucker in einem Topf aufkochen lassen, zwischendurch umrühren.

3 Die Eier, die Eigelbe und den restlichen Zucker mit 1 Prise Salz in einer Metallschüssel mit dem Schneebesen hellschaumig aufschlagen. Die heiße Milchmischung nach und nach unter Rühren dazugeben. Die Masse im heißen Wasserbad 5 bis 10 Minuten erhitzen, dabei mit einem flexiblen Teigschaber ruhig, aber beständig von der Schüsselwand wegrühren, bis die Flüssigkeit anfängt leicht zu binden (»zur Rose abziehen«). Die Masse dabei höchstens auf 75 °C erhitzen. Sofort durch ein Sieb gießen und die Sesampaste hineinrühren. Abkühlen lassen, dabei gelegentlich umrühren.

4 Die Masse in der Eismaschine zu einem cremigen Eis gefrieren lassen. Am Schluss 50 g Sesamkrokant unterrühren. Den restlichen Krokant für die Garnitur beiseitelegen. Das Sesameis in eine gefrierfeste, eisgekühlte Metallschüssel füllen, direkt mit Backpapier bedecken und bis zum Servieren in das Tiefkühlfach stellen.

5 Für das Pfirsich-Kirsch-Kompott die Pfirsiche waschen, halbieren, entsteinen, die Kirschen waschen und entsteinen. Die Vanilleschote längs aufschneiden, das Mark herauskratzen. Sekt, Reiswein, 100 ml Wasser, Zucker und Zitronensaft mit Vanilleschote und -mark, Fünf-Gewürze-Pulver und Zitronenschale aufkochen. Die Pfirsichhälften dazugeben und bei milder Hitze 10 Minuten köcheln lassen. Vom Herd nehmen, den Sud direkt mit einem Blatt Backpapier bedecken und abkühlen lassen.

6 Die Pfirsiche aus dem Sud nehmen, häuten und in Spalten schneiden. Den Sud aufkochen, die Speisestärke mit wenig kaltem Wasser glatt rühren und in den Sud rühren, bis dieser sämig bindet. 2 Minuten köcheln lassen. Kirschen dazugeben, einmal aufkochen und etwas abkühlen lassen. Pfirsiche wieder dazugeben. Vanille und Zitronenschale entfernen.

7 Das Kompott auf tiefe Teller oder Schüsseln verteilen. Vom Eis Nocken oder Kugeln abstechen, auf dem Kompott anrichten und mit dem übrigen Krokant bestreuen.

Bengalischer Chai
auf Eis

Für 4 Personen

Für den Chai-Sirup (ca. 300 ml):
300 g brauner Zucker
50 g Bengalischer Chai (aus dem Teeladen; ersatzweise Gewürztee mit Zimt, Süßholz, Ingwer und Kardamom)

Außerdem:
800 ml kalte Milch
Eiswürfel

1 Für den Chai-Sirup 400 ml Wasser und den braunen Zucker in einen Topf geben, aufkochen und 10 Minuten etwas einköcheln lassen. Nach 5 Minuten den Bengalischen Chai dazugeben.

2 Eine kleine Flasche (etwa 300 ml Inhalt) mit kochend heißem Wasser sterilisieren. Den Sirup durch ein Sieb gießen, in die Flasche füllen, gut verschließen und bei Zimmertemperatur aufbewahren (er hält sich etwa 6 Monate).

3 Die Milch auf vier Gläser verteilen, jeweils 2 bis 3 EL Chai-Sirup hineinrühren und einige Eiswürfel dazugeben. Den Eis-Chai sofort servieren.

Masala-Eiskaffee

Für 4 Personen

½ EL Bengalischer Chai (aus dem Teeladen; ersatzweise Gewürztee mit Zimt, Süßholz, Ingwer und Kardamom)
650 ml Kaffee (frisch gebrüht)
200 g Sahne
8 Kugeln Vanilleeis
1 Stück Zimtrinde

1 Den Bengalischen Chai in den heißen Kaffee rühren und 6 bis 7 Minuten ziehen lassen. Durch ein Sieb abgießen und die Gewürze etwas ausdrücken. Den Kaffee abkühlen lassen und zugedeckt 30 bis 60 Minuten in den Kühlschrank stellen.

2 Die Sahne steif schlagen. Je 2 Kugeln Eis in eine hohes Dessertglas geben und mit Masala-Kaffee aufgießen. Mit der Sahne garnieren und etwas Zimt darüberreiben. Den Masala-Eiskaffee mit Trinkhalm und Limonadenlöffel servieren.

Litschigranité
mit Ingwer

Für 4 Personen

Für das Litschigranité:
100 g Zucker
80 g Ingwer
⅓ Vanilleschote
1 Zimtsplitter
je 2 Streifen Bio-Zitronen- und Bio-Orangenschale
2 EL Zitronensaft
1 EL Orangensaft
250 g Litschis (aus der Dose; mit Einlegesaft)
4 Minzespitzen

Für die Himbeeren:
300 g Himbeeren
40 g Zucker
1 TL Zitronensaft
Puderzucker

1 Für das Litschigranité ½ l Wasser und den Zucker in einen Topf geben. Den Ingwer schälen und in Scheiben schneiden. Die Vanilleschote längs aufschneiden und das Mark mit einem spitzen Messer herauskratzen.

2 Den Ingwer mit Vanilleschote und -mark, Zimt, Zitronen- und Orangenschale zum Zuckerwasser geben, bis knapp unter den Siedepunkt erhitzen und etwa 10 Minuten ziehen lassen. Durch ein Sieb gießen und abkühlen lassen. Den Zitronen- und Orangensaft unterrühren.

3 Die Litschis mit Einlegesaft im Küchenmixer oder mit dem Stabmixer pürieren, durch ein Sieb passieren und mit dem Gewürzsud verrühren. In eine gefrierfeste Form füllen und im Tiefkühlfach 3 bis 4 Stunden gefrieren lassen.

4 Für die Himbeeren die Beeren verlesen, waschen und trocken tupfen. Ein Drittel der Himbeeren mit dem Zucker pürieren und durch ein Sieb streichen. Mit dem Zitronensaft und etwas Puderzucker abschmecken und mit den restlichen Himbeeren mischen.

5 Die Himbeeren auf Dessertgläser oder tiefe Teller verteilen. Das Granité mit einem Löffel fein abschaben und angehäuft auf den Himbeeren anrichten. Mit je 1 Minzespitze garnieren.

Mein Tipp

Litschis zählen zu den ältesten in Südasien kultivierten Früchten und haben einen einzigartigen, süßsäuerlichen Geschmack mit einem exotischen Hauch von Rosen und Ingwer. Litschis eignen sich für Desserts, Obstsalate, Kaltschalen, Cocktails oder zu Eis. In den asiatischen Ländern wird zudem Litschi-Wein hergestellt, und in China und in Thailand verarbeitet man Litschis auch in Konserven.

Marzipan-Wan-Tans
auf Pflaumensauce

Für 4 Personen

Für die Pflaumensauce:
500 g Pflaumen
50 g Zucker
50 ml Rotwein
¼ Zimtrinde
½ ausgekratzte Vanilleschote
1 Zacken Sternanis
2 Scheiben Ingwer
1 EL Zitronensaft

Für die Marzipan-Wan-Tans:
1 EL Mandelblättchen
150 g Marzipanrohmasse
3–4 EL Milch
½ TL Zimtpulver
1 EL Mandarinenlikör (ersatzweise Orangenlikör)
1 TL abgeriebene Bio-Mandarinenschale (ersatzweise Bio-Orangenschale)
20 Wan-Tan-Blätter
1 Eiweiß · Salz
Zucker

Für die Reisflocken:
1 TL Öl
1 EL grüne Reisflocken (aus dem Asialaden)
Puderzucker zum Bestäuben

1 Für die Pflaumensauce den Backofen auf 180 °C vorheizen. Die Pflaumen waschen, vierteln und den Stein entfernen. Die Pflaumenviertel in einen Bräter geben und den Zucker darüberstreuen. Den Wein angießen und Zimt, Vanilleschote, Sternanis, Ingwer und Zitronensaft hinzufügen. Alles kurz mischen und im Ofen auf der mittleren Schiene 15 bis 20 Minuten weich garen.

2 Den Bräter aus dem Ofen nehmen und Zimt, Vanille, Sternanis und Ingwer wieder entfernen. Die Pflaumen samt Schmorflüssigkeit mit dem Stabmixer pürieren und durch ein feines Sieb streichen. Abkühlen lassen.

3 Für die Marzipan-Wan-Tans die Mandelblättchen in einer Pfanne ohne Fett hell rösten und zerbröseln. Das Marzipan nach und nach mit der Milch mischen und die Mandelblättchen, den Zimt, den Likör und die Mandarinenschale unterrühren.

4 Die Teigblätter nebeneinanderlegen und die Ränder mit Eiweiß bestreichen. Je 1 TL Marzipanfüllung mittig daraufsetzen und in den Teig einrollen. Die Enden bonbonartig eindrehen.

5 Für gekochte Wan-Tans in einem Topf reichlich Wasser aufkochen, etwas Salz und Zucker hineingeben und die Wan-Tans darin 3 bis 4 Minuten köcheln lassen. Nach Belieben für frittierte Wan-Tans reichlich Fett in der Fritteuse oder in einem großen Topf auf 160 °C erhitzen. Die Wan-Tans darin 1 bis 2 Minuten frittieren, zwischendurch wenden.

6 Für die Reisflocken das Öl in einem kleinen Topf erhitzen und die Reisflocken darin bei mittlerer Hitze unter Rühren 1 bis 2 Minuten rösten, bis sie knusprig sind. Herausnehmen, auf Küchenpapier abtropfen lassen und mit Puderzucker bestäuben.

7 Die Pflaumensauce auf tiefe Teller verteilen. Die Marzipan-Wan-Tans mit dem Schaumlöffel aus dem Kochsud oder dem Fett heben, abtropfen lassen und auf der Pflaumensauce anrichten. Mit den knusprigen Reisflocken bestreuen und sofort servieren.

Kokos-Panna-cotta
auf Ananas mit marinierten Erdbeeren

Für 4 Personen

Für die Kokos-Panna-cotta:

3 Blatt Gelatine
300 g Kokosmilch
Mark von 1 Vanilleschote
45 g Zucker
150 g Sahne

Für die Ananas und die Erdbeeren:

½ Ananas
100 ml Ananassaft
50 g brauner Zucker
20 g Butter (in kleinen Stücken)
1 Vanilleschote
4 cm Zimtrinde
1 Sternanis
150 g Erdbeeren
1 EL Puderzucker
1 TL Orangenlikör (z.B. Grand Marnier)

Außerdem:

4 Minzespitzen zum Garnieren

1 Für die Kokos-Panna-cotta die Gelatine in kaltem Wasser einweichen. Die Kokosmilch mit dem Vanillemark und dem Zucker aufkochen lassen und vom Herd nehmen. Die Gelatine gut ausdrücken, in der heißen Kokosmilch auflösen und abkühlen lassen, bis die Flüssigkeit zu gelieren beginnt (gegebenenfalls 5 bis 10 Minuten in den Kühlschrank stellen).

2 Die Sahne halb steif schlagen und unter die leicht gelierte Kokosmilch heben. Die Masse in Portionsförmchen (à 150 ml Inhalt) füllen und im Kühlschrank mindestens 2 Stunden durchkühlen lassen.

3 Für die Ananas und die Erdbeeren den Backofen auf 175 °C vorheizen. Die Ananas längs vierteln und so schälen, dass die »Augen« weitgehend mit entfernt werden. Die Reste der Augen mit einem spitzen Messer herausschneiden. Den harten Strunk ebenfalls entfernen (siehe S. 111). Das Fruchtfleisch in ½ bis 1 cm dicke Scheiben schneiden und in eine ofenfeste Form legen. Mit dem Ananassaft beträufeln und mit dem braunen Zucker und den Butterstücken bestreuen.

4 Die Vanilleschote längs und quer halbieren, den Zimt leicht zerbröckeln. Vanille, Zimt und Sternanis auf den Ananasstücken verteilen und im Ofen auf der mittleren Schiene etwa 20 Minuten schmoren, dabei die Ananas immer wieder mit dem Schmorsaft beträufeln.

5 Inzwischen die Erdbeeren waschen, putzen und vierteln. Mit Puderzucker und Orangenlikör mischen. Die Kokos-Panna-cotta auf Dessertteller stürzen, die warmen Ananasstücke darum herum anrichten und mit etwas Schmorsud beträufeln. Die marinierten Erdbeeren zwischen die Ananasstücke legen und mit Minzespitzen garnieren.

Zitronengrassülze
mit bunten Früchten

FÜR 4 PERSONEN

Für die Zitronengrassülze:
5 Stängel Zitronengras
75 g Zucker
2 ½ Blatt Gelatine
200 ml Prosecco
1 EL Orangensaft
1 EL Zitronensaft

Für die Früchte:
½ reife Papaya (200 g)
½ reife Ananas (400 g)
1 Thai-Mango (300 g)
4 Rambutans
1 Banane
1 Kiwi

Außerdem:
4 Minzespitzen und
Chilifäden zum Garnieren

1 Für die Zitronengrassülze vom Zitronengras die welken Außenblätter und die obere, trockene Hälfte entfernen, die untere Hälfte in Scheiben schneiden. Mit 300 ml Wasser und dem Zucker in einen Topf geben, aufkochen und knapp unter dem Siedepunkt 10 Minuten ziehen lassen. Mit dem Stabmixer pürieren und durch ein Sieb gießen.

2 Die Gelatine in kaltem Wasser einweichen, gut ausdrücken und im heißen Zitronengrassud auflösen. Den Prosecco, den Orangen- und den Zitronensaft dazugeben, abkühlen lassen und zugedeckt im Kühlschrank mindestens 2 Stunden auskühlen lassen.

3 Für die Früchte die Kerne der Papaya mit einem Löffel entfernen und die Frucht schälen. Die Ananas schälen, sodass die »Augen« weitgehend mit entfernt werden. Die Reste der Augen mit einem spitzen Messer herausschneiden. Die Ananas nochmals halbieren und den harten Strunk entfernen (siehe S. 111).

4 Die Mango schälen. Die Frucht auf die schmale Seite stellen und das Fruchtfleisch auf den flachen Seiten mit einem schmalen Messer vom Stein schneiden (siehe S. 96). Die Rambutans rundum einritzen und die Schale entfernen. Das Fruchtfleisch herauslösen, rundum einschneiden und den Stein entfernen. Die Banane und die Kiwi schälen. Alle Früchte in etwa 2 cm große dekorative Stücke schneiden.

5 Die Zitronengrassülze noch einmal durchrühren und auf tiefe Teller verteilen. Die Fruchtstücke mittig darauf anrichten und mit Minzespitzen und Chilifäden garnieren (Rezeptbild siehe S. 304/305).

Mein Tipp

Servieren Sie zu diesem Dessert noch je eine Kugel Vanilleeis. Übrigens: Die Rambutans sind botanisch mit den Litschis verwandt und ihr Fruchtfleisch ähnelt dem der Litschis in Form und Geschmack, deshalb wird es auch genauso verwendet. Rein äußerlich unterscheiden sie sich jedoch deutlich von den Litschis – Rambutans sind von einer rosafarbenen bis leuchtend-roten, ledrigen und dicht mit Borsten besetzten Schale umgeben.

Fruchtsalat
mit Tapiokaperlen

Für 4 Personen

50 g Tapiokaperlen (Größe S)
50 g brauner Zucker
1 EL loser roter Früchtetee (ersatzweise 2 Teebeutel)
1 EL Zitronensaft
800 g gemischte Früchte (z. B. Sternfrucht, Kiwi, Trauben, Mango, Papaya, Ananas, Melone, Apfel, Birne)
1 EL Minzeblätter (frisch geschnitten)
½ Sternfrucht und 4 Minzespitzen zum Garnieren

1 Die Tapiokaperlen in einem Topf in reichlich Wasser 20 Minuten weich garen. In ein Sieb abgießen, kalt abbrausen, bis das Wasser klar abläuft, und gut abtropfen lassen.

2 Inzwischen ⅛ l Wasser mit dem braunen Zucker aufkochen lassen. Vom Herd nehmen, den Früchtetee dazugeben und 5 Minuten ziehen lassen. Den Tee durch ein Sieb gießen und mit den Tapiokaperlen mischen. Den Zitronensaft hinzufügen. Den Tee abkühlen lassen und im Kühlschrank auskühlen lassen.

3 Die Früchte putzen und schälen bzw. waschen und gegebenenfalls entkernen bzw. den Strunk entfernen. Die Früchte in etwa ½ cm große Würfel schneiden.

4 Die Fruchtwürfel mit den Tapiokaperlen mischen, die geschnittene Minze untermischen und auf Dessertgläser oder tiefe Teller verteilen. Die Sternfrucht waschen und in Scheiben schneiden. Den Fruchtsalat mit Sternfrucht und Minze garnieren. Mit einem Limonadenlöffel servieren.

Mein Tipp

Tapiokaperlen werden aus Tapiokastärke, dem Stärkemehl der Maniokwurzel, hergestellt. Sie sind in verschiedenen Größen bis zu erbsengroß erhältlich und werden vor allem zum Andicken für süße Puddings verwendet. Den Fruchtsalat sollten Sie keinesfalls (eis-)kalt servieren – ganz im Gegenteil: Nur wenn die Früchte leicht temperiert sind, also mindestens Zimmertemperatur haben, kommt ihr exotisches Aroma voll zur Geltung.

Mangopudding
mit knusprigen Reisnudeln

Für 4 Personen

Für den Mangopudding:
5 Blatt Gelatine
300 g Mangopüree (aus dem Asialaden; ersatzweise Mango-smoothie aus dem Kühlregal oder Püree von frischen, reifen Thai-Mangos)
70 g Puderzucker
1–2 EL Limettensaft
60 g Sahne

Für die Reisnudeln:
Fett zum Frittieren
20 g feine Reisnudeln (Vermicelli; ersatzweise Glasnudeln)
Puderzucker zum Bestäuben

1 Die Gelatine in kaltem Wasser einweichen, gut ausdrücken und in einem kleinen Topf in 175 ml Wasser bei milder Hitze auflösen. Mit dem Mangopüree, dem Puderzucker, dem Limettensaft und der Sahne verrühren. Die Mangocreme in 4 kleine Gugelhupfformen (à 150 ml Inhalt) füllen und im Kühlschrank 2 Stunden auskühlen lassen.

2 Für die Reisnudeln das Frittierfett in einem kleinen Topf auf 180 °C erhitzen. Die Reisnudeln darin 30 bis 60 Sekunden weiß und knusprig ausbacken. Mit dem Schaumlöffel herausnehmen und auf Küchenpapier abtropfen lassen.

3 Die Mangocreme aus dem Kühlschrank nehmen und die Förmchen bis zum oberen Rand kurz in heißes Wasser tauchen. Die Mangocreme auf Dessertteller stürzen. Die knusprigen Reisnudeln darüberstreuen und mit Puderzucker bestäuben. Nach Belieben mit Minzeblättern und kleinen Fruchtstücken (z.B. Papaya, Melone, Mango, Nektarine) garnieren.

Mein Tipp

Dieser Pudding lässt sich auch aus anderen exotischen Früchten herstellen, Sie müssen nur Folgendes beachten: Gelatine reagiert empfindlich auf bestimmte Enzyme, die z.B. in Papaya oder Ananas vorkommen. Bei der Verarbeitung solcher Früchte einfach das Fruchtpüree kurz aufkochen, um die hitzeempfindlichen Enzyme zu zerstören. Anschließend die Früchte mit der Gelatine weiterverarbeiten.

Reisweinmousse
mit zweierlei Melonen

Für 4 Personen

Für die Reisweinmousse:
1 Blatt Gelatine
60 ml chinesischer Reiswein
1 EL Zitronensaft
30 g Zucker
2 Eigelb
150 g Sahne

Für die Melonen:
400 g Galia-Melone
400 g Cantaloupe-Melone
2 ½ Blatt Gelatine
35 g Zucker
5 EL chinesischer Reiswein
1 TL Zitronensaft

1 Für die Reisweinmousse die Gelatine in kaltem Wasser einweichen. Den Reiswein, den Zitronensaft, den Zucker und die Eigelbe in einem Topf verrühren und aufkochen lassen. Die Gelatine gut ausdrücken, in die Creme rühren und darin auflösen. Die Creme in eine Metallschüssel füllen und im kalten Wasserbad kalt rühren, bis sie anfängt zu gelieren. Die Sahne cremig schlagen und unter die gelierende Creme rühren. Auf vier flache Dessertschalen (à etwa 250 ml Inhalt) verteilen und 1 Stunde in den Kühlschrank stellen.

2 Für die Melonen die Früchte halbieren und die Kerne mit einem Löffel entfernen. Die Melonen in Spalten schneiden, schälen und das Fruchtfleisch in ½ bis 1 cm große Stücke schneiden. Etwa 100 g Cantaloupe-Melone in einen hohen Rührbecher geben, mit dem Stabmixer pürieren und durch ein Sieb passieren (es sollte etwa 75 ml Melonensaft ergeben).

3 Die Gelatine in kaltem Wasser einweichen. In einem Topf den Zucker mit 70 ml Wasser verrühren, aufkochen lassen und vom Herd nehmen. Die Gelatine gut ausdrücken, in das Zuckerwasser rühren und darin auflösen. Den Reiswein, den Melonensaft und den Zitronensaft unterrühren. Den Sud abkühlen lassen, mit den Melonenstücken mischen und auf der Reisweinmousse verteilen. Im Kühlschrank weitere 1 bis 2 Stunden durchkühlen lassen.

Mein Tipp

Diese Mousse lässt sich gut vorbereiten, denn das Aroma des Reisweins entfaltet sich am besten nach etwa einem Tag. Chinesischer Reiswein (Shao Xing) ist der bekannteste Reiswein, der neben Sake oder Mirin (beides aus Japan) in Europa erhältlich ist. Er ist dunkel in der Farbe und meist nur im Asialaden erhältlich. Er hat ein deutliches Sherryaroma und kann gegebenenfalls durch Sherry medium dry ersetzt werden.

Kardamom-Muskatnuss-Mousse
mit Trauben-Chutney

Für 4 Personen

Für die Kardamom-Muskatnuss-Mousse:

150 g Speisequark
25 g Zucker
1 TL gemahlener Kardamom
1 TL frisch geriebene Muskatnuss
je 1 Msp. abgeriebene Bio-Zitronen- und Bio-Orangenschale
1 EL Zitronensaft
3 EL Orangensaft
1 Msp. Vanillemark
250 g Sahne · 2 Eiweiß
50 g Zucker · Salz

Für das Trauben-Chutney:

½ Vanilleschote
¼ l Weißwein
40 g Zucker · je 1 EL Zitronen- und Orangensaft
½ Zimtrinde
1 Zacken Sternanis
1 TL Kardamomsamen
je 1 Streifen Bio-Zitronen- und Bio-Orangenschale
1 TL Speisestärke
2 EL gehackte Mandeln
je 250 g helle und dunkle kernlose Trauben

1 Für die Kardamom-Muskatnuss-Mousse den Quark in einer Schüssel mit Zucker, Kardamom, Muskatnuss, Zitronen- und Orangenschale, Zitronen- und Orangensaft und Vanillemark glatt rühren.

2 Die Sahne halb steif schlagen. Die Eiweiße mit dem Zucker und 1 kleinen Prise Salz zu cremigem Schnee schlagen und mit der Sahne unter die Creme heben.

3 Ein Sieb in eine Schüssel hängen, mit einem sauberen Küchentuch auslegen und die Quarkmasse hineinfüllen. Mit Frischhaltefolie bedecken und den Quark 2 Stunden im Kühlschrank abtropfen lassen, sodass die Konsistenz fester wird. Dann in eine Schüssel umfüllen und zugedeckt kühl stellen.

4 Für das Trauben-Chutney die Vanilleschote längs aufschneiden und das Mark mit einem spitzen Messer herauskratzen. Den Wein, den Zucker, Vanilleschote und -mark, Zitronen- und Orangensaft sowie die restlichen Gewürze aufkochen lassen. Die Speisestärke mit wenig kaltem Wasser glatt rühren und den Sud damit binden. Abkühlen lassen und durch ein Sieb passieren.

5 Die Mandeln in einer Pfanne ohne Fett rösten und abkühlen lassen. Die Trauben waschen, von den Stielen zupfen und halbieren. Mit den Mandeln unter den Gewürzsud rühren.

6 Das Trauben-Chutney auf tiefe Dessertteller verteilen. Von der Kardamom-Muskatnuss-Mousse Nocken abstechen und darauf anrichten.

Mein Tipp

Der Quark muss gut abgetropft sein, jedoch sollte man ihn nicht länger als 2 Stunden im Sieb liegen lassen, damit er trotzdem noch luftig und saftig bleibt. Wird er nach 2 Stunden nicht sofort verzehrt, füllt man ihn in eine Schüssel um und bedeckt ihn bis zum Anrichten mit Frischhaltefolie.

Joghurt-Curry
mit bunten Früchten und Ingwerkrokant

Für 4 Personen

Für den Ingwerkrokant (ergibt ca. 100 Stück):
50 g flüssige Butter
90 g Zucker
45 g Glukose (aus der Konditorei oder aus dem Internet)
25 g geriebener Ingwer
1 Msp. Zimtpulver
abgeriebene Schale von 1 Bio-Zitrone · 45 g Mehl

Für das Joghurt-Curry:
150 g Sahne
40 g Zucker
200 g Naturjoghurt
1 TL Currypulver (ohne Knoblauch)
1 Msp. gemahlene Kurkuma

Für die Früchte:
½ reife Papaya (ca. 200 g)
¼ reife Ananas (ca. 200 g)
½ Mango (ca. 180 g)
¼ Zuckermelone
1 Banane

1 Für den Ingwerkrokant den Backofen auf 190 °C vorheizen. Alle Zutaten in einer Schüssel mit dem Schneebesen verrühren. Ein Backblech mit einer Backmatte oder Backpapier belegen und mit einem Teelöffel kleine Ingwerhäufchen mit etwa 6 cm Abstand zueinander daraufsetzen. Im Ofen auf der mittleren Schiene etwa 8 Minuten backen.

2 Den Ingwerkrokant aus dem Ofen nehmen, kurz abkühlen lassen und dann vorsichtig von dem Backpapier lösen.

3 Für das Joghurt-Curry die Sahne mit dem Zucker cremig schlagen. 2 EL Joghurt mit dem Currypulver und der Kurkuma in einem kleinen Topf unter Rühren erwärmen. Den Gewürzjoghurt mit dem restlichen Joghurt verrühren und die Sahne unterheben.

4 Für die Früchte die Kerne der Papaya mit einem Löffel entfernen und die Frucht schälen. Die Ananas schälen, sodass die »Augen« weitgehend mit entfernt werden. Die Reste der Augen mit einem spitzen Messer herausschneiden. Den harten Strunk ebenfalls entfernen. Die Mango schälen. Die Melonenkerne mit einem Löffel entfernen und die Melone schälen. Die Banane schälen. Die Früchte in 2 cm große Würfel schneiden.

5 Das Joghurt-Curry auf tiefe Teller verteilen und die Früchte darauf anrichten. Jeweils einige Ingwerkrokantstücke dazwischenstecken.

Mein Tipp

Der Ingwerkrokant ist eine hübsche Dekoration für Desserts, er schmeckt aber auch als Teegebäck. In einem gut verschlossenen Behälter hält er sich einige Tage. Wichtig dabei ist, darauf zu achten, dass die Luftfeuchtigkeit im Raum beim Einlagern niedrig ist.

Limettencreme
in knusprigem Blätterteig mit Chili

Für 4 Personen

Für die Limettencreme:
3 Blatt Gelatine
300 g Sahne
3 frische Eigelb
50 g Puderzucker
Mark von ¼ Vanilleschote
Salz
1 EL weißer Rum
abgeriebene Schale von 1 Bio-Limette

Für den Blätterteig:
1 Kaffir-Limettenblatt
1 Msp. milde Chiliflocken
2 Platten Blätterteig (aus dem Kühlregal; à ca. 80 g)
Mehl für die Arbeitsfläche
1 EL Puderzucker

Außerdem:
abgeriebene Schale von 1 Bio-Limette

1 Für die Limettencreme die Gelatine in kaltem Wasser einweichen. Die Sahne steif schlagen. Die Eigelbe, den Puderzucker, das Vanillemark und 1 Prise Salz mit den Quirlen des Handrührgeräts schaumig schlagen. Den Rum in einem kleinen Topf erwärmen und vom Herd nehmen. Die Gelatine gut ausdrücken, in dem Rum auflösen und in die Eigelbmasse rühren. Die Limettenschale hineinrühren und die Sahne unterheben. Die Limettencreme zugedeckt mindestens 1 Stunde in den Kühlschrank stellen.

2 Inzwischen für den Blätterteig den Backofen auf 220 °C vorheizen. Das Kaffir-Limettenblatt sehr fein hacken und mit den Chiliflocken auf 1 Platte Blätterteig streuen. Mit der zweiten Platte belegen und auf der bemehlten Arbeitsfläche zu einer rechteckigen Platte (etwa 25 x 30 cm) ausrollen. Auf ein mit Backpapier belegtes Backblech legen und mit einer Gabel mehrmals einstechen. Den Blätterteig im Ofen auf der mittleren Schiene etwa 10 Minuten backen.

3 Den Blätterteig gleichmäßig mit dem Puderzucker bestäuben. Dann 1 weitere Minute im Ofen karamellisieren. Den Blätterteig mithilfe des Backpapiers auf ein Schneidebrett ziehen. Mit einem großen Messer längs halbieren und quer in 8 gleich große Rechtecke schneiden. Abkühlen lassen.

4 Die Limettencreme aus dem Kühlschrank nehmen und in einen Spritzbeutel mit Sterntülle füllen. Auf 4 Blätterteigstücke die Hälfte der Creme spritzen, jeweils 1 Teigblatt darauflegen und die restliche Creme darauf verteilen. Mit der Limettenschale bestreuen.

Mein Tipp

Bevor Sie die Limettencreme mit den Teigblättern »zudecken«, können Sie noch einige Beeren, z.B. Himbeeren, Rote Johannisbeeren oder Heidelbeeren, daraufstreuen.

Banane im Blatt gegrillt
mit Passionsfrucht

Für 4 Personen

2 Bananen
4 Bananenblätter (à 15 x 20 cm; aus dem Asialaden)
1 ausgekratzte Vanilleschote
4 Scheiben Ingwer
4 Zimtsplitter
4 Zacken Sternanis
4 TL brauner Zucker
2 TL Limettensaft
1 TL gemischte Sesamsamen
2 Passionsfrüchte

1 Die Bananen schälen, längs und quer halbieren. Die Bananenblätter waschen und jeweils etwa 10 Sekunden über einen kleinen Topf in heißen Wasserdampf halten, damit sie etwas geschmeidiger werden. Nebeneinander auf die Arbeitsfläche legen (siehe S. 109).

2 Die Vanilleschote in 4 Stücke schneiden. Je 2 Bananenviertel nebeneinander mittig auf 1 Bananenblatt legen. Je 1/4 Vanilleschote, 1 Ingwerscheibe, 1 Zimtsplitter und 1 Zacken Sternanis darauf verteilen, mit 1 TL braunem Zucker bestreuen und 1/2 TL Limettensaft darüberträufeln. Die Bananenblätter darüber zusammenfalten und mit Küchengarn zubinden.

3 Den Backofengrill einschalten. Die Bananen unter dem Grill (ersatzweise in einer Grillpfanne ohne Fett bei mittlerer Hitze) auf jeder Seite etwa 5 Minuten grillen.

4 Den Sesam in einer Pfanne ohne Fett rösten. Die Bananenpäckchen herausnehmen und öffnen. Die Passionsfrüchte halbieren, je 1 Passionsfruchthälfte auslöffeln und das Fruchtfleisch auf die Banane eines Päckchens verteilen. Mit dem gerösteten Sesam bestreuen.

Mein Tipp

Im asiatischen Raum sind Bananenblätter unter anderem eine beliebte Verpackung für pikante und süße Klebreisküchlein. Ein raffinierter Hingucker für Gäste sind mit Kokosklebreis gefüllte Bananenblätter: Dafür am Vortag den Klebreis wie auf S. 96 zubereiten. Am nächsten Tag jeweils 1 Portion davon auf ein Stück Bananenblatt setzen, zusammenfalten, verschließen, wie oben beschrieben grillen und mit Mango servieren. Das Dessert lässt sich gut vorbereiten.

Auflauf vom Sushireis
mit Apfel und Orange

Für 4 Personen

3 Stängel Zitronengras
180 g Sushi-Reis
900 ml Milch
120 g Zucker
Salz
Butter für die Form
2 säuerliche Äpfel
2 Orangen
80 g weiche Butter
je 1 TL abgeriebene Bio-Orangen- und Bio-Zitronenschale
5 Eier
Puderzucker zum Bestäuben

1 Vom Zitronengras die welken Außenblätter und die obere, trockene Hälfte entfernen, die untere Hälfte längs halbieren. Den Sushi-Reis in einem Topf mit der Milch, 40 g Zucker, 1 Prise Salz und dem Zitronengras aufkochen lassen und unter gelegentlichem Rühren knapp unter dem Siedepunkt 20 bis 25 Minuten weich garen. Den Reis vom Herd nehmen und auskühlen lassen. Das Zitronengras entfernen.

2 Den Backofen auf 180 °C vorheizen. Eine ofenfeste Form (30 x 20 cm) mit Butter einfetten. Die Äpfel vierteln, schälen und das Kerngehäuse entfernen. Das Fruchtfleisch in ½ cm große Würfel schneiden und in eine Schüssel geben. Die Orangen so großzügig schälen, dass auch die weiße Haut mit entfernt wird. Die Filets zwischen den einzelnen Trennhäuten herausschneiden, dabei den austretenden Saft auffangen und den Rest der Orangen gut ausdrücken. Den Orangensaft zu den Apfelwürfeln geben. Die Orangenfilets klein schneiden.

3 Die Butter mit der Orangen- und Zitronenschale schaumig schlagen. Die Eier trennen und die Eigelbe nach und nach unter die Butter rühren. Drei Eiweiße mit 1 Prise Salz und 50 g Zucker zu cremigem Schnee schlagen. Den Sushi-Reis mit der Buttermasse mischen. Den Eischnee, die Äpfel und die Orangen unterheben und in die Form füllen. Den Auflauf im Ofen auf der untersten Schiene etwa 1 ¼ Stunden backen, die letzten 15 Minuten mit Alufolie abdecken.

4 Die restlichen Eiweiße mit 1 Prise Salz und dem übrigen Zucker zu cremigem Schnee schlagen und auf dem Auflauf verteilen. Mit Puderzucker bestäuben und weitere 7 bis 8 Minuten goldbraun backen. Den Sushi-Auflauf aus dem Ofen nehmen und nochmals mit Puderzucker bestäuben.

Mein Tipp

Sushi-Reis ist ein Rundkornreis und wird beim Garen besonders luftig und locker. Man kann für den Auflauf auch andere Rundkornreissorten wie z.B. Milchreis verwenden, benötigt dann aber 100 ml mehr Milch.

Süße Früchte-Sushi
mit Himbeersauce

FÜR CA. 30 STÜCK

Für den Sushi-Reis:
125 g Sushi-Reis
300 ml Milch
1 TL abgeriebene Bio-Orangenschale
Mark von ¼ Vanilleschote
Salz · Zimtpulver
50 g Zucker

Für die Früchte:
10 Litschis
15 Brombeeren
1 Kiwi
100 g Erdbeeren
4 EL helle Sesamsamen
4 EL gehackte Pistazien

Für die Himbeersauce:
250 g Himbeeren
1 TL Zitronensaft
2 EL Zucker

1 Für den Sushi-Reis den Reis über Nacht in eine Schüssel mit reichlich Wasser legen. Am nächsten Tag den Backofen auf 125 °C vorheizen. Den Reis in ein Sieb abgießen und unter fließendem kaltem Wasser waschen, bis das Wasser klar abläuft. In einen ofenfesten Topf geben und mit der Milch, der Orangenschale, dem Vanillemark, je 1 Prise Salz und Zimt sowie dem Zucker aufkochen lassen. Im Ofen auf der mittleren Schiene mit geschlossenem Deckel 25 Minuten fertig garen. Herausnehmen, den Reis mit einer Gabel auflockern und auskühlen lassen.

2 Für die Früchte die Litschis schälen, halbieren und entsteinen. Die Brombeeren verlesen, waschen, trocken tupfen und halbieren. Die Kiwi schälen, vierteln und in dünne Scheiben schneiden. Die Erdbeeren waschen, putzen und in dünne Scheiben schneiden.

3 Den Sesam in einer Pfanne ohne Fett rösten und mit den Pistazien auf einen Teller geben. Mithilfe von zwei Esslöffeln aus dem Reis kleine Nocken formen, dabei die Löffel immer wieder in kaltes Wasser tauchen. Die Reisnocken mit der Unterseite in die Sesam-Pistazien-Mischung drücken und mit jeweils 1 Fruchtsorte dekorativ belegen.

4 Für die Himbeersauce die Himbeeren verlesen, waschen und trocken tupfen. Die Früchte mit dem Zitronensaft und dem Zucker in einen hohen Rührbecher geben und mit dem Stabmixer pürieren. Das Himbeermark durch ein Sieb in eine Schüssel streichen.

5 Die Frucht-Sushi auf einer Platte anrichten und die Himbeersauce als Dip dazu reichen.

Mein Tipp

Zu den süßen Sushi können Sie Fruchtsaucen nach Lust und Laune servieren: 250 g frische, vorbereitete (geschält, gewaschen, entsteint etc.) oder tiefgekühlte Früchte fein pürieren und nach Belieben durch ein feines Sieb streichen. Je nach Obstsorte 4 bis 6 EL Puderzucker und etwas Zitronensaft oder Fruchtlikör unterrühren.

Ingwer-Schokoladen-Mousse
mit Bananen und Himbeeren

Für 4 Personen

Für die Ingwer-Schokoladen-Mousse:
180 g Zartbitterkuvertüre
1 kleines Ei
1 Eigelb · Salz
2 EL Ingwerlikör (ersatzweise Orangenlikör)
30 g Ingwerpaste (siehe S. 339 oder Tipp)
400 g Sahne

Für die Früchte:
½ Thai-Mango
100 g Himbeeren
2 Bananen
1 TL Zitronensaft
1 TL Puderzucker
1 Msp. Bio-Orangenschale
1 TL Orangenlikör (z.B. Grand Marnier)
1 TL Minzeblätter (frisch geschnitten)

1 Für die Ingwer-Schokoladen-Mousse die Kuvertüre grob hacken, in eine Metallschüssel geben und im heißen Wasserbad unter Rühren schmelzen lassen.

2 Das Ei und das Eigelb mit 1 Prise Salz in einer Metallschüssel im heißen Wasserbad hellschaumig aufschlagen. Die geschmolzene Kuvertüre unterrühren.

3 Den Ingwerlikör mit der Ingwerpaste in einem kleinen Topf lauwarm erhitzen und unter die Kuvertüre rühren. Leicht abkühlen lassen.

4 Die Sahne halb steif schlagen und unter die Schokocreme heben. Die Mousse in eine Schüssel füllen und zugedeckt 2 Stunden in den Kühlschrank stellen.

5 Für die Früchte die Mango schälen und das Fruchtfleisch in ½ bis 1 cm große Würfel schneiden. Die Himbeeren verlesen, waschen und trocken tupfen. Die Bananen schälen und in Scheiben schneiden.

6 Die Früchte in eine Schüssel geben, mit dem Zitronensaft beträufeln und mit dem Puderzucker bestäuben. Die Orangenschale, den Orangenlikör und die Minze dazugeben und alles locker miteinander mischen.

7 Aus der Ingwer-Schokoladen-Mousse mit einem Esslöffel Nocken abstechen und auf Dessertteller verteilen, den Löffel dabei öfter in heißes Wasser tauchen. Die Früchte daneben anrichten.

Mein Tipp

In der Schokoladenmousse macht sich anstelle der Ingwerpaste auch 30 g kandierter und fein gehackter Ingwer sehr gut. Das Hacken gelingt besonders gut, wenn man einen Tropfen hochprozentigen Alkohol oder Likör über den zuckerhaltigen, klebrigen Ingwer träufelt.

Milchcremetörtchen
mit Kassia-Zimt

Für 12 Stück

Für den Mürbeteig:

175 g weiche Butter
75 g Puderzucker
Mark von ½ Vanilleschote
abgeriebene Schale von ½ Bio-Zitrone
Salz · 2 Eigelb
240 g Mehl
Butter für die Form
Mehl für die Arbeitsfläche

Für die Milchcremefüllung:

300 ml Milch
1 geh. EL Speisestärke
5 Eigelb
150 g Sahne
60 g Zucker
1 Streifen Bio-Zitronenschale
Salz

Für den Zimtzucker:

1 EL Zucker
½ TL gemahlener Kassia-Zimt

1 Für den Mürbeteig die Butter mit dem Puderzucker, dem Vanillemark, der Zitronenschale und 1 Prise Salz in eine Schüssel geben und mit den Knethaken des Handrührgeräts zu einer glatten Masse verrühren. Die Eigelbe nacheinander dazugeben und das Mehl rasch unterkneten. Den Teig zu einem flachen Ziegel formen, in Frischhaltefolie wickeln und im Kühlschrank 2 Stunden ruhen lassen.

2 Den Backofen auf 200 °C vorheizen. Die Vertiefungen einer Muffinform mit Butter einfetten. Den Mürbeteig auf der bemehlten Arbeitsfläche etwa 2 mm dick ausrollen und die einzelnen Vertiefungen der Muffinform damit auslegen. Den Teig mit einer Gabel mehrmals einstechen und im Ofen auf der mittleren Schiene 6 bis 8 Minuten goldbraun vorbacken.

3 Inzwischen für die Milchcremefüllung 100 ml Milch mit der Speisestärke und den Eigelben verrühren. Die restliche Milch in einem Topf mit Sahne, Zucker, Zitronenschale und 1 Prise Salz aufkochen lassen. Die Stärke-Eigelb-Mischung unter ständigem Rühren dazugießen und kurz köcheln lassen. Die Puddingcreme in eine Schüssel geben und 5 Minuten abkühlen lassen, damit die Masse etwas zusammenfällt.

4 Für den Zimtzucker den Zucker mit dem Kassia-Zimt mischen. Die Puddingcreme in die Mürbeteigvertiefungen verteilen und mit dem Zimtzucker bestreuen. Die Milchcremetörtchen im Ofen auf der mittleren Schiene 15 Minuten fertig backen.

5 Die Milchcremetörtchen aus dem Ofen nehmen, etwas abkühlen lassen und mithilfe eines Messers aus der Form lösen.

Mein Tipp

Eiercremetörtchen (Dan Ta) sind in China, vor allem in Hongkong, ein typisches süßes Dim Sum. Das Gebäck ist den portugiesischen »Pastéis de nata« ähnlich. Es gibt sie in vielen Varianten, z.B. mit Schokolade, Ingwer oder mit grünem Tee aromatisiert. Anstelle des Zimts können Sie auch Muskatnuss verwenden, und mit einem Blätterteigboden verkürzen Sie die Zubereitungszeit. Die Milchcremetörtchen schmecken abgekühlt oder frisch aus dem Ofen.

Tapiokaknödel
mit Mohnbutter und Portweinkirschen

FÜR 12 KNÖDEL

Für die Tapiokaknödel:
150 g Tapiokaperlen (Größe S)
¼ l Milch
30 g Zucker
50 g Butter · Salz
abgeriebene Schale von ½ Bio-Zitrone · 1 Ei
25 g Nussnougat
3 Scheiben Ingwer
½ ausgekratzte Vanilleschote
je 2 Streifen Bio-Zitronen- und Bio-Orangenschale

Für die Portweinkirschen:
400 g Herzkirschen
1 geh. EL Puderzucker
150 ml Rotwein
50 ml roter Portwein
1 Zimtsplitter
1 Zacken Sternanis
¼ Vanilleschote
2 grüne Kardamomkapseln
je 1 Streifen Bio-Zitronen- und Bio-Orangenschale
1 Scheibe Ingwer
1 TL Speisestärke
1 EL kalte Butter

Für die Mohnbutter:
1 EL gemahlener Mohn
60 g braune Butter (siehe Tipp S. 147)
1 TL Zucker
1 Msp. Zimtpulver

1 Für die Tapiokaknödel die Tapiokaperlen in der Milch 1 Stunde einweichen. Die Tapiokaperlen mit der Milch in einen Topf geben und mit dem Zucker, der Butter und 1 Prise Salz unter Rühren aufkochen lassen. Einige Minuten unter Rühren weiterkochen, bis die Masse so kompakt ist, dass sie sich vom Boden löst. Die Tapiokamasse in eine Schüssel füllen. Die Zitronenschale und das Ei hinzufügen und gründlich unterrühren. Die Masse vom Herd nehmen, abkühlen lassen und zugedeckt im Kühlschrank mindestens 5 Stunden, besser über Nacht, ziehen lassen.

2 Für die Portweinkirschen die Kirschen waschen, entstielen, halbieren und entsteinen. Den Puderzucker in einer Pfanne bei mittlerer Hitze hell karamellisieren, mit dem Rotwein und dem Portwein ablöschen. Alle Gewürze dazugeben und den Wein auf zwei Drittel einköcheln lassen. Die Speisestärke mit wenig kaltem Wasser glatt rühren und in den köchelnden Gewürzwein rühren, bis dieser leicht sämig bindet. Die Kirschen dazugeben und aufkochen lassen. Vom Herd nehmen und die kalte Butter unterrühren.

3 Für die Knödel den Nougat in 12 gleich große Stücke teilen, zu Kugeln rollen und mindestens 10 Minuten kühl stellen. Die Knödelmasse in 12 gleich große Portionen teilen und mit angefeuchteten Händen zu Knödeln formen. Die Knödel leicht flach drücken, je 1 Nougatkugel hineinlegen, mit Knödelmasse umhüllen und erneut zu Knödeln formen.

4 In einem Topf Wasser aufkochen lassen und mit Salz und etwas Zucker würzen. Den Ingwer, die Vanilleschote, die Zitronen- und die Orangenschale hinzufügen und die Knödel darin knapp unter dem Siedepunkt 12 Minuten ziehen lassen.

5 Inzwischen für die Mohnbutter den Mohn in einer Pfanne ohne Fett bei mittlerer Hitze 2 bis 3 Minuten rösten, bis der Mohn zu duften beginnt. Die braune Butter und den Zucker unterrühren und mit Zimt würzen.

6 Die Portweinkirschen auf vorgewärmte Dessertteller verteilen. Die Tapiokaknödel mit dem Schaumlöffel aus dem Kochsud heben, kurz abtropfen lassen und auf den Kirschen anrichten. Die Mohnbutter über die Knödel träufeln.

Knuspriges Sesamkonfekt
mit Erdnüssen

FÜR CA. 20 STÜCK

90 g helle Sesamsamen
10 g schwarze Sesamsamen
1 EL ungesalzene Erdnüsse
1 geh. EL Kokosraspel
50 g brauner Zucker
2 EL Honig

1 Die Sesamsamen in einer Pfanne ohne Fett rösten, bis sie anfangen zu duften. Die Pfanne vom Herd nehmen und den Sesam abkühlen lassen. Die Erdnüsse hacken. Den Sesam mit den Kokosraspeln und den Erdnüssen mischen.

2 Den braunen Zucker in einer tiefen Pfanne bei milder Hitze schmelzen lassen. Erst die Sesam-Kokos-Erdnuss-Mischung, dann den Honig hineinrühren. Die Paste in eine Schüssel füllen.

3 Die Paste mithilfe von Einweghandschuhen und einem Teelöffel in Pralinenformen aus Silikon füllen und auskühlen lassen. Aus der Form lösen und gut verschlossen aufbewahren.

Glückskekse

FÜR CA. 10 KEKSE

1 Eiweiß
40 g Puderzucker
40 g Mehl
20 g flüssige Butter
1 TL Fünf-Gewürze-Pulver
Salz

1 Den Backofen auf 180 °C vorheizen. Alle Zutaten gut mischen, 1 Prise Salz hinzufügen und die Hälfte der Teigmasse mit einem Teelöffel auf ein mit Backpapier begelegtes Backblech zu 5 dünnen Kreisen (10 cm Durchmesser) ausstreichen.

2 Die Teigkreise im Ofen auf der mittleren Schiene etwa 6 Minuten goldbraun backen. Die fertig gebackenen Kreise nun so schnell wie möglich weiterverarbeiten, da der Teig nur warm formbar ist (die Kreise sind dann noch sehr heiß, am besten Handschuhe tragen!).

3 Das heiße Gebäck auf dem Backblech umdrehen, sodass die raue Seite oben liegt, je einen Zettel mit einem Glücksspruch darauflegen, den Kreis halbmondförmig darüber zusammenfalten und die Seiten (wie bei Tortellini) einschlagen. Vollständig abkühlen lassen. Mit dem restlichen Teig ebenso verfahren.

Indische Arme Ritter
mit Rahm-Erdbeeren

Für 4 Personen

Für die Rahm-Erdbeeren:
250 g Erdbeeren
1 geh. EL Puderzucker
1–2 Stiele Minze
½ TL Zitronensaft
2 TL Orangenlikör (z.B. Grand Marnier)
100 g Sahne
1 TL Zucker
1 TL Vanillezucker
½ TL Rosenwasser (siehe Tipp)
½ TL abgeriebene Bio-Orangenschale

Für die Armen Ritter:
50 ml Milch · 1 Ei
½ TL geriebener Ingwer
1 Msp. gemahlener Kardamom
½ TL Zimtpulver
1 Msp. gemahlener Anis
Pfeffer aus der Mühle
4 Scheiben Toastbrot
1 EL Ghee (siehe S. 72; ersatzweise braune Butter)
1 EL Zucker

Außerdem:
1 Stück Zimtrinde
4 Minzespitzen

1 Für die Rahm-Erdbeeren die Erdbeeren waschen, putzen, vierteln und in eine Schüssel geben. Den Puderzucker darübersieben. Die Minze waschen und trocken tupfen, die Blätter abzupfen und in Streifen schneiden. Die Minzestreifen über die Erdbeeren streuen und mit dem Zitronensaft und 1 TL Orangenlikör marinieren.

2 Die Sahne mit dem Zucker und dem Vanillezucker leicht cremig schlagen, das Rosenwasser, den restlichen Orangenlikör und die Orangenschale hineinrühren.

3 Für die Armen Ritter die Milch und das Ei in einen hohen Rührbecher geben. Mit Ingwer, Kardamom, Zimt, Anis und 1 Prise Pfeffer aus der Mühle würzen. Mit dem Stabmixer aufmixen und in einen tiefen Teller geben. Die Toastbrotscheiben diagonal halbieren.

4 Das Ghee in einer großen Pfanne sanft erhitzen und 1 TL Zucker hineinstreuen. Die Toastbrotscheiben nacheinander in der Eiermilch wenden, in die Pfanne legen und darin auf der einen Seite bei milder Hitze 1 bis 2 Minuten goldbraun braten. Den restlichen Zucker darüberstreuen, die Toastbrotecken wenden (falls nötig, noch etwas Ghee hinzufügen) und die andere Seite ebenfalls goldbraun braten. Herausnehmen und auf Küchenpapier kurz abtropfen lassen.

5 Je 2 Toastbrotecken auf einen vorgewärmten Teller legen, einige marinierte Erdbeeren daneben anrichten und die Sahne darum herum sowie über die Erdbeeren träufeln. Etwas Zimtrinde darüberreiben und mit den Minzespitzen garnieren.

Mein Tipp

Rosenwasser entsteht bei der Herstellung von Rosenöl. Es ist in Indien und im arabischen Raum sehr beliebt und verleiht Nachspeisen oder Getränken ein feines Blütenaroma. Doch man sollte es mit Fingerspitzengefühl dosieren, damit es die Gerichte nicht dominiert bzw. parfümiert. Rosenwasser gibt es z.B. in Apotheken und Reformhäusern.

Kokos-Gewürz-Pfannkuchen
mit Blaubeer-Ragout

FÜR 4 PERSONEN

Für die Kokos-Gewürz-Pfannkuchen:
20 g Kokosraspel
50 g Mehl
1 EL Vanillezucker · Salz
¼ TL Apfelkuchengewürz (siehe Tipp)
100 g Naturjoghurt
100 ml Milch · 2 Eier
2 EL Ghee (siehe S. 72; ersatzweise braune Butter)

Für das Blaubeer-Ragout:
250 g Heidelbeeren
1 TL Speisestärke
200 ml Heidelbeersaft (Muttersaft)
2 EL Zucker
½ Zimtrinde
½ aufgeschlitzte Vanilleschote
2 Scheiben Ingwer
je 1 Streifen Bio-Zitronen- und Bio-Orangenschale

Außerdem:
4 TL Ghee zum Braten
4 EL Kokosraspel
4 TL Butter · 4 TL Zucker

1 Für die Kokos-Gewürz-Pfannkuchen die Kokosraspel in einer Pfanne ohne Fett anrösten und abkühlen lassen. Mit Mehl, Vanillezucker, 1 Prise Salz, Apfelkuchengewürz, Joghurt, Milch, Eiern und dem Ghee in eine Schüssel geben und mit den Quirlen des Handrührgeräts zu einem glatten Teig verrühren. Den Teig 30 Minuten ruhen lassen.

2 Eine Pfanne (24 cm Durchmesser) bei mittlerer Temperatur erhitzen. 1 TL Ghee darin zerlassen, ein Viertel des Pfannkuchenteigs gleichmäßig darin verteilen und auf der Unterseite goldbraun backen. 1 EL Kokosraspel darüberstreuen, den Pfannkuchen wenden und auf der anderen Seite ebenfalls goldbraun backen. Auf diese Weise aus dem restlichen Teig 3 weitere Pfannkuchen backen und beiseitestellen.

3 Zum Karamellisieren die Pfanne bei milder Temperatur erhitzen, je 1 TL Butter darin zerlassen und 1 TL Zucker gleichmäßig hineinstreuen. 1 Pfannkuchen darin etwa 1 Minute karamellisieren, wenden und die zweite Seite ebenfalls kurz anbacken. Den Pfannkuchen herausnehmen und warm halten. Die restlichen Pfannkuchen auf dieselbe Weise karamellisieren.

4 Für das Blaubeer-Ragout die Heidelbeeren verlesen, waschen und trocken tupfen. Die Speisestärke mit 3 EL Heidelbeersaft glatt rühren. Den restlichen Heidelbeersaft mit dem Zucker aufkochen lassen und die Speisestärke nach und nach unterrühren, bis der Saft leicht sämig bindet. Zimt, Vanilleschote, Ingwer, Zitronen- und Orangenschale dazugeben. Die Sauce lauwarm abkühlen lassen, durch ein Sieb gießen und mit den Heidelbeeren mischen.

5 Die Kokos-Gewürz-Pfannkuchen zusammenfalten, auf vorgewärmten Tellern anrichten und das Blaubeer-Ragout seitlich darüberträufeln.

Mein Tipp

Das Apfelkuchengewürz verleiht nicht nur Apfelkuchen, sondern auch Apfelstrudel und anderem Gebäck sowie Heißgetränken eine feine Gewürznote. Ersatzweise können Sie sich selbst eine Mischung aus je 1 Prise Zimt- und Nelkenpulver, Muskatnuss, Ingwer und Rosenblütenblättern zusammenstellen.

Süße Frühlingsrollen
mit Brombeeren auf Mango-Chili-Sahne

Für 4 Personen

Für die Frühlingsrollen:

2 EL gehackte Pistazien
1 EL Zucker
40 g Reisnudeln (Vermicelli)
100 ml Mangosaft (oder Mangonektar bzw. -smoothie)
1 TL abgeriebene Bio-Limettenschale
ca. 250 g Brombeeren
1 TL Mehl
16 Blätter Frühlingsrollenteig (12,5 x 12,5 cm; tiefgekühlt)
Erdnussöl zum Frittieren
Puderzucker zum Bestäuben

Für die Mango-Chili-Sahne:

½ reife Mango
1 EL Zucker
1 TL Zitronensaft
400 g Sahne
1 Msp. milde Chiliflocken
Zitronenmelisseblätter zum Garnieren

1 Für die Frühlingsrollen die Pistazien in einer Pfanne mit dem Zucker bei milder Hitze karamellisieren und vom Herd nehmen. Die Reisnudeln in warmem Wasser 10 Minuten einweichen. Das Wasser abgießen, die Nudeln mit dem Mangosaft einmal aufkochen und dann abkühlen lassen. Die Limettenschale unterrühren.

2 Die Brombeeren verlesen, waschen und trocken tupfen. Für den Kleber das Mehl mit 2 EL kaltem Wasser glatt rühren. Die Frühlingsrollenteigblätter in der Verpackung auftauen lassen. Ein Teigblatt mit einer Spitze nach oben auf ein Brett legen (die restlichen Teigblätter immer wieder gut in Folie oder einem feuchten Tuch einschlagen, da der Teig sehr schnell austrocknet).

3 Auf dem Teigblatt 1 TL Pistazienkrokant, einige Reisnudeln und 2 Brombeeren verteilen. Die untere Teigspitze über die Füllung schlagen und so weit einrollen, dass die Füllung damit einmal umhüllt ist (siehe S. 89). Die seitlichen Enden kantig einklappen und die Rolle weiter aufrollen. Die obere Spitze mit etwas Mehlkleber einstreichen. Das Ganze fertig aufrollen. Auf diese Weise alle Teigblätter füllen und aufrollen.

4 Reichlich Öl in der Fritteuse oder im Wok auf etwa 180 °C erhitzen – es ist heiß genug, wenn sich an einem hineingehaltenen Holzlöffelstiel Blasen bilden. Die Frühlingsrollen darin portionsweise 1 bis 2 Minuten goldbraun frittieren. Mit dem Schaumlöffel herausheben und auf Küchenpapier abtropfen lassen.

5 Für die Mango-Chili-Sahne die Mango schälen und das Fruchtfleisch in kleine Stücke schneiden. Mit dem Zucker und dem Zitronensaft in einen hohen Rührbecher geben und mit dem Stabmixer pürieren.

6 Die Sahne steif schlagen. Das Mangopüree unterheben und mit Chiliflocken würzen. Die Frühlingsrollen mit Puderzucker bestäuben und auf Teller verteilen. Die Mango-Chili-Sahne in kleine Schälchen füllen, mit Zitronenmelisse garnieren und zu den Frühlingsrollen servieren.

Milchbällchen in Kardamomsirup
mit Aprikosen und Himbeeren

Für 8 Personen

Für die Aprikosen:

750 g Aprikosen
100 g Zucker
Saft von ½ Zitrone
Saft von 1 Orange
½ Zimtrinde
½ Vanilleschote

Für den Kardamomsirup:

¼ TL Kardamomsamen
350 ml Weißwein
100 g Zucker
8 Safranfäden
½ TL Rosenwasser (siehe Tipp S. 333)

Für die Milchbällchen:

2–3 TL Öl
50 g Mehl
1 geh. TL Backpulver
25 g Weichweizengrieß
150 g Vollmilchpulver (z.B. aus dem Reformhaus oder dem Internet)
30 g Mascarpone
60 g Sahne
60 ml kalte Milch

Außerdem:

150 g Himbeeren
Erdnussöl zum Frittieren

1 Für die Aprikosen die Aprikosen waschen, vierteln und entsteinen. Mit dem Zucker, dem Zitronen- und dem Orangensaft, dem Zimt und der Vanille mischen, auf einem tiefen Backblech verteilen und gut 30 Minuten ziehen lassen.

2 Inzwischen die Himbeeren verlesen, waschen und trocken tupfen. Für den Kardamomsirup die Kardamomsamen in einem Mörser etwas anstoßen. Wein, Zucker, Kardamom und Safran in einem Topf aufkochen und 10 Minuten leicht köcheln lassen. Das Rosenwasser unterrühren, den Sirup in eine große, tiefe ofenfeste Form gießen und abkühlen lassen.

3 Für die Milchbällchen einen großen Teller mit 1 bis 2 TL Öl einstreichen. In der Fritteuse oder in einem Topf reichlich Öl auf 120 bis 130 °C erhitzen.

4 Das Mehl mit dem Backpulver in eine Schüssel sieben. Den Grieß und das Vollmilchpulver untermischen. Mascarpone, Sahne, Milch und restliches Öl hinzufügen und alles mit den Händen zu einem geschmeidigen, festen Teig verkneten (er sollte nicht mehr an den Händen kleben – nach Bedarf noch etwas Milch oder Sahne bzw. Mehl oder Grieß unterkneten).

5 Aus der Masse mit den Händen 16 kleine Kugeln formen und auf den geölten Teller legen (die Teigoberfläche sollte möglichst glatt und frei von Rissen sein). Die Bällchen im Fett 12 bis 15 Minuten hellbraun frittieren. Sobald die Bällchen nach oben steigen (nach etwa 2 Minuten), mit dem Schaumlöffel immer wieder vorsichtig wenden, sodass alle Bällchen gleichmäßig garen.

6 Die Bällchen mit dem Schaumlöffel herausheben, gut abtropfen lassen und in den Kardamomsirup legen. Mindestens 20 Minuten ziehen lassen, dabei nach einigen Minuten einmal wenden.

7 Inzwischen den Backofen auf 180 °C vorheizen. Die Aprikosen im Ofen auf der mittleren Schiene 12 bis 15 Minuten weich garen, dabei gelegentlich umrühren. Herausnehmen und lauwarm abkühlen lassen, Zimt und Vanille wieder entfernen. Ein Drittel der Aprikosen mit dem Schmorsaft in einem hohen Rührbecher mit dem Stabmixer pürieren und nach Belieben durch ein Sieb streichen. Die restlichen Aprikosenviertel untermischen.

8 Jeweils etwas Aprikosenkompott auf einen Teller geben, 4 Milchbällchen darauf anrichten und mit Himbeeren garnieren.

SCHUHBECKS BESTSELLER

Gewürze erleben derzeit eine Renaissance – das ist sicherlich auch ein Verdienst von Alfons Schuhbeck. Wie kaum ein anderer versteht es der bayerische Sternekoch, Kräuter und Gewürze kreativ in der Küche einzusetzen. Aber auch das jahrtausendealte Wissen um die Heilwirkung der Gewürze hat Alfons Schuhbeck wieder neu entdeckt. Von Anis bis Zitronenmelisse: In seinem einzigartigen Standardwerk stellt der Meisterkoch die wichtigsten Gewürze und Kräuter in reich bebilderten Porträts vor. Und mit 150 raffinierten, neu entwickelten Rezepten entführt er seine Leser in die faszinierende Welt der Düfte und Aromen.

Alfons Schuhbeck
»Meine Küche der Gewürze«
ISBN 978-3-89883-339-4

Alfons Schuhbeck bricht auf zum ersten Teil seiner Reise in die Welt der Gewürze. Er fährt ins Herz des Orients, nach Damaskus und Marrakesch, Istanbul und Jerusalem, um den Schlüssel zur wahren Schatzkammer der Gewürze zu suchen. Er hat ihn gefunden und überreicht ihn mit diesem Buch seinen Lesern. Alfons Schuhbeck geht den Gewürzen auf den Grund. Er erzählt ihre faszinierende Geschichte und ergründet ihre phänomenale Heilwirkung. Und eigens für dieses Buch hat der Sternekoch viele neue Gewürzmischungen komponiert und 150 Rezepte kreiert, die alle ein Ziel haben: die Küchen Europas und des Orients auf dem Teller zu vermählen und zu versöhnen.

Alfons Schuhbeck
»Meine Reise in die Welt der Gewürze«
ISBN 978-3-89883-297-7

SCHUHBECKS ASIEN-GEWÜRZPASTEN

Die Gewürz- und Currypasten verleihen zahlreichen Gerichten mit einem Handgriff den jeweils landestypischen Charakter. Das enthaltene Öl konserviert auch schnell flüchtige Aromen, wie die von Zitronengras oder Kaffir-Limettenblättern. Beim Erwärmen in Flüssigkeit werden sie wieder freigesetzt und entfalten sich. Die Ingwer- und Knoblauch-Ingwer-Paste sind praktische Alternativen zu den frischen gehackten bzw. geriebenen Produkten und sollten ebenfalls bei der Zubereitung erwärmt werden.

Chinesische Gewürzpaste

Eine Mischung aus Knoblauch, Galgant, Zwiebeln, Koriander, Anis, Zitronengras, Kaffir-Limettenblättern, Sardellen, Chili, Öl, Weinessig, Salz, Zucker

Verwendung: Würzt Fleisch, Fisch, Meeresfrüchte, Geflügel und Gemüse. Warmen Gerichten zuletzt beifügen, für kalte Zubereitungen in etwas Flüssigkeit erhitzen, dann verwenden.

Indische Gewürzpaste

Eine Mischung aus Curry, Ingwer, Knoblauch, Kardamom, Zimt, Kurkuma, Koriander, Nelken, Kaffir-Limettenblättern, Öl, Salz, Zucker

Verwendung: Würzt Fleisch, Fisch, Meeresfrüchte, Geflügel und Gemüse. Warmen Gerichten zuletzt beifügen, für kalte Zubereitungen etwas Flüssigkeit erhitzen, dann verwenden.

Thailändische Currypaste rot

Eine Mischung aus Knoblauch, Zwiebeln, Galgant, Paprika (edelsüß), Chili, Koriander, Zitronengras, Kaffir-Limettenblättern, Anis, Weißfisch, Sardellen, Öl, Weinessig

Verwendung: Würzt Thai-Gerichte, Wokgerichte, Pastagerichte, Kokossaucen, Suppen, Fleisch, Geflügel, Fisch und Gemüse.

Knoblauch-Ingwer-Paste

Eine Mischung aus Knoblauch, Ingwer, Salz, Zucker, Zitronensaft

Verwendung: Ist ein praktischer Ersatz für eine Mischung aus gleichen Teilen frisch geriebenem oder gehacktem Knoblauch und Ingwer.

Vietnamesische Gewürzpaste

Eine Mischung aus Knoblauch, Galgant, Zwiebeln, Shrimps, Koriander, Anis, Chili, Zitronengras, Kaffir-Limettenblättern, Sardellen, Öl, Sesamöl, Weinessig, Salz, Zucker

Verwendung: Würzt Fleisch, Fisch, Meeresfrüchte, Geflügel und Gemüse. Warmen Gerichten zuletzt beifügen, für kalte Zubereitungen in etwas Flüssigkeit erhitzen, dann verwenden.

Tandoori Gewürzpaste

Eine Mischung aus Paprika (edelsüß), Knoblauch, Zimt, Pfeffer, Chili, Muskatnuss, Öl, Salz

Verwendung: Für Saucen, Marinaden, Joghurtmarinaden, Dips, Gemüse, Suppen, Eintöpfe, Hülsenfrüchte, Fleisch und Geflügel.

Thailändische Currypaste gelb

Eine Mischung aus Knoblauch, Galgant, Zwiebeln, Curry, Kurkuma, Zitronengras, Kaffir-Limettenblätter, Anis, Sardellen, Weißfisch, Koriander, Chili, Öl, Weinessig, Salz, Zucker

Verwendung: Würzt Thai-Gerichte, Wokgerichte, Pastagerichte, Gemüsezubereitungen, Fisch, Meeresfrüchte, Fleisch und Geflügel.

Ingwerpaste

Eine Mischung aus Ingwer, Zucker, Pektin

Verwendung: Ist ein praktischer Ersatz für frisch geriebenen oder gehackten Ingwer, vor allem in Süßspeisen, jedoch auch in herzhaften Gerichten.

www.schuhbeck.de

REGISTER

BILDNACHWEIS

Atul Pratap Chauan: U4 (oben links), S. 4 (oben), S. 12/13, S. 15, S. 18, S. 20, S. 21, S. 22 (Mitte und rechts), S. 23, S. 24 (unten), S. 25
Fotolia: Coverhintergrund (davidevison), S. 37 (jaochainoi), S. 56 (klange76), S. 58 (yuliufu)
Tobias Krejtschi: S. 10/11
Mandarin Oriental Hotel Group: S. 39

Für die freundliche Unterstützung der Fotoproduktion geht ein Dank an:
feinedinge*, Wien
OJALA, München
Kustermann, München

WILLKOMMEN BEI ALFONS SCHUHBECK!

Alfons Schuhbecks Sternerestaurant »In den Südtiroler Stuben« liegt am historischen Platzl, im Herzen von München. Hier finden Sie auch seine Kochschule, sein Restaurant »Orlando« mit der »Orlando Bar«, seinen Eissalon sowie seinen Tee-, Gewürz- und Schokoladenladen. Seine Produkte können Sie bequem im Onlineshop bestellen. Weitere Informationen erhalten Sie im Internet, telefonisch oder persönlich am Platzl.

Schuhbecks
Am Platzl 2
80331 München
Tel.: 089/21 66 90-110

www.schuhbeck.de
www.schuhbeck-gewuerze.de

Danksagung

Wir – Alfons Schuhbeck und der Zabert Sandmann Verlag – bedanken uns bei allen, die uns bei diesem Buch und während unserer Aufenthalte in Indien, Thailand, Vietnam und China so leidenschaftlich unterstützt haben:

Köchinnen & Köche

Chef Manjit S. Gill; »Bukhara«, Hotel Maurya, Neu-Delhi, Indien

Chef Manish Mehrotra; »Indian Accent«, Neu-Delhi, Indien

Norbert Kostner (Culinary Director) & Chef David Morell; Mandarin Oriental Bangkok, Thailand

Chef David Thompson; »Nahm«, Bangkok, Thailand

Chef Nguyen Thikim Binh; Métropole, Hanoi, Vietnam

Chef Tony Lu; Mandarin Oriental Shanghai, China

Andreas Ertle; »Cepage«, Ho-Chi-Minh-City, Vietnam

Nguyen van Giang & Moo Meißner-Kanokwon; »Chang«, Grünwald, Deutschland

Vipin Kumar Malhotra; kulinarischer Berater für indische Restaurants in München, Frankfurt und London

Tim Raue; »TIM RAUE«, Berlin, Deutschland

Hotels & Organisation

Mandarin Oriental: Amanda Hyndman (General Manager)

Mandarin Oriental Bangkok: Marcus Bauder (Hotel Manager)

Mandarin Oriental Pudong Shanghai: Pierre Barthes (General Manager), Julia Klotzbuecher (Assistant Front Office Manager)

Sofitel Métropole Hanoi: Kai Speth (General Manager)

ITC Green Centre, Guragon: Nakul Anand (Executive Director)

Nathalie Gütermann, Bangkok, Thailand

Pramod Kapoor & Kiran Kapoor, Neu-Delhi, Indien

Annette Zierer & Sophie von Moy (ziererCOMMUNICATIONS), München, Deutschland

Alfons Schuhbeck und Andreas Ertle, Spezialist für die vietnamesische Küche

Alfons Schuhbeck und Moo Meißner-Kanokwon, Köchin im Restaurant »Chang« in Grünwald

Alfons Schuhbeck und Vipin Kumar Malhotra kochen gemeinsam indisch.

Unsere Gastgeber in Indien: Pramod Kapoor (links) und Kiran Kapoor (rechts)